COCINA DE 10
CON KARLOS ARGUIÑANO

COCINA DE 10
CON KARLOS ARGUIÑANO

Planeta

NOTA:

SOBRE EL USO DEL HORNO

Siempre que se indique la temperatura a la que se ha de hornear un alimento, el horno habrá de calentarse previamente, hasta alcanzar los grados requeridos, antes de introducirlo.

SOBRE EL USO DE LA OLLA RÁPIDA

Todos los tiempos de cocción han de contarse a partir del momento en que suba la válvula.

Av. Diagonal, 662-664, 08034 Barcelona
www.planetadelibros.com

Fotografías e ilustraciones del interior: © José Luis López de Zubiría, © Laura 10m

Estilismo: Enara Roteta

Diseño de interior y composición: Burman Comunicación - Zigor Urrutia (Dirección de arte y diseño), Raúl Gazapo (Automatización) y Sua Canga (Maquetación)

Primera edición: noviembre de 2023
Depósito legal: B. 17.697-2023
ISBN: 978-84-08-27925-9
Preimpresión: Safekat, S. L.
Impresión: Gráficas Estella
Printed in Spain – Impreso en España

PEFC Certificado
Este libro procede de bosques gestionados de forma sostenible
PEFC
PEFC/14-38-00305
www.pefc.es

El papel utilizado para la impresión de este libro está calificado como **papel ecológico** y procede de bosques gestionados de manera **sostenible.**

SUMARIO

ENTRANTES	10
ENSALADAS	48
SOPAS Y CREMAS	86
HORTALIZAS	126
LEGUMBRES	200
HUEVOS	238
ARROCES	272
PASTAS Y MASAS	308
CARNES Y AVES	358
PESCADOS Y MARISCOS	456
LAS RECETAS DE JOSEBA	542
POSTRES	596
ÍNDICES	678

INTRODUCCIÓN

Cuando publiqué mi primer libro con Editorial Planeta jamás me hubiera imaginado que le seguirían otros nueve. ¡Y, con este, ya van diez! A lo largo de todos estos años he tenido la gran suerte de llegar a vuestras casas, no solo a través de la pantalla, sino también a través de mis libros. Con este nuevo recetario, espero seguir acompañándoos en los fogones y disfrutando la cocina como toca, con alegría.

Siempre digo que existen *recetas de 10*. Son esas que no nos complican la vida, que están riquísimas y, muy importante, que están elaboradas con productos de mercado. Una receta de 10 es la que nos hace felices, nos alegra el día y el paladar, nos recuerda que podemos encontrar el placer en lo más cotidiano y que lo simple no está reñido con lo rico. Pedir comida a domicilio o comprar algo precocinado nos puede salvar de un apuro, claro que sí. Pero, no nos engañemos, ¡nada como cocinar en casa!

En este libro he seleccionado los platos más destacados de mi programa, aquellos cuyos resultados no bajan nunca del 10. Encontrarás un sinfín de opciones, tanto para el día a día como para las ocasiones especiales, para darte un homenaje o para sorprender a tus invitados. Para que puedas ir directamente a aquello que más te apetezca en cada momento, he agrupado las recetas en secciones: entrantes, ensaladas, sopas y cremas, hortalizas, legumbres, huevos, arroces, pastas y masas, carnes y aves, y pescados y mariscos.

Aquí también cocinamos en familia, por supuesto. Por eso, este libro incluye una sección con las recetas de mi hijo Joseba, que propone desde panes de lo más variados hasta platos llenos de sabor a los que aporta su toque especial. Y no podía faltar, claro está, su delicioso *brioche* de chocolate, que causa furor entre los amantes del dulce. Para cerrar el libro, encontrarás un capítulo dedicado a los postres en el que he contado, como ya es tradición, con la ayuda de mi hermana Eva.

En definitiva, con las recetas fáciles y sabrosas de este libro no te faltarán nunca ideas y tendrás el éxito asegurado en la mesa. ¡Anímate a encender los fogones y a pasarlo de 10 cocinando y celebrando conmigo!

Karlos Arguiñano

ENTRANTES

BUÑUELOS DE BACALAO CON MAYONESA

INGREDIENTES (4 P.)

- 250 g de bacalao desalado
- 1 diente de ajo
- 1 cebolleta
- 1 pimiento verde pequeño
- 100 g de harina
- 75-100 ml de cerveza
- 1 clara de huevo
- aceite de oliva virgen extra
- perejil
- sal

Para la mayonesa:

- 1 huevo pequeño
- 150-200 ml de aceite de oliva virgen extra
- 1 cucharada de vinagre
- sal

ELABORACIÓN

Calienta una sartén con 3-4 cucharadas de aceite. Pela el diente de ajo y la cebolleta y retira el tallo y las semillas del pimiento verde. Corta las hortalizas en dados, añádelas a sartén y rehógalas a fuego suave-medio durante 8-10 minutos.

Retira la piel del bacalao, desmígalo, añádelo a la sartén y cocínalo durante 3-4 minutos. Cuela la mezcla y reserva por separado las hortalizas con el bacalao y el líquido que hayan soltado.

Mezcla en un bol la harina, 2 cucharadas de aceite y una pizca de sal. Agrega la cerveza (poco a poco) y mezcla hasta conseguir una masa ni muy líquida ni muy espesa. Bate la clara de huevo a punto de nieve y añádela a la masa. Incorpora el bacalao con las hortalizas y remueve hasta que los ingredientes queden bien integrados.

Calienta abundante aceite en un cazo. Coge (con una cuchara) pequeñas porciones de la masa, introdúcelas en el cazo y fríelas hasta que se doren. Retira los buñuelos a una fuente cubierta con papel absorbente.

Para hacer la mayonesa, pon el huevo en un vaso batidor, añade el vinagre, una pizca de sal y el aceite y tritura los ingredientes con una batidora eléctrica hasta que liguen. Si quieres aligerarla, agrega el líquido reservado (de las hortalizas y el bacalao) y mezcla bien.

Sirve los buñuelos en una fuente y acompáñalos con la mayonesa. Decora con unas hojas de perejil.

APERITIVO DE POLENTA, JAMÓN Y QUESO

INGREDIENTES (4 P.)

- 200 g de polenta instantánea
- 160 g de jamón serrano
- 80 g de queso rallado
- pan rallado (para rebozar)
- semillas de sésamo tostadas (para rebozar)
- aceite de oliva virgen extra
- perejil
- sal

ELABORACIÓN

Calienta 2 cucharadas de aceite en una sartén. Corta el jamón en daditos y saltéalo brevemente. Escúrrelo y resérvalo.

Pon 800 ml de agua a calentar en una cazuela. Cuando empiece a hervir, añade la polenta en forma de lluvia y mezcla bien. Agrega el queso, sazona (al gusto) y mezcla de nuevo. Cocina la polenta a fuego suave durante 2-3 minutos, sin dejar de remover. Incorpora el jamón y mezcla bien.

Unta una fuente de cristal con un poco de aceite, vierte en ella la polenta, extiéndela bien y deja que se enfríe. Corta la polenta en cuadrados (de 3 cm de lado), pásalos por la mezcla de pan rallado y semillas de sésamo, y fríelos en una sartén con aceite. Retíralos y escúrrelos sobre una fuente cubierta con papel absorbente.

Sirve los bocados de polenta en una fuente y adorna con unas hojas de perejil.

BATIDO DE MANGO Y PLÁTANO

INGREDIENTES (4 P.)

- 2 mangos
- 2 plátanos
- 1 limón
- 1 cucharada de miel
- 1 trozo de jengibre (4 cm)
- 1 l de agua fría
- hojas de menta

ELABORACIÓN

Pela los plátanos, trocéalos e introdúcelos en una batidora de vaso. Corta el limón por la mitad, exprímelo y vierte el zumo en la batidora. Pela los mangos, trocéalos y agrégalos. Añade la miel. Pela el jengibre, trocéalo e incorpóralo. Vierte encima el agua y tritura los ingredientes hasta conseguir un batido homogéneo.

Sirve el batido en 4 vasos y decóralos con unas hojas de menta.

CONSEJO

Para hacer licuados siempre es interesante utilizar hortalizas y frutas de temporada, ya que cada estación del año nos proporciona los alimentos que nuestro cuerpo necesita.

CROQUETAS LÍQUIDAS DE QUESO

INGREDIENTES (4 P.)

- 60 g de queso curado
- 3 hojas de pasta filo
- 7 hojas de gelatina pequeñas
- 1 cebolleta
- 1 cucharada de harina
- 500 ml de caldo de pollo
- 4 cucharadas de nata líquida (18 % de materia grasa)
- harina, huevo batido y pan rallado (para rebozar)
- aceite de oliva virgen extra
- perejil
- sal

ELABORACIÓN

Deja las hojas de gelatina a remojo en un recipiente con agua fría y espera a que se ablanden.

Calienta una cazuela con 3 cucharadas de aceite. Corta la cebolleta en daditos, añádela a la cazuela y rehógala durante 8-10 minutos a fuego suave. Agrega la harina y cocínala durante 2 minutos. Añade el caldo de pollo poco a poco sin dejar de remover con una varilla manual.

Corta el queso en dados, incorpóralo a la cazuela y espera a que se funda. Pon a punto de sal, agrega las hojas de gelatina remojadas y escurridas y remuévelas bien hasta que queden integradas en la masa. Añade la nata y mezcla bien.

Retira la cazuela del fuego y pasa la masa a una fuente amplia. Deja que se temple e introdúcela en el frigorífico para que se enfríe bien.

Corta la masa en cuadraditos y envuelve cada uno con un trozo de pasta filo. Pásalos por harina, huevo y pan rallado y fríelos en una sartén con aceite. Retira las croquetas y escúrrelas sobre una fuente cubierta con papel absorbente.

Sirve las croquetas líquidas de queso en una fuente y adorna con unas hojas de perejil.

CROQUETAS DE PATATA Y GAMBA

INGREDIENTES (4 P.)

- 4 patatas
- 16 gambas
- 1 diente de ajo
- harina, huevo batido y pan rallado (para rebozar)
- 250 ml de salsa de tomate
- aceite de oliva virgen extra
- perejil
- sal

ELABORACIÓN

Pela las gambas, retirándoles las cabezas y las cáscaras, pero dejándoles la punta de la cola sin pelar. Sazónalas y resérvalas.

Calienta agua en una cazuela, introduce en ella las patatas y cuécelas durante 35 minutos. Retíralas, deja que se templen, pélalas y pásalas por el pasapurés. Sazona el puré.

Pela el diente de ajo, córtalo en láminas, ponlo en el mortero y májalo bien. Añade al mortero 1 cucharadita de perejil picado y maja de nuevo hasta conseguir una mezcla homogénea. Añade el majado al puré y mezcla bien.

Coge una porción (del tamaño de una galleta) de puré de patatas, coloca en el centro 1 gamba (dejando la cola fuera) y cúbrela con el puré que queda en los bordes. Repite el proceso con el resto de las gambas y del puré.

Pasa las croquetas por harina, huevo batido y pan rallado y fríelas a fuego medio en una sartén con abundante aceite. Retíralas y escúrrelas sobre una fuente cubierta con papel absorbente.

Sirve las croquetas en una fuente amplia, acompáñalas con la salsa de tomate caliente y adorna con unas hojas de perejil.

SAMOSAS DE MORCILLA Y MANZANA

INGREDIENTES (4 P.)

- 6 hojas de pasta *brick*
- 1 morcilla de verdura
- 1 manzana
- 1 cebolleta
- 20 g de mantequilla fundida
- aceite de oliva virgen extra
- perejil
- sal

ELABORACIÓN

Calienta abundante agua en una cazuela, introduce en ella la morcilla, sazónala y cuécela a fuego suave durante 20 minutos. Retírala del agua, quítale la piel y resérvala.

Calienta 2-3 cucharadas de aceite en una sartén. Corta la cebolleta en daditos, añádela a la sartén y cocínala durante 4-5 minutos. Pela la manzana, córtala en daditos e incorpórala. Cocina todo durante 6-8 minutos. Añade la morcilla a la sartén y mezcla todo bien.

Corta cada hoja de pasta *brick* en dos tiras largas y anchas. Pon 1 cucharada de la mezcla de morcilla, cebolla y manzana en uno de los extremos de cada tira y envuelve la pasta *brick* alrededor de la mezcla formando triángulos.

Cubre una bandeja de horno con papel de hornear, coloca encima las samosas, úntalas con la mantequilla fundida y hornéalas a 200 °C durante 5 minutos aproximadamente.

Sirve 3 samosas en cada plato y decóralos con unas hojas de perejil.

CONSEJO

Las samosas admiten un sinfín de ingredientes, desde patatas condimentadas a cebollas, guisantes, carne, lentejas, hortalizas... En esta receta les hemos dado forma de triángulo, pero también las puedes hacer cónicas, cuadradas o con forma de media luna.

EMPANADILLAS ORIENTALES

INGREDIENTES (4 P.)

- 12 obleas para empanadillas
- 250 g de pechuga de pollo
- 1 cebolleta
- 1-2 zanahorias (según tamaño)
- 2 hojas de repollo
- 30 g de germinados de soja
- 1-2 cucharadas de salsa de soja (al gusto)
- aceite de oliva virgen extra
- perejil
- pimienta
- sal

ELABORACIÓN

Corta la cebolleta y las zanahorias (peladas) en daditos y rehógalas en una sartén con 2-3 cucharadas de aceite durante 6-8 minutos a fuego suave. Corta las hojas de repollo en juliana fina, incorpóralas a la sartén, sazona y cocina todo durante 5-6 minutos más. Retira las hortalizas y resérvalas en un plato.

Agrega 2 cucharadas de aceite a la sartén y ponla a calentar. Corta el pollo en daditos, salpimiéntalos, introdúcelos en la sartén y saltéalos durante 3-4 minutos. Añade las hortalizas rehogadas, los germinados de soja y la salsa de soja y saltea todo brevemente. Pasa el relleno a una fuente y deja que se enfríe.

Extiende las obleas sobre una superficie lisa y reparte el relleno encima dejando los bordes libres. Ciérralas y sella el contorno presionando los bordes con un tenedor.

Calienta abundante aceite en una sartén y fríe las empanadillas (en tandas) hasta que se doren. Retíralas y escúrrelas sobre una fuente cubierta con papel absorbente.

Sirve las empanadillas en una fuente y decora con unas hojas de perejil.

ESPÁRRAGOS FRESCOS CON GUACAMOLE

INGREDIENTES (4 P.)

- 16 espárragos blancos frescos
- 2 aguacates
- 1 tomate (pelado)
- ½ cebolleta
- ¼ de pimiento verde
- zumo de ½ limón
- 1 cucharada de cilantro picado
- perejil
- sal

ELABORACIÓN

Pela los espárragos, retírales la parte inferior del tallo y cuécelos en una cazuela con agua hirviendo y 1 cucharadita de sal durante 20 minutos. Escúrrelos y resérvalos.

Para preparar el guacamole, pica finamente el tomate, la cebolleta y el pimiento verde y ponlos en un bol. Añade el cilantro y el zumo de limón. Abre los aguacates, retírales el hueso, saca la pulpa con una cuchara, pícala y agrégala al bol. Sazona y aplasta la mezcla con un tenedor hasta conseguir un puré con tropezones. Pon el guacamole en un bol pequeño.

Sirve los espárragos con el guacamole y adorna con unas hojas de perejil.

ENTRANTES

BATIDO DE MANZANA, KIWI Y PLÁTANO

INGREDIENTES (4 P.)

- 2 manzanas Granny Smith
- 2 kiwis
- 1 plátano
- 1 limón
- 1 cucharada de miel
- 700 ml de agua fría
- hojas de menta

ELABORACIÓN

Exprime el limón y ponlo en una batidora de vaso.

Pela los kiwis, el plátano y las manzanas, trocéalos y agrégalos. Añade la miel y el agua y tritura hasta conseguir un batido homogéneo. Introduce la jarra en el frigorífico y mantenlo frío hasta el momento de servir.

Sirve el batido en 4 vasos y decóralos con unas hojas de menta.

CONSEJO

Los batidos de frutas, de hortalizas o combinados, además de ser fáciles de preparar y muy sabrosos, aportan vitaminas, minerales y fibra a nuestra dieta.

PASTEL DE SETAS

INGREDIENTES (8 P.)

- 600 g de setas
- 8 chalotas
- 6 huevos
- 500 ml de nata líquida
- 1 barra de pan
- mantequilla y pan rallado (para untar y espolvorear el molde)
- aceite de oliva virgen extra
- perejil
- pimienta
- sal

ELABORACIÓN

Pela las chalotas, pícalas finamente y ponlas a rehogar en una sartén grande con 4-5 cucharadas de aceite. Limpia las setas, pícalas finamente, añádelas a la sartén, sazónalas y saltéalas a fuego fuerte durante 4-5 minutos.

Casca los huevos y ponlos en un bol. Añade una pizca de sal y un poco de perejil picado y bátelos con una varilla manual. Agrega la nata y bate de nuevo hasta que todos los ingredientes queden bien integrados. Incorpora las setas, mezcla y salpimienta.

Unta un molde (apto para el horno) con mantequilla y espolvoréalo con pan rallado. Vierte dentro la mezcla y hornéala al baño maría a 180 °C durante 30 minutos. Retira el pastel del horno y deja que se enfríe.

Corta el pan en rebanadas finas y tuéstalas en el horno o en un tostador.

Sirve el pastel, acompáñalo con las tostadas de pan y decora con unas hojas de perejil.

TERRINA DE QUESO CON ZANAHORIA Y CEBOLLINO

INGREDIENTES (8 P.)

- 375 g de queso
- 2 zanahorias
- 20 hojas de cebollino
- 9 hojas de gelatina
- 750 ml de leche
- 24 rebanadas de pan tostado
- perejil
- sal

Para el aceite de perejil y miel:

- 6-8 cucharadas de aceite de oliva virgen extra
- 2 cucharadas de perejil picado
- 2 cucharadas de miel
- sal

ELABORACIÓN

Pon las hojas de gelatina en un bol, cúbrelas con agua fría y déjalas a remojo hasta que se ablanden.

Para preparar el aceite de perejil y miel, introduce en un vaso batidor el perejil y el aceite y tritúralos con una batidora eléctrica. Cuela la mezcla sobre un recipiente (que tenga tapa), agrega la miel y una pizca de sal, tápalo y agítalo para batir los ingredientes hasta que emulsionen. Resérvalo.

Ralla el queso y ponlo en un vaso batidor. Agrega ¾ partes de la leche (reserva el resto), tritura los ingredientes con una batidora eléctrica hasta conseguir una crema homogénea y cuélala.

Calienta la ¼ parte restante de leche en un cazo. Añade la gelatina (escurrida) y mezcla hasta que se diluya. Retira el cazo del fuego, agrega la mezcla de queso y leche y remueve hasta que los ingredientes queden bien integrados. Prueba y pon a punto de sal.

Pela las zanahorias y córtalas en daditos muy pequeños. Lava las hojas de cebollino y pícalas finamente. Mezcla la zanahoria y el cebollino con la crema de queso y leche, vierte la mezcla en un molde grande (o en varios pequeños), introdúcela en el frigorífico y deja que se endurezca.

Desmolda la terrina de queso (puedes presentarla cortada en porciones), salséala con el aceite de perejil y miel y acompáñala con las rebanadas de pan tostado. Adorna con unas hojas de perejil.

BATIDO DE REMOLACHA, GRANADA Y NARANJA

INGREDIENTES (6 P.)

1 remolacha cocida
2 granadas
2 naranjas
2 cucharadas de miel
700 ml de agua fría
hojas de menta

ELABORACIÓN

Trocea la remolacha y ponla en una batidora de vaso.

Corta las granadas por la mitad y, sobre un bol grande, golpéalas con una cuchara por la parte de la piel hasta que caigan todos los granos. Añádelas a la jarra de la batidora.

Pela las naranjas, trocéalas e incorpóralas.

Agrega la miel y el agua y tritura bien.

Sirve y adorna los vasos con unas hojas de menta.

CONSEJO

La remolacha tiene un sabor muy fuerte, por lo que te recomiendo combinarla con otras hortalizas o frutas, como hemos hecho en esta receta.

PINCHOS DE PIMIENTO, BEICON Y QUESO

INGREDIENTES (4 P.)

12 pimientos verdes
12 lonchas de beicon
6 lonchas de queso
2 huevos batidos
½ barra de pan
aceite de oliva virgen extra
perejil
sal

ELABORACIÓN

Lava los pimientos, colócalos sobre una bandeja de horno, sazónalos, riégalos con un chorrito de aceite y hornéalos a 180 °C durante 30 minutos. Retíralos y espera a que se templen. Retírales el tallo y las semillas y pélalos.

Retira el borde de las lonchas de beicon, extiéndelas sobre una superficie plana, pon encima sobre cada una 1 pimiento verde y ½ loncha de queso, enróllalas y pínchalas con unos palillos de brocheta. Pasa los pinchos por el huevo batido y fríelos en una sartén con aceite caliente hasta que se doren. Retíralos y escúrrelos sobre un plato cubierto con papel absorbente.

Corta 12 rebanadas de pan y extiéndelas en una fuente. Coloca 1 pincho encima de cada una y adorna la fuente con unas hojas de perejil.

PATÉ DE HIGADILLOS DE POLLO

INGREDIENTES (8 P.)

500 g de hígados de pollo
50 ml de vino de Oporto
110 g de mantequilla
100 g de manteca de cerdo
1 barra de pan
aceite de oliva virgen extra
1 hoja de laurel
perejil
pimienta
8-10 granos de pimienta verde
1 cucharadita de cuatro especias
sal

ELABORACIÓN

Calienta una sartén con 3-4 cucharadas de aceite. Corta los higadillos de pollo en trocitos, salpimiéntalos, añádelos a la sartén junto con la hoja de laurel y cocínalos durante 5-6 minutos a fuego medio. Retira la hoja de laurel, introduce los higadillos en una batidora de vaso, agrega el vino y tritura hasta conseguir una pasta.

Funde la mantequilla, sin que llegue a hervir, y viértela poco a poco en la batidora de vaso sin dejar de triturar.

Cuando esté todo bien triturado, agrega los granos de pimienta y la cucharadita de cuatro especias y sazona. Mezcla bien, pasa el paté a un molde, cúbrelo con la manteca de cerdo fundida y deja que se enfríe en el frigorífico durante 2-3 horas.

Corta el pan en rebanadas finas y tuéstalas.

Desmolda el paté, pasando un cuchillo por el borde, y pásalo a una fuente.

Sirve el paté y acompáñalo con el pan tostado. Adorna la fuente con unas hojas de perejil.

CHAMPIÑONES A LA PLANCHA CON GAMBAS

INGREDIENTES (4 P.)

- 24 champiñones
- 12 gambas
- 3 dientes de ajo
- 12 rebanadas de pan
- aceite de oliva virgen extra
- perejil
- sal

CONSEJO

Para hacer esta receta es mejor que los champiñones sean grandes, ya que de esta manera admitirán más cantidad de aliño.

ELABORACIÓN

Pela los dientes de ajo, pícalos un poco, ponlos en el mortero, agrega un poco de perejil picado y una pizca de sal gruesa y maja todo bien. Vierte encima 3-4 cucharadas de aceite, mezcla bien y reserva el majado.

Separa los tallos de los sombreros de los champiñones (resérvalos para otra ocasión). Pon agua en un bol grande, introduce en él los sombreros y enjuágalos bien. Escúrrelos, sécalos con papel absorbente, colócalos en un bol, sazónalos y riégalos con 2 cucharadas de aceite. Remuévelos bien para que queden bien impregnados con el aceite.

Calienta una plancha grande, coloca encima los champiñones (dejando la parte inferior en contacto con la plancha) y cocínalos durante 2-3 minutos.

Dales la vuelta y, con ayuda de una cucharilla, pon un poco del majado en el centro de cada uno. Cocínalos durante 2-3 minutos más, hasta que estén tiernos.

Pela las gambas (reserva las cabezas y las cáscaras para congelarlas y emplearlas en otra ocasión), sazónalas, riégalas con 1 cucharada de aceite, colócalas al otro lado de la plancha y cocínalas brevemente (1 minuto).

Pincha con un palillo 1 gamba, 2 champiñones y 1 rebanada de pan. Repite el proceso con el resto de las gambas, los champiñones y las rebanadas de pan.

Sirve 3 pinchos en cada plato y decóralos con unas hojas de perejil.

PUDIN DE AJETES Y BEICON

INGREDIENTES (8 P.)

- 30 ajos frescos
- 250 g de beicon
- 5 huevos
- 500 ml de nata líquida
- 1 nuez de mantequilla y pan rallado (para el molde)
- 250 ml de salsa de tomate
- 1 barra de pan
- aceite de oliva virgen extra
- sal
- perejil

ELABORACIÓN

Limpia (retirándoles la parte inferior, la superior y 1 capa de hojas) los ajos frescos. Fríelos en una sartén con un par de cucharadas de aceite. Escurre y resérvalos.

Calienta otra sartén con 1-2 cucharadas de aceite, agrega las lonchas de beicon y dóralas un poco. Retira y resérvalas.

Casca los huevos, colócalos en un bol, sazona y bátelos bien. Vierte la nata y sigue batiendo hasta que queden bien integrados.

Unta un molde (apto para el horno) con la mantequilla y espolvoréalo con pan rallado. Extiende a lo largo de la parte interior del molde una tira de papel de hornear (dejando una pestaña por cada lado). Coloca en el fondo del molde la mitad de las lonchas de beicon y encima la mitad de los ajos y cúbrelos con la mitad de la mezcla de huevos y nata. Repite el proceso con el resto del beicon, los ajos y la mezcla de huevos y nata.

Hornea el pastel al baño maría (colocando el molde dentro de otro molde apto para el horno con un dedo de agua) a 170 °C durante 30 minutos. Retira el pastel del horno y deja que se temple. Repasa los bordes del pastel con un cuchillo, desmóldalo.

Corta el pan en rebanadas.

Sirve el pastel en una fuente, acompáñalo con la salsa de tomate caliente y las rebanadas de pan y adorna con unas hojas de perejil.

MONTADITOS DE PATATA Y *FOIE*

INGREDIENTES (4 P.)

- 2 patatas grandes
- 300 g de *foie* fresco
- 12 rebanadas de pan (no muy gruesas)
- 1 tomate
- aceite de oliva virgen extra
- 1 cucharada de vinagre
- pimienta
- sal
- perejil

ELABORACIÓN

Cuece las patatas en una cazuela con abundante agua y una pizca de sal durante 35-40 minutos. Retíralas, refréscalas, pélalas y corta cada una en 6 rodajas. Resérvalas.

Corta el *foie* en 12 láminas, salpiméntalas y dóralas brevemente en una sartén sin aceite.

Tuesta las rebanadas de pan en un tostador.

Extiende las rebanadas de pan sobre una fuente, coloca encima las rodajas de patata, sazónalas y cúbrelas con las láminas de *foie*.

Pela el tomate, córtalo en daditos y ponlo en un bol. Sazónalo, vierte encima el vinagre y 4 cucharadas de aceite y mezcla bien. Aliña los montaditos con la mezcla y decora con unas hojas de perejil.

CROQUETAS DE CHISTORRA

INGREDIENTES (4 P.)

120 g de chistorra
60 g de harina
600 ml de leche
harina, huevo batido y pan rallado (para rebozar)
1 diente de ajo
aceite de oliva virgen extra
perejil
sal

ELABORACIÓN

Retira la piel de la chistorra, desmenúzala y rehógala a fuego suave en una cazuela. Si suelta mucha grasa, retírale la mitad.

Añade la harina a la cazuela, rehógala durante 2-3 minutos y agrega la leche poco a poco sin dejar de remover. Sazona y cocina la mezcla durante 20-30 minutos a fuego suave-medio, removiéndola a menudo. Pasa la masa a una fuente, cúbrela a piel con film transparente y deja que se temple. Introdúcela en el frigorífico y espera a que se enfríe bien.

Retira la masa del frigorífico, coge pequeñas porciones de masa, dales forma (redonda o alargada) y pásalas por harina, huevo batido y pan rallado.

Calienta abundante aceite en una sartén, aplasta un diente de ajo y añádelo. Cuando el ajo empiece a burbujear, incorpora a la sartén una tanda de croquetas y fríelas hasta que se doren. Retíralas y escúrrelas sobre una fuente cubierta con papel absorbente. Repite el proceso hasta freír todas las croquetas.

Sirve y adorna los platos con unas hojas de perejil.

CONSEJO

Cuando hagas croquetas, te recomiendo que prepares una buena cantidad y así podrás congelar parte para disfrutarlas cualquier otro día.

ENSALADILLA DE PRIMAVERA

INGREDIENTES (4 P.)

- 2 huevos
- 2 patatas
- 1 zanahoria
- 100 g de guisantes frescos desgranados
- 100 g de jamón ibérico
- 1 diente de ajo
- 1 cucharada de alcaparras
- 250 ml de mayonesa
- 1 paquete de picos de pan
- perejil
- sal

ELABORACIÓN

Pon los huevos a cocer en una cazuela con agua. Cuando lleven 10 minutos hirviendo, retíralos, refréscalos, pélalos, córtalos en daditos y ponlos en un bol grande.

Lava las patatas, colócalas en la olla rápida y cúbrelas con agua. Pela las zanahorias y añádelas. Cierra la olla y cuece todo durante 6-8 minutos. Abre la olla, retira las patatas y las zanahorias y deja que se templen. Pela las patatas y córtalas en dados pequeños. Corta las zanahorias de la misma manera. Agrega las hortalizas al bol y sazónalas.

Calienta un cazo con agua. Cuando empiece a hervir, sazónala, introduce en ella los guisantes y cuécelos durante 10-15 minutos (según tamaño). Retíralos, refréscalos un poco e incorpóralos al bol.

Corta el jamón en daditos y añádelos al bol. Pela el diente de ajo, córtalo en daditos y agrégalo. Incorpora también las alcaparras (puedes añadir más o menos, según vuestros gustos) y la mayonesa y mezcla suavemente.

Sirve la ensaladilla, acompáñala con los picos de pan y adórnala con unas hojas de perejil.

DELICIAS DE SALMÓN AHUMADO, ARROZ Y WASABI

INGREDIENTES (4 P.)

- 8 lonchas finas de salmón ahumado
- 150 g de arroz cocido
- 1 aguacate
- 4 rebanadas de pan de molde
- 10 hojas de cebollino
- perejil

Para la mayonesa de wasabi:

- 2 cucharaditas de wasabi (en polvo)
- 1 huevo
- 200 ml de aceite de girasol
- 1 cucharada de vinagre
- sal

ELABORACIÓN

Para preparar la mayonesa de wasabi, pon el wasabi, el vinagre, una pizca de sal, el huevo y el aceite en un vaso batidor. Introduce la batidora hasta el fondo y tritura los ingredientes (primero sin mover la batidora) hasta que liguen y consigas una buena mayonesa.

Pon el arroz en un bol. Corta el aguacate por la mitad, sácale la pulpa, córtala en daditos e incorpórala. Pica las hojas de cebollino finamente, añádelas y mezcla bien.

Corta dos tiras de cada loncha de salmón (reserva las puntas). Reparte las tiras de salmón en 8 flaneras individuales, colocando 2 tiras cruzadas en cada una de ellas dejando que sobresalgan del borde.

Pica las puntas de salmón reservadas finamente y añádelas al bol del arroz con aguacate y cebollino. Agrega también 4 cucharadas de la mayonesa de wasabi y mezcla bien. Rellena las flaneras con la farsa y dobla las tiras de salmón sobre el relleno. Presiónalas un poco para que se asienten mejor.

Corta el pan de molde en bastones y tuéstalos en un tostador.

Desmolda las delicias de salmón (dando la vuelta a las flaneras) y sirve 2 en cada plato. Acompáñalas con 3 bastones de pan tostado y unos botones de mayonesa. Adorna los platos con unas hojas de perejil.

CONSEJO

El salmón ahumado combina muy bien con muchos ingredientes, por lo que es perfecto para hacer todo tipo de canapés. Además, contiene omega 3, una grasa que contribuye a la disminución de los niveles de colesterol y triglicéridos.

PALITOS DE TOFU CON SALSA AGRIDULCE

INGREDIENTES (4 P.)

400 g de tofu
zumo de ½ limón
2 cucharaditas de mostaza
4 cucharaditas de aceite de sésamo
4 cucharaditas de salsa de soja
harina, huevo batido y panko (para rebozar)
aceite de oliva virgen extra
perejil

Para la salsa agridulce:

2 cucharadas de vinagre de Jerez
3 cucharadas de salsa de soja
1 cucharadita de salsa inglesa
1 cucharada de zumo de limón
80 g de miel

ELABORACIÓN

Para hacer la salsa agridulce, pon en un cazo el vinagre, la salsa de soja, la salsa inglesa, el zumo de limón y la miel. Mezcla bien y ponla a reducir durante 4-5 minutos. Resérvala.

Para el marinado del tofu, coloca en un bol el zumo de limón, la mostaza, el aceite de sésamo y la salsa de soja, mezcla todo bien y reserva.

Corta el tofu en bastones y extiéndelos en una fuente. Vierte encima la mezcla anterior y úntalos bien con ella. Deja que reposen durante 10-15 minutos.

Calienta 6-8 cucharadas de aceite en una sartén.

Pasa los bastones de tofu por harina, huevo batido y panko, añádelos a la sartén y fríelos (en tandas) hasta que se doren. Retíralos y escúrrelos sobre una fuente cubierta con papel absorbente.

Reparte los palitos de tofu en 4 platos y acompáñalos con la salsa agridulce. Decora los platos con unas hojas de perejil.

CONSEJO

Si quieres que esta receta sea apta para veganos, puedes sustituir el huevo por una mezcla de harina de garbanzos y agua.

PATÉ DE CHAMPIÑONES Y VINO DULCE

INGREDIENTES (4-6 P.)

- 350 g de champiñones
- 50 ml de vino dulce (Pedro Ximénez)
- 60 g de mantequilla
- 1 cebolla
- 1 diente de ajo
- zumo de ½ limón
- 80 g de queso cremoso
- ½ barra de pan
- aceite de oliva virgen extra
- ½ cucharadita de tomillo seco
- perejil
- ½ cucharadita de nuez moscada
- sal

ELABORACIÓN

Calienta una sartén con 2 cucharadas de aceite y 40 g de mantequilla (reserva el resto). Pela la cebolla, córtala en daditos, agrégala y cocínala a fuego suave-medio durante 6-8 minutos.

Pon los champiñones en un bol, enjuágalos bien, escúrrelos y sécalos. Córtalos en láminas, incorpóralos a la sartén, sazónalos y cocínalos a fuego medio durante 6-8 minutos.

Añade a la sartén el diente de ajo picado finamente, el tomillo, la nuez moscada, el vino y el zumo de limón y cocina todo durante 5 minutos. Introduce los champiñones (reserva unas láminas para decorar) en una batidora de vaso, agrega el queso y tritura bien hasta conseguir una pasta cremosa.

Reparte el paté en dos botes de cristal (tipo conserva). Funde el resto de la mantequilla (20 g) y cubre con ella los patés. Decóralos con las láminas de champiñón reservadas, ciérralos, introdúcelos en el frigorífico y deja que se enfríen bien.

Corta el pan en rebanadas finas y tuéstalas por los dos lados.

Sirve el paté y acompáñalo con las tostadas. Adorna los platos con unas hojas de perejil.

CONSEJO

Si te gustan los patés de hortalizas, este te va a encantar. Además, es una de esas recetas cómodas para días de celebración, ya que puedes dejarla preparada la víspera.

PASTEL DE JUDÍAS VERDES CON CREMA DE CHAMPIÑONES

INGREDIENTES (8 P.)

- 800 g de judías verdes
- 300 g de champiñones
- 1 cebolla
- 2 dientes de ajo
- 25 g de arroz
- 75 ml de oporto
- 6 huevos
- 200 ml de nata
- pan rallado (para espolvorear el molde)
- 16 rebanadas de pan
- aceite de oliva virgen extra
- perejil
- sal

ELABORACIÓN

Para preparar la crema de champiñones, pela la cebolla y 1 diente de ajo, pícalos y añádelos a una cazuela con 3 cucharadas de aceite. Sazona las hortalizas y rehógalas durante 8-10 minutos a fuego medio. Limpia los champiñones, córtalos en 4 y agrégalos a la cazuela junto con el arroz. Vierte encima el vino y dale un hervor (2 minutos). Cubre todo con agua (unos 700 ml), sazona y cuece durante 20 minutos a fuego suave-medio. Tritura con una batidora eléctrica hasta conseguir una salsa homogénea (si hiciera falta, cuélala) y resérvala.

Calienta agua en una cazuela y sazónala. Limpia las judías, quitándoles los hilos y las puntas. Córtalas por la mitad a lo ancho, introdúcelas en la cazuela y cuécelas durante 5-6 minutos. Retira las judías y ponlas a escurrir. Reserva por separado las judías y el caldo de cocción.

Casca los huevos, colócalos en un bol grande, sazónalos y bátelos. Vierte encima la nata y 200 ml del caldo reservado de la cocción de las judías y vuelve a batir.

Unta un molde rectangular (bajo y apto para el horno) con aceite y espolvoréalo con un poco de pan rallado. Extiende en el fondo una capa de judías y vierte encima una parte de la mezcla de huevos con nata y caldo. Repite la operación hasta terminar con todos los ingredientes. Hornea el pastel al baño maría a 200 °C durante 20-30 minutos. Retíralo del horno, deja que se temple y desmóldalo.

Tuesta las rebanadas de pan en un tostador. Pela el otro diente de ajo y unta con él las tostadas.

Corta el pastel en rebanadas y acompáñalo con la crema de champiñones y las tostadas de pan. Decora los platos con unas hojas de perejil.

PATÉ DE SARDINAS

INGREDIENTES (4 P.)

- 2 latas de sardinas en aceite
- 1 manzana Granny Smith
- 1 cucharada de mostaza
- ½ barra de pan
- hojas de rúcula
- aceite de oliva virgen extra
- perejil

ELABORACIÓN

Abre las latas de sardinas, escúrreles el aceite, ponlas en un bol y aplástalas bien con un tenedor hasta que queden reducidas a una pasta.

Pela la manzana, pícala finamente (como solemos picar los ajos) y agrégala al bol. Incorpora la mostaza y 1 cucharada de aceite de oliva y mezcla bien.

Corta el pan en 12 rebanadas finas y tuéstalas en un tostador.

Unta las tostadas con el paté de sardina y sirve 3 en cada plato. Corónalas con las hojas de rúcula y aderézalas con unas gotas de aceite. Adorna los platos con unas hojas de perejil.

CONSEJO

Para dar cremosidad al paté de sardinas, en esta receta se ha añadido mostaza, pero puedes sustituirla por mayonesa o queso de untar.

TRIÁNGULOS DE HORTALIZAS AL *CURRY*

INGREDIENTES (4 P.)

8 obleas de pasta *brick*
1 zanahoria
1 puerro
1 cebolla
1 pimiento verde
1 calabacín pequeño
1 cucharada grande de harina
300 ml de leche
aceite de oliva virgen extra
perejil
½ cucharada de *curry*
sal

ELABORACIÓN

Pela la zanahoria, limpia el puerro (retirándole la parte inferior, la superior y 2 hojas exteriores) y enjuágalo, pela la cebolla, retira el tallo y las semillas del pimiento y lava el calabacín. Corta las hortalizas en daditos, sazónalas y rehógalas en una sartén grande con 4 cucharadas de aceite durante 10-15 minutos a fuego medio.

Espolvorea con el *curry* y una pizca de sal (al gusto). Agrega la harina y rehógala un poco. Añade la leche poco a poco, sin dejar de remover, y cocina todo durante 6-8 minutos a fuego suave-medio. Pasa la bechamel a una fuente y deja que se temple.

Saca 2 tiras largas de la parte central de cada oblea de pasta *brick*. Pon un poco de la masa de bechamel y hortalizas en uno de los extremos de una tira. Vete doblando ese extremo, a lo largo de toda la tira, hasta formar un triángulo. Repite el proceso con el resto de las tiras y el relleno.

Calienta una sartén con abundante aceite, introduce en ella los triángulos y fríelos (en tandas) por los dos lados hasta que se doren. Retíralos y escúrrelos sobre una fuente cubierta con papel absorbente.

Sirve los triángulos y adorna la fuente con unas hojas de perejil.

PINCHO DE LANGOSTINO Y PIÑA

INGREDIENTES (4 P.)

16 langostinos
3 rodajas de piña
1 cucharadita de harina de maíz refinada
80 ml de salsa de soja
aceite de oliva virgen extra
perejil
pimienta
sal

ELABORACIÓN

Mezcla en un bol la harina de maíz con 150 ml de agua. Agrega la salsa de soja, mezcla de nuevo y ponlo a reducir (que hierva) en una sartén a fuego suave (10 minutos aprox.). Pasa la salsa a un bol, agrega un poco de perejil picado y 1 cucharada de aceite y resérvala.

Corta cada rodaja de piña en 12 trozos de bocado.

Pela los langostinos (reserva las cabezas y las cáscaras para hacer un caldo en otra ocasión).

Ensarta en un palillo de brocheta 2 trozos de piña y 1 langostino (a lo largo). Repite el proceso con el resto de la piña y de los langostinos hasta conseguir 16 brochetas. Salpimienta los langostinos y riégalos con un chorrito de aceite. Calienta una plancha, extiende encima las brochetas y cocínalas brevemente (2-3 minutos).

Sirve 4 pinchos de langostino y piña en cada plato, acompáñalos con la salsa y decora con unas hojas de perejil.

CONSEJO

El langostino ha dejado de ser un producto consumido solo en ocasiones señaladas para convertirse en un alimento de gran consumo. Y todo gracias a la aparición del langostino de acuicultura, mucho más barato que el salvaje.

QUESO FETA AL HORNO CON SEMILLAS DE SÉSAMO

INGREDIENTES (4 P.)

- 400 g de queso feta (4 rectángulos de 100 g)
- 1 cucharada de semillas de sésamo
- 4 láminas de pasta filo
- 40 g de mantequilla (fundida)
- 100 g de hojas de rúcula
- 1 cucharada de miel
- aceite de oliva virgen extra
- vinagre
- 1 cucharada de tomillo fresco picado
- perejil
- sal

ELABORACIÓN

Cubre la base de una bandeja de horno con un trozo de papel de hornear.

Extiende una lámina de pasta filo sobre la tabla. Úntala (con un pincel) con un poco de mantequilla fundida y espolvoréala con un poco de tomillo. Dóblala por la mitad, coloca encima un rectángulo de queso y envuélvelo con la pasta filo (sin presionar demasiado, porque el queso se expandirá durante la cocción). Unta el paquete de pasta filo con otro poco de mantequilla fundida, espolvoréalo con unas semillas de sésamo y ponlo sobre la bandeja de horno. Repite el proceso con el resto de los ingredientes hasta conseguir 4 paquetes. Hornéalos a 180 °C durante 15-20 minutos.

Aliña la rúcula con aceite, vinagre y sal y mezcla suavemente.

Sirve en cada plato un rectángulo de queso feta y una porción de rúcula. Adereza todo con unos hilos de miel y adorna con unas hojas de perejil.

CONSEJO

El queso feta da mucho juego en la cocina. Se puede consumir como aperitivo o bien como ingrediente de rellenos o ensaladas.

TORTA DE TOMATE Y SARDINILLAS

INGREDIENTES (4 P.)

- 12 tomates deshidratados (en aceite)
- 14 sardinillas en aceite
- 1 cebolla roja (pequeña)
- 20 alcaparras
- aceite de oliva virgen extra
- 1 cucharadita de orégano seco
- perejil

Para la masa:

- 250 g de harina + 25 g para amasar
- 12 g de levadura en polvo
- 2 cucharadas de aceite de oliva virgen extra
- 2 g de sal
- 150 ml de agua caliente
- 100 g de queso rallado

ELABORACIÓN

Tamiza la harina sobre un bol, añade la levadura, el aceite y la sal y mezcla bien. Agrega el agua poco a poco y vete mezclando hasta que los ingredientes queden bien integrados. Incorpora el queso rallado y mezcla de nuevo. Tapa la masa con film transparente y deja que repose durante 10 minutos.

Espolvorea la encimera con un poco de harina, pasa la masa a la encimera y amásala durante 3-4 minutos. Espolvoréala con otro poco de harina y estírala con un rodillo hasta conseguir una lámina fina. Coloca la lámina de pasta sobre una bandeja de horno cubierta con un trozo grande de papel de hornear.

Pela la cebolla, córtala en juliana fina y resérvala. Corta los tomates deshidratados de la misma manera y resérvalos.

Reparte la cebolla y los tomates sobre la masa. Agrega las alcaparras, espolvorea todo con el orégano y hornea la torta a 180 °C durante 15 minutos. Retira la torta del horno, reparte por encima las sardinillas, riégala con un chorrito de aceite y hornéala a 180 °C durante 5 minutos más.

Retira la torta del horno, córtala en 4 porciones y sirve. Adorna los platos con unas hojas de perejil.

CONSEJO

Puedes sustituir las sardinas por cualquier otro tipo de conserva que sea de vuestro agrado, como, por ejemplo, atún, anchoas, caballa o melva.

TORTITAS DE HORTALIZAS

INGREDIENTES (4 P.)

- 1 cebolla roja
- 2 patatas medianas
- 2 zanahorias
- 1 cucharada de harina de maíz refinada
- 2 huevos
- aceite de oliva virgen extra
- 15 hojas de cebollino
- perejil
- 1 cucharadita de *curry*
- sal

ELABORACIÓN

Corta la cebolla en juliana muy fina y ponla en un bol. Pela las patatas y las zanahorias, córtalas, con ayuda de una mandolina, en bastones finos (tipo paja) y añádelas al bol. Pica el cebollino finamente y agrégalo.

Mezcla en otro bol la harina, el *curry*, los huevos y la sal (al gusto). Vierte esta mezcla sobre el bol con las hortalizas y remueve los ingredientes hasta que queden bien mezclados.

Calienta una plancha con un chorrito de aceite. Con ayuda de 2 cucharas, coge pequeñas porciones de la mezcla y colócalas sobre la plancha. Cocínalas a fuego medio por los dos lados durante unos 4-5 minutos.

Sirve 3 tortitas en cada plato y decóralos con unas hojas de perejil.

CONSEJO

Las hortalizas no son siempre del gusto de todos, pero si las preparas de esta manera y os animáis a probarlas, te aseguro que os encantarán.

BOQUERONES CON VINAGRETA

INGREDIENTES (4 P.)

- 18 boquerones enteros (con cabeza y tripa)
- 2 dientes de ajo
- ½ barra de pan
- ½ cebolleta
- ½ pimiento verde
- ¼ de pimiento rojo
- 500 ml de vinagre de vino blanco
- aceite de oliva virgen extra
- perejil
- ½ guindilla picante
- sal

CONSEJO

Puedes conservar estos boquerones durante una semana en el frigorífico, por lo que, si quieres, puedes hacer una cantidad mayor, pero es importante que estén bien cubiertos con aceite y que los guardes, preferiblemente, en un recipiente con tapa.

ELABORACIÓN

Extiende los boquerones en una fuente, cúbrelos con film transparente y congélalos durante 48 horas. Retíralos del congelador y, antes de que se descongelen del todo, límpialos, retirándoles las cabezas, las tripas y las espinas centrales. Deja los lomos limpios y recórtales las espinas de los lados.

Pon los lomos de boquerón en un recipiente hondo dejando la parte de la piel hacia abajo. Cuando esté todo el fondo del recipiente cubierto, sazónalos. Coloca encima (de la misma manera) otra capa de lomos de boquerón y sazónalos. Repite el proceso hasta terminar con todos los boquerones. Cúbrelos con 450 ml de vinagre, tápalos con film transparente, introdúcelos en el frigorífico y mantenlos en él durante 24 horas.

Retira los boquerones del frigorífico, sácalos del recipiente, ponlos (con la piel hacia abajo) en otro recipiente hondo y cúbrelos con aceite. Pela 1 diente de ajo, córtalo en láminas y agrégalo. Corta la guindilla en 2 trozos y añádela. Tapa el recipiente con film transparente, introdúcelo en el frigorífico y deja que reposen como mínimo durante 2 horas.

Corta el pan en rebanadas finas y tuéstalas en un tostador.

Para preparar la vinagreta, pica la cebolleta, el pimiento verde, el rojo (pelado) y el otro diente de ajo (pequeño) en daditos muy pequeños y ponlos en un bol. Agrega 2 cucharadas de vinagre y 3 cucharadas de aceite (puedes utilizar el de los boquerones) y mezcla bien.

Sirve 3 tostadas en cada plato, coloca 3 lomos de boquerón encima de cada una y aderézalos con un poco de la vinagreta. Decora los platos con unas hojas de perejil.

CROQUETAS DE QUESO DE CABRA CON MERMELADA DE HIGOS

INGREDIENTES (4 P.)

- 200 g de queso de cabra
- 150 g de mermelada de higos
- 75 g de harina
- 750 ml de leche
- harina, huevo batido y panko (para rebozar)
- aceite de oliva virgen extra
- perejil
- nuez moscada
- sal

ELABORACIÓN

Calienta 5-6 cucharadas de aceite en una cazuela. Añade la harina y rehógala bien. Agrega la leche poco a poco, sin dejar de remover los ingredientes con una varilla manual. Cocina la bechamel (sin dejar de remover) a fuego medio durante 15-20 minutos.

Ralla sobre la bechamel un poco de nuez moscada, sazónala y mezcla. Ralla el queso, incorpóralo y sigue cocinando la bechamel durante 3-4 minutos más.

Pasa la masa a una fuente, tápala (a piel) con film transparente y deja que se enfríe.

Corta la masa en 16 porciones, espolvoréalas con harina, redondéalas, introdúcelas en el huevo batido y rebózalas con el panko.

Calienta abundante aceite en un cazo. Introduce en él las croquetas y fríelas hasta que se doren. Retíralas y escúrrelas sobre un plato cubierto con papel absorbente.

Sirve 4 croquetas en cada plato y acompáñalas con un poco de mermelada de higos. Adorna los platos con unas hojas de perejil.

CONSEJO

Cuando frías las croquetas es importante que el aceite esté muy caliente, pues así se creará una capa crujiente que evitará que la croqueta absorba demasiado aceite. Para retirarles el exceso de grasa una vez fritas es conveniente escurrirlas sobre un plato cubierto con papel absorbente.

BATIDO DE LECHUGA, MANZANA Y LIMA

INGREDIENTES (4 P.)

1 lechuga
1 manzana Granny Smith
2 limas
1 cucharada de miel
4-6 cubitos de hielo
hojas de menta
sal

ELABORACIÓN

Exprime las limas y vierte el zumo en una batidora de vaso.

Suelta las hojas de la lechuga, lávalas bien bajo el grifo de agua fría, trocéalas y añádelas a la batidora.

Pela la manzana, retírale el corazón, trocéala y agrégala.

Incorpora la miel, los hielos, 1 litro de agua y una pizca de sal y tritura los ingredientes hasta conseguir un batido homogéneo.

Reparte el batido en 4 vasos y decóralos con unas hojas de menta.

CONSEJO

Los batidos de frutas y hortalizas son perfectos para tomar a cualquier hora del día: desayuno, comida, merienda o cena, y especialmente para aquellas personas a las que les cuesta tomar este tipo de alimentos.

EMPANADILLAS DE POLLO AL *CURRY*

INGREDIENTES (4 P.)

16 obleas (grandes) para empanadillas
300 g de pechuga de pollo
40 g de pasas
2 huevos
1 diente de ajo
1 cebolleta
1 pimiento verde
200 ml de salsa de tomate
1 cucharada de semillas de sésamo (sin tostar)
aceite de oliva virgen extra
perejil
pimienta
½ cucharadita de *curry*
sal

ELABORACIÓN

Pon las pasas en un bol, cúbrelas con agua y deja que se hidraten (unos 20 minutos).

Calienta agua en una cazuela, introduce en ella 1 huevo y cuécelo durante 10 minutos (contados desde el momento en que el agua empiece a hervir). Retíralo, refréscalo, pélalo y resérvalo.

Calienta 3 cucharadas de aceite en una sartén. Pela el diente de ajo, pícalo y añádelo a la sartén. Corta la cebolleta en daditos y agrégala. Retira el tallo y las semillas del pimiento, córtalo en daditos e incorpóralo. Sazona las hortalizas y rehógalas a fuego suave durante 8-10 minutos.

Corta el pollo en daditos, salpiméntalo, añádelo a la sartén y cocínalo a fuego vivo durante 2-3 minutos.

Corta el huevo cocido en daditos y agrégalo a la sartén. Cuela las pasas, sécalas un poco e incorpóralas. Añade el *curry* y la salsa de tomate, mezcla bien y cocina todo durante 3-4 minutos a fuego medio. Retira la farsa a un plato y deja que se temple.

Extiende las obleas de empanadilla (cada una con su papel) sobre la encimera, pon una porción de la farsa en el centro de cada una, dóblalas por la mitad y ciérralas presionando los bordes con un tenedor.

Cubre una bandeja de horno con papel de hornear y extiende encima las empanadillas. Bate el otro huevo y unta con él, con ayuda de un pincel, las empanadillas por la parte superior. Espolvoréalas con las semillas de sésamo y hornéalas a 200 ºC durante 10-12 minutos.

Sirve 4 empanadillas en cada plato y decóralos con unas hojas de perejil.

CONSEJO

Las empanadillas son muy fáciles de preparar. Pueden hacerse partiendo de cero, pero no olvides que son perfectas para aprovechar las sobras de carne, pescado u hortalizas que tengamos en el frigorífico.

ENSALADILLA DE COLIFLOR Y BONITO

INGREDIENTES (4 P.)

- ½ coliflor
- 200 g de bonito en aceite
- 2 huevos
- 2 zanahorias
- 20 aceitunas verdes rellenas
- 10 filetes de anchoa en aceite
- 8 rebanadas finas de pan
- aceite de oliva virgen extra
- perejil
- sal

Para la salsa mayonesa:

- 1 huevo
- 200 ml de aceite de oliva virgen extra
- 1 cucharada de vinagre
- sal

ELABORACIÓN

Pon los huevos en un cazo, cúbrelos con agua y cuécelos durante 10 minutos (contados desde el momento en que el agua empiece a hervir). Retíralos, refréscalos y resérvalos.

Calienta una tartera (cazuela amplia y baja) con un poco de agua. Lava la coliflor, suéltala en ramilletes pequeños y colócala en el accesorio para cocer alimentos al vapor. Pela las zanahorias, córtalas en cuartos de luna finos, ponlos al lado de la coliflor y sazónalos. Coloca el accesorio con la coliflor y las zanahorias en la tartera, tápala y cuece las hortalizas al vapor durante 10 minutos. Retíralas a una fuente y deja que se enfríen.

Para preparar la mayonesa, pon el huevo en un vaso batidor, sazónalo y añade el vinagre y el aceite. Introduce la batidora en el vaso y monta los ingredientes hasta que liguen (si queda muy espesa, puedes aligerar la mayonesa añadiendo un poco de agua).

Corta las aceitunas en rodajas finas y ponlas en un bol grande. Pica finamente las anchoas y el bonito e incorpóralos al bol. Pela los huevos, córtalos en daditos y agrégalos. Añade la coliflor, las zanahorias, una pizca de sal y la mayonesa y mezcla bien.

Reparte la ensaladilla en 4 platos, pon 2 rebanadas de pan en cada uno y adórnalos con unas hojas de perejil.

CONSEJO

La ensaladilla de coliflor es una alternativa a la tradicional. Al no llevar patata, tiene muchas menos calorías.

LANGOSTINOS EN KATAIFI CON SALSA DE PIÑA

INGREDIENTES (4 P.)

- 12 langostinos
- 200 g de pasta kataifi
- 300 g de piña (natural)
- 1 yogur griego
- zumo de ½ limón
- aceite de oliva virgen extra
- perejil
- ¼ de cucharadita de cayena molida
- sal

ELABORACIÓN

Trocea la piña y ponla en un vaso batidor. Añade el yogur, la cayena, el zumo de limón, 2-3 cucharadas de aceite y una pizca de sal y tritura los ingredientes hasta conseguir una salsa homogénea. Pásala a una salsera y resérvala.

Retira las cabezas de los langostinos, pélalos y sazona las colas. Introduce en cada cola de langostino un palillo de brocheta y envuélvelos con unas hebras de pasta kataifi.

Calienta abundante aceite en un cazo hondo. Introduce en él las colas de langostino (en tandas) y fríelas hasta que se doren (el aceite no debe estar demasiado caliente, de manera que se doren por fuera y se cocinen por dentro).

Sirve en cada plato un poco de salsa de piña y 3 langostinos. Acompaña con el resto de la salsa en la salsera y adorna los platos con unas hojas de perejil.

CONSEJO

Las hebras de pasta kataifi nos dan mucho juego en la cocina (con ella se pueden hacer nidos, cilindros, madejas...), ya que aportan textura y volumen, mejorando así la presentación de cualquier plato.

MIGAS DE PASTOR

INGREDIENTES (4 P.)

- 500 g de pan de hogaza del día anterior
- 60 g de sebo de cordero (se puede sustituir por aceite de oliva)
- 110 g de tocino ibérico
- 1 patata
- 1 cebolla
- 200 g de setas (ostra)
- 3 dientes de ajo
- 3 cucharadas de salsa de tomate
- 250 ml de caldo de carne
- aceite de oliva virgen extra
- perejil
- sal

ELABORACIÓN

Calienta una cazuela grande con 3-4 cucharadas de aceite. Corta el sebo y el tocino en cuadrados y añádelos (puedes sustituir el sebo por otras 3 cucharadas de aceite). Cocínalos durante 5-6 minutos a fuego suave-medio para que vayan soltando toda la grasa. Retira los restos de sebo y de tocino y deséchalos.

Pela la patata, córtala en dados de 1 cm, agrégala a la cazuela y fríela durante unos 10 minutos. Retírala a un plato y resérvala.

Pela la cebolla, córtala en daditos, incorpórala a la cazuela y cocínala durante unos 10 minutos a fuego medio. Retírala a un plato y resérvala.

Corta las setas en daditos, añádelas a la cazuela y rehógalas durante 3-4 minutos a fuego medio-alto. Pela los ajos, pícalos finamente y agrégalos. Incorpora las patatas y la cebolla, rehoga todo durante 2 minutos y vierte encima la salsa de tomate.

Pica el pan finamente e introdúcelo en la cazuela. Añade un poco del caldo, sazona y remueve las migas realizando movimientos circulares suaves y envolventes (no hay que marearlas). Cocina las migas durante unos minutos a fuego medio, agregando el resto del caldo, poco a poco, a medida que se vayan secando (no tienen que quedar ni muy secas ni muy apelmazadas).

Sirve las migas y adorna los platos con unas hojas de perejil.

CONSEJO

Las migas tradicionales se hacen con grasa de cordero y tocino, pero, si lo prefieres, puedes sustituir las grasas animales por aceite de oliva, más suave y sano.

PINCHO DE JAMÓN DE PATO Y RÚCULA

INGREDIENTES (4 P.)

- 12 lonchas largas de jamón de pato (150 g)
- 40 g de hojas de rúcula limpias
- 1 diente de ajo
- 4 pimientos del piquillo
- 1 pan de semillas
- aceite de oliva virgen extra
- perejil
- azúcar
- sal

ELABORACIÓN

Calienta una sartén con 3 cucharadas de aceite. Pela el diente de ajo, córtalo en daditos y añádelo a la sartén. Corta los pimientos en tiras, agrégalos y condiméntalos con una pizca de sal y otra de azúcar. Cocina los pimientos a fuego suave durante 8-10 minutos. Pásalos a un mortero, májalos bien y reserva el puré.

Corta 12 rebanadas de pan y tuéstalas en un tostador.

Unta las rebanadas de pan con el puré de pimiento.

Extiende 1 loncha de jamón de pato sobre un plato y pon encima unas hojas de rúcula. Enrolla el jamón alrededor de la rúcula hasta conseguir un rollito, ponlo sobre una rebanada de pan y pínchalo con un palillo. Repite el proceso hasta montar los 12 pinchos.

Sirve 3 pinchos en cada plato y decóralos con unas hojas de perejil.

CONSEJO

Si lo prefieres, puedes retirar la grasa del jamón o recortarle la mitad con un cuchillo.

HUMMUS DE GUISANTES

INGREDIENTES (4 P.)

- 400 g de guisantes frescos desgranados
- 2 cucharadas de tahini tostado
- zumo de ½ limón
- 1 diente de ajo
- ½ barra de pan
- 2 zanahorias grandes
- 1 cucharada de semillas de sésamo (tostado)
- aceite de oliva virgen extra
- 10 g de cilantro fresco
- perejil
- 1 cucharadita de comino molido
- sal

ELABORACIÓN

Cuece los guisantes al vapor durante 5 minutos (reserva el agua de la vaporera).

Pasa los guisantes a una batidora de vaso, agrega el tahini, el comino, el zumo de limón, el diente de ajo, las hojas de cilantro, 100-150 ml del agua de la cocción de los guisantes y una pizca de sal. Tritura los ingredientes hasta conseguir una crema homogénea.

Corta el pan en rebanadas finas y tuéstalas en un tostador.

Pela las zanahorias y córtalas en bastones.

Reparte el hummus en 4 platos o recipientes, salpícalos con el sésamo tostado y riégalos con un chorrito de aceite. Acompaña el hummus con los bastones de zanahoria y las tostadas de pan y decora los platos con unas hojas de perejil.

CONSEJO

Si lo prefieres, también puedes cocer los guisantes en una cazuela con agua y una pizca de sal.

EMPANADILLAS PICANTES DE POLLO

INGREDIENTES (4 P.)

- 16 obleas para empanadillas
- 250 g de muslos de pollo deshuesados (sin piel)
- 1 cebolla
- 1 pimiento verde
- 16 aceitunas verdes sin hueso
- 50 g de pasas (sin pepitas)
- unas gotas de salsa picante
- 100 ml de salsa de tomate
- aceite de oliva virgen extra
- perejil
- ½ cucharadita de pimentón picante
- ¼ de cucharadita de comino en polvo
- sal

ELABORACIÓN

Calienta una sartén con 3 cucharadas de aceite. Pela la cebolla, córtala en daditos y agrégala a la sartén. Retira el tallo y las semillas del pimiento, córtalo de la misma manera y añádelo. Sazona las hortalizas y cocínalas a fuego medio durante 6-8 minutos.

Corta los muslos de pollo en daditos, sazónalos, incorpóralos a la sartén y cocínalos durante 3-4 minutos. Corta las aceitunas en rodajas finas y agrégalas. Añade las pasas, el pimentón, el comino, la salsa picante y la salsa de tomate, mezcla bien, pasa la farsa a una fuente y deja que se enfríe.

Extiende las obleas de empanadilla (cada una sobre su papel) sobre la encimera y rellénalas con la farsa. Dóblalas y ciérralas presionando los bordes con un tenedor.

Calienta abundante aceite en una sartén. Introduce en ella las empanadillas (en tandas) y fríelas por los dos lados hasta que se doren. Retíralas y escúrrelas sobre un plato cubierto con papel absorbente.

Sirve 4 empanadillas en cada plato y decora los platos con unas hojas de perejil.

CONSEJO

Es importante que la farsa esté fría antes de rellenar las empanadillas para que la masa de las empanadillas no se ablande y puedas cerrarlas sin ningún problema.

PUDIN DE CABRACHO CON SALSA ROSA

INGREDIENTES (4-6 P.)

2 cabrachos limpios (1.100 g)
1 puerro
6 huevos
250 ml de nata líquida
250 ml de salsa de tomate
mantequilla y harina (para el molde)
1 lechuga
aceite de oliva virgen extra
perejil
pimienta
sal

Para la salsa rosa:

1 huevo
175 ml de aceite de oliva virgen extra
1 cucharadita de vinagre
1 cucharada de *whisky*
1 cucharadita de salsa inglesa
½ cucharadita de salsa picante
2-3 cucharadas de kétchup
2 cucharadas de zumo de naranja
sal

CONSEJO

Si lo prefieres, también puedes preparar esta receta con lomos de cabracho congelados.

ELABORACIÓN

Limpia el puerro (retirándole la parte inferior, la superior y 2 capas), enjuágalo y separa, cortándolo, la parte verde de la parte blanca.

Corta las cabezas de los cabrachos y sácales los lomos. Calienta una cazuela con abundante agua, introduce en ella las cabezas, las espinas y los lomos de los cabrachos y sazona. Corta en juliana la parte verde del puerro y añádela. Cuece durante 10 minutos, retira los lomos y deja que se templen. Sigue cociendo el resto de los ingredientes durante 15 minutos más. Cuela el caldo y resérvalo para otra ocasión. Desmenuza los lomos y resérvalos.

Calienta una sartén con 2 cucharadas de aceite. Pica finamente la parte blanca del puerro, añádelo y rehógalo durante 5 minutos. Retíralo, escúrrelo y resérvalo.

Unta un molde rectangular con un poco de mantequilla y espolvoréalo con un poco de harina. Cubre la base del molde de lado a lado con una tira ancha de papel de hornear dejando que sobresalga una pestaña por cada lado.

Bate los huevos en un bol grande, agrega la nata, la salsa de tomate, el puerro y el cabracho desmenuzado, salpimienta y mezcla bien. Vierte la mezcla en el molde.

Coloca el molde dentro de otro molde más grande con agua. Calienta el horno a 200 °C, introduce en él los dos moldes, baja la temperatura del horno a 170 °C y hornea el pudin al baño maría durante 40-45 minutos. Retíralo del horno, deja que se temple y desmóldalo.

Para hacer la salsa rosa, pon el huevo en un vaso batidor, añade una pizca de sal, el vinagre y el aceite, introduce la batidora eléctrica hasta el fondo y bate los ingredientes hasta que liguen. Agrega el *whisky*, la salsa inglesa, la salsa picante, el kétchup y el zumo de naranja, mezcla bien y reserva.

Limpia la lechuga, sécala y córtala en juliana fina.

Corta el pudin en rodajas y sirve 1 en cada plato. Acompáñalo con lechuga y un poco de salsa rosa y decora los platos con unas hojas de perejil.

ENSALADAS

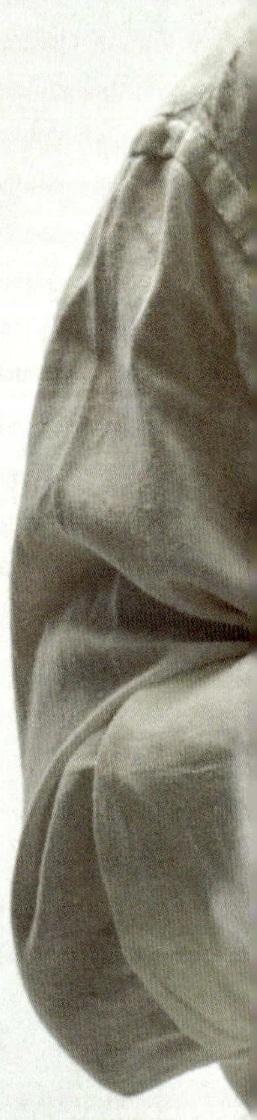

ENSALADA DE BERENJENA Y QUESO CON VINAGRETA DE MIEL

INGREDIENTES (4 P.)

1 berenjena
150 g de queso
200 g de hojas de lechugas variadas (limpias y troceadas)
16 tomates cherry
aceite de oliva virgen extra
sal

Para la vinagreta de miel:

2 cucharadas de miel
5 cucharadas de aceite de oliva virgen extra
1 cucharada de vinagre

ELABORACIÓN

Para preparar la vinagreta, pon en un bol la miel, el vinagre y el aceite, mezcla bien y deja que repose.

Con ayuda de una mandolina, corta 12 rodajas finas de berenjena y colócalas en una fuente. Sazónalas y déjalas reposar durante 20-25 minutos para que suelten el agua. Sécalas con papel absorbente y cocínalas por los dos lados en una sartén con un chorrito de aceite, a fuego moderado, durante 3-4 minutos por cada lado. Resérvalas en una fuente con papel absorbente.

Corta el queso en 12 bastones. Envuelve cada bastón, formando un rollito, con una rodaja de berenjena y reserva.

Coloca las hojas de lechuga en un bol. Lava los tomates, córtalos por la mitad y agrégalos. Sazona y adereza con la vinagreta de miel.

Para servir, reparte la ensalada en 4 platos y pon 3 rollitos de berenjena y queso encima de cada uno.

ENSALADA DE CHAMPIÑONES

INGREDIENTES (4 P.)

400 g de champiñones cortados en láminas
100 g de hojas de escarola
100 g de hojas de lechuga lollo
12 puntas de espárragos verdes
8 langostinos
1 tomate
aceite de oliva virgen extra
1 cucharada de vinagre
pimienta
sal

ELABORACIÓN

Limpia las hojas de escarola y las de lollo, sécalas, trocéalas y resérvalas.

Calienta bien una plancha con 3 cucharadas de aceite. Agrega las puntas de los espárragos y los champiñones (sin que se junten), sazónalos y cocínalos durante 4-5 minutos. Retíralos a una fuente y resérvalos.

Pela los langostinos y córtalos por la mitad a lo largo. Salpiméntalos, colócalos en la plancha y cocínalos brevemente (1-2 minutos). Retíralos y resérvalos.

Pela el tomate, córtalo en dados, sazónalo y ponlo en un bol grande. Añade los champiñones, 3 cucharadas de aceite y el vinagre y mezcla bien.

Para servir, coloca la escarola en el centro de la fuente y las hojas de lollo alrededor y sazónalas. Sirve la mezcla de champiñones y tomate sobre las hojas de escarola y corona la ensalada con los langostinos y las puntas de espárrago.

ENSALADA CAPRESE

INGREDIENTES (4 P.)

4 tomates (200 g cada uno)
4 bolas de *mozzarella* fresca (125 g cada una)
1 diente de ajo
40 hojas de albahaca
aceite de oliva virgen extra
perejil
pimienta
sal

ELABORACIÓN

Pela el diente de ajo, trocéalo, ponlo en el mortero y májalo bien. Corta un poco 8 hojas de albahaca, añádelas al mortero y maja todo bien hasta conseguir una pasta. Agrega una pizca de sal y 4-5 cucharadas de aceite, mezcla bien y reserva.

Pela los tomates y corta cada uno en 4 rodajas.

Corta cada bola de *mozzarella* en 4 rodajas.

Monta la ensalada alternando las rodajas de tomate con hojas de albahaca y las rodajas de *mozzarella*. Sazona, riega la ensalada con el aliño y muele encima un poco de pimienta. Adorna los platos con unas hojas de perejil.

CONSEJO

Si te apetece que tu ensalada tenga un sabor más pronunciado, puedes preparar una salsa pesto (albahaca, ajo, piñones, queso parmesano y aceite de oliva) y aderezarla con ella.

COGOLLOS DE LECHUGA CON SALSA TÁRTARA

INGREDIENTES (4 P.)

4 cogollos de lechuga

80 g de huevas de trucha (o salmón)

perejil

Para la salsa tártara:

2 huevos

½ cebolleta

30 g de alcaparras

6 pepinillos

1 cucharadita de mostaza de Dijon

150 ml de aceite de oliva virgen extra

1 cucharadita de vinagre

sal

ELABORACIÓN

Pon 1 huevo en un cazo y cuécelo durante 10 minutos (contados desde el momento en que el agua empiece a hervir). Retíralo, refréscalo, pélalo y aplástalo con un tenedor hasta que quede bien picado. Resérvalo.

Pon el otro huevo en un vaso batidor, agrega el vinagre, el aceite y sal (al gusto). Tritura los ingredientes con una batidora eléctrica hasta que liguen.

Incorpora el huevo picado. Pica la cebolleta, las alcaparras y los pepinillos finamente y añádelos al vaso. Añade también la mostaza y mezcla bien.

Introduce la salsa tártara en una manga pastelera y córtale la punta por la parte más estrecha (para que salga poca cantidad).

Corta cada cogollo en dos (a lo largo), cubre los lados de cada mitad con la salsa tártara y coloca en el centro una fila de huevas de trucha.

Sirve 1 cogollo (2 mitades) y unas huevas en cada plato y decóralos con unas hojas de perejil.

CONSEJO

Además de consumirlos como primer plato, los cogollos son perfectos como guarnición de cualquier pescado o carne.

ENSALADAS

ENSALADA DE CEBADA Y LANGOSTINOS

INGREDIENTES (4 P.)

- 200 g de cebada
- 16 langostinos
- 100 g de guisantes (desgranados)
- 2 dientes de ajo
- 1 cebolleta
- 2 cucharadas de pasas
- 20 tomates cherry
- aceite de oliva virgen extra
- 1 cucharada de vinagre
- perejil
- pimienta
- sal

ELABORACIÓN

Pela los langostinos (reserva las colas) y pon las cabezas y las cáscaras en una cazuela. Cúbrelas con 750 ml de agua, sazónalas y cuécelas durante 20 minutos. Cuela y reserva el caldo.

Lava la cebada y ponla en una cazuela. Vierte encima el caldo de los langostinos, sazona y cuece la cebada durante unos 30 minutos (contados desde el momento en que empiece a hervir). Retírala, escúrrela, pásala a una fuente y deja que se enfríe.

Abre los langostinos por la mitad, dejándolos unidos por la punta de la cola. Salpimiéntalos y saltéalos en una sartén con 2 cucharadas de aceite. Espolvoréalos con un poco de perejil picado y resérvalos.

Calienta agua en un cazo. Cuando empiece a hervir, agrega los guisantes y una pizca de sal y cuécelos durante 10-15 minutos (según tamaño). Escúrrelos y resérvalos.

Para el aliño, pela los dientes de ajo, córtalos en láminas y dóralos en una sartén con un chorrito de aceite. Pon los ajos en un vaso batidor, añade 100 ml de aceite, el vinagre y una pizca de sal y tritura todo bien. Reserva el aliño.

Corta la cebolleta en dados y ponla en un bol grande. Añade la cebada, las pasas y los guisantes y mezcla todo bien. Vierte encima el aliño y remueve.

Lava los tomates y córtalos por la mitad.

Para servir, reparte la ensalada en 4 platos y coloca sobre ella 5 tomates y 4 langostinos en cada plato. Adorna los platos con unas hojas de perejil.

ENSALADA DE COGOLLOS Y ESPÁRRAGOS BLANCOS

INGREDIENTES (4 P.)

- 4 cogollos de lechuga
- 12 espárragos blancos
- 8 huevos de codorniz
- 8 tomates cherry
- 2 cucharadas de pipas de calabaza (peladas)
- 4 cucharadas de aceite de oliva virgen extra
- 1 cucharada de vinagre de Módena
- sal

ELABORACIÓN

Corta y retira la parte inferior del tallo de los espárragos, pélalos y cuécelos durante 20 minutos en una cazuela con abundante agua con una pizca de sal. Retíralos, escúrrelos y resérvalos.

Calienta agua en un cazo, agrega los huevos de codorniz y cuécelos durante 4-5 minutos. Retíralos, refréscalos, pélalos, córtalos por la mitad y resérvalos.

Lava los tomates, córtalos a la mitad y resérvalos.

Calienta una sartén, agrega las pipas y saltéalas durante 2-3 minutos. Retíralas y resérvalas.

Mezcla en un bol el aceite, el vinagre y una pizca de sal.

Sirve en el centro de cada plato 3 espárragos. Pon ½ cogollo a cada lado y sazónalos. Acompaña con 4 mitades de tomate y 4 de huevo. Aliña las ensaladas y salpícalas con las pipas.

ENSALADA DE ARROZ Y JUDÍAS VERDES

INGREDIENTES (4 P.)

250 g de arroz de grano largo (basmati o jazmín)

500 g de judías verdes

2 dientes de ajo

12 tomates cherry (o tomatitos de colores)

aceite de oliva virgen extra

perejil

sal

Para la mayonesa:

3 huevos

100 ml de aceite de oliva virgen extra

25 ml de vinagre

50 ml de agua

sal

ELABORACIÓN

Calienta un cazo con agua, añade los 3 huevos y cuécelos durante 10 minutos (contados desde el momento en que el agua empiece a hervir). Refréscalos, pélalos y trocéalos.

Para preparar la mayonesa, vierte el aceite en un vaso batidor, agrega el agua, el vinagre, los huevos cocidos y sal (al gusto). Tritura los ingredientes hasta conseguir una mayonesa bien emulsionada. Resérvala.

Calienta 1 cucharada de aceite en una cazuela. Pela los dientes de ajo, córtalos por la mitad, añádelos a la cazuela y rehógalos un poco hasta que se doren. Agrega el arroz y rehógalo brevemente (1-2 minutos). Vierte encima el agua (el doble que de arroz), tapa la cazuela y cuécelo a fuego suave-medio durante 10-12 minutos. Retíralo y deja que se temple.

Limpia las judías, retirándoles las puntas y los hilos (si los tuvieran). Enjuágalas, córtalas en trozos de 1-2 cm y cuécelas durante 12 minutos en una cazuela con agua con una pizca de sal. Retíralas y espera a que se templen.

Pon las judías en un bol grande, agrega el arroz y mezcla suavemente. Incorpora la mayonesa y vuelve a mezclar.

Con ayuda de un molde redondo, sirve 4 porciones en 4 platos. Adórnalos con los tomates (cortados por la mitad) y unas hojas de perejil.

CONSEJO

La mayonesa con huevo duro no queda exactamente igual que la que solemos tomar habitualmente. Si la pruebas sola, notarás el toque del huevo cocido, pero si la mezclas con otros ingredientes, seguramente no notarás la diferencia. Además, tiene la ventaja de que no se corta.

ENSALADA DE AGUACATE Y MELOCOTÓN

INGREDIENTES (4 P.)

1 aguacate
1 melocotón
300 g de hojas de lechugas variadas
25 g de pipas de calabaza
aceite de oliva virgen extra
zumo de limón
sal

ELABORACIÓN

Lava las hojas de lechuga, sécalas, trocéalas, colócalas en una fuente grande y sazónalas.

Pela el melocotón, córtalo por la mitad, retírale el hueso, córtalo en láminas finas y añádelas a la fuente.

Corta el aguacate por la mitad, retírale el hueso, pélalo, córtalo en láminas finas e incorpóralas a la ensalada.

Tuesta las pipas de calabaza en una sartén sin aceite. Deja que se templen y espárcelas sobre la ensalada.

Sazona la ensalada, aderézala con un chorrito de zumo de limón y un chorrito de aceite de oliva y sirve.

ENSALADA DE ARROZ Y AGUACATE

INGREDIENTES (4 P.)

150 g de arroz basmati
1 aguacate
300 g de hojas de lechugas variadas
12 nueces
aceite de oliva virgen extra
vinagre
sal

ELABORACIÓN

Lava las hojas de lechuga, sécalas, trocéalas y ponlas en una fuente.

Cuece el arroz durante 12 minutos en una cazuela con agua (la misma cantidad que de arroz) y una pizca de sal. Retíralo, refréscalo y escúrrelo. Esparce el arroz sobre las hojas de lechuga.

Corta el aguacate por la mitad, retírale el hueso, pélalo, córtalo en taquitos e incorpóralos.

Casca las nueces, trocéalas y añádelas.

Sazona la ensalada, alíñala con aceite y vinagre y sirve.

ENDIBIAS CON QUESO AZUL Y NUECES

INGREDIENTES (4 P.)

2-3 endibias
150 g de queso azul
12 nueces peladas
6 orejones de albaricoque
1 pera
perejil

Para la vinagreta:

1 cucharada de miel
1 cucharada de vinagre
2-3 cucharadas de aceite de oliva virgen extra

ELABORACIÓN

Para preparar la vinagreta, pon en un bote de cristal la miel, el vinagre y el aceite, tapa el bote y agítalo para que los ingredientes se mezclen. Resérvala.

Corta la base de las endibias, separa las hojas exteriores (las más grandes), ponlas en una fuente y resérvalas.

Pica finamente las hojas centrales y ponlas en un bol. Corta los orejones en daditos y agrégalos al bol. Pica la mitad de las nueces y añádelas. Aplasta el queso azul con un tenedor e incorpóralo. Pela la pera, córtala en daditos y añádela. Mezcla todo bien y rellena las hojas de endibia con la mezcla.

Sirve 3 hojas rellenas en cada plato, coloca media nuez sobre cada una y alíñalas con la vinagreta. Adorna los platos con unas hojas de perejil.

CONSEJO

Normalmente comemos las endibias crudas, pero también se pueden consumir cocidas y asadas.

ENSALADA DE ARROZ Y PAVO

INGREDIENTES (4 P.)

- 150 g de arroz basmati
- 200 g de pechuga de pavo (fresca)
- 1 lechuga
- 1 cucharada de semillas de sésamo tostado
- aceite de oliva virgen extra
- vinagre
- pimienta
- sal

ELABORACIÓN

Lava las hojas de lechuga, sécalas, trocéalas y ponlas en una fuente.

Cuece el arroz basmati en una cazuela con agua (la misma cantidad que de arroz) y una pizca de sal durante 10-12 minutos. Retíralo, deja que se enfríe y espárcelo sobre la lechuga.

Corta la pechuga de pavo en dados, salpimiéntalos y saltéalos en una sartén con un chorrito de aceite. Añade los dados de pavo a la ensalada.

Sazona la ensalada, aderézala con aceite y vinagre, salpícala con las semillas de sésamo y sirve.

ENSALADA DE ATÚN CON AGUACATE

INGREDIENTES (4 P.)

- 500 g de atún (o bonito)
- 1-2 aguacates (según tamaño)
- 2 patatas
- 1 cebolleta
- 125 g de rúcula (limpia)
- 2 huevos
- 8 rebanadas de pan
- aceite de oliva virgen extra
- vinagre
- sal
- perejil

ELABORACIÓN

Cuece las patatas (sin pelar) en una cazuela con agua hirviendo durante 20 minutos. Retíralas y deja que se templen. Pélalas, córtalas en daditos y pásalas a un bol. Condiméntalas con aceite, vinagre y sal, mezcla bien y resérvalas.

Cuece los huevos en un cazo con agua hirviendo durante 10 minutos. Retíralos y deja que se templen. Pélalos, córtalos en cuartos y resérvalos.

Tuesta las rebanadas de pan (en el horno a 200 °C durante 4-8 minutos o en una tostadora) y resérvalas.

Mezcla en un bol 100 ml de aceite con 25 ml de vinagre y una pizca de sal. Limpia el atún, córtalo en daditos, agrégalo al bol, mezcla bien y deja que marine durante 10 minutos. Corta el aguacate por la mitad, retírale el hueso, pélalo, córtalo en daditos y colócalos en otro bol. Corta la cebolleta de la misma manera y agrégala al bol. Aliña el aguacate y la cebolleta con aceite, vinagre y sal, escurre los daditos de atún, incorpóralos al bol y mezcla.

Adereza la rúcula con aceite, vinagre y sal.

Coloca un aro de emplatar en un plato. Rellena la base con los dados de patata y cúbrelos con la ensalada de aguacate y atún. Presiona los ingredientes con una cuchara y retira el molde. Monta otros 3 platos de la misma manera.

Pon en cada plato una porción de rúcula, 2 cuartos de huevo cocido y 2 rebanadas de pan tostado y sirve.

ENSALADA DE BRÓCOLI CON RABANITOS Y ARÁNDANOS

INGREDIENTES (4 P.)

- 1 brócoli
- 8 rabanitos
- 40 arándanos deshidratados
- zumo de 1 lima
- 150 g de queso fresco
- ½ cebolla roja
- 15 g de pipas de girasol
- 15 g de pipas de calabaza
- vinagre
- perejil
- sal

Para la mayonesa:

- 1 huevo
- 175 ml de aceite de oliva virgen extra
- 1 cucharada de vinagre
- zumo de ½ lima
- 2-3 cucharadas de agua
- sal

ELABORACIÓN

Pon abundante agua en un bol y agrega un chorrito de vinagre. Separa el brócoli en ramilletes, añádelos al bol y lávalos bien. Retíralos, sepáralos en ramilletes más pequeños, ponlos en otro bol y riégalos con el zumo de lima. Tapa el bol con film transparente, remuévelo y deja que el brócoli macere mientras vas preparando el resto de los ingredientes de la ensalada.

Corta el queso fresco en dados y resérvalos.

Lava los rabanitos, córtalos en medias lunas y resérvalos.

Pela la cebolla roja, córtala en juliana fina y resérvala.

Calienta una sartén, agrega las pipas de girasol y de calabaza y tuéstalas un poco. Retíralas y resérvalas en un plato.

Para hacer la mayonesa, pon el huevo en un vaso batidor y sazónalo. Agrega el vinagre y el aceite y tritura los ingredientes con una batidora eléctrica hasta que liguen. Añade el zumo de lima y el agua y mezcla.

Pon en cada plato 2-3 cucharadas de mayonesa y extiéndela bien. Añade unos ramilletes de brócoli, unos daditos de queso, unas rodajas de rabanito, unas rodajas de cebolla, unos arándanos y unas pipas. Adorna los platos con unas hojas de perejil.

CONSEJO

Antes de comer el brócoli crudo, hay que lavarlo muy bien para eliminar cualquier suciedad, restos de tierra o insectos que pueda tener.

ENSALADA DE CUSCÚS CON GRANADA

INGREDIENTES (4 P.)

- 300 g de cuscús
- 1 granada
- 20 g de pasas
- ½ pimiento verde
- ½ cebolla roja
- 1 loncha gruesa de jamón cocido (120 g)
- zumo de 1 limón
- 3-4 cucharadas de aceite de oliva virgen extra
- 15 hojas de menta (y algunas más para decorar)
- perejil
- sal

ELABORACIÓN

Calienta agua (el mismo volumen que de cuscús) en una cazuela y deja que hierva. Pon el cuscús y las pasas en un bol grande, vierte encima el agua, sazona y tápalo con film transparente. Espera a que el cuscús se hidrate y absorba el agua (unos 10 minutos). Retira el film y suelta el cuscús con dos cucharas (o tenedores).

Corta el pimiento verde y la cebolla en daditos, agrégalos al bol del cuscús y mezcla bien.

Corta el jamón en daditos e incorpóralo.

Agrega el zumo de limón, sal (al gusto), el aceite y las 15 hojas de menta picadas. Mezcla bien.

Corta la granada por la mitad y golpea la cáscara con una cuchara hasta que salgan todos los granos. Añade la granada a la ensalada y vuelve a mezclar.

Sirve y adorna los platos con unas hojas de menta y unas hojas de perejil.

CONSEJO

Si quieres que el cuscús tenga más sabor, puedes hidratarlo agregando algún caldo aderezado con hierbas aromáticas y especias.

ENSALADA DE ARROZ INTEGRAL, AGUACATE Y NUECES

INGREDIENTES (4 P.)

- 200 g de arroz integral
- 1 aguacate
- 12 nueces
- 200 g de canónigos
- 100 g de rúcula
- aceite de oliva virgen extra
- vinagre
- sal

ELABORACIÓN

Lava los canónigos y la rúcula, sécalos y colócalos en una fuente.

Pon agua a calentar en una cazuela. Cuando empiece a hervir, agrega una pizca de sal y el arroz y cuécelo durante el tiempo que indique el paquete. Escúrrelo, refréscalo y añádelo a la fuente.

Casca las nueces, pícalas un poco y agrégalas a la ensalada.

En el último momento, corta el aguacate por la mitad, retírale el hueso, sácale la pulpa, córtala en trozos irregulares e incorpóralos a la ensalada.

Sazona la ensalada, alíñala con aceite y vinagre y sirve.

ENSALADA DE CALAMARES CON TOMATE

INGREDIENTES (4 P.)

- 1 kg de calamares
- 2-3 tomates
- 100 g de azúcar
- 4 bolsitas de tinta de calamar
- ½ limón
- 1 diente de ajo
- aceite de oliva virgen extra
- vinagre de manzana
- perejil
- sal

ELABORACIÓN

Prepara un caramelo calentando en una sartén el azúcar, la tinta de calamar, unas gotas de zumo de limón y 1-2 cucharadas de agua. Cuando empiece a dorarse, retira la sartén del fuego y, con la ayuda de una cuchara, déjalo caer (formando unas tiras) sobre un trozo de papel de hornear untado con aceite. Deja que el caramelo se enfríe.

Limpia los calamares y córtalos en anillas. Calienta abundante agua con una pizca de sal en una cazuela. Cuando empiece a hervir, agrega las anillas, escáldalas durante 30 segundos, escúrrelas y resérvalas.

Pela los tomates y córtalos en dados. Pela el diente de ajo, pícalo y salpica con él el tomate. Alíña con una pizca de sal, aceite y vinagre de manzana (al gusto).

Coloca en una fuente el tomate aliñado y distribuye encima las anillas de calamar. Espolvorea todo con un poco de perejil picado, adorna con las tiras de caramelo y sirve.

ENSALADA DE CÍTRICOS

INGREDIENTES (4 P.)

- 1 escarola
- 1 pomelo
- 1 naranja
- 1 lima
- 40 g de almendras en láminas
- aceite de oliva virgen extra
- sal

ELABORACIÓN

Lava la escarola, sécala, trocéala y ponla en una fuente.

Pela los cítricos (eliminándoles las pieles blancas) y saca los gajos en vivo. Corta los gajos en trocitos y repártelos sobre la escarola.

Tuesta las almendras en una sartén sin aceite. Deja que se enfríen y espárcelas sobre la ensalada.

Sazona la ensalada, alíñala con un buen chorro de aceite de oliva y sirve.

ENSALADA DE ESCAROLA, PERA Y QUESO FRESCO

INGREDIENTES (4 P.)

1 escarola

1 pera

150 g de queso fresco de cabra

12 nueces

perejil

sal

Para el aliño:

1 limón

6 cucharadas de aceite de oliva virgen extra

1 cucharada de miel

ELABORACIÓN

Para el aliño, exprime el limón y pon el zumo en un bote de cristal. Añade la miel y el aceite, tapa el bote y bate bien los ingredientes hasta que emulsionen. Resérvalo.

Suelta las hojas de escarola y lávalas bien bajo el grifo de agua fría. Sécalas, trocéalas y ponlas en un bol grande.

Casca las nueces, pícalas un poco y resérvalas.

Corta el queso en daditos y resérvalos.

Pela la pera, córtala en lonchas finas y resérvala.

Sazona la escarola, mezcla bien y repártela en 4 platos. Alíñala y reparte por encima las nueces, las lonchas de pera y los dados de queso en los 4 platos. Vuelve a aliñar y sirve.

Adorna los platos con unas hojas de perejil.

CONSEJO

Si consigues cascar las nueces en dos mitades (sin romperlas en trocitos), puedes pegar las cáscaras, pintarlas de color plateado o dorado y aprovecharlas para hacer un centro de Navidad.

ENSALADA DE CUSCÚS Y TOMATE

INGREDIENTES (4 P.)

- 200 g de cuscús (precocido)
- 2 tomates (500 g)
- 100 g de hojas de rúcula limpias
- 2 cucharadas de alcaparras
- aceite de oliva virgen extra
- sal

ELABORACIÓN

Pon el cuscús en un bol. Pon agua a calentar (la cantidad que indique el paquete) en un cazo y sazónala. Cuando empiece a hervir, viértela sobre el cuscús, tápalo con film transparente y deja que absorba toda el agua.

Pela los tomates, córtalos en daditos y mézclalos con el cuscús. Pon encima las hojas de rúcula y añade las alcaparras.

Sazona y riega todo con un chorro de aceite de oliva. Reparte la mezcla en 4 platos y sirve.

ENSALADA DE JUDÍAS VERDES Y VENTRESCA

INGREDIENTES (4 P.)

- 400 g de judías verdes
- 1 ventresca de bonito (pequeña)
- 16 tomates cherry
- perejil
- sal

Para el aliño:

- ½ pimiento verde
- ½ diente de ajo
- 100 ml de aceite de oliva virgen extra
- 1 cucharada de vinagre

ELABORACIÓN

Lava las judías, retírales las puntas (y los hilos si los tuvieran), córtalas por la mitad a lo largo y después en trozos de 3 cm.

Calienta una cazuela con agua, introduce en ella las judías, sazona, tapa la cazuela y cuécelas durante 8-10 minutos. Escúrrelas y resérvalas.

Pon a calentar abundante agua en una tartera (cazuela amplia y baja). Corta la ventresca por la mitad, introdúcela en la cazuela, sazónala y cuécela hasta que el agua empiece a hervir de nuevo. Apaga el fuego, retira la ventresca a un plato y deja que se temple. Retírale las pieles y espinas, suéltala en lascas y resérvala.

Para el aliño, corta el pimiento en dados y ponlo en un vaso batidor. Agrega el ajo, el vinagre y el aceite y tritura los ingredientes con una batidora eléctrica hasta que queden bien triturados y emulsionados.

Lava los tomates y córtalos por la mitad.

Sirve en el centro de cada plato ¼ parte de las judías, coloca encima unas lascas de ventresca y, a los lados, los tomates. Adereza las ensaladas con el aliño y adorna los platos con unas hojas de perejil.

CONSEJO

Normalmente utilizamos las judías cocidas, pero también quedan muy bien si las salteamos en una sartén (o wok) o las asamos en el horno.

ENSALADA DE CUSCÚS Y REMOLACHA

INGREDIENTES (4 P.)

- 100 g de cuscús precocido
- 1 escarola
- 1 remolacha cocida
- 30 g de maíz en conserva
- aceite de oliva virgen extra
- vinagre
- sal

ELABORACIÓN

Pon el cuscús en un bol. Pon agua (la cantidad que indique el paquete) a calentar en un cazo y sazónala. Cuando empiece a hervir, viértela sobre el cuscús, tápalo con film transparente y espera a que absorba todo el líquido.

Lava la escarola, sécala, trocéala y ponla en una fuente.

Corta la remolacha en dados y añádelos a la fuente. Agrega el cuscús y el maíz en conserva.

Sazona la ensalada, adérezala con aceite y vinagre y sirve.

ENSALADA DE ENDIBIAS

INGREDIENTES (4 P.)

- 6 endibias
- 1 cebolleta
- 1 cucharada grande de alcaparras
- aceite de oliva virgen extra
- vinagre
- sal

ELABORACIÓN

Suelta las hojas de las endibias y extiéndelas en 4 platos.

Corta la cebolleta en daditos y ponla en un bol. Agrega al bol las alcaparras, sazona y agrega un buen chorro de aceite de oliva y un chorrito de vinagre y mezcla el aliño.

Aliña las endibias y sirve.

ENSALADA DE PICADILLO ANDALUZ

INGREDIENTES (4 P.)

- 2 tomates
- 1 cebolleta
- 1 pepino
- 1 pimiento verde
- 1 diente de ajo
- 20 aceitunas negras
- 20 picos de pan
- 5-6 cucharadas de aceite de oliva virgen extra
- 1 cucharada de vinagre
- ½ cucharadita de tomillo
- ½ cucharadita de orégano
- perejil
- sal

ELABORACIÓN

Corta la cebolleta en daditos y ponla en un bol grande. Pela el pepino (a tiras, dejando parte sin pelar), córtalo en daditos y agrégalo. Retira el tallo y las semillas del pimiento, córtalo de la misma manera y agrégalo. Pela los tomates, córtalos en daditos e incorpóralos al bol. Pela el diente de ajo, córtalo de la misma manera y añádelo. Agrega el tomillo, el orégano y una pizca de sal.

Pon en un bol el aceite, el vinagre y sal (al gusto) y bate los ingredientes hasta que emulsionen. Adereza la ensalada, mezcla bien, tápala con film transparente, introdúcela en el frigorífico y déjala reposar durante 1 hora.

Sirve una ración de picadillo en cada plato, reparte las aceitunas encima y acompáñalas con unos picos de pan. Adorna los platos con unas hojas de perejil.

CONSEJO

Esta ensalada, elaborada con ingredientes de temporada que a menudo tenemos en casa, es perfecta para consumir durante los días más calurosos del verano.

ENSALADAS

ENSALADA DE ESCAROLA, NARANJA Y AJO

INGREDIENTES (4 P.)

- 1 escarola
- 2 naranjas
- 2 dientes de ajo
- 2 huevos
- 2 rebanadas de pan de molde
- aceite de oliva virgen extra
- vinagre
- perejil
- sal

ELABORACIÓN

Calienta agua en un cazo, introduce en ella los huevos y cuécelos durante 10 minutos (contados desde el momento en que el agua empiece a hervir). Retíralos, refréscalos, pélalos, corta cada uno en 4 a lo largo y resérvalos.

Lava la escarola, trocéala, sécala, colócala en una ensaladera y resérvala.

Pela las naranjas en vivo, saca los gajos y resérvalos. Coloca los restos de las naranjas entre dos platos, aplástalas y exprímelas sobre un bol hasta que salga todo el zumo. Reserva el zumo.

Pela los dientes de ajo, córtalos en daditos y resérvalos.

Calienta 4-6 cucharadas de aceite en una sartén pequeña. Corta el pan en daditos, añádelos a la sartén y fríelos hasta que se doren. Retíralos y colócalos sobre un plato cubierto con papel absorbente.

Agrega al bol con el zumo de naranja 1 cucharadita de vinagre y 3 cucharadas de aceite y mezcla bien.

Sazona la escarola, añádele los ajos picados y la vinagreta y mezcla bien.

Reparte la escarola en 4 platos y coloca en cada uno 2 cuartos de huevo, unos gajos de naranja y unos costrones de pan. Decóralos con unas hojas de perejil.

CONSEJO

Si quieres que la ensalada tenga un sabor a ajo más suave, en lugar de añadir los ajos a la escarola, pela un ajo, pártelo a la mitad y frota con él el interior de la ensaladera antes de colocar en ella la escarola.

ENSALADA DE ESCAROLA Y LOMBARDA

INGREDIENTES (4 P.)

1 escarola
50 g de lombarda
12 aceitunas negras (sin hueso)
1 cucharada de mostaza
3 cucharadas de aceite de oliva virgen extra
1 cucharada de zumo de limón
sal

ELABORACIÓN

Lava la escarola, sécala, trocéala y ponla en una fuente.

Corta la lombarda en juliana fina, agrégala y sazona las hortalizas.

Corta las aceitunas en aros y añádelos.

Pon en un bote la mostaza con el aceite y el zumo de limón. Tapa el bote y bate los ingredientes. Aliña la ensalada y sirve.

ENSALADA DE ESCAROLA Y AGUACATE

INGREDIENTES (4 P.)

1 escarola
1 aguacate
1 granada
30 g de piñones
aceite de oliva virgen extra
vinagre
sal

ELABORACIÓN

Lava la escarola, sécala, trocéala y ponla en una fuente.

Corta el aguacate por la mitad, retírale el hueso, pélalo, córtalo en daditos e incorpóralos a la fuente.

Corta la granada por la mitad y desgránala golpeándola por la parte de la piel con una cuchara. Esparce los granos de granada encima de la ensalada.

Tuesta los piñones en una sartén sin aceite, deja que se enfríen y agrégalos.

Sazona la ensalada, alíñala con aceite y vinagre y sirve.

ENSALADA DE ESCAROLA, AGUACATE Y PIÑA

INGREDIENTES (4 P.)

1 escarola
1-2 aguacates (según tamaño)
2 rodajas de piña
30 g de avellanas peladas
aceite de oliva virgen extra
vinagre
sal

ELABORACIÓN

Lava la escarola, sécala, trocéala y ponla en una fuente.

Pela la piña, córtala en dados y agrégalos.

Corta el aguacate por la mitad, retírale el hueso, pélalo, córtalo en gajos y añádelo.

Pica un poco las avellanas y salpica con ellas la ensalada.

Aliña la ensalada con aceite, vinagre y sal y sirve.

ENSALADA DE PATATA, BACALAO Y NARANJA (ENSALADA MALAGUEÑA)

INGREDIENTES (4 P.)

3 patatas
1 lomo de bacalao desalado (300 g)
2 naranjas
1 cebolleta (con su tallo verde)
24 aceitunas aliñadas
aceite de oliva virgen extra
vinagre
perejil
sal

ELABORACIÓN

Pon a calentar abundante agua en una olla rápida. Introduce en ella las patatas, sazónalas, tápalas y cuécelas durante 5-6 minutos. Escúrrelas y resérvalas.

Pela las naranjas en vivo, eliminándoles la piel y la parte blanca que las recubre con un cuchillo. Saca los gajos y ponlos en un bol.

Retira la piel del bacalao, córtalo en filetes finos y agrégalos al bol.

Corta la cebolleta (con su parte verde) en juliana fina e incorpórala al bol junto con las aceitunas.

Aliña la ensalada con unas gotas de vinagre, un buen chorro de aceite y un poco de perejil picado y mezcla bien. Reserva.

Pela las patatas, córtalas en rodajas, repártelas en 4 platos y sazónalas. Reparte la ensalada sobre las rodajas de patata y riégala con un chorrito de aceite. Decora los platos con unas hojas de perejil.

CONSEJO

¿Qué significa pelar al vivo? Cuando pelamos naranjas, limones, etc., en vivo, además de quitarles la cáscara, también les retiramos la piel blanca que los recubre. De esta manera, la fruta queda completamente limpia y más bonita a la hora de presentarla.

ENSALADA DE ESCAROLA, PASTA Y *CURRY*

INGREDIENTES (4 P.)

1 escarola
200 g de *farfalle* (pasta mariposa)
100 g de atún en aceite
100 g de maíz dulce en conserva
80 g de aceitunas negras (sin hueso)
12 tomates cherry
aceite de oliva virgen extra
4 g de hojas de cilantro
20 hojas de cebollino
perejil
sal

Para la mayonesa de curry:

1 huevo
2 cucharaditas de *curry*
150-175 ml de aceite de oliva virgen extra
1 cucharada de vinagre
sal

ELABORACIÓN

Calienta abundante agua en una cazuela grande y sazónala. Cuando empiece a hervir, añade la pasta y cuécela durante el tiempo que indique el fabricante. Escúrrela, refréscala y resérvala.

Limpia la escarola, sécala, trocéala y resérvala.

Para la mayonesa de *curry,* pon el huevo en un vaso batidor, sazónalo, añade el *curry,* el vinagre y el aceite y tritura los ingredientes con una batidora eléctrica hasta que emulsionen. Resérvala.

Desmenuza el atún y ponlo en un bol grande. Agrega el maíz, las aceitunas negras y las hojas de cilantro. Mezcla bien, incorpora la pasta y vuelve a mezclar. Pica el cebollino finamente y añádelo. Agrega también la mayonesa y remueve los ingredientes hasta que queden integrados.

Adereza la escarola con sal y aceite (a tu gusto) y distribúyela en 4 platos. Reparte la ensalada de pasta encima. Corta los tomates por la mitad, coloca 3 en cada plato y adorna con unas hojas de perejil.

CONSEJO

Si la mayonesa quedara muy espesa, añade un poco de agua templada, mezcla bien y comprueba su espesor. Continúa agregando agua (poca cantidad cada vez) hasta conseguir el punto deseado.

ENSALADA DE LENTEJA CAVIAR

INGREDIENTES (4 P.)

250 g de lenteja caviar (negra)
2 huevos
2 zanahorias
1 cebolleta
1 aguacate
50 g de rúcula
aceite de oliva virgen extra
vinagre
perejil
sal

CONSEJO

Si no consigues lenteja caviar, puedes hacer la receta con cualquier otra variedad de lenteja, como la pardina, la verdina o la castellana.

ELABORACIÓN

Pon las lentejas en una olla rápida, cúbrelas con abundante agua, sazónalas, cierra la olla y cuécelas durante 6 minutos. Escúrrelas y resérvalas.

Pon los huevos en un cazo, cúbrelos con agua y cuécelos durante 10 minutos (contados desde el momento en el que el agua empiece a hervir). Retíralos, refréscalos, pélalos, córtalos en 4 gajos y resérvalos.

Pela las zanahorias, saca tiras finas con el pelador y resérvalas.

Corta la cebolleta en daditos y resérvala.

Pela el aguacate, córtalo en medias lunas y resérvalo.

Pon las lentejas en un bol grande, agrega la cebolleta y alíñalas con sal, 2-3 cucharadas de aceite y 1 cucharada de vinagre.

Pon las zanahorias y la rúcula en otro bol. Aderézalas con 2 cucharadas de aceite, 1 cucharada de vinagre y sal y mezcla bien.

Para servir, pon un aro (alto) de emplatar en un plato, rellénalo hasta la mitad con la mezcla de lentejas y cebolleta y extiende encima unas rodajas de aguacate. Cúbrelas con la mezcla de zanahoria y rúcula, y corona la ensalada con 2 cuartos de huevo. Monta otras 3 raciones de la misma manera. Sirve y adorna los platos con unas hojas de perejil.

ENSALADA DE HIGOS Y QUESO FETA

INGREDIENTES (4 P.)

- 4-6 higos
- 100 g de queso feta
- 200 g de hojas de lechugas variadas
- 150 g de cuscús
- 30 g de pipas de calabaza
- 1 cucharada de bayas de goji
- aceite de oliva virgen extra
- vinagre de Módena
- sal

ELABORACIÓN

Pon agua a calentar en una cazuela. Cuando empiece a hervir, agrega el cuscús y una pizca de sal y cuécelo durante el tiempo que indique el paquete. Retíralo, escúrrelo y refréscalo. Añádele las bayas de goji y mezcla bien.

Lava las hojas de lechuga, sécalas, ponlas en una fuente y sazónalas.

Agrega a la fuente el cuscús con las bayas de goji.

Corta el queso en trozos e incorpóralos.

Corta los higos en octavos y añádelos.

Tuesta las pipas de calabaza en una sartén sin aceite y salpica con ellas la ensalada.

Aliña la ensalada con aceite, vinagre y sal y sirve.

ENSALADA DE ESCAROLA, PASTA Y PIÑA

INGREDIENTES (4 P.)

- 1 escarola
- 200 g de pasta pequeña
- 1 rodaja de piña
- 30 g de pipas de girasol
- aceite de oliva virgen extra
- vinagre
- sal

ELABORACIÓN

Lava la escarola, sécala, trocéala y ponla en una fuente.

Pon agua a calentar en una cazuela, añade la pasta y cuécela durante el tiempo que indique el paquete. Retírala, refréscala y añádela a la fuente.

Pela la rodaja de piña, córtala en daditos y agrégalos a la fuente.

Tuesta las pipas en una sartén sin aceite y salpica con ellas la ensalada.

Sazona, aliña con aceite y vinagre y sirve.

ENSALADA DE LECHUGA Y GARBANZOS

INGREDIENTES (4 P.)

- 200 g de lechuga
- 250 g de garbanzos (cocidos)
- 30 g de maíz en conserva
- 3 cucharadas de aceite de oliva virgen extra
- zumo de 1 naranja
- 1 cucharada de mostaza
- sal

ELABORACIÓN

Lava la lechuga, seca, trocea, ponla en una fuente y sazónala.

Agrega los garbanzos y el maíz.

Mezcla en un bol el aceite con la mostaza, el zumo de naranja y un poco de sal.

Aliña la ensalada y sirve.

ENSALADA DE ESPINACAS Y DÁTILES

INGREDIENTES (4 P.)

150 g de espinacas *baby* limpias

8 dátiles

8 huevos de codorniz

5 rebanadas de pan

20 g de pipas de calabaza

aceite de oliva virgen extra

vinagre

perejil

sal

ELABORACIÓN

Calienta agua en un cazo, introduce en él los huevos de codorniz y cuécelos durante 4 minutos. Escúrrelos, pélalos y resérvalos.

Retira los huesos de los dátiles, córtalos en trocitos y resérvalos.

Calienta unos 100 ml de aceite en una sartén. Corta el pan en daditos, añádelos a la sartén y fríelos hasta que se doren. Retíralos, escúrrelos sobre un plato cubierto con papel absorbente y resérvalos.

Pon las espinacas en un bol grande y añade las pipas de calabaza y los dátiles. Condimenta con aceite, vinagre y sal y mezcla bien.

Sirve las espinacas en 4 platos y reparte los dados de pan por encima. Corta los huevos por la mitad y coloca 2 (4 mitades) en cada plato. Adorna los platos con unas hojas de perejil.

CONSEJO

Puedes utilizar pipas de calabaza al natural o tostadas. Si las has comprado al natural y quieres tostarlas, no tienes más que calentar una sartén sin aceite, añadir las pipas y saltearlas durante 2 minutos.

ENSALADA DE JUDÍAS VERDES Y MANZANA

INGREDIENTES (4 P.)

- 200 g de judías verdes
- 1 manzana
- 1 lechuga hoja de roble
- 30 g de avellanas tostadas
- aceite de oliva virgen extra
- vinagre
- sal

ELABORACIÓN

Lava la lechuga, sécala, trocéala y ponla en una fuente.

Retira las puntas de las judías, córtalas en juliana fina, colócalas en el accesorio para cocer al vapor, introdúcelo en una cazuela con un poco de agua hirviendo, tapa la cazuela y cuécelas durante 10 minutos. Retíralas, sazónalas, deja que se templen y agrégalas a la fuente.

Pela la manzana, córtala en dados y añádelos.

Aplasta las avellanas y salpica con ellas la ensalada.

Sazona, aliña la ensalada con aceite y vinagre y sirve.

ENSALADA DE LANGOSTINOS Y GERMINADOS

INGREDIENTES (4 P.)

- 16 langostinos
- 200 g de germinados variados
- 2 patatas
- 50 ml de *brandy*
- aceite de oliva virgen extra
- vinagre
- sal

Para la salsa:

- zumo de 2 naranjas
- 1 cucharada de harina de maíz refinada
- 4 cucharadas de vinagre
- 1 trozo de guindilla
- 1 cucharada de azúcar

ELABORACIÓN

Lava las patatas y cuécelas (con piel) en una cazuela con abundante agua durante 30-35 minutos. Escúrrelas, pélalas, deja que se templen, córtalas en rodajas y resérvalas.

Para hacer la salsa, introduce en un cuenco el azúcar, la harina de maíz, el zumo de naranja, la guindilla y el vinagre y mezcla bien los ingredientes. Vierte todo en una cazuela y cocina hasta que se ligue la salsa. Cuélala y resérvala.

Corta los langostinos por la mitad a lo largo dejándolos unidos por las cabezas, sazónalos y saltéalos en una sartén con un chorrito de aceite. Agrega el *brandy* y flambéalos. Retíralos y resérvalos.

Mezcla los germinados en un bol y alíñalos con aceite, vinagre y sal.

Sirve en cada plato 4 rodajas de patata, reparte encima los germinados, pon los langostinos a los lados, salséalos y sirve.

ENSALADA TEMPLADA DE GULAS, CHAMPIÑONES Y QUESO DE CABRA

INGREDIENTES (4 P.)

- 400 g de gulas
- 150 g de champiñones en conserva
- 4 medallones de queso de cabra (200 g)
- 200 g de brotes de lechuga limpios
- 2 manzanas
- zumo de 1 limón
- 30 g de almendras tostadas
- aceite de oliva virgen extra
- perejil
- sal

ELABORACIÓN

Pon los brotes de lechuga en un bol grande. Pela las manzanas, retírales el corazón, córtalas en dados y agrégalas al bol. Reserva.

Calienta 2 cucharadas de aceite en una sartén, corta los champiñones en cuartos, añádelos a la sartén y saltéalos durante 3-4 minutos. Incorpora las gulas y saltea todo durante 2 minutos más. Reserva.

Calienta otra sartén sin aceite, extiende encima las rodajas de queso y dóralas por los dos lados. Retíralas a un plato y resérvalas.

En el momento de servir, adereza la mezcla de lechuga y manzana con zumo de limón, sal y aceite. Mezcla bien y repártela en 4 platos. Coloca encima de cada uno la ¼ parte de las gulas con champiñones, 1 rodaja de queso y unas almendras. Decora los platos con unas hojas de perejil.

CONSEJO

Este tipo de ensaladas, en las que se combinan alimentos crudos y cocinados a temperaturas diferentes, hay que montarlas en el último momento.

ENSALADA DE ARROZ, SURIMI, AGUACATE Y MAÍZ

INGREDIENTES (4 P.)

- 250 g de arroz basmati
- 12 palitos de surimi
- 1 aguacate
- 160 g de maíz en conserva
- 25 g de almendras peladas
- 25 g de nueces peladas
- 1 cebolleta
- 3-4 cucharadas de aceite de oliva virgen extra
- 1 cucharada de vinagre
- perejil
- sal

ELABORACIÓN

Pica las almendras y las nueces, ponlas en el mortero y májalas a tu gusto. Agrega el aceite y el vinagre, mezcla bien y reserva la vinagreta.

Calienta abundante agua en una cazuela. Introduce el arroz y cuécelo durante 15-18 minutos a fuego suave-medio. Retíralo, refréscalo, escúrrelo, ponlo en un bol grande y añade el maíz. Corta la cebolleta en daditos y agrégala.

Corta 8 palitos de surimi (reserva el resto) en rodajas al bies e incorpóralos al bol. Sazona, agrega la vinagreta y un poco de perejil picado y mezcla los ingredientes suavemente.

Pela el aguacate, retírale el hueso y córtalo en rodajas finas.

Corta los otros 4 palitos de surimi al bies en 4-5 rodajas.

Pon un aro de emplatar en el centro de un plato y llénalo hasta la mitad con la ensalada de arroz. Coloca unas rodajas de aguacate encima y cúbrelas con más arroz. Pon encima 4-5 rodajas de surimi, decóralo con unas hojas de perejil y retira el aro de emplatar. Monta otros 3 platos de la misma manera y sirve.

CONSEJO

Si quieres que el arroz quede suelto, te recomiendo que no lo remuevas durante la cocción y que lo sazones cuando ya esté cocido.

ENSALADA DE JUDÍAS VERDES Y MIJO

INGREDIENTES (4 P.)

- 500 g de judías verdes
- 200 g de mijo
- 1 l de caldo de verduras
- 2 zanahorias
- 1 cebolleta
- 40 g de pipas de calabaza tostadas
- perejil
- sal

Para el aliño:

- 125 ml de aceite de oliva virgen extra
- 1 diente de ajo
- zumo de ½ limón
- 1 cucharada de miel
- 75 ml de zumo de piña
- 1 trozo de jengibre fresco (2 cm)
- sal gruesa

ELABORACIÓN

Calienta el caldo en una cazuela. Cuando empiece a hervir, agrega el mijo, sazónalo y cuécelo durante unos 15 minutos. Retíralo, refréscalo, escúrrelo y resérvalo.

Calienta agua en otra cazuela. Retira las puntas de las judías, córtalas por la mitad a lo largo y después córtalas en trozos de 4 cm. Añádelas a la cazuela, sazónalas y cuécelas durante 6-8 minutos. Escúrrelas, ponlas en un bol y resérvalas.

Pela las zanahorias, córtalas en daditos y ponlas en un bol grande. Corta la cebolleta de la misma manera y añádela. Agrega el mijo y las pipas de calabaza y mezcla bien.

Para preparar el aliño, pela el diente de ajo, pícalo un poco y ponlo en un mortero. Añade un poco de sal gruesa y májalo bien. Agrega el zumo de limón, la miel, el zumo de piña y el jengibre rallado, vierte encima el aceite poco a poco y remueve los ingredientes hasta que emulsionen.

Adereza por separado las judías y el mijo.

Para servir, coloca un aro de emplatar en un plato, llénalo hasta la mitad con la mezcla de mijo, zanahorias, cebolleta y pipas, coloca encima una porción de judías y retira el molde. Monta los otros 3 platos de la misma manera y decóralos con unas hojas de perejil.

CONSEJO

Si tienes una licuadora en casa, te recomiendo licuar un trozo de piña para conseguir el zumo.

ENSALADA DE CUSCÚS Y GUISANTES

INGREDIENTES (4 P.)

300 g de cuscús precocido
350 g de guisantes frescos desgranados
1 cebolleta pequeña
1 pimiento verde pequeño
8 tomates cherry
perejil
sal

Para el aliño:

6 cucharadas de aceite de oliva virgen extra
1 diente de ajo
10-12 hojas de albahaca
1 pizca de sal gruesa

CONSEJO

Para dar un toque diferente al cuscús, una vez cocinado puedes añadirle un trocito de mantequilla y removerlo hasta que quede bien integrado.

ELABORACIÓN

Para preparar el aliño, pela el diente de ajo, córtalo en láminas, introdúcelo en un mortero, agrega la sal y májalo bien. Pica las hojas de albahaca, añádelas al mortero y májalas bien. Vierte encima el aceite, mezcla bien y resérvalo.

Calienta agua en una cazuela. Cuando empiece a hervir, introduce en ella los guisantes, sazónalos y cuécelos durante unos 10 minutos. Escúrrelos y reserva el caldo y los guisantes por separado.

Pon el cuscús en un bol grande y cúbrelo con la misma cantidad del caldo (caliente) resultante de cocer los guisantes. Tápalo con film transparente y deja que absorba todo el caldo (unos 10 minutos). Retira el film y suelta el cuscús con la ayuda de 2 cucharas.

Corta la cebolleta en daditos y agrégala al bol del cuscús. Retira el tallo y las semillas del pimiento, córtalo de la misma manera y añádelo. Incorpora los guisantes, sazona y mezcla suavemente. Vierte encima ¾ partes del aliño y mezcla de nuevo.

Para servir, coloca un aro de emplatar en el centro de un plato, llénalo con la ensalada y retíralo. Corta 2 tomates cherry por la mitad, colócalos en la parte superior de la ensalada y aderézalos con un poco del aliño. Decora el plato con unas hojas de perejil. Repite el proceso y monta otros 3 platos de la misma manera.

ENSALADA DE PASTA Y ALUBIAS BLANCAS

INGREDIENTES (4 P.)

300 g de pasta (espirales)

200 g de alubias blancas (cocidas o en conserva)

12 tomates cherry

1 cebolla morada pequeña

20 aceitunas negras sin hueso

4 tomates secos hidratados en aceite

12 filetes de anchoa en aceite

perejil

sal

Para el aliño:

125-150 ml de aceite de oliva virgen extra

zumo de ½ limón

10-12 hojas de albahaca

ELABORACIÓN

Calienta abundante agua en una cazuela. Cuando empiece a hervir, introduce en ella la pasta, sazónala y cuécela durante unos 10 minutos. Retírala, refréscala, escúrrela y resérvala.

Para preparar el aliño, pica las hojas de albahaca y ponlas en un vaso batidor. Agrega el aceite y el zumo de limón y tritura los ingredientes hasta conseguir una salsa homogénea. Resérvalo.

Pela la cebolla, córtala en juliana fina y ponla en un bol. Corta los tomates secos en juliana y añádelos. Corta las aceitunas en rodajas y agrégalas.

Incorpora al bol la pasta y las alubias, vierte encima el aliño y mezcla suavemente.

Corta los tomates cherry por la mitad.

Reparte la ensalada en 4 platos y coloca en cada uno 3 tomates y 3 anchoas. Decóralos con unas hojas de perejil.

CONSEJO

Puedes cocer las alubias en casa, pero si te quieres ahorrar algo de trabajo, te recomiendo que emplees alubias en conserva, ya que vienen cocidas y listas para usar.

SOPAS Y CREMAS

CREMA DE ACELGAS Y CALABACÍN

ELABORACIÓN (4 P.)

- 2 hojas de acelga
- 1 calabacín grande (o 2 pequeños)
- 1 cebolla
- 75 g de arroz
- 4 rebanadas de pan
- aceite de oliva virgen extra
- perejil
- sal

ELABORACIÓN

Calienta 3 cucharadas de aceite en una cazuela. Pela la cebolla, córtala en dados, añádela a la cazuela y rehógala durante 5 minutos. Limpia las acelgas y separa las hojas de las pencas. Pica las hojas y corta las pencas en dados e incorpóralas. Lava los calabacines, córtalos en dados y añádelos. Sazona las hortalizas y cocínalas durante 5-6 minutos a fuego medio. Agrega el arroz, cubre con abundante agua (1.500 ml aprox.), sazona y cuece todo durante 20 minutos. Tritura con una batidora eléctrica hasta conseguir una crema homogénea.

Calienta una sartén con 6 cucharadas de aceite. Corta el pan en daditos, añádelo a la sartén y fríelo. Escurre los costrones sobre un plato cubierto con papel absorbente.

Reparte la crema en 4 platos, salpícalos con los costrones y decóralos con unas hojas de perejil.

CREMA DE ALUBIA BLANCA CON PALITOS DE SÉSAMO

INGREDIENTES (4 P.)

- 300 g de alubias blancas (remojadas desde la víspera)
- 1 cebolla
- 1 hinojo pequeño
- 6 tomates deshidratados en aceite
- aceite de oliva virgen extra
- perejil
- sal

Para los palitos de sésamo:

- 100 g de harina
- 50 ml de agua
- 1 cucharada de semillas de sésamo
- sal

ELABORACIÓN

Para preparar los palitos de sésamo, pon en un bol la harina, el agua, una pizca de sal y el sésamo y mezcla todo bien. Introduce la mezcla en una manga pastelera, corta la punta y forma con ella pequeñas tiras finas sobre una bandeja de horno cubierta con papel de hornear. Hornea los palitos a 200 °C durante 5-8 minutos, retíralos y resérvalos.

Calienta una olla con 3 cucharadas de aceite. Pela la cebolla, córtala en dados y agrégala a la olla. Corta el hinojo de la misma manera y añádelo. Sazona las hortalizas y rehógalas a fuego medio durante 6-8 minutos. Incorpora las alubias escurridas, cúbrelas con abundante agua, sazónalas, cierra la olla y cuécelas durante 15 minutos. Pasa todo a una batidora de vaso y tritura bien hasta conseguir una crema homogénea.

Pica los tomates, ponlos en un vaso batidor, añade 100 ml de aceite y tritúralos con una batidora eléctrica.

Reparte la crema en 4 platos, salpícala con el aceite de tomate y acompáñala con los palitos de sésamo. Decora los platos con unas hojas de perejil.

CONSOMÉ AL CARAMELO

INGREDIENTES (4-6 P.)

- 250 g de garbanzos (remojados desde la víspera)
- 1 muslo de gallina
- 250 g de costilla de ternera
- 1 hueso de rodilla
- 1 rama de apio
- 2 zanahorias
- 1 cebolla
- 30 g de azúcar
- 2 huevos
- 2 rebanadas de pan de molde
- aceite de oliva virgen extra
- perejil
- sal

ELABORACIÓN

Calienta una cazuela con agua, introduce en ella los huevos y cuécelos durante 10 minutos (contados desde el momento en que empiece a hervir). Retíralos, refréscalos, pícalos finamente y resérvalos.

Pon a calentar abundante agua (2-3 litros) en la olla rápida. Cuando empiece a hervir, agrega los garbanzos, el hueso, la costilla de ternera, el muslo de gallina, la rama de apio, las zanahorias (peladas y cortadas en rodajas) y la cebolla (pelada y troceada). Cuece los ingredientes durante 10 minutos y desespuma. Sazona, cierra la olla y cuece todo durante 40-45 minutos a fuego muy suave.

Destapa la olla, cuela el caldo sobre otra cazuela y desgrásalo. (Puedes reservar las carnes y los garbanzos para hacer alguna otra receta: croquetas, lasaña, hummus...).

Calienta el azúcar en una sartén pequeña hasta que se funda y consigas un caramelo oscuro. Agrega un cazo del caldo a la sartén y dale un hervor. Vierte la mezcla poco a poco sobre el consomé hasta conseguir el color deseado.

Calienta abundante aceite en una sartén. Corta el pan en daditos, añádelos a la sartén y fríelos hasta que se doren. Retíralos y escurre los costrones sobre un plato cubierto con papel absorbente.

Sirve en cada plato un poco de huevo picado y unos costrones. Vierte el consomé encima y adorna los platos con unas hojas de perejil.

CONSEJO

Si quieres que el consomé quede bien clarificado, te recomiendo calentar el caldo a fuego muy suave, batir 2-3 claras de huevo, añadirlas a la cazuela y darle un hervor suave hasta que las impurezas queden adheridas a las claras. Después solo habrá que retirar las claras y listo.

AJO BLANCO CON SARDINA AHUMADA

INGREDIENTES (4 P.)

- 150 g de almendras crudas peladas
- 1 diente de ajo
- 50 g de miga de pan
- 50 g de pasas de Corinto
- 65 g de sardina ahumada
- 300 ml de aceite de oliva (0,4°)
- 1 cucharada de vinagre
- perejil
- sal

ELABORACIÓN

Pon las pasas en un bol, cúbrelas con agua y déjalas a remojo durante 30 minutos como mínimo. Escúrrelas, sécalas y resérvalas.

Trocea la miga de pan y ponla en un bol. Vierte encima 250 ml de agua y espera a que se empape bien (unos 5 minutos).

Pela el diente de ajo, córtalo por la mitad, retírale el germen, pícalo y colócalo en una batidora de vaso. Añade las almendras y la miga de pan remojada (con toda el agua) y tritura bien hasta conseguir una crema homogénea.

Añade el vinagre, una pizca de sal y el aceite poco a poco (en forma de hilo fino) y sigue triturando hasta que los ingredientes queden bien ligados (si hiciera falta, cuela la mezcla). Introduce el ajo blanco en el frigorífico y deja que se enfríe bien.

Corta las sardinas ahumadas en daditos.

Sirve el ajo blanco y acompáñalo con las pasas y los daditos de sardina. Adorna los platos con unas hojas de perejil.

CONSEJO

Dependiendo de la temporada, se puede cambiar la guarnición. Durante el verano, puedes acompañar el ajo blanco con unos dados de melón, y si el verano está terminando, nada mejor que optar por unas uvas peladas y sin pepitas.

CREMA DE ACELGAS AL *CURRY*

INGREDIENTES (4 P.)

- 8 hojas de acelga (solo la parte verde)
- 1 cebolla
- 1 puerro
- 2 zanahorias
- 2 patatas
- 1 cucharadita de *curry*
- 125 ml de nata líquida
- aceite de oliva virgen extra
- perejil
- sal

ELABORACIÓN

Pela la cebolla, córtala en dados y ponla a rehogar en una cazuela con 2-3 cucharadas de aceite. Limpia el puerro (retirándole la parte inferior, la superior y 2-3 capas de hojas), enjuágalo bien, córtalo en rodajas y añádelo. Pela las zanahorias, córtalas en medias lunas e incorpóralas. Sazona y rehoga las hortalizas durante 8-10 minutos.

Pela las patatas, trocéalas (cascándolas) y agrégalas. Lava las hojas de acelga, córtalas en juliana y añádelas. Rehoga todo durante 4-5 minutos (hasta que las acelgas mengüen). Agrega el *curry* y 1 litro y medio de agua, pon a punto de sal, tapa la cazuela y cuece los ingredientes a fuego suave durante 25-30 minutos.

Pasa los ingredientes a una batidora de vaso y tritúralos hasta conseguir una crema homogénea. Incorpora la mitad de la nata y tritura un poco más.

Reparte la sopa en 4 platos hondos y decóralos con un chorretón de nata líquida y unas hojas de perejil.

CONSEJO

Cuando prepares cremas, recuerda que si utilizas hortalizas de temporada, además de quedar muy sabrosas, siempre saldrán más económicas.

CREMA DE CALABACÍN CON TEJAS DE QUESO Y PISTACHOS

INGREDIENTES (4 P.)

- 3 calabacines
- 2 cebolletas
- 1 patata
- 4 lonchas de queso para fundir
- 20 g de pistachos pelados
- aceite de oliva virgen extra
- perejil
- sal

ELABORACIÓN

Para preparar las tejas, coloca cada loncha de queso sobre 1 trozo de papel de hornear y extiéndelas sobre una bandeja de horno. Pica los pistachos y salpica con ellos las lonchas de queso. Introduce la bandeja en el horno y gratina las lonchas de queso hasta que se fundan y se doren un poco. Retíralas del horno (cada una con su papel) y colócalas sobre un rodillo para que tomen la forma de una teja. Deja que se enfríen y resérvalas.

Calienta una olla rápida con 3 cucharadas de aceite. Corta las cebolletas en dados y agrégalas a la olla. Corta los calabacines en cuartos de luna e incorpóralos. Pela la patata, trocéala y añádela. Sazona las hortalizas y rehógalas a fuego medio durante 10 minutos. Vierte encima 1.200 ml de agua, sazona, cierra la olla y cuece todo durante 5 minutos. Tritura los ingredientes con una batidora eléctrica.

Reparte la crema en 4 platos y coloca 1 teja en cada plato. Decóralos con unas hojas de perejil.

CREMA DE CALABAZA CON BUÑUELOS DE MAÍZ

INGREDIENTES (4 P.)

- 800 g de calabaza
- 2 cebollas
- 1 naranja
- aceite de oliva virgen extra
- perejil
- sal

Para los buñuelos de maíz:

- 150 g de maíz dulce
- 40 g de harina
- ½ sobre de levadura
- 4 cucharadas de leche
- 150 g de queso curado
- 1 huevo
- aceite de oliva virgen extra
- nuez moscada
- sal

ELABORACIÓN

Para hacer los buñuelos, mezcla en un bol el maíz con la harina, la levadura y la leche. Ralla encima el queso y un poco de nuez moscada. Añade el huevo y sazona. Mezcla todo bien y deja que repose la masa durante media hora. Separa la masa en pequeñas porciones y fríelas en una sartén con abundante aceite caliente a fuego no muy fuerte. Escurre los buñuelos sobre un plato cubierto con papel absorbente y resérvalos.

Calienta 3 cucharadas de aceite en una olla rápida. Pela las cebollas, córtalas en dados, añádelas a la olla y rehógalas a fuego suave durante 10 minutos.

Pela la calabaza, córtala en dados e incorpórala a la olla. Sazona, mezcla bien, vierte encima 300 ml de agua, cierra la olla y cuece todo durante 5 minutos. Cuando baje la válvula, abre la olla y pasa los ingredientes a una batidora de vaso. Corta la naranja por la mitad, exprímela, agrega el zumo al vaso americano y tritura todo bien. Pasa la crema a una cazuela y caliéntala en el momento de servir.

Reparte la crema en 4 platos y acompáñala con los buñuelos de maíz. Decora los platos con unas hojas de perejil.

CREMA DE BRÓCOLI Y CALABACÍN

INGREDIENTES (4 P.)

- 1 brócoli
- 1 calabacín
- 1 cebolla
- 25 g de arroz
- 140 g de queso crema
- 30 g de piñones
- aceite de oliva virgen extra
- perejil
- sal

CONSEJO

La cabeza floral del brócoli es la parte comestible que más se conoce, pero no es la única. Las hojas y los tallos de esta hortaliza también tienen muchas propiedades, por lo que no deberías desecharlos.

ELABORACIÓN

Calienta 3 cucharadas de aceite en una olla rápida.

Pela la cebolla, córtala en dados, añádela y rehógala durante 2 minutos.

Lava el brócoli y el calabacín. Corta 2 rodajas de calabacín y 2 ramilletes de brócoli y resérvalos. Corta el resto del calabacín y del brócoli en trozos e incorpóralos a la olla. Rehoga las hortalizas durante 2 minutos. Agrega el arroz, cubre todo con agua, sazona y cuece durante 5 minutos. Espera a que baje la válvula y abre la olla.

Tritura los ingredientes con una batidora eléctrica, añade el queso y tritura de nuevo hasta conseguir una crema homogénea.

Saltea los piñones en una sartén sin nada de aceite. Retíralos y resérvalos.

Corta el brócoli reservado en ramilletes pequeños, y el calabacín, en daditos. Añade 1 cucharada de aceite a la misma sartén en la que has tostado los piñones, agrega las hortalizas, sazónalas y saltéalas brevemente.

Reparte la crema en 4 platos y salpícalos con el calabacín, el brócoli y los piñones. Adorna los platos con unas hojas de perejil.

CREMA DE PUERRO Y BONIATO CON POLLO

INGREDIENTES (4 P.)

- 5 puerros (solo la parte blanca)
- 1 boniato grande
- 1 muslo de pollo
- 1 cebolla
- 25 g de arroz
- 1 pastilla de caldo de pollo
- 1 cucharada de semillas de sésamo negro
- aceite de oliva virgen extra
- perejil
- pimienta
- sal

ELABORACIÓN

Calienta la olla con 3-4 cucharadas de aceite. Pela la cebolla, córtala en dados y agrégala. Limpia los puerros, córtalos en cuartos de luna e incorpóralos. Sazona y cocina las hortalizas a fuego suave durante 6-8 minutos.

Pela el boniato, córtalo en dados, añádelos a la olla y mezcla bien. Agrega el arroz, desmenuza encima la pastilla de caldo y cubre con abundante agua. Tapa la olla y cocina los ingredientes durante 5 minutos. Abre la olla y tritura los ingredientes hasta conseguir una crema homogénea.

Retira la piel del muslo de pollo, córtalo en dados, salpiméntalo y saltéalo en una sartén con 2 cucharadas de aceite. Espolvoréalo con un poco de perejil picado.

Sirve la crema en 4 platos, agrega a cada uno unos dados de pollo y salpícalos con el sésamo negro. Adorna los platos con unas hojas de perejil.

CONSEJO

Aprovecha la temporada del boniato (otoño-invierno) para dar un toque dulzón a tus platos.

SOPA DE CALABAZA, PICADILLO Y TAPIOCA

INGREDIENTES (4 P.)

- 300 g de calabaza
- 250 g de carne picada de ternera
- 60 g de tapioca
- 1 puerro
- 1 pastilla de caldo de carne
- 4 rebanadas de pan del día anterior
- aceite de oliva virgen extra
- perejil
- sal

CONSEJO

Para preparar una sopa, se pueden emplear muchos más alimentos de los que usamos habitualmente. En general, cuanto mayor sea la variedad de productos que utilicemos, mayor será la variedad de nutrientes.

ELABORACIÓN

Calienta una cazuela con 3-4 cucharadas de aceite.

Limpia el puerro (retirándole la parte inferior, la superior y 2-3 capas de hojas), hazle un corte en cruz por la parte superior, enjuágalo bien, córtalo en cuartos de luna finos y añádelo a la cazuela. Pela la calabaza, córtala en daditos e incorpórala. Cocina las hortalizas a fuego suave-medio durante 6-8 minutos.

Desmenuza encima la pastilla de caldo, agrega 1 litro y medio de agua, mezcla bien, pon a punto de sal, tapa la cazuela y cuece todo a fuego medio durante 10-12 minutos.

Tritura los ingredientes con una batidora eléctrica. Pon la cazuela a calentar y añade la tapioca.

Sazona la carne y saltéala brevemente (2-3 minutos) en una sartén con 2-3 cucharadas de aceite. Incorpórala a la cazuela y cuece todo durante 7 minutos.

Corta el pan en dados y fríelos una sartén con abundante aceite hasta que se doren. Retíralos y escúrrelos sobre un plato cubierto con papel absorbente.

Reparte la sopa en 4 platos y acompáñalos con los dados de pan frito. Decóralos con unas hojas de perejil.

CREMA DE LENTEJAS Y BONIATO

INGREDIENTES (4 P.)

- 200 g de lentejas rojas
- 2 boniatos
- 1 cebolla
- 4 chalotas
- 8 rebanadas de pan
- 2 dientes de ajo
- aceite de oliva virgen extra
- perejil
- sal

ELABORACIÓN

Calienta una olla rápida con 3 cucharadas de aceite. Pela la cebolla y las chalotas, córtalas en dados, agrégalas a la olla y rehógalas a fuego suave durante 10 minutos.

Pela los boniatos, trocéalos e incorpóralos a la olla. Añade también las lentejas. Cubre con 1.200 ml de agua, sazona, cierra la olla y cuece todo durante 5-6 minutos. Pasa los ingredientes a una batidora de vaso y tritúralos hasta conseguir una crema homogénea.

Calienta una sartén con abundante aceite. Corta las rebanadas de pan en bastones, añádelos a la sartén (en tandas) y fríelos hasta que se doren. Retíralos y escúrrelos sobre un plato cubierto con papel absorbente. Pela los dientes de ajo y unta con ellos los bastones de pan.

Reparte la crema en 4 platos, acompáñala con los bastones de pan y decora los platos con unas hojas de perejil.

CREMA DE MAÍZ CON PALOMITAS Y PUERRO CRUJIENTE

INGREDIENTES (4 P.)

- 400 g de maíz en conserva
- 2 puerros
- 25 g de maíz para hacer palomitas
- 1 cebolla
- 50 g de arroz
- aceite de oliva virgen extra
- perejil
- sal

ELABORACIÓN

Calienta 3 cucharadas de aceite en una cazuela. Pela la cebolla, córtala en dados y agrégala a la cazuela. Limpia los puerros, retirándoles la parte superior, la inferior y 2-3 capas de hojas y enjuágalos bien. Corta 2 de los puerros (reserva el otro para hacer el crujiente) en cuartos de luna finos e incorpóralos a la cazuela. Sazona las hortalizas y rehógalas a fuego medio durante 10 minutos.

Añade a la cazuela el maíz en conserva (escurrido) y el arroz, cubre todo con 1.500 ml de agua, pon a punto de sal y cuece todo durante 20 minutos. Pasa los ingredientes a una batidora de vaso y tritúralos bien hasta conseguir una crema homogénea. Resérvala.

Calienta 2 cucharadas de aceite en una sartén. Agrega los granos de maíz, tapa la sartén y fríelos hasta que exploten y se conviertan en palomitas de maíz. Sazona y resérvalas.

Corta el puerro reservado en juliana fina y fríelo (en tandas) en una sartén con abundante aceite. Retíralo y escúrrelo sobre un plato cubierto con papel absorbente.

Sirve la crema en 4 platos y salpícala con las palomitas de maíz y el puerro crujiente. Decora los platos con unas hojas de perejil.

CREMA DE CALABACÍN CON ALBAHACA

INGREDIENTES (4 P.)

- 2 calabacines
- 1 puerro
- 100 ml de vino blanco
- 20 g de arroz
- 1 yogur natural (griego)
- 20 g de pipas de calabaza tostadas
- aceite de oliva virgen extra
- 12 hojas de albahaca
- perejil
- sal

ELABORACIÓN

Calienta una cazuela con 3 cucharadas de aceite. Limpia el puerro, retirándole la parte inferior, la superior y 2 capas de hojas. Enjuágalo, córtalo en cuartos de luna finos, añádelo a la cazuela y cocínalo durante 5 minutos.

Lava los calabacines, córtalos en cuartos de luna finos e incorpóralos. Sazona y cocina las hortalizas durante 6-8 minutos. Vierte encima el vino y dale un hervor.

Agrega el arroz y mezcla bien. Añade la mitad de las hojas de albahaca y 750 ml agua (aprox.) y pon a punto de sal. Tapa la cazuela y cuece los ingredientes durante 18 minutos. Retira parte del caldo de la cazuela y resérvalo por si hiciera falta aligerar la crema.

Añade el resto de las hojas de albahaca y tritura los ingredientes con una batidora eléctrica hasta conseguir una crema homogénea. Si hiciera falta, agrega parte del caldo reservado hasta conseguir el espesor deseado.

Reparte la crema en 4 platos hondos y sirve 1 cucharada de yogur y unas pipas de calabaza en cada uno. Decóralos con unas hojas de perejil.

CONSEJO

Recuerda que es recomendable consumir productos de temporada y de cercanía, tanto por su calidad como por su precio.

SOPA DE PAN CON CHORIZO

INGREDIENTES (4 P.)

½ barra de pan de la víspera (125 g)

150 g de chorizo (de ristra)

3 dientes de ajo

1 l de caldo de cocido

aceite de oliva virgen extra

perejil

1 cucharada de pimentón

ELABORACIÓN

Corta el pan en rodajas y tuéstalas (en el horno con el gratinador o en una tostadora) hasta que tengan un tono tostado oscuro. Resérvalas.

Calienta una cazuela con 4 cucharadas de aceite. Pela los ajos, córtalos en láminas y añádelos. Corta el chorizo en rodajas e incorpóralo. Rehoga durante 1-2 minutos y agrega el pimentón, el pan tostado y el caldo (si te gusta que la sopa quede más líquida, puedes agregar ½ litro más de caldo o de agua). Cuece los ingredientes a fuego suave durante unos 20 minutos.

Bate la sopa con una varilla y sírvela en 4 platos. Decora los platos con unas hojas de perejil.

CONSEJO

Si tuestas el pan en el horno, es importante que estés pendiente de él, pues es muy fácil que se queme en un instante.

SOPA DE ALUBIAS, MORCILLA Y REPOLLO

INGREDIENTES (4 P.)

- 200 g de alubias negras
- 1 morcilla pequeña de verduras
- ½ repollo
- 1 cebolla
- 1 zanahoria
- 1 tomate
- aceite de oliva virgen extra
- perejil
- sal

ELABORACIÓN

Pon las alubias a remojo la víspera.

Calienta agua en una cazuela, introduce en ella la morcilla y cuécela a fuego suave durante 30 minutos. En el momento de servir, córtala en 8 trozos.

Calienta 3 cucharadas de aceite en una olla rápida. Pela la cebolla, la zanahoria y el tomate, corta cada uno en 4 trozos, añádelos a la olla y rehógalos a fuego medio durante 5-6 minutos. Retíralos e introdúcelos en una red de cocina (de las que se utilizan para cocer legumbres u hortalizas).

Vierte 1.200 ml de agua en la olla, añade las alubias y la red con las hortalizas, sazona, tapa la olla y cocina todo durante 12-15 minutos. Abre la olla, pasa las hortalizas a un vaso batidor, agrega 1 cacillo del caldo de cocción y tritúralas bien. Agrega el puré a la olla.

Calienta 2-3 cucharadas de aceite en un wok. Corta el repollo en daditos, agrégalo al wok y saltéalo a fuego medio-alto durante 5-6 minutos. Incorpora el repollo a la olla y cuece todo junto durante 5 minutos.

Reparte la sopa en 4 platos y coloca 2 trozos de morcilla en cada uno. Decóralos con unas hojas de perejil.

SOPA DE ARROZ Y POLLO

INGREDIENTES (4 P.)

- 75 g de arroz
- ½ pechuga de pollo
- 2 puerros
- 2 zanahorias
- 100 g de guisantes frescos desgranados
- 1.500 ml de caldo de ave
- 2 huevos
- aceite de oliva virgen extra
- perejil
- pimienta
- sal

ELABORACIÓN

Calienta una cazuela con 3 cucharadas de aceite. Limpia los puerros (retirándoles la parte inferior, la superior y 2-3 capas de hojas), enjuágalos bien y córtalos en cuartos de luna finos. Pela las zanahorias y córtalas de la misma manera. Añade las hortalizas a la cazuela, sazónalas y rehógalas a fuego suave durante 6-8 minutos.

Salpimienta la pechuga, córtala en daditos y añádela a la cazuela. Agrega también el arroz y los guisantes, cubre todo con el caldo de ave y cuece los ingredientes durante 20 minutos.

Calienta agua en un cazo, introduce en ella los huevos y cuécelos durante 10 minutos (contados desde el momento en que el agua empiece a hervir). Retíralos, refréscalos, pélalos y córtalos en daditos.

Reparte la sopa en 4 platos y salpícala con los huevos picados. Adorna los platos con unas hojas de perejil.

SOPA DE BACALAO Y ARROZ

INGREDIENTES (4 P.)

250 g de migas de bacalao desaladas
25 g de arroz
1 cebolleta
2 puerros
1 calabacín
200 g de calabaza
4 rebanadas de pan
aceite de oliva virgen extra
perejil
sal

ELABORACIÓN

Calienta 3 cucharadas de aceite en una cazuela. Corta la cebolleta en daditos y agrégala a la cazuela. Limpia los puerros (retirándoles la parte inferior, la superior y 2-3 capas de hojas), enjuágalos bien, córtalos en cuartos de luna finos e incorpóralos. Rehoga las hortalizas a fuego suave durante 10 minutos.

Lava el calabacín, pela la calabaza, córtalos en dados, añádelos y rehógalos durante 3-4 minutos. Agrega las migas de bacalao y el arroz y rehoga todo durante 2 minutos. Vierte encima 1.200 ml de agua y cuece todo durante 20 minutos. Prueba y pon a punto de sal.

Calienta abundante aceite en una cazuela. Corta las rebanadas de pan en daditos, añádelos y fríelos hasta que se doren. Retíralos y escúrrelos sobre un plato cubierto con papel absorbente.

Reparte la sopa en 4 platos hondos y acompáñala con los dados de pan frito. Decora los platos con unas hojas de perejil.

SOPA DE ZANAHORIA, POLLO Y FIDEOS

INGREDIENTES (4 P.)

5 zanahorias
2 muslos de pollo
100 g de fideos cabello de ángel
2 huevos
1 cebolleta
2 dientes de ajo
aceite de oliva virgen extra
perejil
sal

ELABORACIÓN

Calienta agua en un cazo, introduce en ella los huevos y cuécelos durante 10 minutos (contados desde el momento en que el agua empiece a hervir). Retíralos, refréscalos, pélalos, córtalos en daditos y resérvalos.

Calienta una olla rápida con 2 cucharadas de aceite. Corta la cebolleta en dados y añádela. Pela las zanahorias, córtalas en medias lunas e incorpóralas. Pela los dientes de ajo, córtalos en daditos y agrégalos. Sazona las hortalizas y rehógalas a fuego medio durante 5 minutos.

Introduce en la olla los muslos de pollo (sin piel), vierte encima 1.200 ml de agua, cierra la olla y cuece todo durante 5 minutos.

Retira los muslos y resérvalos. Pasa el resto de los ingredientes a un vaso batidor y tritúralos bien hasta conseguir una crema ligera. Pasa la crema a una cazuela grande y ponla a calentar. Agrega los fideos y cuécelos durante el tiempo que indique el paquete.

Corta la carne de pollo en daditos y añádelos a la cazuela. Agrega también los daditos de huevo cocido y mezcla todo bien.

Sirve la sopa y decora los platos con unas hojas de perejil.

SOPA FRÍA DE PEPINO Y AGUACATE

INGREDIENTES (4 P.)

- 2 pepinos (500 g)
- 1 aguacate grande
- 1 huevo
- 1 cebolleta
- ½ pimiento verde
- 600 ml de agua fría
- zumo de 1 limón
- 8 tomates cherry
- 1 loncha de jamón serrano (75 g)
- aceite de oliva virgen extra
- 8 hojas de albahaca
- perejil
- sal

ELABORACIÓN

Cuece el huevo en una cazuela con abundante agua durante 10 minutos. Retíralo, pélalo y resérvalo.

Lava los pepinos, pélalos (quitándoles solo la mitad de la piel, a tiras), córtalos en cuartos de luna y ponlos en una batidora de vaso. Pica la cebolleta y el pimiento verde e incorpóralos. Pela y deshuesa el aguacate, trocéalo y añádelo. Agrega las hojas de albahaca picadas y 500 ml de agua bien fría (reserva el resto por si hiciera falta aligerar la sopa). Tritura los ingredientes hasta conseguir una crema fina. Si queda muy espesa, añade el resto del agua hasta conseguir el punto deseado.

Sazona, agrega 2 cucharadas de aceite y el zumo de limón y tritura de nuevo. Introduce la sopa en el frigorífico hasta el momento de servir.

Para la guarnición, corta los tomates por la mitad y el jamón y el huevo en daditos.

Reparte la sopa en 4 platos hondos y salpícalos con la guarnición. Decora los platos con unas hojas de perejil.

CONSEJO

En esta receta hemos preparado la sopa de pepino con aguacate y hojas de albahaca, pero también combina muy bien con lácteos como el yogur o el queso fresco y con frutas como la sandía o la manzana.

SOPA DE CHAMPIÑONES Y CALABAZA

INGREDIENTES (4 P.)

- 250 g de champiñones
- 250 g de calabaza
- 1 cebolleta
- 2 dientes de ajo
- 1.500 ml de caldo de verduras
- aceite de oliva virgen extra
- perejil
- sal

ELABORACIÓN

Calienta 3 cucharadas de aceite en una cazuela. Pela la cebolleta y los dientes de ajo, córtalos en daditos, agrégalos a la cazuela y rehógalos a fuego suave durante 5-6 minutos.

Limpia los champiñones, córtalos en dados, añádelos a la cazuela, sazónalos y rehógalos durante 5 minutos. Pela la calabaza, córtala en daditos, incorpóralos y rehógalos durante 2 minutos.

Vierte encima el caldo y cuece todo durante 12-15 minutos. Espolvorea la sopa con un poco de perejil picado y sirve.

AJO BLANCO CON UVAS Y JAMÓN

INGREDIENTES (4 P.)

- 150 g de almendras crudas peladas
- 1 diente de ajo
- 50-60 g de miga de pan
- 24-30 granos de uva blanca
- 80 g de jamón serrano (1 loncha)
- 150 ml de aceite de oliva virgen extra
- 1 cucharada de vinagre
- perejil
- sal

ELABORACIÓN

Trocea la miga de pan y ponla en un bol. Vierte 300 ml de agua encima y espera a que se empape bien (5 minutos).

Pela el diente de ajo, pícalo un poco e introdúcelo en una batidora de vaso. Añade las almendras y la miga de pan (reserva el agua del remojo) y tritura todo. Agrega el agua reservada y tritura hasta conseguir una mezcla homogénea.

Añade una pizca de sal, el vinagre y el aceite poco a poco (a hilo fino) y tritura hasta que los ingredientes queden bien ligados. Introduce el ajo blanco en el frigorífico y espera a que esté bien frío (1 hora mínimo).

Corta el jamón en daditos y pela las uvas.

Reparte el ajo blanco en 4 platos y acompáñalos con unos taquitos de jamón y unas uvas. Adorna los platos con unas hojas de perejil.

CREMA DE PERA, PUERRO Y MIJO

INGREDIENTES (4 P.)

3 peras (maduras)
2 puerros
100 g de mijo
2 dientes de ajo
1 cucharada de semillas de sésamo blanco
aceite de oliva virgen extra
12 hojas de cebollino
perejil
1 cucharadita de *curry*
sal

ELABORACIÓN

Calienta 3-4 cucharadas de aceite en una olla rápida.

Pela los dientes de ajo, córtalos en láminas y agrégalos. Limpia los puerros, retirándoles la parte inferior, la superior y 1-2 capas de hojas, córtalos en cuartos de luna finos y añádelos. Pela las peras, trocéalas e incorpóralas. Sazona y rehoga durante 2 minutos.

Lava el mijo, escúrrelo y agrégalo a la olla. Incorpora el *curry* y cubre todo con agua (1 litro aproximadamente). Pon a punto de sal, cierra la olla y cocina los ingredientes durante 4 minutos.

Abre la olla y tritura todo con una batidora eléctrica (o en una batidora de vaso) hasta conseguir una crema homogénea.

Tuesta el sésamo en una sartén pequeña y resérvalo.

Pica el cebollino finamente y resérvalo.

Reparte la crema en 4 platos hondos, espolvoréalos con el cebollino y las semillas de sésamo y decóralos con unas hojas de perejil.

CONSEJO

El mijo es un cereal libre de gluten, como el arroz o el maíz, por lo que es apto para celíacos.

SOPA DE ALUBIAS SALBATORE

INGREDIENTES (4 P.)

300 g de alubias negras cocidas (o que hayan sobrado de la víspera)

1 pimiento choricero

130 g de pan de la víspera

aceite de oliva virgen extra

perejil

sal

CONSEJO

Las legumbres son un producto sostenible, saludable, económico y versátil que poco a poco va recuperando su presencia en la cocina y en la mesa. Da igual la forma en que las preparemos, siempre nos van a aportar un buen número de nutrientes.

ELABORACIÓN

Retira el tallo y las semillas del pimiento choricero, ponlo en un bol, cúbrelo con agua y déjalo a remojo durante 1 hora aproximadamente. Ábrelo, retírale la pulpa con una puntilla, pícala un poco y resérvala.

Pon las alubias en una cazuela grande, agrega 1 litro de agua y cuécelas durante 4-5 minutos. Corta la mitad del pan en trocitos e incorpóralo. Añade la pulpa del pimiento, sazona y cuece todo durante 15-20 minutos a fuego medio. Tritura los ingredientes con una batidora eléctrica hasta conseguir una crema homogénea.

Corta el resto del pan en rebanadas y corta las rebanadas por la mitad. Calienta una sartén con aceite, añade el pan y fríelo hasta que se dore. Retíralo y escúrrelo sobre un plato cubierto con papel absorbente.

Reparte la sopa y el pan frito en 4 platos hondos y adórnalos con unas hojas de perejil.

SOPA DE COL LOMBARDA

INGREDIENTES (4 P.)

1 col lombarda pequeña (500 g)
1 puerro
2 zanahorias
100 ml de vino blanco
1 limón
1 manzana Granny Smith
aceite de oliva virgen extra
4 hojas de menta
perejil
sal

CONSEJO

La manzana Granny Smith es crujiente, jugosa y ácida. Es perfecta tanto para cocinar como para comer cruda. Si vas a preparar una ensalada, elige esta variedad, ya que no se oxida tan rápidamente como otras.

ELABORACIÓN

Calienta una cazuela con 4 cucharadas de aceite. Limpia el puerro, retirándole la parte inferior (la de los pelos), la superior (la verde) y 2-3 capas de hojas, enjuágalo bien, córtalo en rodajas finas y añádelo a la cazuela.

Pela las zanahorias, córtalas en cuartos de luna finos y agrégalas. Sazona y rehoga durante 6-8 minutos.

Corta la col lombarda por la mitad, retírale el tronco, córtala en juliana fina e incorpórala. Sazona, tapa y cocina todo durante 6-8 minutos.

Agrega el vino blanco a la cazuela y dale un hervor para que se evapore el alcohol. Exprime el limón y añade el zumo a la cazuela. Cubre todo con agua (1.500 ml aprox.), sazona, tapa y cuece los ingredientes durante 20 minutos.

Limpia bien la piel de la manzana, córtala a la mitad, retírale el corazón, córtala en daditos y agrégala a la cazuela. Pica las hojas de menta, incorpóralas y cuece todo durante 5 minutos.

Reparte la sopa en 4 platos hondos y decóralos con unas hojas de perejil.

SOPA DE ESPÁRRAGOS TRIGUEROS

INGREDIENTES (4 P.)

12 espárragos trigueros
3 dientes de ajo
2 cebollas
1 tomate
1 loncha de jamón serrano (100 g)
1 l de caldo de pollo
2 huevos
4 rebanadas de pan
aceite de oliva virgen extra
perejil
15 hebras de azafrán
sal

SOPAS Y CREMAS

ELABORACIÓN

Calienta 4 cucharadas de aceite en una cazuela. Pela los dientes de ajo, córtalos en dados y añádelos a la cazuela. Pela las cebollas, córtalas en dados e incorpóralas. Cocina las hortalizas a fuego suave durante 10-12 minutos.

Corta el tomate por la mitad, agrégalo a la cazuela y sazónalo. Corta los espárragos en rodajas de 1 cm, añádelos y rehógalos durante 2-3 minutos.

Corta el jamón en daditos, incorpóralo y rehógalo brevemente.

Agrega las hebras de azafrán y el caldo de pollo, tapa la cazuela y cocina los ingredientes durante 15-20 minutos. Apaga el fuego.

Bate los huevos en un bol, viértelos en la sopa y remuévelos con una varilla manual.

Corta el pan en dados. Calienta una sartén pequeña con aceite, agrega la mitad de los dados de pan y fríelos hasta que se doren. Retíralos y escúrrelos sobre un plato cubierto con papel absorbente. Repite el proceso con el resto del pan.

Reparte la sopa en 4 platos hondos, añade unos costrones a cada uno (reserva el resto para acompañar) y adórnalos con unas hojas de perejil.

CONSEJO

Para hacer una buena sopa siempre es mejor partir de un sofrito. Mediante esta técnica, las hortalizas utilizadas se van deshaciendo al perder su agua, mientras que sus sabores, aromas y algunos de sus nutrientes se van concentrando durante el proceso.

SOPA DE GALLINA CON CRUJIENTES

INGREDIENTES (4-6 P.)

1 kg de gallina troceada
1 trozo de hueso de jamón
1 hueso de caña
2 puerros
1 rama de apio
2 zanahorias
80 g de pasta para sopa (fideo, orzo, tapioca...)
3 hojas de pasta *brick*
aceite de oliva virgen extra
perejil
sal

CONSEJO

La carne de gallina que no se ha utilizado en esta receta puedes reservarla para hacer unas croquetas o para rellenar unas empanadillas o unos canelones.

ELABORACIÓN

Calienta 2 litros de agua en una olla rápida. Introduce en ella la gallina, el hueso de jamón y el hueso de caña. Retira la parte inferior y superior de los puerros, elimínales 2 capas de hojas, córtalos por la mitad y añádelos. Corta la rama de apio por la mitad y agrégala. Pela las zanahorias, córtalas por la mitad e incorpóralas. Sazona, cierra la olla y cuece los ingredientes durante 40 minutos.

Retira la grasa con un cacillo, aparta 2 trozos de gallina y el hueso de caña y resérvalos. Cuela el caldo y ponlo a calentar en una cazuela grande. Cuando empiece a hervir, añade la pasta y cuécela durante el tiempo que indique el paquete.

Desmenuza la carne de los 2 trozos de gallina, agrega el tuétano y pica todo finamente. Pasa la farsa a un bol, añade un poco de perejil picado y mezcla bien.

Corta la pasta *brick* en 12 tiras y pon un poco de la farsa en uno de los extremos de cada tira. Envuelve la gallina con la pasta *brick* formando 12 triángulos.

Calienta una sartén con bastante aceite, añade los triángulos de pasta *brick* y fríelos por los dos lados. Retíralos y escúrrelos sobre un plato cubierto con papel absorbente.

Sirve la sopa en 4 platos hondos y acompáñala con 3 triángulos de pasta *brick* y gallina en cada uno. Adorna los platos con unas hojas de perejil.

SOPA DE PESCADO CON GARBANZOS

INGREDIENTES (6 P.)

½ pescadilla (800 g)

800 g de espinas de merluza y huesos de rape

200 g de garbanzos cocidos

24 gambas

1 diente de ajo

1 cebolla

2 puerros

3 zanahorias

50 ml de salsa de tomate

30 ml de vermut rojo

½ barra de pan tostado (½ pan *zopako*)

aceite de oliva virgen extra

perejil

sal

ELABORACIÓN

Pon a calentar 2 litros de agua en una cazuela grande. Añade las espinas de merluza y los huesos de rape. Corta la cabeza de la pescadilla e incorpórala. Corta el lomo de la pescadilla en 2 rodajas y añádelas. Pela las gambas, agrega las cabezas y las cáscaras a la cazuela y reserva las colas. Sazona. A los 5 minutos, retira las rodajas de pescadilla y resérvalas. Desespuma el caldo y cuece los ingredientes durante 20 minutos más. Cuela el caldo y resérvalo.

Calienta 4-5 cucharadas de aceite en una cazuela. Pela el diente de ajo, pícalo y añádelo a la cazuela. Pela la cebolla, córtala en daditos e incorpórala. Limpia los puerros, retirándoles la parte inferior, la superior y 1-2 capas de hojas, córtalos también en daditos y agrégalos. Pela las zanahorias, córtalas de la misma manera y añádelas. Sazona y rehoga las hortalizas a fuego suave durante 8-10 minutos.

Añade la salsa de tomate, el vermut y el pan (picado) y mezcla. Vierte encima el caldo y cuece los ingredientes a fuego suave durante 20-25 minutos. Tritura todo bien con una batidora eléctrica.

Incorpora a la sopa las colas de gamba y los garbanzos. Retira las pieles y las espinas de la pescadilla, trocéala un poco y añádela. Pon a punto de sal, espolvorea con un poco de perejil picado y cuece todo durante 1 minuto.

Reparte la sopa en 4 platos hondos y adórnalos con unas hojas de perejil.

CONSEJO

Las sopas de pescado se pueden espesar agregando pasta, arroz o pan. Cuando se utiliza pan, es mejor que esté tostado, porque el proceso de torrefacción desarrolla el aroma del pan y aporta a la sopa un sabor muy agradable.

SOPA HUERTANA

INGREDIENTES (4 P.)

1 puerro

1 nabo con sus hojas

500 g de espinazo de cerdo

1 patata

1 cebolla

¼ de col pequeña

2 zanahorias

aceite de oliva virgen extra

perejil

sal

ELABORACIÓN

Calienta una cazuela con 3 cucharadas de aceite. Limpia el puerro, retirándole la parte inferior y 2-3 capas de hojas, córtalo en dos, separando la parte blanca de la verde, y reserva la parte blanca. Haz un corte en cruz a lo largo de la parte verde del puerro, enjuágalo, córtalo en cuartos de luna e introdúcelo en la cazuela. Corta las hojas verdes del nabo, enjuágalas, pícalas y agrégalas. Añade también unas ramas de perejil y el espinazo de cerdo. Rehoga todo brevemente (3-4 minutos), cubre con 1.500 ml de agua, sazona, tapa y cuece los ingredientes durante 20 minutos a fuego medio. Cuela y reserva el caldo.

Pela la patata, la cebolla y el nabo y córtalos en daditos. Corta la col en dados. Pela las zanahorias y córtalas en cuartos de luna finos. Corta la parte blanca del puerro de la misma manera. Calienta otra cazuela con 3 cucharadas de aceite, introduce en ella las hortalizas, sazónalas y rehógalas a fuego medio durante 8-10 minutos. Vierte el caldo encima y cuece todo a fuego medio durante 15-20 minutos.

Reparte la sopa en 4 platos hondos y decóralos con unas hojas de perejil.

CONSEJO

Te aconsejo que aproveches siempre las hortalizas de temporada, pues además de estar en su mejor momento, estarán a mejor precio.

SOPA DE POLLO Y ALMENDRAS

INGREDIENTES (4 P.)

- ½ pechuga de pollo (275 g)
- 100 g de almendra molida tostada
- 20 g de almendra fileteada tostada
- 40 g de mantequilla
- 40 g de harina
- 1.500 ml de caldo de ave
- aceite de oliva virgen extra
- perejil
- sal

ELABORACIÓN

Pon la mantequilla a fundir en una cazuela. Añade la harina y cocínala (sin dejar de remover con una varilla) hasta que se dore un poco. Corta ¼ de la pechuga y resérvalo. Corta el resto de la pechuga en dados, agrégalos a la cazuela y cocínalos brevemente. Agrega el caldo, la almendra molida y una pizca de sal. Tapa la cazuela y cuece los ingredientes durante 15-20 minutos a fuego suave.

Pasa todo a una batidora de vaso y tritura bien hasta conseguir una crema homogénea.

Calienta una sartén pequeña con 2 cucharadas de aceite. Pica el pollo reservado anteriormente en daditos, sazónalos, introdúcelos en la sartén y saltéalos brevemente. Añade la almendra fileteada y un poco de perejil picado y saltea de nuevo.

Reparte la sopa en 4 platos hondos. Pon en cada plato un poco del salteado de pollo y almendras y adórnalos con unas hojas de perejil.

CONSEJO

Para dar más cremosidad a la sopa, antes de triturar los ingredientes, puedes añadirle 100 ml de nata.

CREMA DE CHAMPIÑONES CON VIRUTAS DE JAMÓN

INGREDIENTES (4 P.)

800 g de champiñones
2 lonchas finas de jamón serrano
1 cebolleta
2 puerros
2 dientes de ajo
1 cucharada de harina
aceite de oliva virgen extra
1 cucharadita de orégano o de tomillo
perejil
sal

CONSEJO

En esta receta hemos añadido a la crema un poco de jamón crujiente, pero puedes acompañarla con cualquier ingrediente que se te ocurra, desde picatostes, arroz inflado, maíz cocido o tostado, guisantes salteados o puerro crujiente hasta taquitos de queso.

ELABORACIÓN

Corta el tallo de la cebolleta, córtalo en rodajas y ponlo en una cazuela grande. Corta la parte verde de los puerros, córtalos en cruz a lo largo, enjuágalos bajo el grifo hasta que queden bien limpios, córtalos en rodajas y añádelos. Cubre las hortalizas con agua (1.250 ml), sazónalas y cuécelas a fuego suave durante 15-20 minutos. Cuela y reserva el caldo.

Extiende las lonchas de jamón entre 2 trozos de papel de hornear, colócalas sobre una bandeja de horno y hornéalas a 200 ºC durante 10 minutos. Retíralas, deja que se enfríen y trocéalas a tu gusto. Reserva el jamón crujiente.

Calienta otra cazuela grande con 3-4 cucharadas de aceite. Corta la cebolleta en dados y los puerros en cuartos de luna. Pela los dientes de ajo y córtalos en dados. Incorpora las hortalizas a la cazuela y rehógalas a fuego suave durante 10-15 minutos.

Coloca los champiñones en un bol, cúbrelos con agua, remuévelos bien para eliminar cualquier resto de tierra que puedan tener y escúrrelos. Córtalos a la mitad y luego en láminas, añádelos a la cazuela de las hortalizas y rehógalos durante 5 minutos.

Espolvorea las hortalizas con el orégano, añade la harina, rehógala un poco y vierte encima el caldo reservado. Cocina los ingredientes durante 15-20 minutos a fuego medio. Pasa las hortalizas a una batidora de vaso y tritúralas hasta conseguir una crema homogénea.

Reparte la crema en 4 platos, salpícalos con el jamón crujiente y decóralos con unas hojas de perejil.

CREMA DE ESPINACAS CON GARBANZOS Y BACALAO

INGREDIENTES (4 P.)

- 250 g de espinacas
- 200 g de garbanzos
- 2 lomos de bacalao desalado (350 g)
- 2 patatas
- 2 huevos
- 2 dientes de ajo
- aceite de oliva virgen extra
- perejil
- sal

CONSEJO

Sobre el remojo de los garbanzos hay distintas opiniones. La norma general es que se dejen remojando desde la noche anterior, pero puedes alargar el tiempo hasta las 24 horas.

ELABORACIÓN

Pon los garbanzos a remojo la víspera.

Calienta abundante agua en una olla rápida. Cuando hierva, introduce en ella los garbanzos (escurridos), sazónalos, cierra la olla y cuécelos durante 20 minutos. Cuando baje la válvula, abre la olla, escurre los garbanzos y resérvalos.

Calienta una cazuela con 1 litro de agua. Pela las patatas, trocéalas (cascándolas), añádelas a la cazuela y cuécelas durante 15 minutos. Incorpora las espinacas, 2 cucharadas de aceite y una pizca de sal y cocina conjuntamente durante 4-5 minutos. Retira ¼ parte del caldo (resérvala por si después necesitas aligerar la crema), pasa las patatas con las espinacas a una batidora de vaso y tritúralas bien. Reserva la crema.

Pon los huevos en una cazuela, cúbrelos con agua y cuécelos durante 10 minutos (contados desde el momento en que el agua empiece a hervir). Escúrrelos, refréscalos, pélalos y resérvalos.

Calienta 4 cucharadas de aceite en una tartera (cazuela amplia y baja), pela los dientes de ajo, córtalos en láminas, agrégalos y dóralos un poco. Retira la piel de los lomos de bacalao, córtalos en dados, añádelos a la tartera y saltéalos un poco. Incorpora los garbanzos, mezcla y cocina conjuntamente a fuego medio durante 4-5 minutos.

Corta cada huevo cocido en 4 gajos.

Reparte la crema de espinacas en 4 platos y coloca ¼ parte de los garbanzos con bacalao en el centro de cada uno. Adorna los platos con 2 gajos de huevo cocido y unas ramas de perejil.

SOPA DE AJO CON RAPE

INGREDIENTES (4 P.)

- 8 dientes de ajo
- 1 rape (de ración)
- 4 pimientos choriceros
- 1 cebolleta (con la parte verde)
- 1 pan para sopa (250 g)
- aceite de oliva virgen extra
- perejil
- 1 cucharadita de pimentón
- 1 trozo de guindilla picante
- sal

CONSEJO

La sopa de ajo, como todo plato popular, admite muchas variantes, según la economía de la familia o los gustos del cocinero. Chorizo, jamón y huevo son los ingredientes más utilizados.

ELABORACIÓN

Retira los tallos y las semillas de los pimientos choriceros, ponlos en un bol, cúbrelos con agua caliente y déjalos a remojo durante 1 hora.

Calienta una cazuela grande con 1.750 ml de agua, agrega unas ramas de perejil y la parte verde de la cebolleta. Corta la cabeza del rape y sácale los lomos (resérvalos). Introduce en la cazuela la cabeza del rape y la espina central, sazona y cuece todo durante 20 minutos. Cuela y reserva el caldo. Retira las carrilleras a la cabeza de rape y resérvalas.

Calienta una cazuela con 3 cucharadas de aceite. Pela los dientes de ajo, córtalos en dados y añádelos. Corta la cebolleta en daditos e incorpórala. Sazona las hortalizas y rehógalas durante 8-10 minutos a fuego suave-medio. Añade el pimentón y la guindilla.

Corta el pan finamente, agrégalo a la cazuela y rehógalo un poco. Vierte encima el caldo (1.500 ml aproximadamente), pon a punto de sal y cuece todo a fuego medio durante 20-30 minutos. Remueve el pan con una varilla manual hasta que se deshaga.

Abre los pimientos choriceros, retira la carne con una puntilla, pícala finamente, introdúcela en la cazuela y mezcla bien.

Corta los lomos del rape en dados, sazónalos, introdúcelos en la cazuela y cocina todo conjuntamente durante 2-3 minutos. Incorpora a la cazuela las carrilleras de del rape.

Reparte la sopa en 4 platos hondos y adórnalos con unas hojas de perejil.

CREMA DE ESPÁRRAGOS FRESCOS

INGREDIENTES (4 P.)

12 espárragos blancos frescos
2 puerros
2 patatas
500 ml de leche
25 g de mantequilla
aceite de oliva virgen extra
perejil
sal

CONSEJOS

Cuando vayas a comprar espárragos, elige los que tengan el tallo firme, las yemas compactas y cerradas y un color uniforme. Lo ideal es prepararlos el mismo día de la compra, pero, si no va a ser así, cúbrelos con un paño húmedo y consérvalos en el frigorífico.

ELABORACIÓN

Calienta 3 cucharadas de aceite en una cazuela. Corta la parte inferior de los espárragos, pélalos y reserva 2. Corta los otros 10 en medias lunas y añádelos a la cazuela. Limpia los puerros (retirándoles la parte inferior, la superior y 1-2 capas de hojas), enjuágalos, córtalos en medias lunas y agrégalos a la cazuela. Sazona las hortalizas y rehógalas a fuego medio durante 4-5 minutos.

Pela las patatas, trocéalas (cascándolas) e incorpóralas a la cazuela. Vierte encima la leche y 250 ml de agua, sazona, tapa y cuece todo a fuego medio durante 15 minutos. Tritura los ingredientes hasta conseguir una crema homogénea. Añade la mantequilla y tritura de nuevo hasta que quede integrada. Reserva la crema.

Calienta una sartén con 2 cucharadas de aceite. Corta los 2 espárragos reservados anteriormente en cuartos de luna de 1 cm de grosor, agrégalos a la sartén, sazónalos y cocínalos durante 4-5 minutos a fuego medio-fuerte. Espolvoréalos con un poco de perejil.

Sirve la crema en 4 platos y reparte los espárragos salteados por encima. Decóralos con unas hojas de perejil.

SOPA RÁPIDA DE FIDEOS Y GAMBAS

INGREDIENTES (4 P.)

- 100 g de fideos cabello de ángel
- 30 gambas
- 1 puerro
- 1 pimiento verde
- aceite de oliva virgen extra
- perejil
- 10-12 hebras de azafrán
- sal

CONSEJO

En esta receta hemos usado fideo cabello de ángel, pero puedes cambiarlo por el tipo de pasta que prefieras.

ELABORACIÓN

Pela las gambas y reserva las cabezas y las cáscaras, por un lado y, por otro, las colas.

Calienta 4 cucharadas de aceite en una cazuela. Agrega las cabezas y las cáscaras de gamba y rehógalas bien. Agrega unas ramas de perejil y 1.250 ml de agua, sazona y cuece todo durante 10-12 minutos a fuego medio. Cuela y reserva el caldo.

Calienta 2 cucharadas de aceite en una cazuela. Agrega las colas de gamba y saltéalas brevemente. Retíralas a un plato y resérvalas. Limpia el puerro (retirándole la parte inferior, la superior y 2 capas de hojas), enjuágalo bien, córtalo en daditos e incorpóralo a la cazuela. Retira el tallo y las semillas del pimiento, córtalo de la misma manera y añádelo. Sazona y rehoga las hortalizas a fuego suave durante 8-10 minutos.

Agrega las hebras de azafrán y rehógalas brevemente. Añade el caldo y los fideos, mezcla suavemente y cuécelos de 2 a 4 minutos.

Apaga el fuego, incorpora a la sopa las colas de las gambas, mezcla y sirve en 4 platos hondos. Adorna los platos con unas hojas de perejil.

SOPAS Y CREMAS

SOPA FRÍA DE ESPINACAS

INGREDIENTES (4 P.)

- 500 g de espinacas frescas
- 1 cebolla roja
- 2 patatas
- 1 pera
- 500 ml de bebida de almendras
- 5 rebanadas de pan
- 8 dátiles
- aceite de oliva virgen extra
- perejil
- sal

CONSEJO

Asegúrate de lavar siempre muy bien las espinacas frescas para que no les quede ningún resto de tierra.

SOPAS Y CREMAS

ELABORACIÓN

Calienta 3 cucharadas de aceite en una cazuela. Pela la cebolla, córtala en dados, añádela a la cazuela, sazónala y rehógala a fuego medio durante 4-5 minutos. Pela las patatas y la pera, trocéalas (cascándolas), incorpóralas a la cazuela, cubre con agua, sazona, tapa la cazuela y cocina todo durante 15 minutos a fuego medio.

Lava las espinacas, introdúcelas en la cazuela, sazónalas y cocina todo junto durante 6 minutos más. Pasa los ingredientes a una batidora de vaso y tritúralos. Agrega la bebida de almendras y tritura de nuevo hasta conseguir una crema homogénea. Vierte la crema en un bol, deja que se temple y tápala con film transparente. Introduce el bol en el frigorífico y deja que la crema se enfríe bien.

Calienta abundante aceite en una sartén pequeña. Corta el pan en daditos, agrégalos a la sartén y fríelos hasta que se doren. Retíralos y escúrrelos sobre un plato cubierto con papel absorbente.

Corta los dátiles en dados.

Reparte la crema en 4 platos y coloca unos costrones y unos dátiles en cada uno. Decora los platos con unas hojas de perejil.

CREMA DE CALABACÍN, GUISANTES Y ALBAHACA

INGREDIENTES (4 P.)

- 2 calabacines
- 250 g de guisantes frescos desgranados
- 1 cebolleta
- 1 puerro
- 1 patata
- 4 rebanadas de pan
- aceite de oliva virgen extra
- 5 hojas de albahaca
- perejil
- sal

ELABORACIÓN

Calienta 3 cucharadas de aceite en una cazuela. Corta la cebolleta en dados y agrégala a la cazuela. Limpia el puerro (retirándole la parte inferior, la superior y 1-2 capas de hojas), enjuágalo, córtalo en medias lunas y añádelo. Lava los calabacines, pélalos, córtalos en cuartos de luna e incorpóralos. Agrega los guisantes, sazona y cocina todo durante 5 minutos a fuego medio.

Pela la patata, trocéala (cascándola) y añádela. Cubre con agua, pon a punto de sal, tapa y cuece todo durante 15-20 minutos.

Pasa los ingredientes a un vaso batidor, incorpora las hojas de albahaca y tritura bien hasta conseguir una crema homogénea.

Calienta 6-8 cucharadas de aceite en una sartén. Corta el pan en daditos, añádelos a la sartén y fríelos hasta que se doren. Retíralos y escúrrelos sobre una fuente cubierta con papel absorbente.

Sirve la crema en 4 platos hondos y acompáñala con los picatostes. Decora los platos con unas hojas de perejil.

CONSEJO

Para conservar las hojas de albahaca puedes ponerlas en cubiteras, cubrirlas con agua o aceite y congelarlas. Conservadas de esta manera estarán perfectas para añadirlas directamente a sopas, cremas o guisos.

CREMA DE ZANAHORIAS ASADAS CON HABITAS

INGREDIENTES (4 P.)

- 10 zanahorias (650 g)
- 150 g de habitas frescas (desgranadas)
- 4 dientes de ajo
- 1 cebolla
- 1 rama de apio
- 2 cucharadas de yogur natural
- aceite de oliva virgen extra
- vinagre
- perejil
- 1 pizca de comino
- sal

ELABORACIÓN

Pela 2 dientes de ajo y la cebolla, córtalos en dados y colócalos en una fuente apta para el horno. Pela las zanahorias, córtalas en medias lunas e incorpóralas a la fuente. Sazona las hortalizas, riégalas con 2 cucharadas de aceite y hornéalas a 150-160 °C durante 35-40 minutos.

Calienta 2-3 cucharadas de aceite en una cazuela. Pela los otros 2 dientes de ajo, córtalos en daditos y agrégalos a la cazuela. Corta el apio en dados, añádelo y rehoga todo durante 2-3 minutos. Incorpora las hortalizas asadas (zanahorias, cebolla y ajos) y el comino, cubre todo con agua (1-2 dedos por encima) y cuece durante 10 minutos. Pasa las hortalizas a una batidora de vaso y tritúralas bien. Añade el yogur y tritura todo hasta conseguir una crema homogénea.

Calienta agua en un cazo, agrega las habitas, sazónalas y cuécelas durante 6-8 minutos. Retíralas, refréscalas en un bol con agua fría con unos hielos y pela las más grandes. Aderézalas con sal, aceite y vinagre y mezcla suavemente.

Sirve la crema en 4 platos hondos y reparte las habitas por encima. Decora los platos con unas hojas de perejil.

CONSEJO

Utilizar las zanahorias asadas para hacer una crema es un acierto, aunque también son perfectas como guarnición de carnes y pescados.

CREMA LIGERA DE TOMATE

INGREDIENTES (4 P.)

3 tomates maduros
3 tomates deshidratados en aceite
1 cebolleta
1 puerro
1 patata
8 aceitunas negras
aceite de oliva virgen extra
perejil
sal

ELABORACIÓN

Calienta 3 cucharadas de aceite en una cazuela. Corta la cebolleta en dados y añádela. Limpia el puerro (retirándole la parte inferior, la superior y 2 capas de hojas), enjuágalo, córtalo en cuartos de luna finos e incorpóralo. Sazona las hortalizas y cocínalas a fuego medio durante 6-8 minutos.

Pela los tomates, córtalos en dados y añádelos a la cazuela. Pica los tomates deshidratados, agrégalos y rehoga todo durante 2 minutos. Pela la patata, trocéala (cascándola) e incorpórala a la cazuela. Cubre todo con agua (2-3 dedos por encima), pon a punto de sal y cuece a fuego medio durante 30 minutos.

Pasa las hortalizas a una batidora de vaso y tritúralas hasta conseguir una crema ligera y homogénea.

Corta las aceitunas en rodajas finas.

Reparte la crema en 4 platos, salpícalos con las aceitunas y decóralos con unas hojas de perejil.

CONSEJO

Si has comprado los tomates un poco verdes, colócalos cerca de una ventana donde dé el sol hasta que maduren.

GAZPACHO DE ALBARICOQUE

INGREDIENTES (4 P.)

- 600 g de albaricoques
- 600 g de tomate pera
- 2 cebolletas pequeñas
- 1 diente de ajo
- 1 pepino
- ¼ de pimiento rojo
- 50 g de miga de pan
- 3 cucharadas de aceite de oliva virgen extra
- 1 cucharada de vinagre
- perejil
- sal

ELABORACIÓN

Lava los albaricoques (reserva 1 para la guarnición), retírales los huesos y ponlos en una batidora de vaso.

Calienta agua en una cazuela hasta que hierva. Lava los tomates, márcales una cruz por la parte inferior con un cuchillo, introdúcelos en la cazuela y escáldalos brevemente (1 minuto). Retíralos, pásalos a un bol con agua fría para refrescarlos, pélalos, trocéalos y añádelos a la batidora de vaso.

Pica una cebolleta y agrégala. Pela el diente de ajo, trocéalo e incorpóralo. Pela el pepino, pica la mitad (reserva la otra mitad para la guarnición) y añádelo. Corta una tira de pimiento rojo (reserva el resto para la guarnición), pélala, trocéala y agrégala. Trocea la miga de pan e incorpórala. Sazona, adereza con el aceite y el vinagre, añade 150 ml de agua fría y tritura todo bien. Suelta el vaso de la batidora e introdúcelo en el frigorífico hasta que el gazpacho esté bien frío.

Para la guarnición, pica la otra cebolleta finamente y ponla en una fuente. Corta el albaricoque reservado en daditos y colócalo al lado de la cebolleta. Corta el pepino de la misma manera y ponlo al lado del albaricoque. Pela el resto del pimiento, córtalo en daditos y colócalo en la fuente.

Reparte el gazpacho en 4 platos hondos y acompáñalos con la guarnición. Decóralos con unas hojas de perejil.

CONSEJO

Para hacer gazpacho es muy importante que el tomate esté bien maduro y que tenga buen sabor.

SOPA FRÍA DE PEPINO Y MANZANA

INGREDIENTES (4 P.)

- 2 pepinos
- 2 manzanas
- 1 huevo
- 1 diente de ajo
- 1 cucharada de pipas de girasol (peladas)
- aceite de oliva virgen extra
- 2 cucharadas de vinagre de Jerez
- perejil
- sal

CONSEJO

El sabor amargo de los pepinos se puede eliminar retirándoles la piel y los extremos, que son las partes que concentran las sustancias amargas. Si esto no fuera suficiente, se pueden pelar y poner a remojo en agua fría.

ELABORACIÓN

Calienta agua en una cazuela. Cuando empiece a hervir, introduce en ella el huevo y cuécelo durante 10 minutos (contados desde el momento en que el agua empiece a hervir). Retíralo, refréscalo y resérvalo.

Pela 1 pepino y 1 manzana, retira el corazón a la manzana, trocéalos y ponlos en un vaso batidor. Deja el otro pepino y la otra manzana sin pelar, retira el corazón a la manzana, trocéalos y añádelos. Pela el diente de ajo, pícalo un poco y agrégalo al vaso. Sazona, vierte encima 2-3 cucharadas de aceite, 1 cucharada de vinagre y 250 ml de agua fría y tritura todo bien hasta conseguir una crema homogénea. Introduce el vaso en el frigorífico y deja que se enfríe bien.

Calienta una sartén pequeña y tuesta un poco las pipas en ella.

Pela el huevo y pícalo finamente.

Pon en un bol pequeño 2 cucharadas de aceite y la otra cucharada de vinagre y bate los ingredientes con una varilla manual hasta que emulsionen.

Sirve la sopa en 4 platos, alíñalos con la emulsión de aceite y vinagre y salpícalos con las pipas y el huevo cocido. Decora los platos con unas hojas de perejil.

HORTALIZAS

BERENJENAS EN ESCABECHE CON RÚCULA Y PIÑONES

INGREDIENTES (4 P.)

- 3 berenjenas
- 50 g de hojas de rúcula
- 20 g de piñones tostados
- 5 dientes de ajo
- 1 pimiento verde
- 1 cebolla
- 1 tomate
- 100 ml de vino blanco
- 150 ml de vinagre
- 600 ml de aceite de oliva virgen extra
- 2 hojas de laurel
- 1 rama de romero
- perejil
- 20 granos de pimienta
- sal

ELABORACIÓN

Lava las berenjenas, córtalas en rodajas de 2-3 centímetros, sazónalas y déjalas reposar durante 30 minutos como mínimo. Escúrrelas y sécalas bien.

Calienta una sartén o plancha con 2 cucharadas de aceite, introduce en ella las rodajas de berenjena (en dos tandas) y cocínalas por los dos lados hasta que se doren (3-5 minutos por cado lado). Retíralas.

Pon las rodajas de berenjena en una tartera (cazuela amplia y baja). Agrega los dientes de ajo pelados y el pimiento cortado en rodajas anchas. Pela la cebolla, córtala en cuartos, separa las capas y añádelas. Pela el tomate, córtalo en cuartos e incorpóralo. Agrega el laurel, la rama de romero, los granos de pimienta, el vino, el vinagre y el resto del aceite y sazona. Tapa la tartera y cocina todo durante 30 minutos.

Reparte las hortalizas en 4 platos. Coloca al lado las hojas de rúcula y aderézalas con el escabeche. Salpica los platos con los piñones y adórnalos con unas hojas de perejil.

CONSEJO

La berenjena es un producto muy apreciado. Se puede consumir asada, frita o hervida, pero nunca cruda. No lo olvides.

REPOLLO CON REFRITO DE PIMENTÓN

INGREDIENTES (4 P.)

- 1 repollo (1 kg aprox.)
- 3 patatas
- 4 dientes de ajo
- aceite de oliva virgen extra
- perejil
- 1 guindilla cayena
- 1 cucharada de pimentón
- sal

ELABORACIÓN

Calienta abundante agua en una cazuela.

Retira las hojas exteriores del repollo, córtalo por la mitad, retírale la parte más dura del centro y córtalo en dados. Introduce el repollo en la cazuela y sazónalo.

Pela las patatas, trocéalas (cascándolas) e incorpóralas a la cazuela. Mezcla, tapa y cuece todo durante 30 minutos. Cuela el repollo y las patatas y ponlos en una fuente grande o repártelos en 4 platos.

Calienta 8 cucharadas de aceite en una sartén, pela los dientes de ajo, córtalos en láminas y añádelos junto con la cayena. Rehoga hasta que los ajos empiecen a dorarse, retíralos a un plato y resérvalos. Retira la cayena. Apaga el fuego, agrega el pimentón y mezcla bien.

Adereza el repollo con patatas con el refrito y coloca encima unas láminas de ajo. Adorna los platos con unas hojas de perejil.

CONSEJO

Cuando vayas a hacer un refrito que lleve pimentón, es importante apagar el fuego antes de añadirlo a la sartén, porque se quema con facilidad y amargaría el plato.

CALABACINES RELLENOS EN PAPILLOTE

INGREDIENTES (4 P.)

2 calabacines medianos
1 patata
3 zanahorias
100 g de judías verdes
2 puerros
4 salchichas frescas
30 g de pistachos
30 g de almendras tostadas
aceite de oliva virgen extra
perejil
pimienta
sal

ELABORACIÓN

Lava los calabacines, córtalos por la mitad a lo largo y vacíalos. Reserva por separado la pulpa y las cáscaras.

Calienta una cazuela con 400 ml de agua. Pela la patata, trocéala e introdúcela en la cazuela junto con la pulpa de los calabacines. Sazona, agrega 1-2 cucharadas de aceite y cuece las hortalizas durante 15 minutos. Tritura todo con una batidora eléctrica hasta conseguir una crema. Resérvala.

Pela la zanahoria. Limpia las judías y retírales las puntas. Limpia los puerros, retirándoles la parte inferior, la superior y 2 hojas exteriores, y enjuágalos. Corta las hortalizas en juliana fina. Calienta una sartén con 2 cucharadas de aceite, añade las hortalizas, rehógalas durante 6-8 minutos a fuego medio y pásalas a un bol. Saca la carne de las salchichas, añádela al bol y mézclala con las hortalizas. Salpimienta la mezcla y rellena con ella los calabacines.

Envuelve bien los calabacines con papel de aluminio, colócalos en una bandeja de horno y hornéalos a 190 ºC durante 15 minutos. Retíralos del horno, quítales el papel de aluminio y ponlos en una fuente. Pica los pistachos y las almendras y espolvorea con ellos los calabacines.

Reparte la crema de patata y calabacín en 4 platos y coloca ½ calabacín en cada uno.

Decora los platos con unas hojas de perejil.

ENDIBIAS ASADAS RELLENAS DE QUESO

INGREDIENTES (4 P.)

8 endibias
8 lonchas de queso
1 cebolla
2 dientes de ajo
2-3 pimientos verdes
50 g de arroz
zumo de ½ limón
8 lonchas de jamón serrano
aceite de oliva virgen extra
sal

ELABORACIÓN

Pela la cebolla y los dientes de ajo, pícalos finamente y ponlos a rehogar en una cazuela con 3 cucharadas de aceite. Retira el tallo y las semillas a los pimientos, pícalos y añádelos. Sazona las hortalizas e incorpora el arroz. Cubre todo con agua y cocínalo durante 15 minutos a fuego medio. Tritura con una batidora eléctrica, cuela la salsa de pimientos y resérvala.

Calienta abundante agua en una cazuela. Cuando empiece a hervir, agrega el zumo de limón, una pizca de sal y las endibias y cuécelas durante 10 minutos.

Escurre las endibias y córtalas por la mitad. Coloca 1 loncha de queso dentro de 1 endibia y cúbrela con 1 loncha de jamón. Repite el proceso con el resto de las endibias, el queso y el jamón y colócalas en una fuente apta para el horno. Hornea las endibias a 180 ºC durante 6-8 minutos, hasta que se dore el jamón y se funda el queso.

Sirve en una fuente la salsa de pimientos y coloca encima las endibias asadas.

ESPÁRRAGOS BLANCOS ESCABECHADOS

INGREDIENTES (4 P.)

- 12 espárragos blancos frescos
- 125 ml de vinagre
- 2 dientes de ajo
- 60 g de habas frescas desgranadas
- 2 huevos
- 12 rabanitos
- aceite de oliva virgen extra
- 2 hojas de laurel
- 16 granos de pimienta blanca
- azúcar
- sal

ELABORACIÓN

Limpia los espárragos, retírales la base del tallo y pélalos bien. Vierte en una cazuela 400 ml de aceite y el vinagre. Coloca los espárragos en fila en el fondo de la cazuela. Añade 1 cucharadita de azúcar, los dientes de ajo pelados y enteros, las hojas de laurel, los granos de pimienta y una pizca de sal y cuece los espárragos durante 20 minutos a fuego medio. Escurre los espárragos y resérvalos en una fuente. Cuela el escabeche.

Calienta agua en una cazuela. Cuando empiece a hervir, introduce en ella las habas y cuécelas durante 3-4 minutos. Escúrrelas.

Pon 3 cacillos de escabeche en un cuenco, añade las habas, mezcla bien y resérvalas.

Cuece los huevos en un cazo con agua hirviendo y sal durante 10 minutos. Retíralos, refréscalos y pélalos. Pasa por el pasapurés las claras y resérvalas en un cuenco. Pasa por el pasapurés las yemas y resérvalas en otro cuenco.

Lava los rabanitos, hazles varios cortes alrededor (sin llegar a la base) y sepáralos para formar una flor.

Sirve en cada plato 3 espárragos, coloca un montoncito de clara en las puntas y otro en los tallos y un montoncito de yema en el centro, salséalos con el escabeche de habas y acompáñalos con los rabanitos.

ESPÁRRAGOS FRESCOS CON GAZPACHO DE GUISANTES

INGREDIENTES (4 P.)

- 12 espárragos blancos frescos
- 200 g de guisantes desgranados
- 3 rebanadas de miga de pan
- ½ pimiento verde
- 1 diente de ajo
- 1 cebolleta
- 12 tiras largas de puerro
- 1 cucharada de huevas de trucha
- aceite de oliva virgen extra
- vinagre
- azúcar
- sal

ELABORACIÓN

Pela los espárragos, quítales la parte dura del tallo y cuécelos en una cazuela con agua hirviendo, sal y una pizca de azúcar durante 10-12 minutos. Escúrrelos y resérvalos.

Trocea la miga de pan y déjala a remojo en un bol con agua durante 10-15 minutos.

Escalda los guisantes en una cazuela con agua hirviendo y una pizca de sal durante 2-3 minutos. Escúrrelos y resérvalos.

Escurre un poco la miga de pan e introdúcela en un vaso batidor. Pica el pimiento verde, el diente de ajo y la cebolleta e incorpóralos al vaso. Agrega los guisantes, 1 cucharada de vinagre, 4 cucharadas de aceite y una pizca de sal y tritura con la batidora eléctrica. Reserva el gazpacho.

Escalda las tiras de puerro en una cazuela con agua hirviendo y escúrrelas. Corta 1 espárrago en 3 trozos desiguales y átalos con 1 tira de puerro. Haz lo mismo con el resto de los espárragos.

Sirve el gazpacho en un plato hondo y pon encima los ataditos de espárragos (de pie). Adorna con las huevas de trucha.

BERENJENAS RELLENAS DE POLLO Y JAMÓN

INGREDIENTES (4 P.)

- 2 berenjenas grandes
- 400 g de muslo de pollo deshuesado (sin piel)
- 1 loncha gruesa de jamón cocido (125 g)
- 50 g de harina
- 600 ml de leche
- 1 cebolleta
- 1 zanahoria
- aceite de oliva virgen extra
- perejil
- pimienta
- sal

CONSEJO

La berenjena se conserva bien en el frigorífico entre 7 y 10 días, pero es conveniente tenerla aislada de otras hortalizas, ya que reacciona con el etileno que producen y envejece prematuramente.

ELABORACIÓN

Calienta abundante agua en una cazuela grande.

Lava las berenjenas y córtalas por la mitad a lo largo. Con una puntilla (cuchillo pequeño), márcalas (teniendo cuidado de no cortarles la piel) por el contorno interior y hazles unos cortes cruzados en la parte central. Introdúcelas en la cazuela, sazónalas, tapa la cazuela y cuécelas durante 15 minutos. Retíralas, escúrrelas sobre una fuente cubierta con papel absorbente, vacíalas (reserva las cáscaras), pica la pulpa finamente y resérvala.

Calienta 4 cucharadas de aceite en una cazuela. Añade la harina y rehógala un poco. Agrega la leche poco a poco, salpimienta y cocina la bechamel a fuego suave (removiéndola a menudo) durante unos 10 minutos.

Corta la cebolleta en daditos y ponla a rehogar en una sartén con 3 cucharadas de aceite. Pela la zanahoria, córtala de la misma manera y añádela. Sazona y cocina las hortalizas a fuego medio durante 8-10 minutos.

Corta los muslos de pollo en daditos, sazónalos, agrégalos a la sartén y cocínalos durante 3 minutos. Incorpora la pulpa de las berenjenas, el jamón cocido (cortado en daditos) y 2-3 cucharadas de bechamel. Mezcla bien.

Coloca las cáscaras de las berenjenas en una fuente apta para el horno, rellénalas con la farsa, nápalas con el resto de la bechamel y gratínalas en el horno hasta que se doren.

Sirve ½ berenjena en cada plato y adórnalos con unas hojas de perejil.

CAZUELA DE CHAMPIÑONES EN SALSA CON HUEVOS

INGREDIENTES (4 P.)

30 champiñones
8 huevos
2 dientes de ajo
1 cebolleta
1 cucharada de harina
100 ml de vino blanco
12 rebanadas de pan
2 lonchas de jamón serrano
aceite de oliva virgen extra
1 guindilla cayena
perejil
sal

HORTALIZAS

ELABORACIÓN

Calienta una cazuela con 3 cucharadas de aceite. Pela los dientes de ajo, córtalos en dados y agrégalos a la cazuela. Corta la cebolleta de la misma manera y añádela. Sazona y cocina las hortalizas durante 6-8 minutos.

Añade a la cazuela la harina y la cayena y rehógalas brevemente.

Limpia bien los champiñones, córtalos en cuartos e introdúcelos en la cazuela. Vierte encima el vino y cocínalos durante 4-5 minutos, removiéndolos de vez en cuando. Agrega 1 vaso de agua y un poco de perejil picado, tapa la cazuela y cocínalos durante otros 25 minutos.

Extiende las rebanadas de pan sobre una bandeja de horno y hornéalas a 190 °C (en la parte de arriba del horno) hasta que se tuesten. Retíralas y resérvalas.

Reparte los champiñones en 4 cazuelitas aptas para el horno y casca 2 huevos sobre cada una. Corta las lonchas de jamón en dados y salpica con ellos las cazuelitas. Hornéalas a 190 °C durante 6-8 minutos.

Sirve una cazuelita por persona y acompáñalas con las rebanadas de pan tostado. Decóralas con unas hojas de perejil.

CONSEJO

Además del aporte nutricional del huevo, su sabor y la amplísima variedad de preparaciones que admite han hecho que se convierta en un alimento básico e imprescindible en nuestras cocinas.

PASTELITOS DE ESPINACAS Y SETAS

INGREDIENTES (4 P.)

250 g de espinacas
200 g de setas
1 cebolla
2 dientes de ajo
3 huevos
½ vaso de nata
8 espárragos verdes
1 cucharada de harina
½ vaso de vino blanco
aceite de oliva virgen extra
sal

Para la masa:

180 g de harina + 25 g para estirar
75 g de mantequilla fundida
1 huevo
½ vaso de agua
sal

ELABORACIÓN

Para preparar la masa, pon la harina en un bol, haz un hueco en el centro y agrega la mantequilla fundida y el agua. Mezcla bien y añade el huevo y una pizca de sal. Mezcla de nuevo hasta que quede una masa homogénea. Cubre la masa con film transparente y deja que repose en el frigorífico durante 30 minutos.

Retira a la masa el film transparente, colócala sobre la encimera, espolvoréala con harina y extiéndela con un rodillo. Cubre con ella 4 moldes individuales (de fondo desmontable). Cubre las tartaletas con papel de hornear, rellénalas con garbanzos secos (para que la masa no suba) y hornéalas a 180 °C durante 30 minutos. Retira de las tartaletas los garbanzos y el papel de hornear y resérvalas (sin desmoldarlas).

Para preparar el relleno, pela la cebolla y los dientes de ajo, pícalos finamente y ponlos a rehogar en una sartén con 2-3 cucharadas de aceite. Cuando cojan color, añade las setas (limpias y picadas), sazona y rehoga todo durante 3-4 minutos.

Limpia las espinacas y cuécelas en una cazuela con un poco de agua durante 2-3 minutos. Escúrrelas (reserva el agua de cocción), incorpóralas a la sartén y saltéalas brevemente.

Bate los huevos con una pizca de sal en un bol, añade la nata y mezcla. Incorpora las hortalizas salteadas y mezcla bien.

Rellena las tartaletas con la mezcla y hornéalas a 180 °C durante 10 minutos. Retira los pastelitos del horno, deja que se templen un poco y desmóldalos.

Limpia los espárragos, retírales la parte más dura del tallo, córtales las puntas y corta los tallos en rodajas finas. Calienta una cazuelita con 2 cucharadas de aceite, introduce en ella los espárragos y rehógalos durante 4-5 minutos a fuego medio. Agrega la harina y rehógala. Añade el vino blanco y 1 vaso del caldo de cocción de las espinacas y deja reducir la salsa durante 5 minutos.

Sirve 1 pastelito en cada plato y acompáñalos con la salsa de espárragos.

PATATAS CON BORRAJA

INGREDIENTES (4 P.)

- 3 patatas
- 1 kg de borraja
- 2 dientes de ajo
- aceite de oliva virgen extra
- perejil
- sal

ELABORACIÓN

Calienta agua en una cazuela. Pela las patatas, trocéalas (cascándolas), introdúcelas en la cazuela y cuécelas durante 10 minutos. Corta las borrajas (tallos y hojas) en trozos de 3 cm, ponlas en un bol, lávalas bajo el grifo de agua fría y añádelas a la cazuela. Sazona las hortalizas y cuécelas a fuego medio durante 15-20 minutos más.

Calienta 4-6 cucharadas de aceite en una sartén. Pela los dientes de ajo, córtalos en láminas finas, añádelos a la sartén y dóralos un poco.

Escurre las patatas con borraja y repártelas en 4 platos. Riégalas con un poco del refrito y adorna los platos con unas hojas de perejil.

CONSEJO

Si te sobran algunas patatas con borraja, te recomiendo que las tritures en una batidora de vaso hasta conseguir un puré homogéneo. Añádele unos costrones en el momento de servir y ¡a triunfar!

TATIN DE PUERROS

INGREDIENTES (4 P.)

- 12 puerros gruesos
- 1 lámina de hojaldre
- 12 lonchas de panceta
- 4 lonchas de beicon
- harina (para estirar el hojaldre)
- aceite de oliva virgen extra
- perejil
- sal

Para el aceite de pimiento verde:

- 1 pimiento verde
- 1 diente de ajo
- 150 ml de aceite de oliva virgen extra

ELABORACIÓN

Limpia los puerros, retirándoles la parte superior, la inferior y 2-3 capas de hojas, enjuágalos bien, córtalos en trozos de bocado y colócalos en una vaporera. Calienta una cazuela con agua y sal. Cuando hierva, introduce en ella la vaporera con los puerros y cuécelos durante 4 minutos. Retira los puerros a una fuente y resérvalos.

Para hacer el aceite de pimiento verde, retira al pimiento el tallo y las semillas, pela el diente de ajo, pica todo y pásalo a un vaso batidor. Añade el aceite y tritura con la batidora eléctrica. Cuela y resérvalo en un bol.

Espolvorea la encimera con un poco de harina, extiende sobre ella la lámina de hojaldre y, con la ayuda de un molde redondo, corta 4 círculos de hojaldre. Resérvalos.

Coloca en un molde redondo individual 3 lonchas de panceta cruzándolas y dejando que cuelguen por los bordes. Corta 1 loncha de beicon por la mitad (a lo largo) y forra con ella los laterales del interior del molde. Coloca 3 puerros (de pie) dentro del molde y cúbrelos con las tiras de panceta que cuelgan. Tapa con 1 círculo de hojaldre. Repite el proceso con el resto de los ingredientes hasta conseguir 4 *tatines* y hornéalos a 180 °C durante 30 minutos. Retíralos del horno y, para desmoldarlos, vuélcalos sobre un plato.

Sirve un *tatin* en cada plato y salséalos con el aceite de pimiento verde. Adorna con una ramita de perejil.

ZANAHORIAS CON ESPINACAS A LA CREMA

INGREDIENTES (4 P.)

- 4 zanahorias
- 2 kg de espinacas
- 3 dientes de ajo
- 200 ml de nata líquida
- aceite de oliva virgen extra
- nuez moscada
- sal

ELABORACIÓN

Pela las zanahorias, corta cada una en 3 o 4 trozos, tornéalos (dejándolos más finos por los extremos y más anchos por el centro) y cuécelos en un cazo con agua hirviendo y sal durante 10-15 minutos. Escúrrelos y resérvalos.

Limpia las espinacas. Calienta una cazuela con agua y, cuando hierva, sazónala, introduce en ella las espinacas, tápalas y cuécelas durante 3-4 minutos. Escúrrelas y resérvalas.

Pela los dientes de ajo, córtalos en láminas y dóralos en una cazuela con 3 cucharadas de aceite. Añade las espinacas, la nata y un poco de nuez moscada rallada. Sazona y cocina todo durante 2-3 minutos.

Saltea las zanahorias en una sartén con una gotita de aceite.

Reparte las espinacas en 4 platos hondos y acompáñalas con las zanahorias salteadas.

PANACHÉ DE PRIMAVERA

INGREDIENTES (4 P.)

- 2 patatas
- 250 g de judías verdes
- 1 calabacín
- 1 rodaja de calabaza
- 8 espárragos verdes
- 100 g de panceta ibérica
- 300 g de habas desgranadas
- 300 g de guisantes desgranados
- aceite de oliva virgen extra
- sal

ELABORACIÓN

Pela las patatas, trocéalas y ponlas a cocer en una olla rápida con 400 ml de agua. Limpia las judías verdes, retirándoles las puntas, córtalas en juliana y colócalas en la cesta de vapor. Sazona las hortalizas, cierra la olla y cuécelas a fuego moderado durante 4 minutos. Retira las judías y resérvalas al calor. Tritura las patatas con una batidora eléctrica hasta conseguir una crema fina y resérvala.

Corta en bastones gruesos el calabacín y en bastones aún más finos la calabaza y úntalos con aceite. Unta también los espárragos en aceite. Asa las tres hortalizas a la plancha durante 6-8 minutos y resérvalas.

Pica la panceta y dórala en una sartén (sin aceite). Agrega las habas y los guisantes a la sartén y saltea todo.

Para servir, cubre el fondo de un plato o fuente con la crema de patata y coloca encima las judías cocidas al vapor, las habas y guisantes salteados y las hortalizas asadas en la plancha.

PORRUSALDA CON PALITOS DE PAN

INGREDIENTES (4-6 P.)

- 6 puerros
- 3 patatas
- 4 dientes de ajo
- 1 cebolla
- 2 zanahorias
- aceite de oliva virgen extra
- sal

Para los palitos de pan:

- 70 g de harina
- 35 ml de agua
- semillas de amapola
- una pizca de sal

ELABORACIÓN

Para hacer los palitos de pan, pon en un cuenco la harina, la sal, el agua y 1 cucharada de semillas de amapola, mezcla bien hasta conseguir una masa homogénea e introdúcela en una manga pastelera. Cubre una bandeja de horno con papel de hornear, forma sobre él unas tiras con la masa y espolvoréalas con semillas de amapola. Hornea los palitos a 200 °C durante 6 minutos. Retíralos del horno, deja que se templen, pásalos a un plato y resérvalos.

Calienta 3 cucharadas de aceite en una olla rápida. Pela los dientes de ajo, la cebolla y las zanahorias, pícalos finamente e incorpóralos a la olla. Limpia los puerros, retirándoles la parte superior, la inferior y 1-2 capas de hojas, enjuágalos, córtalos en cuartos de luna finos y añádelos. Pela las patatas, trocéalas (cascándolas) y agrégalas. Sazona las hortalizas y rehógalas durante 4-5 minutos a fuego medio. Cubre todo con agua, cierra la olla y cocina todo durante 3 minutos a fuego medio.

Reparte la porrusalda en 4 platos hondos y acompáñala con los palitos de pan.

BORRAJA CON PURÉ DE CALABAZA

INGREDIENTES (4 P.)

1 kg de borraja (solo los tallos)

500 g de calabaza

1 cebolla

1 patata

4 dientes de ajo

aceite de oliva virgen extra

perejil

sal

CONSEJO

Si has comprado las borrajas enteras, y no solo los tallos, puedes aprovechar las hojas para rebozarlas en pasta *orly* y usarlas como acompañamiento en otra receta.

ELABORACIÓN

Pela la cebolla, córtala en dados grandes y ponla a dorar en una cazuela con 2-3 cucharadas de aceite. Pela la calabaza, córtala en dados e incorpórala. Pela la patata, trocéala (cascándola) y añádela. Cocina las hortalizas durante 3-4 minutos. Agrega agua hasta cubrirlas, sazónalas y cuécelas a fuego suave durante 15 minutos. Retira el exceso de agua, pasa las hortalizas al vaso batidor y tritúralas bien hasta conseguir un puré homogéneo. Resérvalo.

Calienta abundante agua en una cazuela. Corta los tallos de borraja en trozos de 2-3 cm, lávalos bien en un bol con agua y escúrrelos. Introduce la borraja en la cazuela, sazónala y cuécela durante 10-12 minutos. Escúrrela y resérvala.

Pela los dientes de ajo, córtalos en láminas y dóralos en un wok (o sartén grande) con 4 cucharadas de aceite. Retíralos a un plato y resérvalos. Añade las borrajas al wok y saltéalas brevemente.

Sirve el puré de calabaza en la base de los platos y reparte encima las borrajas salteadas. Decora los platos con unas láminas de ajo y unas hojas de perejil.

TOSTADAS DE ESPÁRRAGOS Y CEBOLLETAS CON BECHAMEL

INGREDIENTES (4 P.)

- 16 espárragos verdes
- 4 cebolletas
- 4 rebanadas de pan de molde
- 1 diente de ajo
- 2 pimientos del piquillo
- 2 cucharadas de harina
- 500 ml de leche
- 2 cucharadas de salsa de tomate
- aceite de oliva virgen extra
- perejil
- pimienta
- sal

ELABORACIÓN

Limpia los espárragos, retírales la parte inferior del tallo y cuécelos en una cazuela con agua y una pizca de sal durante 5 minutos. Escúrrelos y resérvalos.

Tuesta las rebanadas de pan y resérvalas.

Pica las cebolletas y rehógalas a fuego suave en una sartén con 3 cucharadas de aceite. Cuando se doren, retíralas y deja que escurran sobre un plato forrado con papel absorbente.

Para preparar la bechamel, pela el diente de ajo, pícalo finamente y ponlo a rehogar en una cazuela con 2-3 cucharadas de aceite. Pica finamente los pimientos y añádelos. Incorpora la harina y rehógala bien. Agrega la leche poco a poco, sin dejar de remover, y cocina a fuego suave durante 8-10 minutos, hasta que espese. Añade la salsa de tomate, salpimienta la bechamel, espolvoréala con un poco de perejil picado y mezcla bien.

Coloca 4 espárragos y la ¼ parte de la cebolleta rehogada sobre cada tostada, cubre con la bechamel y gratina las tostadas en el horno a 200 °C durante 3-4 minutos. Sirve.

PATATAS CON VINAGRETA PICANTE

INGREDIENTES (4 P.)

- 4 patatas
- 200 g de harina
- 1 cebolleta
- aceite de oliva virgen extra
- sal

Para la vinagreta picante:

- 2 dientes de ajo
- ½ cucharadita de perejil picado
- ½ cucharadita de tomillo
- ½ cucharadita de guindilla cayena molida
- ½ cucharadita de pimentón
- 4-6 cucharadas de aceite de oliva virgen extra
- 1 cucharada de vinagre
- sal

ELABORACIÓN

Pela las patatas y córtalas en rodajas gruesas. Cuécelas en una tartera (cazuela amplia y baja) con abundante agua con una pizca de sal durante 15 minutos. Retíralas y escúrrelas.

Pasa las patatas por harina y fríelas en una sartén con abundante aceite. Retíralas y escúrrelas sobre una fuente cubierta con papel absorbente.

Pela los dientes de ajo y májalos en el mortero. Agrega la cayena, el pimentón, el perejil, el tomillo, el aceite, el vinagre y una pizca de sal y mezcla bien.

Sirve las patatas en 4 platos y aderézalas con la vinagreta picante. Corta la cebolleta en juliana fina y salpica con ella los platos.

COLES DE BRUSELAS CON BEICON Y MOSTAZA

INGREDIENTES (4 P.)

- 800 g de coles de Bruselas
- 150 g de beicon en lonchas
- 1 cucharada de mostaza a la antigua
- 1 cebolla
- aceite de oliva virgen extra
- perejil
- sal

ELABORACIÓN

Pela la cebolla, córtala en daditos y rehógala en una cazuela grande con 3-4 cucharadas de aceite durante 10-15 minutos.

Retira la capa externa de las coles de Bruselas, córtalas por la mitad (si son grandes, en cuartos) y agrégalas a la cazuela. Sazónalas y cocínalas a fuego medio durante 15-20 minutos, según te gusten más o menos caramelizadas (para que se hagan más rápido, también puedes tapar la cazuela). Retíralas a un plato y resérvalas.

Corta el beicon en tiras, añádelas a la cazuela y dóralas bien.

Incorpora a la cazuela la mostaza y las coles, mezcla bien, tapa la cazuela y cocínalas durante 3-5 minutos.

Reparte las coles en 4 platos y adórnalos con unas hojas de perejil.

CONSEJO

La panceta y el beicon son dos productos deliciosos provenientes del cerdo que, a menudo, pueden confundirse. La panceta puede ser fresca o curada, en cambio, el beicon ha sido sometido a un proceso de ahumado.

COLIFLOR CON SABAYÓN

INGREDIENTES (4 P.)

- 1 coliflor
- 2 patatas
- 4 yemas de huevo
- 100 ml de vino blanco
- perejil
- sal

ELABORACIÓN

Calienta abundante agua en una cazuela grande. Separa la coliflor en ramilletes e introdúcelos en la cazuela. Pela las patatas, trocéalas (cascándolas) y añádelas. Sazona, tapa la cazuela y cuece todo durante 20 minutos aproximadamente. Reserva las hortalizas en el agua.

Para hacer el sabayón, coloca las yemas en un bol, sazónalas y bátelas con la batidora de varillas eléctrica hasta que monten bien. Agrega el vino poco a poco y sigue batiendo hasta que ligue.

Sirve las hortalizas en 4 cazuelitas (aptas para el horno), nápalas con el sabayón y gratínalas en el horno durante 1-2 minutos, hasta que se doren un poco.

Retira las cazuelitas del horno, espolvoréalas con un poco de perejil picado y adórnalas con unas hojas de perejil.

CONSEJO

A la hora de cocer coliflor, te recomiendo encender la campana extractora para que vaya absorbiendo los olores azufrados que desprende durante la cocción.

COLIFLOR ASADA CON CÚRCUMA

INGREDIENTES (4 P.)

1 coliflor
2 yogures griegos
2 cucharaditas de ajo en polvo
zumo de 1 limón
perejil
1 cucharada de cúrcuma
2 cucharaditas de comino
2 cucharaditas de pimentón
aceite de oliva virgen extra
sal

ELABORACIÓN

Pon los yogures en un bol y agrega el ajo en polvo, la cúrcuma, el comino, el pimentón y una pizca de sal. Vierte encima 40 ml de aceite y el zumo de limón, mezcla todo bien y reserva.

Suelta la coliflor en ramilletes, lávalos bien y sécalos. Introdúcelos en el bol anterior y embadúrnalos bien.

Coloca los ramilletes de coliflor sobre una bandeja de horno y hornéalos a 200 °C durante 25-30 minutos, hasta que se doren.

Reparte la coliflor en 4 platos y adórnalos con unas hojas de perejil.

CONSEJO

Al cocer la coliflor, parte de las vitaminas se pierden en el agua, pero existen otras técnicas culinarias como la cocción al vapor, a la papillote, a la plancha o incluso el asado (como en esta receta) que hacen que la pérdida de vitaminas sea menor.

HAMBURGUESAS DE CALABAZA

INGREDIENTES (4 P.)

- 500 g de calabaza
- 1 zanahoria
- 155 g de copos de avena
- 1 cucharadita de cebolla en polvo
- 1 cucharadita de ajo en polvo
- 100 g de queso *mozzarella*
- 150 ml de salsa de tomate
- 60 g de rúcula limpia
- aceite de oliva virgen extra
- vinagre
- perejil
- ½ cucharadita de comino en polvo
- sal

CONSEJO

En pleno auge de las cocinas vegana y vegetariana, las hamburguesas vegetales son cada vez más populares. Pueden ser muy nutritivas siempre que elijamos bien sus componentes. La clave reside en combinar las proporciones adecuadas de cereales, legumbres, hortalizas, setas, frutos secos...

HORTALIZAS

ELABORACIÓN

Calienta una cazuela con abundante agua. Pela la calabaza, trocéala y añádela a la cazuela. Sazónala, tápala y cuécela durante 12-15 minutos. Retírala, escúrrela, pásala a un bol y aplástala con un tenedor hasta dejarla reducida a un puré.

Pela la zanahoria y rállala.

Pon el puré de calabaza, los copos de avena y la zanahoria rallada en un bol grande. Agrega 1 cucharada de perejil picado, la cebolla, el ajo y el comino. Sazona y mezcla bien.

Corta el queso en daditos.

Para montar las hamburguesas, pon un trozo de papel de hornear (10 x 10 cm) sobre la tabla, coloca encima un aro de emplatar de 7 cm y rellénalo (hasta la mitad) con parte de la mezcla de calabaza, agrega unos daditos de queso y cúbrelos con otra parte de mezcla. Presiona un poco la masa, pasa la hamburguesa a una fuente y retira el aro. Repite el proceso y monta otras 7 hamburguesas.

Calienta 2 cucharadas de aceite en una plancha, añade las hamburguesas (sin retirarles el papel) y cocínalas durante 3 minutos por cada lado.

Sirve en cada plato 2 hamburguesas y un poco de salsa de tomate. Adereza la rúcula con aceite, vinagre y sal y acompaña las hamburguesas con una porción de ensalada. Adorna los platos con unas hojas de perejil.

JUDÍAS VERDES CON CHAMPIÑONES

INGREDIENTES (4 P.)

- 600 g de judías verdes redondas
- 300 g de champiñones
- 4 huevos
- 3 dientes de ajo
- aceite de oliva virgen extra
- perejil
- sal

ELABORACIÓN

Pon los huevos en una cazuela, cúbrelos con agua y cuécelos durante 10 minutos (contados desde el momento en que el agua empiece a hervir). Pélalos y resérvalos.

Calienta agua en una cazuela y sazónala. Retira las puntas de las judías, córtalas en trozos de unos 3-4 centímetros, introdúcelas en la cazuela y cuécelas durante 10-12 minutos. Retíralas, escúrrelas y resérvalas.

Lava los champiñones, sécalos, córtalos en cuartos y resérvalos. Pela los dientes de ajo, córtalos en dados y ponlos a dorar en una tartera (cazuela amplia y baja) con 4 cucharadas de aceite. Cuando los ajos empiecen a dorarse, incorpora los champiñones, sazónalos y cocínalos a fuego vivo durante 5-6 minutos.

Incorpora las judías a la tartera y cocina todo junto durante 2 minutos.

Reparte las judías con los champiñones en 4 platos. Corta los huevos en cuartos y sirve 1 huevo en cada plato. Riega los platos con aceite de oliva y adórnalos con unas hojas de perejil.

CONSEJO

Para preparar judías verdes es imprescindible lavarlas, retirarles las puntas y, en el caso de que sean muy grandes, quitarles los filamentos que las recorren a lo largo.

PATATAS RELLENAS DE ATÚN

INGREDIENTES (4 P.)

4 patatas medianas
150 g de atún en aceite
1 huevo
60 g de queso *cheddar*
50 ml de salsa de tomate
75 g de queso parmesano rallado
perejil
sal

ELABORACIÓN

Pon el huevo en un cazo, cúbrelo con agua y cuécelo durante 10 minutos (contados desde el momento en que el agua empiece a hervir). Retíralo, deja que se temple, pélalo, córtalo en daditos y resérvalo.

Calienta abundante agua en una cazuela. Lava bien las patatas, introdúcelas en la cazuela y cuécelas durante 30 minutos. Retíralas, escúrrelas, deja que se templen y córtalas por la mitad a lo largo. Retírales la pulpa con un sacabolas, teniendo cuidado de no romperles la piel (en la que se pondrá el relleno), y ponla en un bol grande. Añade el atún desmigado, el huevo cocido, el queso *cheddar* (cortado en daditos), la salsa de tomate y una pizca de sal. Mezcla todo bien, rellena las patatas (formando una montañita con el relleno) y vete colocándolas en una fuente apta para el horno. Espolvoréalas con el queso parmesano y hornéalas a 220 ºC durante 6-8 minutos.

Sirve 1 patata (2 mitades) en cada plato y decóralos con unas hojas de perejil.

CONSEJO

Cuando las patatas se vayan a servir con su piel, como en esta receta, es importante que se limpien muy bien con un cepillo bajo el grifo de agua corriente.

HORTALIZAS

PENCAS RELLENAS DE CHAMPIÑONES

INGREDIENTES (4 P.)

- 8 pencas de acelga
- 20 champiñones
- 2 dientes de ajo
- 1 cucharada de harina
- 125 ml de leche
- 80 g de jamón cocido
- harina (para rebozar)
- 3 huevos
- 300 ml de salsa de tomate
- aceite de oliva virgen extra
- perejil
- sal

ELABORACIÓN

Calienta abundante agua en una cazuela grande y sazónala.

Retira los hilos de las pencas e introdúcelas en la cazuela. Tapa y cuécelas durante 15 minutos. Retíralas, escúrrelas, córtalas (según tamaño, en 2-3 trozos) y resérvalas.

Limpia los champiñones, sécalos, córtalos en daditos y resérvalos.

Calienta 3-4 cucharadas de aceite en una sartén. Pela 1 diente de ajo, pícalo finamente y añádelo a la sartén. En cuanto empiece a dorarse, incorpora los champiñones. Sazónalos y cocínalos a fuego medio durante 5-6 minutos. Añade la cucharada de harina, rehógala y agrega la leche poco a poco, sin dejar de remover. Corta el jamón en dados, incorpóralo y mezcla bien. Espolvorea la farsa con un poco de perejil picado, mezcla de nuevo y extiéndela sobre una fuente amplia hasta que se enfríe.

Extiende la mitad de las pencas sobre una fuente, reparte la farsa de champiñón y jamón por encima y tápala con el resto de las pencas. Calienta una sartén con abundante aceite, aplasta el otro diente de ajo (con piel) y agrégalo. Bate los huevos. Cuando el aceite esté bien caliente, pasa las pencas rellenas por harina y el huevo batido, introdúcelas en la sartén y fríelas por los dos lados. Escúrrelas sobre un plato cubierto con papel absorbente.

Sirve la salsa de tomate en el fondo de los platos y coloca encima 2-3 pencas rellenas. Decora los platos con unas hojas de perejil.

CONSEJO

Podemos encontrar acelgas durante todo el año, pero de otoño a primavera es cuando mejor están.

PICADILLO DE CALABAZA

INGREDIENTES (4 P.)

- 800 g de calabaza
- 4 huevos
- 1 cebolla grande
- 600 g de patatas
- 125 g de chorizo
- aceite de oliva virgen extra
- perejil
- sal

ELABORACIÓN

Calienta una cazuela con agua, introduce en ella los huevos y cuécelos durante 10 minutos (contados desde el momento en que el agua empiece a hervir). Refréscalos, pélalos, córtalos en cuartos y resérvalos.

Pela la cebolla, córtala en dados y ponla en una cazuela grande. Pela la calabaza, córtala de la misma manera e incorpórala. Agrega 4 cucharadas de aceite. Cocina a fuego medio la cebolla con la calabaza durante 5-6 minutos *mareándolas* (revolviéndolas) de vez en cuando.

Pela las patatas, trocéalas (cascándolas) y añádelas. Cocina todo junto durante unos 4-5 minutos. Cubre con agua, sazona y cuece las hortalizas durante 25-30 minutos.

Corta el chorizo en rodajas finas e incorpóralas. Cocina conjuntamente durante 5-10 minutos más.

Reparte el picadillo de calabaza en 4 platos y pon 1 huevo (4 cuartos) en cada uno. Decóralos con unas hojas de perejil.

CONSEJO

Esta receta admite otros ingredientes, por ejemplo, pimiento rojo, tomate, dientes de ajo, hojas de laurel..., siempre a gusto del cocinero.

TARTA *TATIN* DE BERENJENA Y PISTO

INGREDIENTES (4 P.)

1 lámina de hojaldre redonda
1 berenjena
2 dientes de ajo
½ cebolla
½ pimiento rojo
½ pimiento verde
½ calabacín
1 tomate
2 cucharadas de piñones
6 tomates deshidratados en aceite
aceite de oliva virgen extra
perejil
sal

CONSEJO

Para que el pisto quede perfecto, es importante rehogar las hortalizas más secas durante 10-15 minutos antes de incorporar las más húmedas.

ELABORACIÓN

Lava la berenjena, córtala en rodajas de 1 cm y extiéndelas en una fuente. Sazónalas y déjalas reposar durante 15 minutos para que suden y pierdan el amargor.

Calienta una sartén con 4 cucharadas de aceite. Pela los dientes de ajo y la cebolla, córtalos en dados y añádelos a la sartén. Pela el pimiento rojo, córtalo de la misma manera y agrégalo. Corta el pimiento verde en dados y añádelo. Lava el calabacín, córtalo en dados e incorpóralo. Sazona y cocina las hortalizas a fuego medio durante 10-15 minutos.

Pela el tomate, córtalo en dados, añádelo a la sartén y cocina todo durante 8-10 minutos más. Pon el pisto a escurrir y resérvalo.

Seca la berenjena con papel absorbente. Pon a calentar 3 cucharadas de aceite en la misma sartén donde has cocinado el pisto, añade las rodajas de berenjena y fríelas por los dos lados hasta que se doren un poco. Retíralas.

Cubre un molde redondo (de fondo desmontable) con papel de hornear y reparte los piñones y los tomates deshidratados (cortados en tiras) por el fondo. Cubre toda la superficie del molde con las rodajas de berenjena y extiende el pisto encima. Tapa todo con la lámina de hojaldre y presiona los bordes formando una pestaña. Pincha el hojaldre varias veces con un cuchillo para que salga el vapor que generan las hortalizas.

Hornea la tarta *tatin* a 180 °C durante unos 20 minutos. Retírala del horno, deja que se temple, desmóldala y córtala en 4 porciones.

Sirve una porción en cada plato y adórnalos con unas hojas de perejil.

PUERROS COCIDOS CON DADITOS DE REMOLACHA

INGREDIENTES (4 P.)

12 puerros finos

1 remolacha

1 patata

aceite de oliva virgen extra

perejil

sal

ELABORACIÓN

Calienta agua en la olla rápida, lava la remolacha, introdúcela dentro y sazónala. Cierra la olla y cuécela durante 7 minutos. Cuando baje la válvula, abre la olla, retira la remolacha y deja que se temple. Pélala, córtala en daditos (muy pequeños) y resérvala.

Prepara los puerros, retirándoles la parte inferior, la superior y 2-3 capas de hojas. Enjuágalos bien. Córtales la parte verde (reserva la blanca), pícala finamente y rehógala un poco (5 minutos) en una cazuela con 3 cucharadas de aceite. Pela la patata, trocéala e incorpórala. Sazona. Rehoga todo durante 4-5 minutos, cubre con agua y cocina durante 12-15 minutos. Retira parte del agua (resérvala por si hiciera falta aligerar el puré) y tritura las hortalizas con una batidora eléctrica hasta conseguir un puré homogéneo. Resérvalo.

Cubre una vaporera grande de bambú con un trozo de papel de hornear agujereado, corta los puerros en trozos de unos 6 centímetros y colócalos encima. Tápala. Calienta un poco de agua en una sartén grande y sazónala. Coloca la vaporera de bambú en la sartén y cuece los puerros al vapor durante 15 minutos.

Sirve la crema de puerros en la base de 4 platos, reparte encima los puerros y salpícalos con unos daditos de remolacha. Riégalos con un chorrito de aceite y adorna los platos con unas hojas de perejil.

CONSEJO

Es importante limpiar los puerros muy bien, pues si se cuecen con algo de tierra, no habrá manera de solucionarlo y arruinarán el plato.

ACHICORIA CON REFRITO DE AJO Y LIMÓN

INGREDIENTES (4 P.)

1 kg de achicoria

2 zanahorias

2 patatas

2 dientes de ajo

2 tiras de cáscara de limón

aceite de oliva virgen extra

perejil

1 trozo de guindilla

sal

ELABORACIÓN

Calienta agua en una cazuela. Pela las zanahorias, córtalas en medias lunas finas e introdúcelas en la cazuela. Pela las patatas, trocéalas (cascándolas) y añádelas.

Corta la achicoria en trozos de 3 cm, lávala bien, escúrrela e incorpórala a la cazuela. Sazona, tapa y cuece las hortalizas a fuego medio durante 20 minutos. Escurre las hortalizas y resérvalas (tapadas) en la cazuela.

Calienta 6-8 cucharadas de aceite en una sartén pequeña. Pela los dientes de ajo, córtalos en láminas y añádelos. Agrega también la guindilla y la cascara de limón y rehoga todo hasta que los ajos se doren.

Reparte las hortalizas en 4 platos hondos y riégalos con el refrito. Adorna los platos con unas hojas de perejil.

CONSEJO

Si os gusta el pimentón, cuando los ajos ya estén dorados, retira la sartén del fuego, agrega el pimentón, mezcla bien y adereza las hortalizas con el refrito.

MORRETE DE SETAS Y PAPAS CON *MAJAÍLLO*

INGREDIENTES (4 P.)

500 g de setas de cardo
2 patatas grandes
3 dientes de ajo
20 g de almendras
1 rebanada de pan cateto *(asentao)*
aceite de oliva virgen extra
vinagre
2 hojas de laurel
perejil
1 cucharada de pimentón dulce
sal

ELABORACIÓN

Pela las patatas, córtalas en dados grandes y fríelas en una tartera (cazuela amplia y baja) con abundante aceite. Retíralas y resérvalas en una fuente. Retira también la mayor parte del aceite de la tartera.

Corta las setas por la mitad, agrégalas a la tartera, sazónalas y rehógalas durante 5 minutos. Añade las hojas de laurel.

Para hacer el *majaíllo,* pon a calentar una sartén pequeña con un poco de aceite. Pela los dientes de ajo, córtalos en láminas y añádelos a la sartén. Agrega también las almendras y la rebanada de pan cortada en trozos. Fríe todo hasta que se dore y pásalo al mortero. Maja los ingredientes hasta conseguir una pasta. Incorpora el pimentón y un poco de agua y mezcla bien.

Vierte el *majaíllo* sobre las setas. Incorpora también las patatas y un poco más de agua. Sazona y cocina el morrete durante 15-20 minutos a fuego suave. Añade un chorrito de vinagre y sirve. Adorna los platos con unas hojas de perejil.

CONSEJO

En Andalucía llaman *majaíllo* al majado de ajos, almendras y pan. Algunas familias lo hacen con el pan y los ajos en crudo.

ALCACHOFAS CON VINAGRETA DE ANCHOAS

INGREDIENTES (4 P.)

12 alcachofas
6 filetes de anchoa en aceite
1 diente de ajo
½ pimiento rojo
1 pimiento verde pequeño
1 cebolleta
150-200 ml de aceite de oliva virgen extra
2-3 cucharadas de vinagre
perejil
sal

ELABORACIÓN

Calienta abundante agua en una cazuela grande. Corta el tallo de las alcachofas y añádelas (sin pelar) a la cazuela. Sazónalas, tápalas y cuécelas durante 20-25 minutos. Retira las alcachofas, escúrrelas sobre una fuente cubierta con papel absorbente, retírales las hojas exteriores y resérvalas.

Pela el diente de ajo y córtalo en daditos. Pela el pimiento rojo y córtalo en dados. Retira el tallo y las semillas del pimiento verde y córtalo en dados. Corta la cebolleta de la misma manera. Pon todas las hortalizas en una batidora de vaso, añade los filetes de anchoa, el vinagre y el aceite y tritura los ingredientes hasta conseguir una salsa homogénea. Pon a punto de sal y reparte la vinagreta en 4 cuencos.

Sirve en cada plato 3 alcachofas (de pie) y un cuenco con vinagreta. Decóralos con unas hojas de perejil.

CONSEJO

La alcachofa es una hortaliza única y especial, reconocida por sus múltiples cualidades y su inconfundible sabor. Tiene mucha fibra y es hipocalórica, lo que la convierte en un alimento perfecto para dietas de adelgazamiento.

BORRAJA CON GARBANZOS

INGREDIENTES (4 P.)

- 1 kg de borraja
- 400 g de garbanzos
- 3 dientes de ajo
- aceite de oliva virgen extra
- perejil
- 1 cucharadita de cúrcuma
- 1 cucharadita de pimentón
- sal

CONSEJO

Cuando se añade pimentón al aceite caliente y no se le va a agregar ningún caldo, es importante que lo apartes del fuego, pues el pimentón se quema con mucha facilidad y, si se quema, deja un sabor amargo.

ELABORACIÓN

La víspera, pon los garbanzos a remojo.

Calienta agua en una olla rápida. Cuando empiece a hervir, escurre los garbanzos, introdúcelos en la olla y añade la cúrcuma y una pizca de sal. Cierra la olla y cuece los garbanzos durante 20-30 minutos. Abre la olla, cuela los garbanzos y resérvalos (reserva el caldo para hacer una sopa en otro momento).

Calienta agua en una cazuela. Limpia la borraja, trocéala, añádela a la cazuela, sazónala y cuécela durante 12-15 minutos. Cuela la borraja y resérvala.

Calienta 3-4 cucharadas de aceite en una cazuela. Pela los dientes de ajo, córtalos en láminas y añádelos. Cuando se doren, retíralos y resérvalos en un plato. Aparta la cazuela del fuego y agrega el pimentón. Incorpora los garbanzos y remuévelos para que queden bien impregnados en la mezcla de pimentón y aceite. Agrega la borraja, mezcla suavemente y cocina todo durante 3 minutos.

Reparte la borraja con garbanzos en 4 platos y adórnalos con unas láminas de ajo y unas hojas de perejil.

CARDO EN SALSA DE ALMENDRA CON GULAS

INGREDIENTES (4 P.)

1 kg de cardo cocido (en conserva)
200 g de gulas
2 dientes de ajo
aceite de oliva virgen extra
perejil
sal

Para la salsa de almendras:

100 g de almendra cruda molida
1 cebolleta
1 cucharada de harina
200 ml de leche
aceite de oliva virgen extra
sal

ELABORACIÓN

Para preparar la salsa de almendras, calienta 3-4 cucharadas de aceite en una cazuela. Corta la cebolleta en daditos, agrégala a la cazuela y rehógala durante 4-5 minutos. Incorpora la harina y cocínala un poco. Añade la almendra molida, rehógala otro poco y agrega la leche y 300 ml de agua poco a poco y sin dejar de remover. Sazona y cocina la salsa durante unos 15 minutos.

Introduce el cardo en la cazuela y cocínalo en la salsa durante 4-5 minutos.

Calienta una sartén con 3 cucharadas de aceite. Pela los ajos, córtalos en láminas, añádelos a la sartén y fríelos a fuego suave-medio hasta que empiecen a dorarse. Abre los paquetes de gulas, suéltalas un poco, agrégalas a la sartén, espolvoréalas con un poco de perejil picado y saltéalas brevemente.

Sirve el cardo en 4 platos, reparte las gulas encima y adórnalos con unas hojas de perejil.

CONSEJO

Esta receta es una receta festiva, pero no te llevará mucho tiempo, ya que, al utilizar cardo en conserva, el tiempo se reduce significativamente.

BRÓCOLI CON QUESO Y ARROZ

INGREDIENTES (4 P.)

- 1 brócoli
- 200 g de queso edam
- 150 g de arroz
- 3 dientes de ajo
- 25 g de pistachos pelados
- aceite de oliva virgen extra
- perejil
- 1 cucharada de pimienta rosa en grano
- sal

CONSEJO

Para servir el arroz, unta un bol pequeño con un poco de aceite, llénalo con arroz, presiónalo ligeramente y vuélcalo sobre el plato.

ELABORACIÓN

Calienta abundante agua en una cazuela hasta que hierva. Separa el brócoli en ramilletes, ponlos en un bol grande, cúbrelos con el agua hirviendo y sazónalos. Deja que reposen en el agua durante 20 minutos. Retira los ramilletes, escúrrelos y resérvalos.

Calienta 3 cucharadas de aceite en una cazuela. Aplasta 1 diente de ajo (con piel) y agrégalo a la cazuela. Incorpora el arroz, vierte encima el agua (el doble y un poco más), sazónalo y cocínalo durante 18 minutos. Resérvalo.

Calienta 3-4 cucharadas de aceite en un wok (o sartén grande). Pela los otros 2 dientes de ajo, córtalos en dados, agrégalos y rehógalos brevemente (sin que lleguen a dorarse). Aplasta los pistachos con la hoja de un cuchillo cebollero y añádelos. Agrega también la pimienta rosa y los ramilletes de brócoli. Saltea todo durante unos 5 minutos (si no os gusta que el brócoli quede al dente, vierte encima 150 ml de agua, tapa el wok y cocina el brócoli durante 5 minutos más).

Calienta una sartén con unas gotas de aceite. Corta el queso en bastones, ponlos en la sartén y dóralos brevemente.

Sirve en cada plato una porción de arroz, una de brócoli y unos bastones de queso. Adorna los platos con unas hojas de perejil.

BORRAJAS Y ALCACHOFAS CON CREMA DE PATATA

INGREDIENTES (4 P.)

500 g de borraja
12 alcachofas
2 patatas
4 lonchas finas de jamón serrano
2 dientes de ajo
aceite de oliva virgen extra
perejil
sal

CONSEJO

La borraja se caracteriza por crecer con cierta facilidad y por ser bastante resistente. Una vez cortada, es muy perecedera, por lo que hay que tener mucho cuidado a la hora de conservarla. Es aconsejable guardarla rápidamente en el frigorífico dentro de un envase y no lavarla hasta que vaya a ser consumida.

ELABORACIÓN

Cubre una bandeja de horno con un trozo de papel de hornear, extiende las lonchas de jamón encima y cúbrelas con otro trozo de papel de hornear. Introduce la bandeja en el horno y hornea el jamón a 180 °C durante 15 minutos. Retira la bandeja, espera a que las lonchas de jamón se enfríen y resérvalas.

Calienta agua en una cazuela. Pela las patatas, trocéalas (cascándolas) y agrégalas a la cazuela. Sazónalas y cuécelas durante 12-15 minutos. Pásalas a una batidora de vaso con parte del agua de la cocción (para que quede una crema ligera) y 1-2 cucharadas de aceite y tritúralas bien. Reserva la crema de patata.

Calienta agua en una cazuela. Corta las hojas de las borrajas (resérvalas para hacer un puré en otra ocasión). Corta los tallos en trozos de 2-3 cm, lávalos y añádelos a la cazuela. Sazónalos, tápalos y cuécelos durante 10-12 minutos. Escúrrelos y resérvalos.

Calienta agua en una olla rápida. Corta el tallo de las alcachofas, pélalas, córtales las puntas e introdúcelas en la olla. Sazónalas, cierra la olla y cuécelas durante 4 minutos. Apaga el fuego, espera a que baje la válvula, abre la olla, retira las alcachofas y escúrrelas boca abajo sobre una fuente cubierta con papel absorbente. Córtalas por la mitad y resérvalas.

Calienta una cazuela (o sartén grande) con 4-6 cucharadas de aceite. Pela los ajos, córtalos en láminas o en daditos y agrégalos a la cazuela. Incorpora las borrajas y las alcachofas y cocínalas brevemente (2-3 minutos).

Sirve la crema de patata en la base de 4 platos, reparte encima las hortalizas y salséalas con otro poco de crema de patata. Corta cada loncha de jamón en 2-3 trozos, colócalos en los platos y decóralos con unas hojas de perejil.

COLIFLOR CON SALSA DE TOMATE Y QUESO

INGREDIENTES (4 P.)

1 coliflor
500 ml de tomate triturado
150 g de queso gorgonzola
2 dientes de ajo
1 cebolla
1 pimiento verde
aceite de oliva virgen extra
perejil
sal

CONSEJO

La coliflor no tiene buena fama debido al fuerte olor que desprende al cocerse. Para evitarlo, agrega un poco de leche o de vinagre al agua de la cocción.

ELABORACIÓN

Calienta 3 cucharadas de aceite en una cazuela. Pela los dientes de ajo, córtalos en láminas y añádelos a la cazuela. Pela la cebolla, córtala en dados y agrégala. Retira el tallo y las semillas del pimiento, córtalo de la misma manera e incorpóralo. Sazona y rehoga las hortalizas durante 8-10 minutos. Añade el tomate y cocínalo a fuego moderado durante 20-25 minutos. Pasa todo a una batidora de vaso y tritúralo hasta conseguir una salsa homogénea. Reserva la salsa de tomate.

Limpia la coliflor y sepárala en ramilletes (medianos). Calienta una cazuela con agua, introduce en ella la coliflor, sazónala, tápala y cuécela durante unos 10 minutos. Retírala y escúrrela bien.

Vierte la mitad de la salsa de tomate en una fuente grande (apta para el horno), coloca encima los ramilletes de coliflor y saltéalos con el resto de la salsa de tomate. Corta el queso en dados y espárcelos por encima.

Introduce la fuente en el horno y gratina hasta que se dore un poco.

Sirve y adorna los platos con unas hojas de perejil.

ESPINACAS SALTEADAS CON PURÉ DE PATATA

INGREDIENTES (4 P.)

800 g de espinacas
4 patatas
200 ml de leche
2 yemas de huevo
4 dientes de ajo
aceite de oliva virgen extra
perejil
sal

CONSEJO

Si no encuentras espinacas frescas, puedes hacer este plato utilizando espinacas congeladas o en conserva.

ELABORACIÓN

Calienta agua en una olla rápida. Pela las patatas, trocéalas (cascándolas), introdúcelas en la olla, sazónalas, cierra la olla y cuécelas durante 3 minutos. Abre la olla, retira las patatas y escúrrelas.

Pon las patatas en un bol grande y májalas con un tenedor o un machacador de patatas. Añade la leche poco a poco y mezcla bien. Agrega las yemas y mezcla bien. Sazona el puré, tápalo con film transparente y mantenlo así hasta el momento de servir.

Lava las espinacas, retírales el tallo, córtalas en juliana gruesa y resérvalas.

Calienta una tartera (cazuela amplia y baja) con 4 cucharadas de aceite. Pela los dientes de ajo, córtalos en láminas, introdúcelos en la tartera y dóralos un poco. Retíralos a un plato y resérvalos. Introduce las espinacas en la tartera, saltéalas durante 2-3 minutos y sazónalas.

Pon el puré de patata en 4 platos y reparte encima las espinacas. Decora los platos con las láminas de ajo y unas hojas de perejil.

ENDIBIAS A LA PLANCHA CON SALSA DE YOGUR Y MOSTAZA

INGREDIENTES (4 P.)

- 6 endibias
- 100 g de panceta ahumada
- 1 manzana Granny Smith
- 200 g de yogur griego
- 1 cucharada de mostaza a la antigua
- aceite de oliva virgen extra
- 15 hojas de cebollino
- perejil
- pimienta
- sal

HORTALIZAS

ELABORACIÓN

Calienta una sartén pequeña con 1 cucharadita de aceite. Corta la panceta en daditos y agrégala y saltéala brevemente hasta que se dore. Escúrrela y resérvala.

Lava la manzana, descorazónala, córtala en daditos y pásala a un bol. Agrega el yogur, la mostaza y el cebollino finamente picado. En el momento de servir (para que la panceta siga crujiente), incorpora la panceta y mezcla bien.

Vierte 4-5 cucharadas de aceite en una fuente grande y salpimiéntalas. Corta las endibias por la mitad y úntalas (por la parte interior) en el aceite.

Calienta una plancha, coloca encima las endibias (primero por la parte interior) y cocínalas durante 3-4 minutos. Riégalas con un chorrito de aceite, dales la vuelta y cocínalas durante 3-4 minutos más. Retíralas.

Sirve 3 mitades de endibia en cada plato y cúbrelas con la salsa de yogur, mostaza, manzana y panceta. Adorna los platos con unas hojas de perejil.

CONSEJO

Las endibias pueden resolverte un aperitivo, un picoteo o formar parte de una guarnición para pescados o carnes. Normalmente las comemos crudas, pero cocinadas a la plancha también quedan muy bien.

MENESTRA DE CARDO Y ALCACHOFAS

INGREDIENTES (4 P.)

3 pencas de cardo
8 alcachofas
12 coles de Bruselas
2 zanahorias
2 dientes de ajo
1 cebolleta
100 g de jamón serrano (4 lonchas)
20 g de harina
200 g de brócoli
harina y huevo batido (para rebozar)
aceite de oliva virgen extra
perejil
sal

CONSEJO

La menestra se puede preparar de muchas maneras distintas. No olvides que lo mejor es ir variando según la época del año y con las hortalizas que se tengan a mano.

ELABORACIÓN

Retira las primeras hojas de las coles de Bruselas. Pela las zanahorias y córtalas en rodajas. Retira los hilos a las pencas de cardo y córtalas en trozos de 2 centímetros.

Calienta una tartera (cazuela amplia y baja) con 500 ml de agua, coloca encima la vaporera, introduce en ella las hortalizas, sazónalas, tápalas y cuécelas al vapor durante 20 minutos. Retíralas y resérvalas. Reserva también el agua de la cocción.

Calienta abundante agua en otra cazuela, pela las alcachofas (eliminándoles 2-3 capas de hojas), córtales el tallo y la punta superior, introdúcelas en la cazuela, sazónalas, tápalas y cuécelas durante 20 minutos. Retíralas y escúrrelas boca abajo sobre una fuente cubierta con papel absorbente. Córtalas por la mitad y resérvalas.

Calienta una tartera (cazuela amplia y baja) o sartén grande con 4 cucharadas de aceite. Pela los ajos, córtalos en daditos y añádelos. Corta la cebolleta de la misma manera y añádela. Sazona y rehoga las hortalizas a fuego medio durante 4-5 minutos. Corta 2 lonchas de jamón en daditos, incorpóralos a la tartera y rehógalos brevemente. Añade la harina, rehógala un poco, vierte encima 250 ml del caldo reservado y cocina la salsa durante 3-5 minutos. Introduce en la tartera el cardo, las zanahorias, las coles de Bruselas y las alcachofas y cocina las hortalizas en la salsa durante 4-5 minutos.

Suelta el brócoli en ramilletes pequeños, pásalos por harina y huevo batido y fríelos en una sartén con aceite. Cuando se doren, retíralos, escúrrelos sobre un plato cubierto con papel absorbente y sazónalos.

Reparte la menestra en 4 platos. Corta las otras 2 lonchas de jamón en tiras y repártelas en los 4 platos. Añade también unos ramilletes de brócoli y adorna los platos con unas hojas de perejil.

GRATINADO DE COLIFLOR CON HUEVO

INGREDIENTES (4 P.)

- 1 coliflor
- 4 huevos
- 2 patatas
- 150 g de queso rallado (para gratinar)
- perejil
- 1 cucharada de pimentón
- sal

ELABORACIÓN

Calienta agua en una cazuela grande hasta que empiece a hervir. Pela las patatas, trocéalas (cascándolas) y añádelas. Limpia la coliflor, trocéala y agrégala. Sazona, tapa la cazuela y cuece todo a fuego medio durante 20 minutos.

Escurre bien las patatas y la coliflor, ponlas en un bol y májalas bien. Incorpora 1 cucharadita de perejil picado, el pimentón y la mitad del queso y mezcla bien.

Corta 4 cuadrados de papel de hornear y extiéndelos sobre una bandeja de horno. Coloca un molde cuadrado (tipo cortapastas) encima de cada uno. Reparte la mezcla de coliflor en los 4 moldes y presiónala con una cuchara en la parte central hasta conseguir formar 4 huecos. Casca 1 huevo en cada hueco, espolvorea con el resto del queso y gratina (a media altura) durante 5 minutos. Sube la bandeja a la altura superior del horno y gratina durante 1 minuto más.

Sirve 1 gratinado de coliflor y huevo en cada plato y adórnalos con unas hojas de perejil.

CONSEJO

Siempre es mejor consumir hortalizas de temporada, y si son de proximidad, mejor aún, pues estarán más frescas y, al evitar el transporte, se ahorra energía (combustible).

ESPINACAS A LA CREMA CON PASAS Y PIÑONES

INGREDIENTES (4 P.)

1 kg de espinacas
50 g de pasas (sin pepitas)
50 g de piñones
30 g de mantequilla
30 g de harina
250 ml de leche
120 g de queso *mozzarella* (para gratinar)
perejil
pimienta
sal

ELABORACIÓN

Lava las espinacas y retírales los tallos. Calienta abundante agua en una cazuela grande, introduce en ella las espinacas, sazónalas, tápalas y cuécelas brevemente (2-3 minutos). Escúrrelas, pícalas y resérvalas.

Calienta una sartén pequeña y tuesta un poco en ella los piñones. Retíralos a un plato y resérvalos.

Funde la mantequilla troceada en una tartera (cazuela amplia y baja), agrega la harina y rehógala un poco. Añade la leche poco a poco, sin dejar de remover, y cocina la bechamel durante 6-8 minutos.

Incorpora a la bechamel las espinacas, los piñones y las pasas y mezcla bien. Cocina la farsa durante 3-4 minutos y salpiméntala.

Reparte las espinacas en 4 recipientes, espolvoréalas con el queso y gratínalas hasta que se doren. Adorna con unas hojas de perejil y sirve.

CONSEJO

Esta receta es perfecta para llevar al trabajo, ya que con un calentón en el microondas podremos disfrutar de una comida rica y saludable.

PATATAS RELLENAS DE CHAMPIÑONES AL AJILLO

INGREDIENTES (4 P.)

- 4 patatas
- 300 g de champiñones *(baby)*
- 2 dientes de ajo
- 100 ml de vino blanco
- 125 g de queso *mozzarella* rallado
- aceite de oliva virgen extra
- perejil
- sal

CONSEJO

Esta receta tiene la ventaja de que nos puede servir de base para aprovechar diferentes alimentos o sobras que tengamos por casa.

ELABORACIÓN

Calienta abundante agua en una cazuela grande. Lava las patatas, introdúcelas en la cazuela, sazónalas, tápalas y cuécelas durante 35-40 minutos. Retíralas, escúrrelas y deja que se templen.

Pon agua en un bol grande, añade los champiñones y remuévelos para eliminar cualquier resto de tierra que puedan tener. Retíralos, sécalos, córtalos por la mitad y resérvalos.

Calienta una sartén grande con 3 cucharadas de aceite. Pela los dientes de ajo, córtalos en daditos y añádelos a la sartén. Cuando los ajos empiecen a dorarse, agrega los champiñones, sazónalos y saltéalos durante 3-4 minutos. Vierte encima el vino y cocínalos durante 6-8 minutos.

Corta las patatas por la mitad, retírales la pulpa con un sacabolas (teniendo cuidado de no romperles la piel) y pásala a un bol. Reserva también las cáscaras. Sazona la pulpa de las patatas, agrega un poco de perejil picado y májalas. Incorpora el puré de patata a la sartén donde están los champiñones y mezcla bien. Rellena las patatas con la mezcla y colócalas sobre una bandeja de horno. Cúbrelas con queso rallado y gratínalas hasta que se funda el queso.

Sirve 1 patata (2 mitades) en cada plato. Adórnalos con unas hojas de perejil.

MINESTRONE DE INVIERNO

INGREDIENTES (4 P.)

- 3 hojas de acelga (con sus pencas)
- 1 puerro
- 2 zanahorias
- 1 patata
- 1 rama de apio
- ½ brócoli pequeño
- 100 g de pasta corta
- aceite de oliva virgen extra
- perejil
- sal

ELABORACIÓN

Calienta 2 litros de agua en una cazuela grande.

Lava las acelgas, separa las hojas (resérvalas) de las pencas, retira los hilos de las pencas, córtalas en daditos y agrégalas a la cazuela. Corta la parte inferior y superior del puerro, retírale 1-2 capas y córtalo en rodajas finas. Pela las zanahorias y córtalas en cuartos de luna finos. Pela la patata y córtala en daditos. Corta la rama de apio en rodajas finas. Introduce las hortalizas en la cazuela, sazónalas, tápalas y cuécelas durante 10 minutos.

Corta las hojas de acelga en juliana fina e incorpóralas. Separa el brócoli en ramilletes pequeños y añádelos. Agrega también la pasta y cuece todo durante 6-8 minutos. Pon a punto de sal y sirve. Riega los platos con un chorrito de aceite y adórnalos con unas hojas de perejil.

CONSEJO

La minestrone de esta receta es vegetariana, pero si te apetece puedes agregarle algo de carne, como panceta, jamón o unas albondiguillas de ternera.

ESPÁRRAGOS CON CECINA Y VINAGRETA

INGREDIENTES (4 P.)

16 espárragos blancos (en conserva)

4 lonchas finas de cecina

perejil

Para la salsa vinagreta:

100 ml de aceite de oliva virgen extra

2 cucharadas de vinagre

1 cucharada de pistachos pelados (15 g)

1 cucharada de arándanos deshidratados (20 g)

1 cucharada de fresas liofilizadas picadas (2 g)

ELABORACIÓN

Para preparar la vinagreta, pon el aceite y el vinagre en un bol y bátelos con una varilla manual hasta emulsionen. Pica los pistachos y los arándanos y añádelos al bol. Agrega también las fresas, mezcla suavemente y reserva la vinagreta.

Corta las lonchas de cecina por la mitad a lo largo. Envuelve 2 espárragos con cada ½ loncha y sirve 4 espárragos en cada plato. Aderézalos con la vinagreta y adorna los platos con unas hojas de perejil.

CONSEJO

Las vinagretas dan mucha vida a nuestros platos. En esta receta hemos utilizado pistachos, arándanos y fresas, pero puedes variar los ingredientes en función de vuestros gustos.

PIQUILLOS RELLENOS DE HORTALIZAS

INGREDIENTES (4 P.)

- 16 pimientos del piquillo
- 1 cebolleta
- 1 pimiento verde
- 12 ajos frescos
- 2 alcachofas
- 150 g de setas de cultivo
- 40 g de harina
- 500 ml de leche
- 500 ml de salsa de tomate
- 2 cucharadas de salsa inglesa (Perrins)
- 100 ml de nata líquida
- harina y huevo batido (para rebozar)
- aceite de oliva virgen extra
- perejil
- sal

ELABORACIÓN

Calienta 3-4 cucharadas de aceite en una sartén grande.

Corta la cebolleta y el pimiento verde en daditos y añádelos a la sartén. Retira la parte inferior y superior de los ajos, retírales una capa, córtalos en cilindros y agrégalos. Pela las alcachofas, retírales las puntas y los tallos, córtalas en daditos y añádelas. Sazona y cocina las hortalizas durante 6-8 minutos. Limpia las setas, córtalas de la misma manera e incorpóralas. Saltea todo durante 3-4 minutos.

Agrega la harina y rehógala un poco. Añade la leche poco a poco, sin dejar de remover, y cocina la mezcla durante 5 minutos. Pásala a una fuente y deja que se enfríe.

Calienta en una tartera (cazuela amplia y baja) la salsa de tomate con la salsa inglesa. Agrega la nata y cocina la salsa durante 2-3 minutos.

Rellena los pimientos con la farsa, pásalos por harina y huevo batido y fríelos (en tandas) hasta que se doren. Retíralos y escúrrelos sobre un plato cubierto con papel absorbente. Introduce los pimientos en la salsa y cocínalos a fuego suave durante 10 minutos

Sirve y adorna los platos con unas hojas de perejil.

CONSEJO

Cuando prepares pimientos rellenos, te sugiero que hagas más cantidad y aproveches para congelarlos. Lo mejor es colocarlos sobre una fuente amplia (sin que se toquen entre sí), congelarlos y, una vez congelados, introducirlos en una bolsa con cierre hermético para prepararlos en cualquier momento.

PUERROS CON JAMÓN REBOZADOS

INGREDIENTES (4 P.)

- 9 puerros
- 8 lonchas de jamón cocido
- 2 dientes de ajo
- 1 cebolla
- 2 zanahorias
- 1 pimiento verde
- 150 ml de vino tinto
- 200 ml de salsa de tomate
- 150 ml de caldo de carne
- harina y huevo batido (para rebozar)
- aceite de oliva virgen extra
- perejil
- sal

CONSEJO

El sabor del puerro no es tan intenso como el del ajo o el de la cebolla, por lo que se puede consumir tanto crudo como cocido. Es ideal para incorporarlo en sopas, ensaladas o quiches.

ELABORACIÓN

Limpia los puerros, retirándoles la parte inferior, la superior y 1-2 capas de hojas. Calienta abundante agua en una cazuela, introduce en ella 8 puerros, sazónalos, tápalos y cuécelos a fuego suave durante 20 minutos. Retíralos y espera a que se templen.

Pela los dientes de ajo, la cebolla y las zanahorias. Corta los ajos y la cebolla en dados, y las zanahorias, en cuartos de luna finos. Corta el otro puerro en medias lunas y el pimiento en dados.

Calienta 3-4 cucharadas de aceite en una cazuela. Introduce en ella las hortalizas y rehógalas a fuego suave-medio durante 8-10 minutos. Agrega el vino, la salsa de tomate y el caldo, sazona y cocina todo durante unos 15 minutos. Pasa los ingredientes a una batidora de vaso y tritúralos hasta conseguir una salsa homogénea.

Calienta abundante aceite en una sartén. Corta los puerros por la mitad y envuelve cada mitad con ½ loncha de jamón. Pasa los rollitos de puerro y jamón por harina y huevo batido, añádelos a la sartén y fríelos (en tandas) hasta que se doren. Retíralos y escúrrelos sobre una fuente cubierta con papel absorbente.

Sirve la salsa en la base de los platos y coloca 2 puerros (4 mitades) en cada uno. Adorna los platos con unas hojas de perejil.

SETAS A LA PLANCHA CON CREMA DE ZANAHORIA

INGREDIENTES (4 P.)

- 24 setas de cultivo (ostra, platera...)
- 4 zanahorias
- 25 g de arroz
- 2 dientes de ajo
- aceite de oliva virgen extra
- perejil
- sal (fina y gruesa)

ELABORACIÓN

Calienta 3 cucharadas de aceite en una cazuela.

Pela las zanahorias, córtalas en medias lunas finas, agrégalas a la cazuela y rehógalas durante 4-5 minutos. Incorpora el arroz, cubre con agua, sazona y cuece durante 18-20 minutos. Pasa todo a una batidora de vaso y tritura bien. Reserva la crema de zanahoria.

Pela los dientes de ajo, pícalos un poco y ponlos en el mortero. Añade una pizca de sal gruesa y un poco de perejil picado y maja todo bien. Agrega 3 cucharadas de aceite y mezcla bien.

Calienta una plancha grande, riégala con un chorrito de aceite y coloca encima las setas. Úntalas con el majado, sazónalas y cocínalas durante 2-3 minutos por cada lado.

Sirve la crema en el fondo de 4 platos y coloca las setas encima. Adorna los platos con unas hojas de perejil.

CONSEJO

La seta de ostra es muy fácil de cultivar. De hecho, se venden pequeños kits para poder cultivarlas en casa y recolectarlas cuando se necesiten.

ACELGAS CON HUEVOS DE CODORNIZ

INGREDIENTES (4 P.)

- 1 kg de acelgas
- 8 huevos de codorniz
- 2 patatas
- 2 zanahorias
- 2 dientes de ajo
- 1 cucharada de harina
- aceite de oliva virgen extra
- perejil
- 1 cucharadita de pimentón
- sal

ELABORACIÓN

Limpia las acelgas, separa (cortándolas) las pencas de las hojas y retira los hilos de las pencas. Corta las pencas en daditos y las hojas en juliana fina. Pela las patatas y trocéalas (cascándolas). Pela las zanahorias y córtalas en medias lunas finas.

Calienta agua en una cazuela grande, introduce en ella las hortalizas, sazónalas y cuécelas durante 15-18 minutos. Escúrrelas y resérvalas.

Calienta agua en un cazo, introduce en él los huevos y cuécelos durante 4 minutos. Refréscalos, pélalos, córtalos por la mitad y resérvalos.

Calienta 4 cucharadas de aceite en un wok o sartén grande. Pela los dientes de ajo, córtalos en láminas y rehógalos en el wok hasta que empiecen a dorarse. Añade la harina y rehógala. Agrega el pimentón y mezcla bien. Incorpora las hortalizas cocidas y cocina todo durante 3-4 minutos.

Reparte las hortalizas en 4 platos, pon 2 huevos en cada uno y decóralos con unas hojas de perejil.

CONSEJO

Para pelar los huevos de codorniz sin que se rompan es conveniente envolverlos en un trapo y hacerlos rodar por la encimera presionándolos suavemente.

AGUACATES RELLENOS

INGREDIENTES (4 P.)

- 4 aguacates
- 100 g de arroz
- ½ pechuga de pollo
- 1 mazorca de maíz dulce cocida
- 100 g de queso fresco
- perejil
- sal

Para la mayonesa:

- 1 huevo
- 150-200 ml de aceite de oliva virgen extra
- 1 cucharadita de salsa de soja
- 1 cucharadita de pasta de wasabi
- sal

ELABORACIÓN

Calienta una cazuela con abundante agua, sazónala, introduce en ella el arroz y cuécelo durante 18-20 minutos. Escurre el arroz, refréscalo y resérvalo en un bol.

Calienta otra cazuela con agua, introduce en ella la pechuga de pollo, sazónala y cuécela durante 15 minutos. Retira la pechuga de la cazuela, deja que se temple, pícala finamente e incorpórala al bol del arroz.

Retira con un cuchillo los granos de la mazorca de maíz e incorpóralos al bol. Corta el queso en daditos y añádelos al bol.

Corta los aguacates por la mitad, retírales los huesos y vacíalos. Reserva las cáscaras. Corta la pulpa de los aguacates en daditos e incorpóralos al bol.

Para hacer la mayonesa, casca el huevo y ponlo en un vaso batidor. Agrega la salsa de soja, una pizca de sal, el wasabi y el aceite y tritura los ingredientes con una batidora eléctrica hasta que liguen. Incorpora la mayonesa al bol y mezcla bien.

Rellena las cáscaras de aguacate con la mezcla del bol y coloca 1 aguacate (2 mitades) en cada plato. Adórnalos con unas hojas de perejil.

CONSEJO

Si notas que la mayonesa ha quedado muy espesa, puedes aligerarla agregando un poco de agua.

BRICK DE ACELGAS

INGREDIENTES (4 P.)

- 4 hojas de acelga
- 4 hojas de pasta *brick*
- 1 zanahoria
- 2 patatas
- 2 lonchas de jamón serrano (75 g)
- aceite de oliva virgen extra
- perejil
- sal

CONSEJO

Como mejor se conserva la pasta *brick* es guardándola en el mismo envase en el que la compres y cerrándolo muy bien, porque si se reseca no podrás manipularla y se romperá.

ELABORACIÓN

Calienta abundante agua en una cazuela. Pela la zanahoria y las patatas, córtalas en daditos, añádelas a la cazuela, sazónalas y cuécelas durante 15 minutos. Escúrrelas y resérvalas.

Limpia las acelgas (retirándoles los hilos) y corta las pencas en daditos y las hojas en juliana fina.

Calienta 3 cucharadas de aceite en un wok. Corta el jamón en daditos, añádelo y rehógalo brevemente. Agrega las acelgas, sazónalas y rehógalas durante 10 minutos a fuego suave-medio.

Incorpora al wok las hortalizas cocidas (zanahoria y patatas), mezcla bien y cocina todo junto a fuego fuerte durante 3-4 minutos. Pasa la farsa a una fuente y deja que se enfríe.

Cubre una bandeja de horno con papel de hornear, extiende encima 1 hoja de pasta *brick*, coloca en el centro ¼ parte de la farsa (acelgas, jamón, patata y zanahoria), junta los bordes de la pasta *brick* hasta formar una especie de saquito y ciérralo atándolo con un trozo de cuerda de cocina. Repite el proceso con el resto de las hojas de pasta *brick* y de la farsa hasta conseguir 4 saquitos y hornéalos a 200 °C durante 6-8 minutos.

Sirve 1 saquito en cada plato y adórnalos con unas hojas de perejil.

ESPÁRRAGOS VERDES EN TEMPURA CON SALSA BRAVA

INGREDIENTES (4 P.)

- 24 espárragos verdes
- 150 g de harina de trigo
- 225-250 ml de agua muy fría
- 2 cucharadas de mayonesa
- 6 cucharadas de salsa de tomate
- 1 cucharadita de salsa picante
- aceite de oliva virgen extra
- perejil
- sal

ELABORACIÓN

Calienta agua en una tartera (cazuela amplia y baja) y sazónala. Retira la parte más dura del tallo a los espárragos. Cuando empiece a hervir el agua, introduce en ella los espárragos y escáldalos durante 3-4 minutos. Retíralos, escúrrelos y sécalos bien.

Pon la harina en un bol y añade el agua fría. Bate los ingredientes con una varilla hasta que queden bien integrados y pasa la mezcla a un recipiente alargado.

Calienta abundante aceite (150 ml) en una sartén grande. Introduce 6 espárragos en la tempura, agrégalos a la sartén y fríelos brevemente. Retíralos y escúrrelos sobre una fuente cubierta con papel absorbente. Repite el proceso con el resto de los espárragos.

Para preparar la salsa brava, pon la mayonesa, la salsa de tomate y la salsa picante en un bol y mezcla los ingredientes hasta conseguir una salsa homogénea.

Sirve 6 espárragos en cada plato y acompáñalos con la salsa brava. Adorna los platos con unas hojas de perejil.

CONSEJO

La tempura no puede esperar por el comensal. En los restaurantes japoneses te van sirviendo la tempura a medida que el cocinero va friendo los alimentos, pero en una casa este sistema resulta un poco complicado. Para mantener los alimentos calientes, puedes conservarlos (por un espacio corto de tiempo) a 100 °C en el horno.

ESPÁRRAGOS FRESCOS CON ENSALADILLA

INGREDIENTES (4 P.)

16 espárragos blancos frescos

2 patatas

1 boniato

2 huevos

20 aceitunas verdes (sin hueso)

150 g de atún en aceite

1 cucharadita de azúcar

sal

perejil

Para la mayonesa:

1 huevo

200 ml de aceite de oliva virgen extra

1 cucharada de vinagre

sal

ELABORACIÓN

Pon agua a calentar en una cazuela. Lava las patatas y el boniato y, cuando hierva el agua, introdúcelos en la cazuela. Agrega también los huevos. Cuece los huevos durante 10 minutos, y las patatas y los boniatos durante 30-35 minutos. Pela los huevos, las patatas y el boniato y resérvalos.

Calienta agua en otra cazuela. Retira la parte inferior de los espárragos, pélalos e introdúcelos en la cazuela. Sazónalos, añade el azúcar y cuécelos durante 12-15 minutos.

Para hacer la mayonesa, pon en un vaso batidor el huevo, el vinagre, el aceite y una pizca de sal y tritura los ingredientes con una batidora eléctrica hasta que liguen.

Corta las patatas, el boniato y los huevos en daditos y ponlos en un bol. Corta las aceitunas en rodajas y añádelas al bol. Desmenuza encima el atún. Sazona, agrega la mayonesa y mezcla bien.

Reparte (puedes utilizar un aro de emplatar cuadrado) la ensaladilla en 4 platos y coloca encima 4 espárragos en cada uno. Adorna los platos con unas hojas de perejil.

CONSEJO

A la hora de servir la ensaladilla hay que tener cuidado con la temperatura. Para mí, lo mejor es que no pase por el frigorífico, pero si la vas a hacer con antelación, tendrás que refrigerarla.

CHAMPIÑONES A LA MOSTAZA

INGREDIENTES (4 P.)

- 650 g de champiñones
- 1-2 cucharadas de mostaza (al gusto)
- 1 limón
- 8 rebanadas de pan
- aceite de oliva virgen extra
- 12 hojas de cebollino
- perejil
- 1 guindilla cayena
- sal

ELABORACIÓN

Lava los champiñones en un bol grande con agua. Escúrrelos y sécalos un poco.

Calienta 3 cucharadas de aceite en una sartén honda o wok. Agrega la cayena y los champiñones, sazónalos y cocínalos a fuego medio-alto durante unos 10-12 minutos.

Añade la mostaza y un poco de ralladura de limón, mezcla bien y saltea los champiñones durante 2 minutos. Pica finamente las hojas de cebollino y espolvorea con ellas los champiñones.

Calienta abundante aceite en una sartén y fríe en ella (en tandas) las rebanadas de pan por los dos lados. Retíralas y escúrrelas sobre un plato cubierto con papel absorbente.

Reparte los champiñones en 4 platos, acompáñalos con 2 rebanadas de pan frito y adórnalos con unas hojas de perejil.

CONSEJO

Es importante limpiar bien los champiñones y eliminarles cualquier resto de tierra que puedan tener para evitar que te la encuentres en el plato y te lo estropee.

TRINXAT CON BEICON

INGREDIENTES (4 P.)

- 1 repollo
- 3 patatas grandes
- 6 lonchas finas de beicon
- 4 lonchas gruesas de panceta (150 g)
- 1 cebolla
- 4 dientes de ajo
- 4 ajos frescos
- aceite de oliva virgen extra
- perejil
- 1 trozo de guindilla
- 1 cucharada de pimentón
- sal

CONSEJO

En esta receta hemos utilizado panceta y beicon, pero si te apetece puedes sustituirlos por jamón serrano, butifarra, salchichas...

ELABORACIÓN

Calienta agua en una cazuela grande. Corta el repollo en dados, agrégalo a la cazuela, sazónalo y cuécelo durante 40 minutos a fuego suave. Retíralo, escúrrelo bien, ponlo en un bol grande y resérvalo.

Calienta agua en otra cazuela. Pela las patatas, trocéalas (cascándolas), añádelas a la cazuela, sazónalas y cuécelas a fuego suave durante 40 minutos. Retíralas, escúrrelas bien e incorpóralas al bol de la berza. Maja todo bien con un machacador de patatas y resérvalo.

Calienta 2 cucharadas de aceite en una sartén grande. Corta la panceta en dados, sazónalos, añádelos a la sartén y dóralos a fuego medio durante 4-5 minutos. Pela la cebolla, córtala en dados y agrégala. Pela los dientes de ajo, córtalos en daditos y añádelos. Limpia los ajos frescos, retirándoles la parte superior, la inferior y 1 capa, córtalos en rodajitas e incorpóralos. Agrega la guindilla y el pimentón y cocina todo durante 8-10 minutos a fuego suave-medio. Pasa la mezcla al bol del repollo con patatas y remueve los ingredientes hasta que se integren bien.

Calienta una sartén pequeña (de ración) con una gota de aceite. Corta las lonchas de beicon por la mitad. Pon 3 trozos de beicon en la sartén y dóralos por los dos lados. Agrega encima ¼ parte de la mezcla de repollo con patatas y panceta y cocínala por los dos lados hasta que cuaje, como si fuera una tortilla. Repite el proceso con el resto del beicon y de la mezcla de repollo, patatas y panceta hasta conseguir 4 tortillas.

Sirve 1 *trinxat* en cada plato y adorna los platos con unas hojas de perejil.

ALBORONÍA CON GARBANZOS

INGREDIENTES (4 P.)

200 g de garbanzos cocidos
300 g de calabaza
2 dientes de ajo
1 cebolla
1 pimiento verde
1 calabacín
1 berenjena
200 ml de salsa de tomate
4 huevos
aceite de oliva virgen extra
perejil
1 cucharadita de comino molido
1 cucharadita de pimentón dulce
sal

ELABORACIÓN

Calienta una cazuela con agua. Pela la calabaza, córtala en dados, introdúcela en la cazuela, sazónala y cuécela durante 5 minutos. Retírala y resérvala.

Pela los dientes de ajo y la cebolla y córtalos en dados. Retira el tallo y las semillas del pimiento y córtalo de la misma manera. Calienta una tartera (cazuela amplia y baja) con 3-4 cucharadas de aceite, agrega las hortalizas, sazónalas y rehógalas a fuego medio durante 6-8 minutos.

Limpia el calabacín y la berenjena, córtalos en dados, incorpóralos a la tartera y sazónalos. Cocina las hortalizas a fuego lento durante 15-20 minutos.

Agrega el comino, el pimentón y la salsa de tomate y cocina todo durante 4-5 minutos más.

Incorpora la calabaza y los garbanzos cocidos y mezcla suavemente. Reserva la alboronía caliente.

Calienta una sartén pequeña con abundante aceite y fríe en ella los huevos de uno en uno.

Reparte la alboronía con garbanzos en 4 platos y pon 1 huevo frito en cada uno. Sazona los huevos con una pizca de sal gruesa y decora los platos con unas hojas de perejil.

CONSEJO

Si os gusta el huevo sin puntilla, no calientes demasiado el aceite; en cambio, si os gusta con puntilla, fríelo en aceite bien caliente.

COLIFLOR AL VAPOR CON VINAGRETA

INGREDIENTES (4 P.)

- 1 coliflor
- 1 huevo
- 10 g de pistachos pelados
- ½ cebolla morada (pequeña)
- 12 alcaparras
- 6 pepinillos (pequeños)
- 4-6 cucharadas de aceite de oliva virgen extra
- 1 cucharada de vinagre
- perejil
- sal

ELABORACIÓN

Calienta agua en un cazo, introduce en él el huevo y cuécelo durante 10 minutos (contados a partir del momento en que el agua empiece a hervir). Escúrrelo, refréscalo, pélalo y resérvalo.

Separa la coliflor en ramilletes, colócalos en la vaporera, sazónalos, tapa la vaporera y cuécelos durante 13-15 minutos.

Para preparar la vinagreta, pica los pistachos y ponlos en un bol. Pela la cebolla, córtala en daditos y añádela. Pica las alcaparras finamente, corta los pepinillos en rodajas finas e incorpóralos. Adereza con el aceite, el vinagre y una pizca de sal y mezcla bien hasta que emulsione. Corta el huevo en daditos, añádelo y mezcla suavemente.

Sirve 4-5 ramilletes de coliflor en cada plato, alíñalos con la vinagreta y decóralos con unas hojas de perejil.

CONSEJO

La coliflor nos da mucho juego en la cocina porque se puede consumir de mil maneras: cocida, al vapor, asada, gratinada, frita y hasta cruda.

MENESTRA DE LA ABUELA PAULA

INGREDIENTES (4 P.)

3 patatas

3 acelgas

10 espárragos verdes

150 g de espinacas

7 huevos

250 g de bacalao desmigado desalado

aceite de oliva virgen extra

perejil

sal

CONSEJOS

1. Si te apetece darle un toque de escabeche al plato, puedes agregarle 1 cucharada de vinagre a la mezcla.
2. También queda muy bien utilizando atún en escabeche en lugar de bacalao salado.

ELABORACIÓN

Calienta abundante aceite en una sartén. Pela las patatas, córtalas en cuartos de luna finos, añádelas a la sartén, sazónalas y fríelas como para hacer una tortilla. Retira las patatas, pásalas a un colador, escúrrelas sobre un bol y resérvalas. Reserva también el aceite y la sartén.

Limpia las acelgas, separa las pencas de las hojas y retira los hilos de las pencas. Corta las pencas en daditos y las hojas en juliana fina. Corta los espárragos en rodajas de 1-2 cm. Lava las espinacas, sécalas y córtalas en juliana fina.

Calienta abundante agua en una cazuela grande. Agrega las acelgas, los espárragos y las espinacas, sazónalos y cuécelos durante 5 minutos. Escurre bien las hortalizas, añádelas a la sartén donde has cocinado las patatas y saltéalas durante 3-4 minutos.

Pon 3 claras (reserva las yemas) y 4 huevos enteros en un bol grande, sazónalos y bátelos bien. Añade las hortalizas salteadas, las patatas y el bacalao y mezcla bien.

Cubre el interior de un molde redondo de fondo desmontable y 22 cm de diámetro con papel de hornear, vierte la mezcla dentro y hornéala a 180 °C durante 30-35 minutos. Apaga el horno y retira el molde del horno.

Bate las 3 yemas reservadas anteriormente. Viértelas sobre la menestra, introdúcela de nuevo en el horno (apagado) y mantenla dentro hasta que las yemas cuajen.

Retira el molde del horno, deja que se temple y desmolda la menestra. Córtala en porciones y sirve. Adorna los platos con unas hojas de perejil.

PAPAS ALIÑÁS

INGREDIENTES (4 P.)

- 8 patatas nuevas (800 g)
- 1 cebolleta
- 1 diente de ajo
- 200 g de melva en aceite
- aceite de oliva virgen extra
- vinagre de Jerez
- perejil
- sal

ELABORACIÓN

Lava las patatas y ponlas en una cazuela. Cúbrelas con agua, sazónalas y cuécelas durante unos 25 minutos (el tiempo de cocción dependerá del tamaño de las patatas). Es importante que queden bien blandas.

Retira las patatas de la cazuela y déjalas templar un poco. Pélalas, trocéalas a tu gusto (en trozos irregulares) y ponlas en un bol.

Corta la cebolleta en juliana fina y espárcela sobre las patatas. Pela el diente de ajo, pícalo finamente y agrégalo. Desmenuza la melva encima.

Espolvorea con un poco de perejil picado, sazona y adereza con aceite y vinagre (al gusto). Mezcla los ingredientes suavemente.

Reparte las papas aliñás en 4 platos y decóralos con unas hojas de perejil.

CONSEJO

Si queréis comer un plato de 10, te recomiendo comerlas recién hechas, sin que pasen por el frigorífico.

PATATAS RELLENAS DE SURIMI

INGREDIENTES (4 P.)

- 4 patatas medianas
- 16 palitos de surimi
- 1 huevo
- 1 diente de ajo
- 25 g de pan rallado
- 50 ml de salsa de tomate
- 30 g de mantequilla
- perejil
- sal

CONSEJO

Para recortar el tiempo de cocción de las patatas, puedes utilizar la olla rápida o el microondas. Si optas por este último, lo más aconsejable es utilizar un estuche para microondas o envolver las patatas en film transparente para que se cocinen en su propio vapor.

ELABORACIÓN

Calienta abundante agua en una cazuela grande, introduce en ella las patatas, sazónalas y cuécelas a fuego suave durante 35-40 minutos. Escúrrelas y resérvalas.

Calienta agua en un cazo, introduce en ella el huevo y cuécelo durante 10 minutos (contados desde el momento en que el agua empiece a hervir). Retíralo, refréscalo, pélalo, córtalo en daditos y resérvalo.

Para hacer la provenzal, pela el diente de ajo, pícalo finamente y ponlo en un bol. Agrega el pan rallado y 1 cucharada de perejil picado, mezcla bien y reserva.

Corta las patatas por la mitad. Con la ayuda de un sacabolas (o una cucharilla), vacíalas (procurando no romperlas) y pasa la pulpa a un bol grande. Añade la salsa de tomate, una pizca de sal y ½ cucharadita de perejil picado y mezcla bien. Corta los palitos de surimi en rodajas finas, añádelos al bol y mezcla de nuevo.

Rellena las patatas con la mezcla del bol y ponlas en una bandeja de horno. Pon 1 trocito de mantequilla sobre cada una, espolvoréalas con la provenzal y gratínalas hasta que se doren un poco (3-4 minutos).

Sirve 1 patata (2 medias) en cada plato y decora los platos con unas hojas de perejil.

PIMIENTOS RELLENOS DE LANGOSTINOS

INGREDIENTES (4 P.)

- 16 pimientos del piquillo
- 16 langostinos
- 2 dientes de ajo
- 1 cebolleta
- 75 g de harina
- 500 ml de leche
- 2 cucharadas soperas de salsa de tomate
- 8 ajos frescos
- harina y huevo batido (para rebozar)
- aceite de oliva virgen extra
- 1 cucharadita de estragón
- perejil
- sal

HORTALIZAS

CONSEJO

En esta receta hemos empleado langostinos para rellenar los pimientos, pero puedes rellenarlos casi de cualquier cosa: setas, hortalizas, bacalao, merluza, bonito, morcilla, carne... Solo es cuestión de probar.

ELABORACIÓN

Calienta una cazuela con 2-3 cucharadas de aceite. Pela los langostinos y reserva las colas. Agrega las cabezas de los langostinos a la cazuela, rehógalas durante 3-4 minutos, cúbrelas con agua (600 ml) y cuécelas durante 10-12 minutos. Cuela y reserva el caldo.

Calienta 3 cucharadas de aceite en un wok (o sartén honda). Pela los dientes de ajo y córtalos en daditos. Corta la cebolleta de la misma manera. Añade las hortalizas al wok, sazónalas y rehógalas a fuego medio durante 5-6 minutos. Pica las colas de los langostinos finamente, sazónalas, incorpóralas al wok y saltéalas durante 1-2 minutos. Retira la mezcla a una fuente y resérvala.

Añade 2-3 cucharadas de aceite al wok y caliéntalo. Agrega 50 g de harina y rehógala bien. Incorpora la leche poco a poco y cocina la bechamel, sin dejar de remover, durante 8-10 minutos. Prueba, pon a punto de sal, añade el estragón, la salsa de tomate y los langostinos con hortalizas y mezcla bien. Pasa la masa a un bol, tápala a piel con film transparente y deja que se enfríe.

Para preparar la salsa, calienta una cazuela pequeña con 2 cucharadas de aceite. Limpia los ajos frescos (retirándoles la parte inferior y la superior y 1 capa de hojas), córtalos en rodajas finas y añádelos a la cazuela. Cuando empiecen a dorarse, agrega el resto de la harina (25 g) y rehógala bien. Vierte encima el caldo reservado (500 ml aproximadamente) y cocina la salsa durante 6-8 minutos.

Calienta abundante aceite en una sartén. Rellena los pimientos con la masa de langostinos, pásalos por harina y huevo batido, introdúcelos en la sartén (en tandas) y fríelos hasta que se doren. Retíralos a una fuente cubierta con papel absorbente.

Sirve la salsa en el fondo de 4 platos, coloca encima de cada uno 4 pimientos y decóralos con unas hojas de perejil.

ROLLITOS DE CALABACÍN RELLENOS DE GAMBAS

INGREDIENTES (4 P.)

- 2 calabacines
- 24 gambas
- 1 cebolla
- 150 g de queso crema
- 50 g de queso rallado
- aceite de oliva virgen extra
- perejil
- sal

CONSEJO

Para darles un toque extra, puedes aderezar los rollitos con un aceite de tomillo o rallarles encima un poco de limón.

ELABORACIÓN

Calienta una sartén grande con 1-2 cucharadas de aceite.

Lava los calabacines y, con ayuda de una mandolina, córtalos (a lo largo) en láminas finas. Escoge las 8 más grandes (reserva el resto), colócalas (en tandas) en la sartén y cocínalas brevemente (1 minuto por cada lado). Retíralas y resérvalas.

Añade 2 cucharadas de aceite a la sartén donde has cocinado las láminas de calabacín. Pela la cebolla, córtala en daditos, incorpórala y rehógala a fuego medio durante 4-5 minutos. Corta el resto de las láminas de calabacín en daditos y añádelos a la sartén. Sazona y cocina todo a fuego medio durante 6-8 minutos.

Pela las gambas, pícalas, sazónalas y añádelas a la sartén. Cocina todo conjuntamente durante 1-2 minutos. Agrega el queso crema y mezcla bien hasta que los ingredientes se integren. Pasa la farsa a una fuente y espera a que se temple.

Coloca 1 lámina de calabacín sobre la tabla de cocina, extiende encima una capa de farsa, enróllala (sin presionar demasiado) hasta formar un rollito y colócalo (tumbado) sobre una bandeja de horno. Repite el proceso con el resto de las láminas de calabacín y de la farsa. Espolvorea los rollitos con el queso rallado y gratínalos hasta que el queso se dore.

Sirve 2 rollitos en cada plato y decóralos con unas hojas de perejil.

PUERROS ASADOS CON PARMESANO

HORTALIZAS

INGREDIENTES (4 P.)

- 6 puerros gruesos (u 8 medianos)
- 120 g de queso parmesano rallado
- 300 ml de nata líquida
- 150 ml de leche
- 1 cucharada de mostaza a la antigua
- 1 diente de ajo
- 1 cucharadita de tomillo
- perejil
- 1 cucharadita de nuez moscada rallada
- sal

ELABORACIÓN

Limpia los puerros retirándoles la parte inferior, la superior y 2-3 capas de hojas. Enjuágalos bien, córtalos en 3 y colócalos en un recipiente apto para el horno.

Pon en un bol la nata, la leche, la mostaza, el tomillo, la nuez moscada, el diente de ajo finamente picado, la mitad del queso y una pizca de sal. Bate los ingredientes con una varilla manual hasta que queden perfectamente integrados.

Vierte la mezcla sobre los puerros, tápalos con papel de aluminio y hornéalos a 200 °C durante 40 minutos. Retira el recipiente del horno, quítale el papel aluminio y espolvorea los puerros con el resto del queso.

Coloca la fuente en la rejilla superior del horno y gratina los puerros durante 5-6 minutos, hasta que se doren.

Reparte los puerros en 4 platos y adórnalos con unas hojas de perejil.

CONSEJO

Cuando vayas a retirar el papel de aluminio, aleja la cara para evitar que el vapor te pueda quemar.

LEGUMBRES

ALUBIAS NEGRAS CON CODILLO Y COL

INGREDIENTES (4 P.)

- 300 g de alubias negras
- 1 codillo de cerdo
- 1 col pequeña
- 1 cebolleta
- 200 ml de salsa de tomate
- 3 dientes de ajo
- aceite de oliva virgen extra
- perejil
- 20 granos de pimienta
- sal

ELABORACIÓN

Pon las alubias a remojo la víspera.

Calienta agua en una olla rápida. Introduce en ella el codillo y los granos de pimienta, sazona, cierra la olla y cuécelo durante 1 hora aproximadamente. Retira el codillo y desmenúzalo.

Escurre las alubias, ponlas en una olla rápida y cúbrelas con agua. Corta la cebolleta en daditos y agrégala. Añade la salsa de tomate y el codillo desmenuzado, sazona, cierra la olla y cuece todo junto durante 15 minutos. (Si quieres espesar un poco más el caldo, puedes añadirle una pequeña cantidad de copos de puré de patata instantáneo.)

Calienta una sartén grande con 2-3 cucharadas de aceite. Pela los dientes de ajo, añádelos y dóralos un poco a fuego suave. Corta la col en juliana fina, incorpórala a la sartén, sazónala y cocínala a fuego medio durante 15-20 minutos.

Reparte las alubias con codillo en 4 platos y acompáñalas con la col. Adorna los platos con unas hojas de perejil.

ALUBIAS PINTAS CON ESPINACAS Y CHISTORRA

INGREDIENTES (4 P.)

- 300 g de alubias pintas
- 500 g de espinacas (limpias)
- 150 g de chistorra
- 3 dientes de ajo
- 2-3 tomates
- aceite de oliva virgen extra
- perejil
- sal

ELABORACIÓN

Pon las alubias a remojo la víspera.

Calienta una olla rápida con 2-3 cucharadas de aceite. Pela los dientes de ajo, córtalos en daditos y rehógalos brevemente. Pela los tomates, córtalos en dados, añádelos, sazónalos y cocínalos durante 15 minutos a fuego suave. Añade las alubias (escurridas), cúbrelas con agua (2-3 dedos por encima) y sazónalas. Cierra la olla y cuécelas durante 15 minutos.

Abre la olla, pica las espinacas y agrégalas. Cuécelas junto a las alubias durante 5 minutos.

Corta la chistorra en 8 trozos. Calienta una sartén con 1 cucharada de aceite, agrega la chistorra y fríela a fuego medio durante 5 minutos, hasta que se dore.

Reparte las alubias con espinacas en 4 platos hondos y coloca 2 trozos de chistorra en cada uno. Adórnalos con unas ramas de perejil.

ALUBIAS BLANCAS CON ESPINACAS Y LANGOSTINOS

INGREDIENTES (4 P.)

300 g de alubias blancas

300 g de espinacas

12 langostinos

1 cebolla

1 puerro

3 dientes de ajo

1 tomate maduro

aceite de oliva virgen extra

perejil

pimienta

sal

CONSEJO

Las legumbres son una gran fuente de proteína vegetal. En esta receta, al añadir langostinos, aportamos proteína animal. En el caso de que no lleven proteína animal, para mejorar la calidad de la proteína vegetal es interesante acompañarlas con algún cereal.

ELABORACIÓN

Pon las alubias a remojo la víspera. Escúrrelas, ponlas en la olla rápida y cúbrelas con abundante agua.

Pela los langostinos (resérvalos), pon las cabezas en una red de cocina (las que se utilizan para cocer verduras o legumbres), ciérrala e introdúcela en la olla.

Pela la cebolla y trocéala. Limpia el puerro (retirándole la parte inferior, la superior y 2-3 capas), enjuágalo y córtalo en cilindros. Pela los ajos y corta el tomate en trozos. Introduce todas las hortalizas en otra red de cocina, ciérrala y ponla en la olla. Sazona, cierra la olla y cocina las alubias con las hortalizas durante 8-10 minutos (o más, según la variedad y el tipo de olla).

Abre la olla y retira las cabezas de los langostinos. Pasa las hortalizas a un vaso batidor, agrega 1 vaso del agua de la cocción de las alubias y tritúralas.

Pasa las alubias a una cazuela, vierte encima el puré de hortalizas y remueve la cazuela hasta que los ingredientes queden bien integrados.

Lava las espinacas, añádelas a la cazuela (si hiciera falta, agrega un poco más de caldo) y cocina todo conjuntamente durante 4-5 minutos.

Calienta 2 cucharadas de aceite en una sartén, salpimienta los langostinos, añádelos a la sartén, saltéalos brevemente e incorpóralos a la cazuela.

Sirve y adorna los platos con unas hojas de perejil.

ALUBIAS BLANCAS CON BERBERECHOS

INGREDIENTES (4 P.)

300 g de alubias blancas
500 g de berberechos
1 cebolla
1 zanahoria
2 puerros
2 dientes de ajo
50 ml de vino blanco
aceite de oliva virgen extra
perejil
sal

ELABORACIÓN

Pon las alubias a remojo la víspera.

Por si los berberechos tuvieran algo de arena, déjalos a remojo en un bol con agua fría con sal durante unos 30 minutos.

Escurre las alubias y colócalas en una olla rápida. Pela la cebolla y la zanahoria, córtalas en 4 trozos e introdúcelas en una red para cocer legumbres. Limpia los puerros, retirándoles la parte inferior, la superior y 2 capas de hojas, enjuágalos, córtalos en trozos de 3 cm e incorpóralos a la red. Cierra la red y añádela a la olla. Sazona, cierra la olla y cuece las alubias durante 15 minutos. Retira las hortalizas, ponlas en una batidora de vaso y tritúralas bien. Vierte el puré sobre las alubias y remueve la olla para que se mezcle.

Calienta 4 cucharadas de aceite en una tartera (cazuela amplia y baja). Pela los dientes de ajo, pícalos finamente, añádelos y rehógalos brevemente (sin que se doren). Incorpora los berberechos, el vino y un poco de perejil picado, tapa la tartera y espera a que se abran.

Añade las alubias a la tartera y remuévela para que se mezclen los ingredientes.

Sirve y adorna los platos con unas hojas de perejil.

ALUBIAS VERDINAS CON LANGOSTINOS

INGREDIENTES (4 P.)

300 g de alubias verdinas
16 langostinos
2 dientes de ajo
1 calabacín pequeño
1 tomate
1 zanahoria
50 ml de *brandy*
aceite de oliva virgen extra
perejil
pimienta
sal

ELABORACIÓN

Pon las alubias a remojo la víspera.

Escurre las alubias, pásalas a una olla rápida y cúbrelas con agua (1 litro aproximadamente). Pela los dientes de ajo y ponlos en una red para cocer legumbres. Lava el calabacín y el tomate, trocéalos y añádelos a la red. Pela la zanahoria, córtala en 4 e incorpórala. Cierra la red e introdúcela en la olla. Sazona, cierra la olla y cuece todo durante unos 20 minutos.

Abre la olla, pasa las hortalizas a un vaso batidor y tritúralas con una batidora eléctrica. Añade el puré a las alubias y remueve la olla para que se mezcle.

Calienta 2-3 cucharadas de aceite en una sartén, salpimienta los langostinos, agrégalos y saltéalos brevemente. Espolvoréalos con un poco de perejil picado e incorpóralos a la olla. Vierte el *brandy* en la sartén, dale un fuerte hervor y añádelo a la olla.

Reparte las alubias con langostinos en 4 platos y adórnalos con unas hojas de perejil.

CREMA DE LENTEJAS CON FRITOS DE CEBOLLETA

INGREDIENTES (4 P.)

- 250 g de lenteja castellana
- 2 cebolletas con sus tallos
- 4 puerros
- 2 zanahorias
- 1 tomate
- 2 huevos
- 8 g de levadura en polvo
- 120 g de harina
- aceite de oliva virgen extra
- perejil
- sal

CONSEJO

Si notas que la crema queda muy espesa, puedes agregar un poco de leche o de agua para aligerarla.

ELABORACIÓN

Corta la parte superior e inferior de los puerros, retírales 1-2 capas de hojas, enjuágalos bien, córtalos en cuartos de luna finos y ponlos a rehogar en una cazuela grande con 3-4 cucharadas de aceite. Pela las zanahorias, córtalas en cuartos de luna finos e incorpóralas. Corta los tallos de las cebolletas de la misma manera y agrégalos. Sazona y cocina las hortalizas durante 10-12 minutos. Lava el tomate, córtalo en daditos y añádelo. Sazona y rehoga brevemente.

Añade las lentejas y una buena cantidad de agua (2 l aproximadamente), sazónalas, tápalas y cuécelas durante 35 minutos. Tritúralas con una batidora eléctrica hasta conseguir una crema homogénea.

Corta las cebolletas en cuartos y suéltalas en capas.

Bate los huevos en un bol, agrega 150 ml de agua, la levadura, la harina y una pizca de sal y mezcla bien con unas varillas.

Calienta abundante aceite en una sartén. Introduce (de una en una) las capas de las cebolletas en la mezcla para rebozar, añádelas a la sartén y fríelas hasta que se doren. Escúrrelas sobre un plato cubierto con papel absorbente.

Sirve la crema en 4 platos, riégala con un chorrito de aceite y acompáñala con los fritos de cebolleta. Adorna los platos con unas hojas de perejil.

ALUBIAS BLANCAS CON CONEJO

INGREDIENTES (4 P.)

- 300 g de alubias blancas
- 2 paletillas de conejo
- 2 dientes de ajo
- 2 zanahorias
- 1 cebolleta
- 1 tomate
- 2-4 rebanadas de pan (según tamaño)
- aceite de oliva virgen extra
- 1 hoja de laurel
- perejil
- pimienta
- sal

ELABORACIÓN

Pon las alubias a remojo la víspera.

Escurre las alubias y pásalas a una olla rápida. Pela y trocea los dientes de ajo y las zanahorias e introdúcelos en una red especial para cocer legumbres. Trocea la cebolleta y el tomate y añádelos a la red junto con la hoja de laurel. Cierra la red y agrégala a la olla.

Calienta una sartén con 2 cucharadas de aceite. Salpimienta las paletillas, añádelas a la sartén y dóralas por los dos lados. Incorpora las paletillas junto con el aceite de la fritura a la olla, sazona, cierra la olla y cuece todo durante 15 minutos.

Saca las hortalizas de la red, ponlas en una batidora de vaso y tritúralas. Añade el puré a la cazuela y remueve la olla para que quede perfectamente integrado.

Corta las rebanadas de pan en dados y fríelos en una sartén con 4-5 cucharadas de aceite. Retira los costrones y escúrrelos sobre un plato cubierto con papel absorbente.

Reparte las alubias con conejo en 4 platos hondos y salpícalos con los costrones. Decora los platos con unas hojas de perejil.

ALUBIAS NEGRAS CON OREJA

INGREDIENTES (4 P.)

- 300 g de alubias negras (remojadas desde la víspera)
- 1 oreja de cerdo
- 1 puerro
- 1 calabacín
- 200 ml de salsa de tomate
- aceite de oliva virgen extra
- 1 rama de romero
- perejil
- sal

ELABORACIÓN

Pon la oreja de cerdo en una olla rápida, cúbrela con agua y sazónala. Limpia el puerro, retirándole la parte inferior, la superior y 2 capas de hojas, enjuágalo, trocéalo y añádelo a la olla junto con la rama de romero. Cierra la olla y cuece la oreja durante 30 minutos. Retira la oreja y cuela el caldo.

Pon de nuevo la oreja y el caldo en la olla, incorpora las alubias, tapa la olla y cuece todo durante 12-15 minutos. Retira la oreja y resérvala. Escurre las alubias y resérvalas. Reserva también el caldo.

Calienta una tartera con 2 cucharadas de aceite. Lava el calabacín, córtalo en dados pequeños, añádelos a la tartera, sazónalos y cocínalos a fuego medio durante 6-8 minutos. Incorpora la salsa de tomate, las alubias y 2 cacillos del caldo reservado. Mezcla los ingredientes y cocínalos a fuego suave durante 6-8 minutos.

Corta la oreja en trozos de bocado. Calienta 2 cucharadas de aceite en una sartén, añade los trozos de oreja y saltéalos hasta que se doren.

Reparte las alubias en 4 platos, pon 2-3 trozos de oreja encima de cada uno y adórnalos con unas hojas de perejil.

GARBANZOS CON ACELGAS Y CÚRCUMA

INGREDIENTES (4 P.)

- 400 g de garbanzos
- 4 hojas de acelga
- 2 dientes de ajo
- 1 zanahoria
- 1 puerro
- aceite de oliva virgen extra
- perejil
- 10-12 granos de pimienta
- 1 cucharadita de cúrcuma molida
- 1 trozo (2-3 cm) de cúrcuma fresca
- sal

ELABORACIÓN

Pon los garbanzos a remojo la víspera. Calienta abundante agua en la olla rápida. Cuando empiece a hervir, añade los garbanzos escurridos, sazónalos, cierra la olla y cuécelos durante 25 minutos.

Pela los ajos, córtalos en láminas y rehógalos en una cazuela con 3-4 cucharadas de aceite. Pela la zanahoria y limpia el puerro, pícalos finamente e incorpóralos. Sazona y cocina las hortalizas a fuego suave hasta que se doren un poco (10-12 minutos). Limpia las acelgas (pencas y hojas), córtalas finamente y añádelas. Cocínalas durante 4-5 minutos más.

Agrega a la cazuela los garbanzos cocidos. Vierte encima un poco del caldo de la cocción y mezcla bien. Aplasta los granos de pimienta e incorpóralos. Añade la cúrcuma molida y ralla encima la cúrcuma fresca. Mezcla y cocina conjuntamente durante 10-15 minutos.

Sirve los garbanzos y decora los platos con unas hojas de perejil.

CONSEJO

Para dar color a tus paellas, en vez de utilizar colorante o azafrán puedes añadir un poco de cúrcuma molida. Es importante que la pongas en crudo y, si va a formar parte de un guiso, hacia el final de la cocción; así evitarás que pierda propiedades.

ALUBIAS PINTAS CON CARRILLERAS DE CERDO

INGREDIENTES (4 P.)

- 300 g de alubias pintas (remojadas desde la víspera)
- 4 carrilleras de cerdo
- 1 puerro
- 1 zanahoria
- 1 calabacín
- 150 ml de salsa de tomate
- aceite de oliva virgen extra
- 1 hoja de laurel
- 2 ramas de tomillo
- perejil
- pimienta
- sal

ELABORACIÓN

Calienta una sartén con 2 cucharadas de aceite. Retira las membranas que cubren las carrilleras, salpimiéntalas, añádelas a la sartén y dóralas bien. Retíralas y resérvalas.

Calienta una olla rápida con 3 cucharadas de aceite. Limpia el puerro (retirándole la parte inferior, la superior y 2 capas de hojas), córtalo en daditos y añádelo a la olla. Pela la zanahoria, córtala de la misma manera e incorpórala. Lava el calabacín, córtalo en cuartos de luna finos y añádelo. Sazona las hortalizas y rehógalas durante 6-8 minutos. Agrega las alubias (escurridas), la salsa de tomate, las carrilleras, la hoja de laurel y las ramas de tomillo. Sazona, cubre todo con agua, cierra la olla y cuécelas durante 15-20 minutos.

Reparte las alubias en 4 platos y pon 1 carrillera de cerdo en el centro de cada uno. Adorna los platos con unas hojas de perejil.

LEGUMBRES

ALUBIAS PINTAS CON BUÑUELOS DE CALABACÍN

INGREDIENTES (4 P.)

- 300 g de alubias pintas
- 1 calabacín pequeño
- 2 cebolletas
- 400 g de calabaza
- 2 dientes de ajo
- 2 huevos pequeños
- aceite de oliva virgen extra
- perejil
- 1 cucharadita de pimentón
- sal

ELABORACIÓN

Pon las alubias a remojo la víspera.

Escurre las alubias y ponlas en una olla rápida.

Calienta una sartén con 3 cucharadas de aceite. Corta 1 cebolleta en dados, añádela y rehógala durante 5-6 minutos. Pela la calabaza, córtala en dados e incorpórala. Pela los dientes de ajo y agrégalos. Sazona las hortalizas y rehógalas durante 6-8 minutos. Pasa las hortalizas a un vaso batidor y tritúralas con una batidora eléctrica. Vierte el puré sobre las alubias, cúbrelas con agua (1 l), sazónalas y cuécelas durante 15 minutos.

Corta la otra cebolleta en dados y ponla a rehogar en una sartén con 3 cucharadas de aceite. Lava el calabacín, córtalo en daditos y añádelo. Sazona y cocina todo hasta que esté bien blando (15-20 minutos). Escurre las hortalizas, pásalas a un bol, agrega los huevos y el pimentón y mezcla bien.

Calienta abundante aceite en una sartén (o cazo). Con ayuda de dos cucharas, toma pequeñas porciones de la mezcla de calabacín, cebolleta y huevo, viértelas en la sartén y fríelas hasta que se doren. Retira los buñuelos y escúrrelos sobre un plato cubierto con papel absorbente.

Sirve las alubias en 4 platos y acompáñalas con los buñuelos de calabacín. Adorna los platos con unas hojas de perejil.

HUMMUS DE PIQUILLOS

INGREDIENTES (4 P.)

- 400 g de garbanzos cocidos
- 13 pimientos del piquillo
- 2 dientes de ajo
- 2 cucharadas de pasta de sésamo (tahini) tostado
- zumo de 1 limón
- aceite de oliva virgen extra
- 20 hojas de cilantro
- perejil
- 1 cucharadita de comino molido
- 1 cucharadita de pimentón dulce
- sal

Para los palitos de sésamo:

- 1 cucharada de semillas de sésamo
- 100 g de harina
- 100 ml de agua
- sal

ELABORACIÓN

Para hacer los palitos de sésamo, pon la harina, el agua y una pizca de sal en un bol. Mezcla bien e introduce la masa en una manga pastelera. Cubre una bandeja de horno con papel de hornear y extiende encima pequeñas porciones alargadas de la masa formando unos palitos. Salpícalos con las semillas de sésamo y hornéalos a 200 °C durante 10 minutos. Retíralos y deja que se templen.

Calienta 3 cucharadas de aceite en una sartén. Pela los dientes de ajo, córtalos en láminas y añádelos a la sartén. Añade los pimientos del piquillo, sazónalos y cocínalos a fuego suave-medio durante 15 minutos.

Coloca los garbanzos en una batidora de vaso, añade las hojas de cilantro, el comino, el pimentón, la pasta de sésamo, el zumo de limón, los pimientos (con el aceite y los ajos) y sal (al gusto). Tritura los ingredientes hasta conseguir una pasta homogénea.

Sirve el hummus y acompáñalo con los palitos de sésamo.

CONSEJO

Si no encuentras pasta de sésamo, puedes sustituirla por un par de cucharadas de sésamo tostado.

ALUBIAS ROJAS CON COSTILLA DE CERDO

INGREDIENTES (4 P.)

- 300 g de alubias rojas
- 1 trozo de costillar de cerdo (8 costillas)
- 4 dientes de ajo
- 1 cebolleta
- 1 zanahoria
- 1 puerro
- aceite de oliva virgen extra
- 1 hoja de laurel
- perejil
- pimienta
- sal

ELABORACIÓN

Pon las alubias a remojo la víspera. Escúrrelas y resérvalas.

Pela los dientes de ajo, la cebolleta y la zanahoria y córtalos en daditos. Calienta 3 cucharadas de aceite en una olla rápida, introduce en ella las hortalizas y rehógalas durante unos 5 minutos. Salpimienta las costillas de cerdo y agrégalas. Rehoga todo junto durante 5 minutos más.

Añade a la olla la hoja de laurel y las alubias, cúbrelas con agua y pon a punto de sal. Cierra la olla y cocina todo durante 15 minutos. Apaga el fuego y deja que reposen hasta que baje la válvula.

Retira la parte inferior y superior del puerro y 1-2 capas de hojas, lávalo bien y córtalo en juliana fina. Calienta 8 cucharadas de aceite en una sartén, agrega el puerro y fríelo a fuego suave-medio hasta que se dore.

Reparte las alubias y las costillas en 4 platos y coloca una porción de puerro crujiente encima de cada uno. Adorna los platos con unas hojas de perejil.

FABES CON CHORIZO Y ACELGAS

INGREDIENTES (4 P.)

- 250 g de *fabes*
- 1 chorizo fresco (125 g)
- 4 hojas de acelga
- 4 dientes de ajo
- 1 cebolla
- 150 g de calabaza
- aceite de oliva virgen extra
- perejil
- sal

ELABORACIÓN

Pon agua en una cazuela, introduce en ella el chorizo y cuécelo durante 15 minutos. Retíralo, córtalo en rodajas y resérvalas.

Calienta 2-3 cucharadas de aceite en una olla rápida. Pela 2 dientes de ajo y la cebolla, córtalos en daditos, añádelos a la olla y rehógalos a fuego suave-medio durante 10 minutos. Corta la calabaza en dados, incorpórala y cocínala durante 6-8 minutos. Añade las *fabes,* cúbrelas con agua (1 l aprox.), sazónalas, cierra la olla y cuécelas durante 15-20 minutos.

Calienta agua en una cazuela. Lava las acelgas, retira los hilos de las pencas y córtalas en dados de bocado. Introduce las pencas en la cazuela, sazónalas y cuécelas durante 10 minutos. Corta las hojas en juliana fina, incorpóralas a la cazuela y cuece todo durante 5 minutos más. Escurre las acelgas y resérvalas.

Calienta una sartén grande con 3 cucharadas de aceite. Pela los otros 2 dientes de ajo, córtalos por la mitad, añádelos a la sartén junto con las rodajas de chorizo y saltea el conjunto. Agrega las acelgas y saltéalas brevemente.

Incorpora el salteado a la olla y remuévela para que los ingredientes se integren. Sirve y adorna los platos con unas hojas de perejil.

LENTEJAS CON PANCETA Y BOLETOS

INGREDIENTES (4 P.)

300 g de lentejas
150 g de panceta fresca
250 g de boletos
1 cebolleta grande
1 zanahoria
aceite de oliva virgen extra
perejil
sal

ELABORACIÓN

Calienta 2 cucharadas de aceite en la olla rápida. Corta la panceta en daditos pequeños, añádela y rehógala un poco.

Corta la cebolleta en daditos y agrégala. Pela la zanahoria, córtala en daditos e incorpórala. Sazona y rehoga todo a fuego suave durante unos 10 minutos.

Limpia las setas pasándoles por encima (tallo y sombrero) un trozo de papel absorbente humedecido. Córtalas en dados e incorpóralas a la olla.

Añade las lentejas, cubre con abundante agua, sazona y mezcla bien. Cierra la olla y cocina a fuego suave durante 15 minutos.

Sirve y adorna los platos con unas hojas de perejil.

CONSEJO

En esta receta hemos empleado *Boletus edulis* (también conocida como *hongo, hongo blanco* o *seta de calabaza*), pero también puedes hacerla con setas shitake o champiñones, aunque el sabor no será el mismo.

LEGUMBRES

GARBANZOS CON AJOARRIERO

INGREDIENTES (4 P.)

- 250 g de garbanzos
- 250 g de bacalao desmigado desalado
- 1 zanahoria
- 2 cebollas
- 6 dientes de ajo
- 1 pimiento verde
- 250 ml de salsa de tomate
- 1 cucharadita de carne de pimiento choricero
- aceite de oliva virgen extra
- 1 hoja de laurel
- sal

ELABORACIÓN

Pon los garbanzos a remojo la víspera.

Calienta agua en una olla rápida y, cuando hierva, añade los garbanzos (escurridos). Pela la zanahoria y córtala en tres. Pela 1 cebolla y córtala por la mitad. Añade las hortalizas a la olla junto con la hoja de laurel y una pizca de sal. Cierra la olla y cuece los garbanzos durante 25 minutos.

Pela los ajos, córtalos en láminas y rehógalos en una tartera (cazuela amplia y baja) con 4-5 cucharadas de aceite. Pela la otra cebolla, córtala en daditos e incorpórala. Retira el tallo y las semillas del pimiento, córtalo de la misma manera y agrégalo. Sazona las hortalizas y rehógalas durante 10-12 minutos a fuego suave-medio. Añade el bacalao desmigado, rehógalo y mezcla bien. Incorpora la salsa de tomate, la pulpa de pimiento choricero y los garbanzos (escurridos). Cocina conjuntamente durante 10 minutos.

Sirve y adorna los platos con unas hojas de perejil.

GARBANZOS CON BERENJENAS Y PIMIENTOS ASADOS

INGREDIENTES (4 P.)

- 250 g de garbanzos (remojados desde la víspera)
- 2 berenjenas
- 2 pimientos rojos
- 1 hueso de jamón
- 2-3 dientes de ajo
- aceite de oliva virgen extra
- 1 hoja de laurel
- perejil
- sal

ELABORACIÓN

Lava las berenjenas y los pimientos, colócalos en una bandeja de horno, riégalos con un chorrito de aceite, sazónalos y hornéalos a 190 °C durante unos 35 minutos. Retira el tallo y las semillas de los pimientos, pélalos, córtalos en tiras y resérvalos. Corta las berenjenas (si quieres, las puedes pelar, pero no hace falta) de la misma forma y resérvalas.

Calienta abundante agua en una olla rápida y añade los garbanzos (escurridos), el hueso de jamón, la hoja de laurel y una pizca de sal. Cierra la olla y cuece los garbanzos durante 20 minutos. Resérvalos.

Calienta 4 cucharadas de aceite en una sartén grande o wok. Pela los dientes de ajo, córtalos en láminas y añádelos. Agrega las berenjenas y los pimientos, sazona y cocina las hortalizas a fuego suave-medio durante 5 minutos. Incorpora los garbanzos (escurridos) y saltea conjuntamente durante 2-3 minutos.

Sirve y adorna los platos con unas hojas de perejil.

POCHAS A LA RIOJANA

INGREDIENTES (4 P.)

500 g de pochas blancas desgranadas
75 g de chorizo
1 hueso de jamón
1 diente de ajo
1 cebolleta
1 pimiento verde
3 pimientos del piquillo
100 ml de salsa de tomate
3 alegrías riojanas
aceite de oliva virgen extra
perejil
1 cucharadita de pimentón dulce
sal

ELABORACIÓN

Pon las pochas en una cazuela con agua, una pizca de sal y el hueso de jamón y cocínalas durante 25-30 minutos. Retira el hueso de jamón. Si ves que han quedado muy caldosas, retírales también parte del caldo.

Pela el ajo, pícalo finamente y dóralo en una sartén con 2 cucharadas de aceite. Corta la cebolleta en dados y agrégala a la sartén. Retira el tallo y las semillas del pimiento verde, córtalo de la misma manera y añádelo. Corta los pimientos del piquillo en dados e incorpóralos. Sazona y rehoga las hortalizas a fuego medio durante 20-25 minutos. Añade el pimentón y la salsa de tomate, remueve bien y pasa la mezcla a un vaso batidor. Tritura las hortalizas y agrega el puré resultante a las pochas.

Corta el chorizo en rodajas, dóralas en una sartén con 1 cucharada de aceite, escúrrelas y agrégalas a la cazuela de las pochas. Cocina todo junto durante 5-10 minutos.

Corta las alegrías riojanas en tiras.

Reparte las pochas en 4 platos y decóralos con unas tiras de alegría riojana y unas hojas de perejil.

CONSEJO

Estas alubias no necesitan un remojo previo, por lo que se pueden cocinar el mismo día de la compra. Si quieres removerlas, no introduzcas nunca ningún cubierto, pues podrían romperse; lo más indicado es remover ligeramente la cazuela.

GARBANZOS CON CALABAZA Y CHORIZO

INGREDIENTES (4 P.)

300 g de garbanzos
300 g de calabaza
125 g de chorizo fresco
2 dientes de ajo
1 cebolleta
1 pimiento
2 tomates en conserva
aceite de oliva virgen extra
perejil
sal

ELABORACIÓN

Pela los ajos y córtalos en dados. Corta la cebolleta de la misma manera. Calienta una sartén con 3 cucharadas de aceite y pon a rehogar los ajos y la cebolleta. Retira el tallo y las semillas del pimiento, córtalo en dados y agrégalo a la sartén. Sazona las hortalizas y cocínalas durante 6-8 minutos. Pica la calabaza y los tomates e incorpóralos. Sazona y cocina todo durante 6-8 minutos. Pasa las hortalizas a un vaso batidor, añade un poco de agua y tritura bien.

Pasa el puré a una olla rápida, agrega 1 litro (aproximadamente) de agua y ponlo a calentar. Cuando empiece a hervir, introduce en la olla los garbanzos (escurridos) y sazónalos. Corta el chorizo en rodajas y añádelas. Tapa y cuece los garbanzos durante 15-20 minutos.

Sirve y espolvorea los platos con un poco de perejil picado.

GARBANZOS CON PIMIENTOS Y MORCILLA DE ARROZ

INGREDIENTES (4 P.)

300 g de garbanzos (remojados desde la víspera)
2 pimientos morrones
1 morcilla de arroz
2 puerros
2 zanahorias
aceite de oliva virgen extra
perejil
sal

ELABORACIÓN

Lava los pimientos, colócalos en una bandeja de horno, riégalos con 2 cucharadas de aceite, sazónalos y hornéalos a 190 °C durante unos 35 minutos. Retíralos, pélalos, córtalos en tiras gruesas y resérvalos.

Calienta abundante agua en una olla rápida y, cuando empiece a hervir, agrega los garbanzos (escurridos).

Limpia los puerros, retirándoles la parte inferior, la superior y 1-2 capas, enjuágalos, córtalos en rodajas e introdúcelos en una red para cocer legumbres. Pela las zanahorias, córtalas de la misma manera y añádelas a la red. Cierra la red e introdúcela en la olla.

Sazona los garbanzos, riégalos con 1 cucharada de aceite, cierra la olla y cuécelos durante 15 minutos. Retira los garbanzos y resérvalos. Retira la red con las hortalizas, ponlas en un vaso batidor y tritúralas con una batidora eléctrica hasta conseguir un puré homogéneo.

Calienta una tartera (cazuela amplia y baja) con 2 cucharadas de aceite, añade las tiras de pimiento, sazónalas y cocínalas durante 3-4 minutos. Agrega los garbanzos y el puré de verduras, mezcla bien y cocina todo durante 5 minutos.

Retira la piel de la morcilla, córtala en rodajas de 2 cm y fríelas en una sartén con un chorrito de aceite hasta que se doren por los dos lados.

Sirve los garbanzos en 4 platos y coloca 2 rodajas de morcilla encima de cada uno. Adorna los platos con unas hojas de perejil.

POTAJE DE ALUBIAS PINTAS CON ARROZ INTEGRAL

INGREDIENTES (4 P.)

300 g de alubias pintas (remojadas desde la víspera)

150 g de arroz integral

1 chorizo fresco (150 g)

150 g de panceta curada

1 cebolla

1 morcilla de arroz (300 g)

aceite de oliva virgen extra

1 hoja de laurel

perejil

1 cucharadita de pimentón

sal

CONSEJO

Si te sobran alubias, no dudes en congelarlas en recipientes individuales para consumirlas en otra ocasión, pero recuerda que debes ponerlas a descongelar el día antes en el frigorífico.

ELABORACIÓN

Pon las alubias (con el agua del remojo) en una cazuela. Agrega el chorizo, la panceta y la hoja de laurel. Tapa la cazuela y ponla a calentar. Cuando el agua empiece a hervir, vierte encima 100 ml de agua fría para cortar el hervor. Cuando vuelva a hervir, corta de nuevo el hervor agregando otros 100 ml de agua fría. Tapa la cazuela y cuece las alubias a fuego suave durante 1 hora.

Lava el arroz e incorpóralo a la cazuela. Tapa de nuevo y cocina los ingredientes durante 30-35 minutos.

Calienta una sartén con 2-3 cucharadas de aceite. Pela la cebolla, córtala en daditos, añádela a la sartén, sazónala y cocínala a fuego suave durante 30 minutos. Retira la sartén del fuego, añade el pimentón, mezcla bien y agrega todo a la cazuela. Para que se mezcle con las alubias, remueve la cazuela (sin introducir en ella ningún utensilio). Retira la panceta y el chorizo a un plato y córtalos en 4 porciones. Sazona las alubias.

Retira la piel de la morcilla, córtala en rodajas y fríelas (por los dos lados) en una sartén con 2 cucharadas de aceite.

Reparte las alubias con arroz en 4 platos y coloca en cada uno 1 trozo de panceta, 1 trozo de chorizo y 2 rodajas de morcilla. Adorna los platos con unas hojas de perejil.

ALBÓNDIGAS DE LENTEJAS

INGREDIENTES (4 P.)

250 g de lentejas rojas
600 ml de caldo de verduras
2 dientes de ajo
1 cebolla
1 puerro
50 g de harina de garbanzo
aceite de oliva virgen extra
perejil
sal

Para la salsa de champiñones:

200 g de champiñones
6 ajos frescos
1 cucharada de harina
50 ml de vino blanco
175 ml de caldo de verduras
3 cucharadas de aceite de oliva virgen extra
sal

CONSEJO

Si la masa de las albóndigas quedara demasiado líquida, añade un poco más de harina de garbanzo hasta conseguir una textura adecuada y moldeable.

ELABORACIÓN

Pon las lentejas en una cazuela, añade el caldo y sazónalas. Tápalas y cuécelas durante 15 minutos. Cuela las lentejas con un colador sobre un bol, aplástalas un poco con un cacillo (para eliminar la mayor parte de caldo posible), pásalas a un bol grande y resérvalas. Reserva también el caldo de cocción de las lentejas.

Calienta 3 cucharadas de aceite en una sartén. Pela los dientes de ajo y la cebolla, córtalos en daditos y agrégalos a la sartén. Retira al puerro la parte inferior, la superior y 2 capas de hojas, enjuágalo bien, córtalo de la misma manera e incorpóralo. Sazona y cocina las hortalizas a fuego suave durante unos 10 minutos.

Añade las hortalizas (rehogadas y escurridas) y la harina de garbanzo al bol de las lentejas y mezcla bien hasta conseguir una masa homogénea. Divide la masa en 16 porciones y redondéalas. Engrasa una fuente (apta para el horno) con un poco de aceite, coloca las albóndigas encima y hornéalas a 200 °C durante 5 minutos. Retira la bandeja del horno, dales la vuelta y hornéalas durante 5 minutos más.

Para hacer la salsa de champiñones, calienta el aceite en una sartén grande. Pica los ajos frescos y añádelos a la sartén. Limpia los champiñones, córtalos en láminas e incorpóralos. Sazona y rehoga las hortalizas a fuego medio durante 4-5 minutos. Agrega la harina y cocínala un poco. Añade el vino y el caldo de verduras y el de la cocción de las lentejas, pon a punto de sal y cocina la salsa, sin dejar de remover, durante 4-5 minutos.

Sirve la salsa en la base de los platos y reparte encima las albóndigas. Adorna los platos con unas hojas de perejil.

LENTEJAS CON ARROZ Y CALABAZA

INGREDIENTES (4 P.)

- 300 g de lentejas
- 100 g de arroz
- 250 g de calabaza
- 4 dientes de ajo
- 1 cebolla
- 1 pimiento verde
- aceite de oliva virgen extra
- perejil
- 1 cucharadita de pimentón
- sal

ELABORACIÓN

Pela 2 dientes de ajo y dóralos en una cazuela con 2 cucharadas de aceite. Cuando se empiecen a dorar, agrega el arroz y rehógalo durante 1-2 minutos. Vierte encima el agua (el doble y un poco más), sazónalo y cocínalo durante 16-18 minutos.

Pon las lentejas en una olla rápida. Pela los otros 2 dientes de ajo y la cebolla y retira el tallo y las semillas del pimiento. Trocea las hortalizas e introdúcelas en una red para cocer legumbres. Añade 1.200 ml de agua, sazona, agrega el pimentón, cierra la olla y cocina las lentejas durante 8-10 minutos. (Si quedan demasiado espesas, agrégales un chorrito de agua, remueve la cazuela y pon a punto de sal.)

Calienta una sartén con 3 cucharadas de aceite. Corta la calabaza en daditos, añádelos a la sartén, sazónalos y cocínalos a fuego medio durante 5-6 minutos.

Mezcla las lentejas con la calabaza y el arroz y sirve. Adorna los platos con unas hojas de perejil.

LENTEJAS LUISI

INGREDIENTES (4 P.)

- 250 g de lentejas
- 1 zanahoria
- 1 calabacín
- 3 tomates en conserva
- 2 dientes de ajo
- 200 g de arroz
- aceite de oliva virgen extra
- perejil
- sal

ELABORACIÓN

Pon las lentejas en una olla rápida y cúbrelas con agua (3 dedos por encima). Pela la zanahoria, córtala en cuartos de luna finos y añádela. Lava el calabacín, córtalo de la misma manera e incorpóralo. Corta los tomates en daditos y agrégalos. Sazona, riega con 2 cucharadas de aceite, tapa la olla y cuece las lentejas durante 7-10 minutos. Escúrrelas.

Pela los dientes de ajo y dóralos en una cazuela con 2 cucharadas de aceite. Añade el arroz, dale un par de vueltas, sazónalo, cúbrelo con agua (el doble y un poco más) y cuécelo durante 18-20 minutos.

Reparte las lentejas en 4 platos hondos y coloca encima una porción de arroz. Adorna con unas hojas de perejil.

GARBANZOS GUISADOS CON PANCETA Y CHORIZO

INGREDIENTES (4 P.)

- 300 g de garbanzos
- 100 g de panceta
- 100 g de chorizo fresco
- 1 hueso de jamón
- 2 cebollas
- 1 cabeza de ajos
- 1 cucharada de harina
- 250 ml de salsa de tomate
- aceite de oliva virgen extra
- 1 cucharadita de pimentón
- 1 cucharadita de comino en polvo
- 1 guindilla cayena
- perejil
- sal

ELABORACIÓN

Pon los garbanzos a remojo la víspera.

Calienta abundante agua en una olla rápida e introduce en ella el hueso de jamón, los garbanzos (escurridos), 1 cebolla (pelada y cortada en 4) y la cabeza de ajos (cortada por la mitad). Sazona, cierra la olla y cuece todo durante 25-30 minutos.

Cuece el chorizo y la panceta en una cazuela con abundante agua durante 25-30 minutos. Retíralos, corta el chorizo en rodajas y la panceta en dados y resérvalos.

Pon a calentar una tartera (cazuela amplia y baja) con 4 cucharadas de aceite. Pela la otra cebolla, córtala en dados, añádela a la tartera y cocínala durante 15-20 minutos a fuego suave. Agrega la harina y rehógala un poco. Añade el pimentón, el comino, la cayena y la salsa de tomate y mezcla bien. Incorpora el chorizo, la panceta y los garbanzos (escurridos), mezcla y cocina todo durante 15 minutos más a fuego suave.

Sirve y adorna los platos con unas hojas de perejil.

GUISO DE ALUBIAS CON CALABAZA Y ARROZ

INGREDIENTES (4 P.)

- 250 g de alubias negras
- 200 g de calabaza
- 150 g de arroz
- 1 cebolleta
- 1 tomate
- 150 g de jamón serrano
- aceite de oliva virgen extra
- perejil
- sal

ELABORACIÓN

Pon las alubias a remojo la víspera.

Corta la cebolleta en dados y rehógala en una olla rápida con 3 cucharadas de aceite. Cuando esté dorada, ralla el tomate encima y cocínalo durante 5 minutos. Incorpora las alubias (escurridas) y el jamón cortado en 4 trozos. Cubre todo con agua (3 dedos por encima), sazona, cierra la olla y cuece las alubias durante 10 minutos.

Cuando baje la válvula, abre la olla e incorpora el arroz y la calabaza cortada en dados. Pon a punto de sal y cocina todo junto durante 16-18 minutos, controlando que el agua no se evapore (si es necesario añadir más, mejor que el agua esté caliente para evitar que se corte la cocción).

Sirve y adorna los platos con unas hojas de perejil.

ALUBIAS BLANCAS CON SEPIA

INGREDIENTES (4 P.)

300 g de alubias blancas
1 sepia limpia (400 g)
2 pimientos choriceros
1 zanahoria
1 puerro
1 cebolleta
1 pimiento verde
2 dientes de ajo
aceite de oliva virgen extra
1 hoja de laurel
perejil
sal

CONSEJO

Si al final quieres aligerar un poco el guiso, agrega el otro cacillo que reservaste del caldo de la cocción de las alubias.

ELABORACIÓN

Pon las alubias a remojo la víspera.

Retira el tallo y las semillas a los pimientos choriceros. Ponlos en un bol con agua caliente y déjalos a remojo durante unos 30 minutos. Escurre los pimientos choriceros, ábrelos, retírales la pulpa con una puntilla, pícala bien y resérvala.

Escurre las alubias, ponlas en una olla rápida, cúbrelas con agua (2-3 dedos por encima) y sazónalas. Agrega la hoja de laurel.

Pela la zanahoria y córtala por la mitad. Limpia el puerro (retirándole la parte inferior, la superior y 2 capas de hojas) y córtalo en dos. Corta la cebolleta por la mitad. Retira el tallo y las semillas del pimiento y córtalo en 4 trozos. Pela los dientes de ajo. Coloca todas las hortalizas en una red para cocer legumbres u hortalizas, ciérrala e introdúcela en la olla. Cierta la olla y cocina las alubias durante 8-10 minutos.

Apaga el fuego y, cuando baje la válvula, abre la olla, retira la red con las hortalizas y deja que se templen un poco. Retira la hoja de laurel. Retira también 2 cacillos del caldo de cocción de las alubias y resérvalo.

Añade la pulpa de los pimientos choriceros a las alubias y mezcla suavemente.

Pasa las hortalizas de la red a un vaso batidor, agrega 1 cacillo del caldo de la cocción de las alubias (reserva el resto) y tritúralas con una batidora. Añade el puré a la olla y mezcla suavemente.

Calienta una sartén con 2-3 cucharadas de aceite. Corta la sepia en dados, sazónalos, incorpóralos a la sartén, espolvoréalos con un poco de perejil picado y saltéalos brevemente. Agrégalos a la olla y mezcla bien.

Reparte las alubias con sepia en 4 platos y adórnalos con unas hojas de perejil.

LENTEJAS CON BONIATO, CALABACÍN Y ESPINACAS

INGREDIENTES (4 P.)

- 300 g de lentejas
- 1 boniato
- 1 calabacín
- 100 g de espinacas
- 4 tomates en conserva
- 1 cebolleta
- aceite de oliva virgen extra
- perejil
- sal

ELABORACIÓN

Pica la cebolleta finamente y ponla a pochar en una sartén con 4 cucharadas de aceite. Lava el calabacín, córtalo en cuartos de luna finos y añádelo. Sazona las hortalizas y rehógalas durante 15 minutos. Lava las espinacas, córtalas en juliana fina, incorpóralas, mezcla y cocina conjuntamente durante 5 minutos. Reserva las hortalizas.

Calienta una olla rápida con 3 cucharadas de aceite. Pela el boniato, córtalo en dados y añádelo a la olla. Pica los tomates en conserva, agrégalos, sazónalos y rehógalos un poco. Incorpora las lentejas, cúbrelas con agua (3 dedos por encima), cierra la olla y cuécelas durante 10-12 minutos.

Abre la olla, introduce en ella la mezcla de cebolleta, calabacín y espinacas, mezcla bien y cocina todo junto durante 5 minutos.

Sirve y adorna los platos con unas hojas de perejil.

LENTEJAS CON ESPINACAS Y ZANAHORIAS

INGREDIENTES (4 P.)

- 300 g de lentejas
- 500 g de espinacas (limpias)
- 3 zanahorias
- 1 puerro
- 1 tomate
- aceite de oliva virgen extra
- perejil
- sal

ELABORACIÓN

Pon a calentar abundante agua en una olla rápida. Añade las lentejas a la olla. Limpia el puerro, retirándole la parte inferior, la superior y 1-2 capas, y enjuágalo. Pela 1 zanahoria y el tomate. Trocea las hortalizas, introdúcelas en una red especial para cocer legumbres y agrégalas a la olla. Sazona, cierra la olla y cuece las lentejas durante 8-10 minutos.

Pasa las hortalizas de la red a un vaso batidor, agrega un poco del caldo de cocción de las lentejas y tritúralas. Vierte este puré sobre las lentejas y mezcla suavemente. Mantenlas calientes.

Pela las otras 2 zanahorias, córtalas en rodajas y cocínalas en una sartén con 2 cucharadas de aceite durante 15-20 minutos a fuego suave. Incorpora las espinacas poco a poco, sazónalas y saltéalas brevemente.

Pasa las lentejas a una fuente honda y coloca encima las zanahorias y las espinacas.

Sirve y adorna los platos con unas hojas de perejil.

VERDINAS CON PATO

INGREDIENTES (4 P.)

- 400 g de alubia verdina
- 2 muslos de pato confitados
- 6 mollejas de pato confitadas
- 4 dientes de ajo
- 1 cebolla
- 1 cucharada de tomate concentrado
- 20 g de mantequilla
- 1 hoja de laurel
- perejil
- sal

Para la provenzal:

- 3-4 cucharadas de pan rallado
- 1 diente de ajo
- 1 cucharada de perejil picado
- 1 cucharada de orégano
- 1 cucharada de hierbas provenzales

ELABORACIÓN

Pon las alubias a remojo la víspera.

Escurre las alubias, ponlas en una cazuela grande y cúbrelas con agua (3-4 dedos por encima). Añade la hoja de laurel y los dientes de ajo pelados y enteros. Pela la cebolla, córtala en juliana fina e incorpórala. Agrega el tomate concentrado, sazona y mezcla suavemente. Tapa y cuece todo durante 40-45 minutos.

Calienta una tartera (cazuela amplia y baja) apta para el horno, corta los muslos de pato en dos y añádelos. Incorpora las mollejas y cocina todo durante 3-4 minutos, hasta que se doren un poco.

Añade las alubias a la tartera.

Para hacer la provenzal, mezcla en un bol el pan rallado, el perejil picado, el orégano, las hierbas provenzales y el diente de ajo finamente picado.

Cubre la superficie de la tartera con la provenzal. Corta la mantequilla en taquitos y repártela por encima. Introduce la tartera en el horno y hornea las alubias a 220 °C durante 20 minutos.

Sirve y decora los platos con unas hojas de perejil.

CONSEJO

La verdina es una variedad de alubia muy utilizada en Asturias y Galicia, donde es habitual cocinarla con pescados y mariscos, pero también combina muy bien con verduras, setas o carnes de caza.

LENTEJAS CON SETAS Y *FOIE*

INGREDIENTES (4 P.)

300 g de lentejas
200 g de boletos limpios
200 g de hígado de pato *(foie)*
2 zanahorias
1 cebolleta
1 diente de ajo
harina (para rebozar)
aceite de oliva virgen extra
perejil
pimienta
sal

ELABORACIÓN

Calienta una olla rápida con 3 cucharadas de aceite. Pela las zanahorias, córtalas en cuartos de luna finos y añádelas. Corta la cebolleta en daditos y agrégala. Sazona las hortalizas y rehógalas a fuego suave durante 5-6 minutos.

Incorpora las lentejas a la olla, cúbrelas con bastante agua y sazónalas. Tapa la olla y cuécelas durante 12-15 minutos.

Calienta una sartén con 2 cucharadas de aceite. Pela el diente de ajo, pícalo finamente y añádelo. Corta los boletos en láminas, agrégalos a la sartén, sazónalos y saltéalos durante 3-4 minutos.

Corta el hígado de pato en 4 rodajas, salpimiéntalo, enharínalo y dóralo brevemente (por los dos lados) en una sartén bien caliente.

Reparte las lentejas en 4 platos y coloca unos boletos y 1 rodaja de *foie* en cada uno. Adorna los platos con unas hojas de perejil.

LENTEJAS CON MUSLITOS DE CODORNIZ

INGREDIENTES (4 P.)

300 g de lentejas
12-16 muslitos de codorniz
1 cucharada de salsa de soja
1 cebolleta
1 zanahoria
2 dientes de ajo
1 pimiento verde
2 tomates
aceite de oliva virgen extra
1 cucharadita de orégano
1 hoja de laurel
perejil
sal

ELABORACIÓN

Sazona los muslos de las codornices, ponlos en un bol junto con el orégano, la salsa de soja y 2 cucharadas de aceite y déjalos macerar durante 20 minutos.

Pasa los muslos a una bandeja de horno, junto con el líquido donde han macerado, y hornéalos a 200 °C durante 10 minutos. Apaga el horno y mantenlos dentro para que se conserven calientes.

Corta la cebolleta en dados y ponla a rehogar en una cazuela con 3 cucharadas de aceite. Pela la zanahoria y los ajos, retira el tallo y las semillas del pimiento, corta las hortalizas en dados, añádelas a la cazuela y cocínalas durante 15 minutos a fuego suave. Trocea los tomates, incorpóralos y cocina todo durante 10 minutos más. Pasa las hortalizas por el pasapurés.

Pon el puré de hortalizas en una olla rápida, agrega las lentejas y la hoja de laurel, sazona y cubre con abundante agua. Cierra la olla y cocina las lentejas durante 8-10 minutos.

Sirve las lentejas con los muslitos de codorniz y adorna los platos con unas hojas de perejil.

CREMA DE LENTEJAS ROJAS

INGREDIENTES (4 P.)

- 300 g de lentejas rojas
- 1 diente de ajo
- 1 cebolla
- 2 zanahorias
- 1 boniato grande
- 1 pastilla de caldo de pollo
- 4 higaditos de pollo
- 1 cucharada de sésamo negro
- aceite de oliva virgen extra
- perejil
- pimienta
- sal

ELABORACIÓN

Calienta 3-4 cucharadas de aceite en una cazuela.

Pela el diente de ajo, córtalo en daditos y añádelo a la cazuela. Pela la cebolla, córtala en dados y agrégala. Pela las zanahorias, córtalas en cuartos de luna finos e incorpóralas.

Sazona y cocina las hortalizas durante 6-8 minutos a fuego suave.

Pela el boniato, córtalo en dados y añádelo a la cazuela. Incorpora las lentejas y cubre todo con agua (3-4 dedos por encima). Desmenuza encima la pastilla de caldo de pollo, pon a punto de sal, tapa la cazuela y cuece todo durante 15-20 minutos a fuego suave. Tritura los ingredientes y reserva la crema.

Calienta una sartén con 2 cucharadas de aceite. Trocea los higaditos, salpimiéntalos, añádelos a la sartén y saltéalos a fuego fuerte hasta que se doren. Añádeles un poco de perejil picado y mezcla bien.

Reparte la crema de lentejas en 4 platos, espolvoréalos con el sésamo y pon, en el centro de cada uno, unos trocitos de higaditos de pollo. Adorna los platos con unas hojas de perejil.

CONSEJO

En esta receta, como guarnición, hemos agregado unos higaditos de pollo, pero si no os gustan o no quieres incluir nada de proteína animal, puedes freír unos daditos de pan o unas láminas de alcachofa.

POCHAS CON CALABACÍN Y COSTILLA DE CERDO

INGREDIENTES (4 P.)

- 400 g de pochas (desgranadas)
- 1 calabacín
- 1 costillar de cerdo (12 costillas)
- 1 cebolleta grande
- aceite de oliva virgen extra
- perejil
- pimienta
- sal

ELABORACIÓN

Calienta agua en una olla rápida. Corta el costillar en 4 trozos, añádelo, sazónalo, cierra la olla y cocínalo durante 20 minutos. Retira el costillar, deja que se enfríe, córtalo siguiendo la coyuntura del hueso y reserva las costillas.

Introduce las pochas en la misma olla, ciérrala y cocínalas durante 5-6 minutos.

Corta la cebolleta en daditos y rehógala durante 6-8 minutos en una tartera (cazuela amplia y baja) con 3 cucharadas de aceite. Lava el calabacín, córtalo en cuartos de luna finos y añádelos a la tartera. Sazona y cocina todo durante 10-15 minutos a fuego suave.

Incorpora las pochas a la tartera junto con 250 ml del agua de la cocción y mezcla bien. Cocina conjuntamente a fuego suave durante 5 minutos.

Calienta una plancha con 1-2 cucharadas de aceite, agrega las costillas, salpimiéntalas y cocínalas hasta que se doren un poco.

Reparte las pochas con calabacín en 4 platos y coloca 3 costillas de cerdo en cada uno. Adorna los platos con unas hojas de perejil.

POCHAS CON MORCILLA DE ARROZ

INGREDIENTES (4 P.)

- 600 g de pochas (desgranadas)
- 1 morcilla de arroz
- 2 dientes de ajo
- 250 g de calabaza
- 1 tomate
- 1 pimiento verde
- 2 puerros
- aceite de oliva virgen extra
- perejil
- sal

ELABORACIÓN

Pela los dientes de ajo, la calabaza y el tomate, trocéalos e introdúcelos en una red especial para cocer legumbres. Retira el tallo y las semillas del pimiento, trocéalo y añádelo a la red. Limpia los puerros, retirándoles la parte inferior, la superior y 2 capas de hojas, enjuágalo bien, córtalo en rodajas y añádelas. Introduce la red y las pochas en la olla, cubre todo con agua (1-2 dedos por encima) y sazona. Cierra la olla y cuece las pochas durante 6-8 minutos.

Abre la olla, pasa las hortalizas a un vaso batidor y tritúralas con la batidora eléctrica. Incorpora el puré a las pochas, mezcla y pon a punto de sal.

Retira la piel de la morcilla y córtala en rodajas. Calienta una sartén con 2 cucharadas de aceite y cocina en ella las rodajas de morcilla durante 1-2 minutos por cada lado.

Reparte las pochas en 4 platos hondos y sirve 2-3 rodajas de morcilla en cada plato. Adórnalos con unas hojas de perejil.

FABADA ASTURIANA

INGREDIENTES (4 P.)

400 g de *fabes*
1 chorizo asturiano
1 morcilla asturiana
300 g de lacón salado
100 g de panceta curada
3 dientes de ajo
1 cebolla pequeña
1 hoja de laurel
perejil
sal

ELABORACIÓN

La noche anterior, pon a remojo las *fabes* en un bol grande y pon en otro bol el lacón cubierto con agua.

Escurre las *fabes,* ponlas en una cazuela grande, cúbrelas con agua (2-3 dedos por encima) y ponlas a cocer. Añade la morcilla, el chorizo, la panceta, el lacón y la hoja de laurel. Pela los ajos y la cebolla, e incorpóralos.

Cuando empiece a hervir, desespuma y vierte encima ½ vaso de agua fría (125 ml) para cortar el hervor. Repite el proceso tres veces más y cuece a fuego suave durante unas 3 horas (hasta que las *fabes* estén bien tiernas).

Desgrasa las *fabes.* Retira el lacón, la morcilla, el chorizo y la panceta a un plato y resérvalos.

Pon la cebolla y unas cuantas *fabes* con un poco de caldo en un vaso batidor, tritura todo bien y vierte el puré en la cazuela.

Prueba y pon a punto de sal. Corta las carnes en trozos de bocado, incorpóralas a la cazuela, remuévela y cocina todo junto durante 2 minutos.

Sirve y adorna los platos con unas hojas de perejil.

CONSEJO

Si durante la cocción tienes que añadir más agua, te recomiendo que esté caliente.

FALAFEL DE PISTACHOS CON SALSA DE YOGUR

INGREDIENTES (4 P.)

300 g de garbanzos secos
40 g de pistachos pelados
1 cucharada de levadura (6 g)
1 cebolla picada (pequeña)
3 dientes de ajo
harina de garbanzo (para rebozar)
aceite de oliva virgen extra
30 hojas de cilantro
perejil
1 cucharadita de comino molido
sal

Para la salsa de yogur:

1 yogur natural
1 diente de ajo
zumo de ½ limón
10 hojas de menta
sal

LEGUMBRES

CONSEJO

En esta receta hemos dado a la masa forma de bolitas, pero también es común formar bolitas y aplastarlas un poco, como si fueran una hamburguesa pequeña. Se pueden acompañar con salsa de yogur o con salsa de tahini.

ELABORACIÓN

Deja a remojo los garbanzos en un bol durante 24-48 horas. Retíralos, escúrrelos y sécalos bien.

Pon en una picadora la mitad de los garbanzos, la mitad de los pistachos, la mitad de la levadura, la mitad del comino, 1 diente de ajo, ½ cebolla, la mitad de las hojas de cilantro y una pizca de sal. Ciérrala y tritura los ingredientes hasta conseguir una mezcla homogénea. Pasa la masa a un bol y resérvala. Introduce en la picadora la otra mitad de los garbanzos, de los pistachos, de la levadura, del comino, de la cebolla y del cilantro, otro diente de ajo y otra pizca de sal, tritúralos del mismo modo y pasa la masa al bol. Tapa el bol con film transparente y deja que repose la masa durante 1 hora aproximadamente.

Coge pequeñas porciones de masa, redondéalas y rebózalas con la harina de garbanzo.

Calienta abundante aceite en una sartén, aplasta el otro diente de ajo (con piel) y agrégalo. Cuando el diente de ajo empiece a burbujear, introduce las bolitas de masa en la sartén y fríelas (en tandas) hasta que se doren. Retíralas a una fuente cubierta con papel absorbente y resérvalas.

Para preparar la salsa de yogur, pela el diente de ajo, pícalo finamente y ponlo en un bol. Agrega el zumo de limón, el yogur, las hojas de menta finamente picadas y una pizca de sal y mezcla bien.

Sirve un poco de salsa de yogur en la base de los platos y coloca los falafeles encima. Adorna con unas hojas de perejil.

ALUBIAS BLANCAS CON CHORIZO Y ESPINACAS

INGREDIENTES (4-6 P.)

- 300 g de alubias blancas (remojadas desde la víspera)
- 125 g de chorizo fresco
- 250 g de espinacas
- 1 puerro
- 1 zanahoria
- 2-3 dientes de ajo
- aceite de oliva virgen extra
- 1 hoja de laurel
- perejil
- sal

ELABORACIÓN

Escurre las alubias, ponlas en una olla rápida, cúbrelas con agua y sazónalas.

Limpia el puerro (retirándole la parte inferior, la superior y 1-2 capas de hojas), enjuágalo bien, córtalo en 4 trozos e introdúcelo en una red para cocer legumbres. Pela la zanahoria, córtala en 4 y añádela a la red. Añade también la hoja de laurel. Introduce la red en la olla, cierra la olla y cuece las alubias durante 15-20 minutos (según la variedad de la alubia).

Calienta una tartera (cazuela amplia y baja) con 4 cucharadas de aceite. Pela los dientes de ajo, córtalos en daditos y añádelos a la tartera. Corta el chorizo en rodajas y agrégalas. Limpia las espinacas, córtalas en juliana, incorpóralas a la tartera y saltéalas brevemente.

Añade a la tartera las alubias escurridas (si te gustan caldosas, añade un poco del agua de la cocción) y remueve la tartera hasta que los ingredientes queden bien integrados.

Sirve y adorna los platos con unas hojas de perejil.

POCHAS CON SETAS Y PIMIENTOS

INGREDIENTES (4 P.)

- 600 g de pochas (desgranadas)
- 200 g de setas de cultivo
- 2 pimientos verdes
- 1 cebolleta
- 1 zanahoria
- 2 dientes de ajo
- 2 tomates maduros
- aceite de oliva virgen extra
- perejil
- sal

ELABORACIÓN

Calienta agua en una cazuela. Agrega las pochas, sazónalas y cuécelas durante 35-40 minutos a fuego medio. Resérvalas.

Corta la cebolleta en dados y ponla a rehogar en una sartén grande con 4 cucharadas de aceite. Pela la zanahoria, córtala en cuartos de luna e incorpórala. Pela los dientes de ajo y añádelos. Sazona las hortalizas y cocínalas durante 15 minutos a fuego medio. Trocea los tomates, agrégalos a la sartén y cocina todo durante 20 minutos más. Pasa las hortalizas por el pasapurés.

Pon el puré de hortalizas en una cazuela, añade las pochas (escurridas) y mezcla bien.

Retira el tallo y las semillas de los pimientos, córtalos en dados y cocínalos durante 10 minutos en una sartén con 4 cucharadas de aceite. Incorpóralos a la cazuela de las pochas.

Corta las setas en dados, agrégalas a la sartén donde has cocinado los pimientos (si hiciera falta, añade 2 cucharadas más de aceite) y saltéalas durante 5 minutos. Incorpora las setas a la cazuela de las pochas y mezcla. Sirve y adorna los platos con unas hojas de perejil.

LENTEJAS CON AGUACATE Y ANACARDOS

INGREDIENTES (4 P.)

- 300 g de lentejas
- 1 aguacate
- 40 g de anacardos (crudos o tostados)
- 2 dientes de ajo
- 1 puerro
- 1 cebolla pequeña
- 1 boniato pequeño
- aceite de oliva virgen extra
- perejil
- sal

ELABORACIÓN

Calienta 3-4 cucharadas de aceite en una cazuela grande.

Pela los dientes de ajo, córtalos en daditos e incorpóralos a la cazuela. Limpia el puerro (retirándole la parte inferior, la superior y 2 capas de hojas), córtalo en cuartos de luna finos y añádelo.

Pela la cebolla, córtala en daditos e incorpórala. Sazona y rehoga las hortalizas a fuego suave durante 10 minutos.

Incorpora las lentejas, mezcla bien, cúbrelas con abundante agua, sazónalas, tápalas y cuécelas durante 20 minutos.

Pela el boniato, córtalo en dados de 1 cm y añádelo a la cazuela. Cuece todo durante 15-20 minutos más (tienen que quedar espesas).

Corta el aguacate por la mitad, retírale el hueso y córtalo en daditos.

Reparte las lentejas en 4 platos. Coloca en cada plato ¼ de aguacate y unos anacardos picados y adórnalos con unas hojas de perejil.

CONSEJO

Si lo prefieres, también puedes sustituir el boniato por patata, pero ten en cuenta que la patata tiende a agarrarse a la cazuela.

ALUBIAS NEGRAS CON ROLLITOS DE REPOLLO

INGREDIENTES (4 P.)

- 350 g de alubias negras
- ¼ de repollo
- 1 hueso de jamón serrano
- 350 ml de salsa de tomate
- 2 dientes de ajo
- 2 zanahorias
- 4 hojas de pasta *brick*
- aceite de oliva virgen extra
- perejil
- sal

ELABORACIÓN

Pon las alubias a remojo la víspera.

Escurre las alubias y ponlas en una cazuela grande. Agrega el hueso de jamón y la salsa de tomate, cubre todo con agua (1.200 ml aprox.), sazona y cuece las alubias durante 90 minutos. Retira el hueso de jamón.

Calienta 3 cucharadas de aceite en una sartén grande. Pela los ajos y las zanahorias, córtalos en daditos y añádelos a la sartén. Sazona las hortalizas y cocínalas durante 5-6 minutos a fuego medio. Pica el repollo finamente e incorpóralo. Pon a punto de sal y cocina todo durante 5-6 minutos más. Escurre las hortalizas.

Extiende 1 hoja de pasta *brick* sobre la tabla, coloca encima ¼ parte de las hortalizas y envuélvelas formando un paquete (tipo rollito de primavera). Forma otros 3 paquetes con las otras 3 hojas de pasta *brick* y el resto de las hortalizas. Calienta una sartén con abundante aceite, introduce en ella los rollitos y fríelos hasta que se doren. Retíralos y escúrrelos.

Reparte las alubias en 4 platos hondos, coloca 1 rollito en cada uno y adórnalos con unas hojas de perejil.

ALUBIAS ROJAS CON REPOLLO Y MORCILLA

INGREDIENTES (4 P.)

- 300 g de alubias rojas remojadas
- 1 repollo pequeño
- 1 morcilla de verduras
- 1 cebolla
- 1 zanahoria
- 2 dientes de ajo
- aceite de oliva virgen extra
- 1 cucharada de vinagre
- perejil
- 1 cucharadita de pimentón
- sal

ELABORACIÓN

Calienta una olla rápida con 2 cucharadas de aceite. Pela la cebolla, córtala en daditos y agrégala. Pela la zanahoria, córtala en cuartos de luna finos e incorpórala. Sazona las hortalizas y cocínalas a fuego suave durante 8-10 minutos.

Añade a la olla las alubias (escurridas) y el pimentón, mezcla bien, cúbrelas con agua y pon a punto de sal. Tapa la olla y cuece las alubias durante unos 15 minutos.

Pon agua a calentar en una cazuela grande, introduce en ella la morcilla y cuécela durante 20 minutos (10 minutos por cada lado).

Calienta agua en otra cazuela grande. Corta el repollo en juliana fina, añádelo y sazónalo. Tapa la cazuela y cuece durante 20 minutos. Retira el agua de la cazuela y riega el repollo con el vinagre.

Calienta una sartén pequeña con 3 cucharadas de aceite. Pela los dientes de ajo, córtalos en láminas y agrégalos a la sartén. Riega el repollo con el refrito y mezcla bien.

Corta la morcilla en 4 trozos. Reparte las alubias y el repollo en 4 platos y pon 1 trozo de morcilla en el centro de cada uno. Adorna los platos con unas hojas de perejil.

LENTEJAS CON ALCACHOFAS

INGREDIENTES (4 P.)

- 360 g de lenteja pardina
- 6 alcachofas
- 2 lonchas de panceta fresca (100 g)
- 1 pimiento verde
- 1 cebolla
- aceite de oliva virgen extra
- perejil
- 2 clavos de olor
- 8-10 granos de pimienta negra
- 1 cucharadita de comino molido
- sal

ELABORACIÓN

Pon los clavos, los granos de pimienta, el comino y una pizca de sal en el mortero, maja todo bien y resérvalo.

Calienta una cazuela con 3 cucharadas de aceite. Corta las lonchas de panceta en tiritas, añádelas a la cazuela y dóralas un poco. Incorpora las lentejas, el pimiento (entero sin tallo ni semillas) y la cebolla (pelada y entera). Agrega la mezcla de especias majadas.

Cubre con agua (1 litro y medio aprox.), sazona, tapa y cuece las lentejas a fuego suave durante 40-45 minutos.

Cuando las lentejas estén a punto, retira la cebolla y el pimiento (si quieres, puedes pelarlo), trocéalos y ponlos en un vaso batidor. Añade un poco del caldo de las lentejas y tritura bien. Incorpora el puré a la cazuela y mezcla suavemente. Mantén las lentejas calientes hasta el momento de servir.

Pela las alcachofas, quitándoles 2-3 capas de hojas, retírales las puntas y el tallo y córtalas en cuartos. Calienta una sartén con 4 cucharadas de aceite, introduce en ella las alcachofas y cocínalas durante 6-8 minutos. Sazónalas.

Sirve las lentejas en 4 platos hondos, pon 6 cuartos de alcachofas encima de cada uno y decóralos con unas hojas de perejil.

CONSEJO

Si no tienes mucho tiempo, recuerda que si cocinas las lentejas en la olla rápida estarán listas en 15 minutos.

LENTEJAS CON REPOLLO

INGREDIENTES (4 P.)

- 300 g de lentejas
- 1 repollo pequeño
- 1 cebolla
- 1 zanahoria
- 1 pimiento verde
- 4 dientes de ajo
- aceite de oliva virgen extra
- 1 hoja de laurel
- perejil
- 1 guindilla cayena
- sal

ELABORACIÓN

Pon las lentejas en una olla rápida y cúbrelas con agua (4 dedos por encima). Pela la cebolla, córtala en cuartos e introdúcela en una red para cocer legumbres. Pela la zanahoria, córtala en rodajas y agrégala a la red. Retira el tallo y las semillas del pimiento verde, córtalo en trozos e introdúcelo en la red. Cierra la red e introdúcela en la olla. Sazona, añade la hoja de laurel y riega las lentejas con 2 cucharadas de aceite. Cierra la olla y cuece todo durante 12-15 minutos.

Abre la olla, retira la red con las hortalizas, sácalas, ponlas en un vaso batidor y tritúralas hasta conseguir un puré homogéneo. Vierte el puré en la olla y mezcla bien.

Calienta una tartera (cazuela amplia y baja) o sartén grande con 2-3 cucharadas de aceite. Añade la guindilla. Pela los dientes de ajo, córtalos por la mitad, agrégalos a la tartera y rehógalos durante 2 minutos a fuego suave. Corta el repollo en juliana fina, incorpóralo a la tartera, sazónalo y cocínalo a fuego medio durante 10-12 minutos. Retira la guindilla.

Reparte las lentejas y el repollo en 4 platos y adórnalos con unas hojas de perejil.

GARBANZOS CON TEMPURA DE HORTALIZAS

INGREDIENTES (4 P.)

- 300 g de garbanzos
- 1 cebolla
- 2 dientes de ajo
- 2-3 tomates
- 1 zanahoria
- 1 pimiento rojo
- 12 ajos frescos
- 150 g de harina
- 200 ml de agua fría
- aceite de oliva virgen extra
- 1 hoja de laurel
- perejil
- sal

ELABORACIÓN

Pon los garbanzos a remojo la víspera.

Calienta agua en una olla rápida y, cuando empiece a hervir, introduce en ella los garbanzos escurridos y sazónalos. Pela la cebolla, córtala por la mitad y agrégala a la olla. Añade también la hoja de laurel. Cierra la olla y cuece los garbanzos (según la variedad) durante unos 20 minutos.

Pela los dientes de ajo y córtalos en daditos. Pela los tomates y córtalos de la misma forma. Calienta una sartén con 3 cucharadas de aceite, agrega los ajos y rehógalos brevemente (sin que lleguen a dorarse). Incorpora los tomates, sazónalos y cocínalos a fuego suave durante 10 minutos. Escurre los garbanzos, añádelos a la sartén y cocínalos en la salsa durante 10 minutos a fuego medio.

Pela la zanahoria y córtala en bastones. Retira el tallo y las semillas del pimiento, pélalo y córtalo en bastones. Limpia los ajos frescos, retirándoles la parte inferior, la superior y 1 capa.

Coloca la harina en un bol, añade una pizca de sal y agrega el agua fría poco a poco y sin dejar de remover. Introduce las hortalizas en la mezcla y fríelas en una sartén con abundante aceite. Retíralas y escúrrelas sobre un plato cubierto con papel absorbente.

Sirve los garbanzos en 4 platos y acompáñalos con las hortalizas en tempura. Adorna los platos con unas hojas de perejil.

LEGUMBRES

POTAJE DE HABAS SECAS CON HIERBABUENA

INGREDIENTES (4 P.)

- 400 g de habas secas
- 2 dientes de ajo
- 2 cebolletas
- 4 alcachofas
- aceite de oliva virgen extra
- 20 hojas de hierbabuena
- 1 cucharadita de pimentón dulce
- 1 cucharadita de comino molido
- perejil
- sal

ELABORACIÓN

Deja las habas a remojo durante 24 horas.

Calienta 3 cucharadas de aceite en una cazuela. Pela los ajos, córtalos en daditos y agrégalos a la cazuela. Pela las cebolletas, córtalas en dados y añádelas. Sazona las hortalizas y rehógalas durante 2-3 minutos.

Retira el tallo de las alcachofas, pélalas (retirándoles 4-5 capas de hojas), retírales la parte superior, córtalas en cuartos y agrégalas a la cazuela. Rehoga todo durante 4-5 minutos. Añade el pimentón, el comino y las habas escurridas, cúbrelas con agua, sazónalas, tápalas y cuécelas a fuego suave durante 45 minutos.

Lava la hierbabuena, pícala un poco y añádela a la cazuela. Tapa y cuece todo durante 10 minutos más.

Reparte las habas en 4 platos hondos y decóralos con unas hojas de perejil.

CONSEJO

Las habas secas suelen necesitar un remojo prolongado porque su piel es gruesa y dura.

PATÉ DE GARBANZOS Y CHAMPIÑONES CON TOSTADAS DE PASAS

INGREDIENTES (4 P.)

- 300 g de garbanzos (remojados desde la víspera)
- 300 g de champiñones
- 1 pan de pasas
- 2 dientes de ajo
- 1 cebolleta
- 1 cebolla
- aceite de oliva virgen extra
- perejil
- sal

ELABORACIÓN

Pela los dientes de ajo y córtalos en dados. Corta la cebolleta del mismo modo. Calienta una sartén con 4 cucharadas de aceite, añade las hortalizas y rehógalas a fuego medio durante 10 minutos. Limpia los champiñones, córtalos en dados y agrégalos a la sartén. Sazona y cocina todo durante 6-8 minutos a fuego medio.

Pon agua a calentar en una olla rápida, agrega los garbanzos escurridos y la cebolla pelada, sazónalos y cuécelos durante 20 minutos. Abre la olla, escurre los garbanzos (puedes reservar el caldo para hacer una sopa) y pásalos a una batidora de vaso. Añade los champiñones y tritura todo bien hasta conseguir una pasta homogénea.

Corta el pan en rebanadas finas y tuéstalas (horno o tostador).

Sirve el paté y acompáñalo con las tostadas de pasas. Adorna los platos con unas hojas de perejil.

POTAJE DE GARBANZOS CON LANGOSTINOS

LEGUMBRES

INGREDIENTES (4 P.)

- 300 g de garbanzos
- 250 g de colas de langostinos (cocidas y peladas)
- 1 puerro
- 1 pimiento verde
- 1 zanahoria
- 12 ajos frescos
- aceite de oliva virgen extra
- 1 hoja de laurel
- perejil
- 1 guindilla cayena
- sal

ELABORACIÓN

La víspera, pon los garbanzos a remojo en un bol con agua fría.

Calienta agua en la olla rápida. Escurre los garbanzos y agrégalos a la olla.

Limpia el puerro (retirándole la parte inferior, la superior y 2 capas de hojas), enjuágalo, córtalo en 3 e introdúcelo en una red de cocina (de las que se utilizan para cocer hortalizas o legumbres). Retira el tallo y las semillas del pimiento verde, córtalo en 3 trozos y añádelo a la red. Pela la zanahoria, córtala en 3 y agrégala. Cierra la red e introdúcela en la olla. Añade la hoja de laurel y sazona. Cierra la olla y cuece los garbanzos durante 30 minutos.

Retira la red con las hortalizas y pásalas a un vaso batidor. Agrega 2 cacillos del agua de la cocción y tritúralas con una batidora eléctrica. Reserva el puré.

Calienta 3 cucharadas de aceite en una tartera (cazuela amplia y baja). Limpia los ajos frescos (retirándoles la parte inferior, la superior y 1-2 capas de hojas), enjuágalos, córtalos en trozos de 2 cm, añádelos a la sartén junto con la cayena y rehógalos durante 2-3 minutos. Agrega las colas de langostino y saltéalas brevemente. Retira la cayena. Incorpora el puré de hortalizas y los garbanzos escurridos y cocina todo durante 3-4 minutos.

Espolvorea el potaje con un poco de perejil picado y repártelo en 4 platos hondos. Decora los platos con unas hojas de perejil.

CONSEJO

Ahora podemos encontrar langostinos pelados y listos para comer. Son ideales para tomar como aperitivo (en frío o en caliente) o para emplearlos en ensaladas, platos de pasta, arroz o legumbres.

HUEVOS

1
0

HUEVO CON PATATAS PANADERA Y CHORIZO

INGREDIENTES (4 P.)

- 4 huevos
- 3 patatas
- 1 chorizo fresco (100 g)
- 1 cebolla
- 2 dientes de ajo
- aceite de oliva virgen extra
- perejil
- pimienta
- sal

ELABORACIÓN

Calienta abundante aceite en una sartén grande. Pela las patatas, córtalas en cuartos de luna finos, sazónalas y añádelas a la sartén. Pela la cebolla, córtala en dados y agrégala. Pela los dientes de ajo, córtalos en láminas e incorpóralos. Fríe todo durante 20-25 minutos, hasta que las patatas se doren un poco. Retíralas y escúrrelas bien.

Retira la piel del chorizo, desmenúzalo y saltéalo brevemente en una sartén con 1 cucharada de aceite. Retíralo y mézclalo con las patatas panadera.

Pon un aro de emplatar en un plato y rellénalo (dejando una hondonada en el centro) con la ¼ parte de la mezcla de patatas y chorizo. Repite el proceso hasta conseguir 4 raciones.

Para escalfar los huevos, calienta abundante agua en una tartera (cazuela amplia y baja). Cuando esté a punto de hervir, casca los huevos, añádelos y cuécelos durante 3 minutos. Escúrrelos y retíralos a una fuente.

Pon 1 huevo sobre cada base de patata, salpimiéntalos y adorna los platos con unas hojas de perejil.

HUEVO FLOR CON BOLETOS Y *FOIE*

HUEVOS

INGREDIENTES (4 P.)

- 4 huevos
- 400 g de boletos
- 100 g de *foie* fresco
- 1 cebolleta
- 2 dientes de ajo
- aceite de oliva virgen extra
- perejil
- sal

ELABORACIÓN

Calienta una sartén grande con 4 cucharadas de aceite. Pela los dientes de ajo y la cebolleta, córtalos en daditos y añádelos. Sazona y cocina las hortalizas durante 6-8 minutos.

Limpia los boletos, córtalos en dados grandes e incorpóralos a la sartén. Sazona y saltea todo durante 4-5 minutos. Corta el *foie* en dados, añádelos y vuelve a saltear (1 minuto).

Corta 4 trozos grandes de film transparente, colócalos sobre 4 tazas, manteniendo el hueco de los recipientes, y úntalos con un poco de aceite. Casca 1 huevo encima de cada uno, sazónalos y espolvoréalos con un poco de perejil picado. Junta las puntas del film, enróscalos y átalos con cuerda de cocina hasta conseguir 4 paquetes.

Calienta una cazuela con abundante agua. Cuando empiece a hervir, introduce en ella los huevos y cuécelos durante 3-4 minutos. Retíralos, córtales la cuerda y retírales el film con cuidado de que no se rompan.

Reparte el salteado de boletos en 4 platos hondos y coloca los huevos encima. Espolvoréalos con un poco de perejil picado.

HUEVOS A LA GALLEGA

INGREDIENTES (4 P.)

- 6 huevos
- 4 patatas
- aceite de oliva virgen extra
- 20 hojas de cebollino
- 1 cucharada rasa de pimentón (dulce o picante)
- perejil
- sal

ELABORACIÓN

Calienta abundante agua en una cazuela, introduce en ella las patatas, sazónalas y cuécelas durante 30-35 minutos. Retíralas y pélalas.

Calienta abundante agua en otra cazuela, introduce en ella los huevos y cuécelos durante 10 minutos (contados desde el momento en que el agua empiece a hervir). Retíralos y pélalos.

Corta cada patata en 4 rodajas gruesas, extiéndelas en 4 platos y sazónalas. Corta los huevos en 3 rodajas gruesas y coloca 1 sobre cada rodaja de patata.

Pon el pimentón en un bol, agrega 4 cucharadas de aceite y mezcla bien. Adereza los platos con el aceite de pimentón.

Pica las hojas de cebollino a tu gusto y salpica con ellas los platos. Adórnalos con unas hojas de perejil.

CONSEJO

Es importante que los huevos no sufran muchos cambios de temperatura, por lo que, en cuanto los compres, te recomiendo introducirlos en el frigorífico hasta el momento en que los vayáis a consumir.

HUEVOS FRITOS CON BOLITAS DE POLENTA, TOMATE Y SETAS

INGREDIENTES (4 P.)

- 8 huevos
- 200 g de polenta precocida
- 4 tomates deshidratados (en aceite)
- 250 g de setas de cultivo
- 2 dientes de ajo
- aceite de oliva virgen extra
- sal
- perejil

ELABORACIÓN

Limpia las setas, córtalas en daditos y saltéalas en una sartén con 3-4 cucharadas de aceite durante 4-5 minutos a fuego medio-alto. Pela los dientes de ajo, córtalos en daditos y agrégalos. Sazona y saltea todo junto durante 2-3 minutos más. Corta los tomates en daditos, incorpóralos a la sartén y mezcla bien.

Pon a calentar 600-700 ml de agua en una cazuela. Cuando empiece a hervir, agrega la polenta, sazónala y cocínala sin dejar de remover con una varilla durante 2-3 minutos. Incorpora la mezcla de setas, ajo y tomate y remueve bien hasta que los ingredientes queden bien integrados. Pasa la mezcla a una fuente grande y espera a que se enfríe.

Coge pequeñas porciones de polenta y redondéalas. Calienta una sartén con 2 cucharadas de aceite, añade las bolitas y cocínalas hasta que se doren.

Pon a calentar una sartén pequeña con abundante aceite. Cuando esté caliente, añade 2 huevos, fríelos (a tu gusto) y sazónalos. Repite el proceso con el resto de los huevos.

Sirve en cada plato 2 huevos y unas bolitas de polenta. Adorna los platos con unas hojas de perejil.

HUEVOS AL PLATO CON PATATAS Y ESPÁRRAGOS VERDES

INGREDIENTES (4 P.)

- 8 huevos
- 2 patatas
- 12 espárragos verdes
- 12 ajos frescos
- 500 ml de salsa de tomate
- aceite de oliva virgen extra
- perejil
- sal

ELABORACIÓN

Pela las patatas, córtalas en dados de unos 2 cm y fríelas a fuego medio durante 10 minutos en una sartén con abundante aceite.

Retira la parte inferior del tallo de los espárragos, córtalos en trozos de 2 cm e incorpóralos a la sartén. Limpia los ajos frescos (retirándoles la parte inferior, la superior y una capa de hojas), córtalos de la misma manera que los espárragos y añádelos. Sazona y cocina todo junto durante 6-8 minutos más.

Calienta la salsa de tomate en una tartera (cazuela amplia y baja), casca los huevos encima, sazónalos, tapa la tartera y cocínalos a fuego suave-medio (2-3 minutos) hasta que las claras cuajen.

Retira la tapa y coloca sobre las patatas con los espárragos y los ajos frescos los huevos. Espolvorea todo con un poco de perejil picado y sirve.

HUEVOS CON PISTO Y CHORIZO

INGREDIENTES (4 P.)

- 8 huevos
- 125 g de chorizo fresco
- 1 cebolla
- 2 dientes de ajo
- 1 pimiento verde
- 1 calabacín
- 1 berenjena
- 500 ml de salsa de tomate
- aceite de oliva virgen extra
- perejil
- sal

ELABORACIÓN

Retira la piel del chorizo, córtalo en rodajas finas y rehógalas durante 2 minutos en una tartera con 6 cucharadas de aceite. Retira el chorizo a un plato y resérvalo.

Pela la cebolla, córtala en dados (1 cm) y ponla a rehogar en una tartera (cazuela amplia y baja) que sea apta para el horno. Pela los dientes de ajo, córtalos en daditos y añádelos. Retira el tallo y las semillas del pimiento, córtalo de la misma manera e incorpóralo. Sazona y cocina las hortalizas durante 10 minutos. Corta el calabacín y la berenjena en daditos, agrégalos a la tartera y cocina todo durante 20-25 minutos, hasta que esté bien pochado.

Incorpora a la tartera la salsa de tomate, mezcla y cocina todo junto durante 6-8 minutos. Añade las rodajas de chorizo y mezcla bien.

Casca los huevos encima, introduce la tartera en el horno y hornea a 190-200 ºC hasta que cuajen los huevos (unos 3-4 minutos).

Retira la cazuela del horno y sirve. Adorna los platos con unas hojas de perejil.

HUEVOS ESCALFADOS CON ALCACHOFAS, AJOS FRESCOS Y PATATA

INGREDIENTES (4 P.)

- 4 huevos
- 8 alcachofas
- 24 ajos frescos
- 2 patatas
- 1 loncha gruesa de jamón serrano
- aceite de oliva virgen extra
- vinagre
- perejil
- pimienta
- sal

ELABORACIÓN

Introduce las patatas en una cazuela, cúbrelas con agua y cuécelas durante unos 35 minutos. Retíralas, pélalas y pásalas por un pasapurés. Sazona el puré, añádele 1 cucharada de aceite y mezcla bien.

Limpia los ajos frescos, retirándoles la parte inferior, la superior y 1-2 capas, y córtalos en cilindros de 1 cm.

Prepara las alcachofas, retirándoles las hojas externas, los tallos y las puntas, y córtalas en 6-8 gajos.

Calienta una sartén grande con 4 cucharadas de aceite, agrega las alcachofas y los ajos frescos y saltéalos a fuego medio durante unos 10 minutos. Corta el jamón en dados y añádelo a la sartén. Saltea todo brevemente y pasa la mezcla a un bol. Añade el puré de patatas y mezcla suavemente hasta que los ingredientes queden bien integrados.

Pon abundante agua y un chorrito de vinagre a calentar en una tartera (cazuela amplia y baja) grande. Cuando empiece a hervir, baja un poco el fuego, casca los huevos, agrégalos y cuécelos durante 3 minutos. Escúrrelos y pásalos a un plato.

Coloca un aro de emplatar en el centro de un plato e introduce en él ¼ parte de la mezcla de hortalizas. Presiona la parte central con una cuchara para formar una hondonada, coloca encima 1 huevo escalfado y salpiméntalo. Repite el proceso hasta conseguir 4 platos y sirve. Adorna los platos con unas hojas de perejil.

REVUELTO DE BOQUERONES Y ESPÁRRAGOS VERDES

INGREDIENTES (4 P.)

- 8 huevos
- 500 g de boquerones (limpios)
- 8 espárragos verdes
- 2 dientes de ajo
- ½ barra de pan
- aceite de oliva virgen extra
- perejil
- sal

CONSEJO

Preparar un revuelto es bastante más sencillo que hacer una tortilla francesa, pues esta requiere cierta habilidad para darle forma, pero en el revuelto no importa mucho de qué forma cuajen.

HUEVOS

ELABORACIÓN

Calienta 2-3 cucharadas de aceite en una sartén. Retira la parte inferior de los espárragos, córtalos en 3 trozos y después en bastones (cada trozo, en 4). Introduce los espárragos en la sartén, sazónalos y cocínalos a fuego medio durante 4-5 minutos. Retíralos a un plato y resérvalos.

Corta 8 rebanadas alargadas de pan, tuéstalas en una tostadora y resérvalas.

Retira a los boquerones las espinas centrales y córtalos por la mitad.

Pela los dientes de ajo, pícalos finamente y añádelos a la sartén donde has cocinado los espárragos. Sazona los boquerones, incorpóralos y saltéalos brevemente. Agrega los espárragos y mezcla bien.

Casca los huevos, ponlos en un bol grande, sazónalos, añade un poco de perejil picado y bátelos bien. Vierte los huevos en la sartén, mezcla y cocínalos (removiéndolos) a fuego suave hasta que cuajen (a tu gusto).

Reparte el revuelto en 4 platos y acompaña cada uno con 2 rebanadas de pan tostado. Decora los platos con unas hojas de perejil.

HUEVOS RELLENOS DE BONITO CON ACEITUNAS Y GAMBAS

INGREDIENTES (4 P.)

- 6 huevos
- 150 g de bonito en conserva (aceite o escabeche)
- 12 aceitunas
- 12 gambas
- ½ cebolleta
- 12 rebanadas de pan
- aceite de oliva virgen extra
- perejil
- sal

Para la mayonesa:

- 1 huevo
- 200 ml de aceite de oliva virgen extra
- 1 cucharada de zumo de limón
- sal

ELABORACIÓN

Calienta agua en una cazuela, introduce en ella los huevos y cuécelos durante 10 minutos (contados desde el momento en que el agua empiece a hervir). Retíralos, deja que se enfríen, pélalos y córtalos por la mitad. Retira las yemas, pásalas a un plato y resérvalas. Reserva también las claras.

Calienta (hasta que hierva) 500 ml de agua con 1 cucharadita de sal en un cazo. Pela las gambas, introdúcelas en el cazo y cuécelas brevemente (30 segundos). Retíralas y resérvalas.

Para hacer la mayonesa, pon el huevo en un vaso batidor, agrega el zumo de limón, una pizca de sal y el aceite y tritura los ingredientes con una batidora eléctrica hasta que liguen.

Desmenuza el bonito y ponlo en un bol. Corta la cebolleta en daditos y agrégala al bol. Incorpora las yemas de huevo cocido y 6-8 cucharadas de mayonesa y mezcla bien.

Rellena las claras con la farsa, nápalas con un poco de mayonesa y coloca 1 gamba y 1 aceituna encima de cada una.

Para servir, coloca los huevos sobre las rebanadas de pan, sirve 3 mitades de huevo en cada plato y adórnalos con unas hojas de perejil.

TOSTA DE TORTILLA DE CHISTORRA GRATINADA CON QUESO

INGREDIENTES (4 P.)

- 8 huevos
- 4 rebanadas grandes de pan de hogaza
- 150 g de chistorra
- 75 g de queso emmental rallado
- 1 diente de ajo
- aceite de oliva virgen extra
- perejil
- sal

ELABORACIÓN

Tuesta las rebanadas de pan en un tostador. Pela el diente de ajo, unta con él las tostadas y resérvalas.

Retira la piel de la chistorra, desmenuza la carne y rehógala un poco en una sartén con 1 cucharada de aceite. Retira la chistorra, escúrrela y pásala a un plato.

Calienta una sartén pequeña con 1 cucharadita de aceite. Bate 2 huevos en un bol, añade ¼ parte de la chistorra, sazona y bate los ingredientes. Vierte la mezcla en la sartén y cuaja la tortilla a tu gusto. Repite el proceso con el resto de los ingredientes hasta conseguir 4 tortillas.

Pon las tortillas en una bandeja de horno, cúbrelas con el queso rallado y gratínalas brevemente en el horno hasta que el queso se funda.

Coloca las tostas en 4 platos y pon 1 tortilla encima de cada una. Adorna los platos con unas hojas de perejil.

HUEVOS RELLENOS DE JAMÓN

INGREDIENTES (4 P.)

- 6 huevos
- 100 g de jamón cocido
- 30 g de queso cremoso
- 1 cucharada de mostaza
- perejil
- pimienta
- sal

ELABORACIÓN

Calienta abundante agua en una cazuela. Cuando empiece a hervir, introduce en ella los huevos con cuidado y muévelos durante 2 minutos de un lado a otro para ayudar a que las yemas queden centradas. Cuécelos durante 8-10 minutos más.

Retira los huevos, refréscalos, pélalos, córtalos por la mitad y separa las claras de las yemas.

Pon las yemas en una picadora y añade el jamón cocido (picado), el queso, la mostaza, sal, pimienta y un poco de perejil picado. Tritura los ingredientes e introduce la mezcla en una manga pastelera con boquilla rizada.

Rellena las claras de los huevos con la farsa, sirve 3 mitades en cada plato y adórnalos con unas hojas de perejil.

CONSEJO

A la hora de cocer huevos, lo mejor es que estén a temperatura ambiente antes de introducirlos en la cazuela con agua hirviendo.

TOSTAS CON HUEVO ESCALFADO Y SALMÓN

INGREDIENTES (4 P.)

- 8 rebanadas de pan multicereal
- 8 huevos
- 4 lonchas de salmón ahumado
- 100 g de queso de untar
- 15 g de alcaparras
- 1 cucharada de vinagre
- 1 aguacate
- aceite de oliva virgen extra
- perejil
- pimienta
- sal

ELABORACIÓN

Tuesta las rebanadas de pan y resérvalas.

Pon el queso en un bol, agrega las alcaparras (enteras), mezcla bien y resérvalo.

Calienta abundante agua en una tartera (cazuela amplia y baja). Cuando el agua empiece a hervir, sazónala y agrega el vinagre. Baja el fuego un poco, casca 4 huevos y añádelos. Escálfalos (cocínalos) a fuego suave durante 3-4 minutos. Retíralos a un plato y resérvalos. Repite el proceso con los otros 4 huevos.

Corta las lonchas de salmón por la mitad y resérvalas.

Corta el aguacate por la mitad, sácale la pulpa, córtala en rodajas finas y resérvalas.

Unta las tostadas de pan con la mezcla de queso y alcaparras. Pon en cada tostada 3 rodajas de aguacate, ½ loncha de salmón y 1 huevo escalfado. Sazónalas y muele un poco de pimienta por encima.

Sirve 2 tostadas en cada plato, riégalas con un chorrito de aceite y adórnalas con unas hojas de perejil.

CONSEJO

Cuando vayas a preparar huevos escalfados, es importante que sean lo más frescos posible, pues quedarán más recogidos.

HUEVOS

HUEVOS CON JAMÓN Y SALSA DE TOMATE

INGREDIENTES (4 P.)

- 8 huevos
- 4 lonchas finas de jamón serrano
- 1 loncha gruesa de jamón serrano (60 g)
- 1 lata grande (780 g) de tomate entero
- 6 dientes de ajo
- aceite de oliva virgen extra
- perejil
- sal

ELABORACIÓN

Cubre una bandeja de horno con papel de hornear, extiende encima las 4 lonchas de jamón, cúbrelas con otro trozo de papel de hornear y hornéalas a 190 °C durante 10-12 minutos. Retira la bandeja del horno, deja que se enfríen y resérvalas.

Pela los dientes de ajo, córtalos por la mitad y dóralos un poco en una cazuela con 3 cucharadas de aceite. Corta un poco los tomates, añádelos, sazónalos y cocínalos durante 25-30 minutos. Pásalos por el pasapurés y reserva la salsa.

Corta la loncha gruesa de jamón en dados. Calienta una tartera (cazuela amplia y baja) con 3 cucharadas de aceite, agrega el jamón y fríelo un poco. Incorpora la salsa de tomate y mezcla bien.

Casca los huevos, ponlos en la tartera, tápalos y deja que se cuajen (2-3 minutos).

Sirve en cada plato 2 huevos con su salsa de tomate. Salpica los platos con el jamón crujiente y adórnalos con unas hojas de perejil.

REVUELTO DE MORCILLA CON PIQUILLOS

INGREDIENTES (4 P.)

- 8 huevos
- 1 morcilla de arroz
- 16 pimientos del piquillo
- 2 dientes de ajo
- 1 cebolleta
- 1 puerro
- aceite de oliva virgen extra
- perejil
- sal

ELABORACIÓN

Calienta una sartén con 3-4 cucharadas de aceite. Pela los dientes de ajo, córtalos por la mitad y añádelos a la sartén. Distribuye encima los pimientos, sazónalos y cocínalos a fuego suave durante 10 minutos por cada lado.

Corta la cebolleta en daditos y ponla a rehogar en una sartén con 3 cucharadas de aceite. Retira al puerro la parte inferior, la superior y 2-3 capas de hojas, enjuágalo bien, córtalo en cuartos de luna finos y agrégalos a la sartén. Sazona y cocina las hortalizas durante 10 minutos a fuego suave.

Retira la piel de la morcilla, desmenúzala, incorpórala a la sartén y rehógala un poco. Retira la mezcla a una fuente.

Bate 4 huevos en un bol, sazónalos, añade la mitad de la mezcla anterior y remueve los ingredientes hasta que queden bien integrados.

Calienta una sartén con 1 cucharadita de aceite, vierte en ella la mezcla y cuaja la tortilla por los dos lados. Repite el proceso con los otros 4 huevos y el resto de la farsa.

Sirve en cada plato ½ tortilla y 4 pimientos del piquillo. Adorna los platos con unas hojas de perejil.

TORTILLA *PIZZA*

INGREDIENTES (4-6 P.)

7 huevos	
1 diente de ajo	
1 cebolleta	
1 pimiento verde	
4 patatas	
150 ml de salsa de tomate	
150 g de queso *mozzarella* rallado	
aceite de oliva virgen extra	
1 cucharadita de orégano	
20 hojas de albahaca fresca	
sal	

ELABORACIÓN

Calienta abundante aceite en una sartén grande. Pela el diente de ajo, córtalo en daditos y añádelo a la sartén. Corta la cebolleta en dados y agrégala. Retira el tallo y las semillas del pimiento, córtalo en dados y añádelo. Pela las patatas, córtalas en cuartos de luna finos e incorpóralas. Sazona y fríe todo durante 20 minutos. Retira la mezcla de la sartén, escúrrela sobre un colador y resérvala.

Casca los huevos en un bol, sazónalos y bátelos bien. Agrega la mezcla de patatas, cebolleta, pimiento y ajo y mezcla bien.

Calienta la sartén con 1 cucharada de aceite, vierte en ella la mezcla, cuájala por los dos lados y pásala a un plato.

Mezcla el orégano con la salsa de tomate, viértela sobre la tortilla y espárcela bien. Espolvoréala con el queso y gratínala en el horno hasta que se funda el queso.

Corta la tortilla *pizza* en 4-6 porciones, sirve un trozo en cada plato y esparce por encima las hojas de albahaca.

CONSEJO

En el caso de que seáis veganos o alérgicos al huevo, puedes utilizar una mezcla de harina de garbanzo y agua (o alguna bebida vegetal) para aglutinar la mezcla y cuajar la tortilla. También puedes sustituir la *mozzarella* por un queso vegetal.

RULOS DE TORTILLA, ESPÁRRAGO Y BEICON

INGREDIENTES (4 P.)

- 8 huevos
- 8 espárragos verdes
- 8 lonchas de beicon
- 250 ml de salsa de tomate
- aceite de oliva virgen extra
- perejil
- sal

ELABORACIÓN

Calienta agua en una cazuela. Enjuaga los espárragos, retírales la parte inferior, añádelos a la cazuela, sazónalos y cuécelos durante 5 minutos. Retíralos, escúrrelos y cocínalos en una plancha con un chorrito de aceite durante 4-5 minutos. Retira los espárragos a un plato y resérvalos.

Coloca las lonchas de beicon sobre la plancha y cocínalas brevemente. Retíralas a un plato y resérvalas.

Casca 1 huevo en un bol, añádele una pizca de sal y un poco de perejil picado y bátelo bien. Pon a calentar una sartén pequeña con unas gotas de aceite, vierte en ella el huevo y cuaja la tortilla de manera que quede plana y redonda, como si fuera un crepe. Repite el proceso con el resto de los huevos hasta conseguir 8 tortillas.

Envuelve cada espárrago con 1 loncha de beicon. Enrolla 1 tortilla alrededor de cada espárrago con beicon y sirve 2 rulos de tortilla en cada plato. Acompáñalos con la salsa de tomate (caliente) y adórnalos con unas hojas de perejil.

TORTILLA DE HORTALIZAS

INGREDIENTES (4 P.)

- 8 huevos
- 2 patatas
- 1 cebolleta
- 1 pimiento rojo pequeño
- 12 ajos frescos
- 1 calabacín pequeño
- 4 rebanadas de pan de hogaza
- 1 diente de ajo
- 1 tomate
- aceite de oliva virgen extra
- perejil
- sal

ELABORACIÓN

Calienta una sartén grande con abundante aceite. Pela las patatas, córtalas en cuartos de luna, sazónalas y añádelas a la sartén. Corta la cebolleta en daditos y agrégala. Pela el pimiento rojo, córtalo en dados e incorpóralo a la sartén. Sazona y rehoga las hortalizas durante 10 minutos.

Retira la parte inferior y superior de los ajos frescos, córtalos en cilindros y añádelos a la sartén. Corta el calabacín en cuartos de luna finos e incorpóralo. Sazona de nuevo y cocina todo durante 10-15 minutos más.

Calienta una sartén pequeña con 1 cucharadita de aceite. Bate 2 huevos en un bol, añade ¼ parte de las hortalizas y mezcla bien. Vierte la mezcla en la sartén y cuaja la tortilla por los dos lados. Repite el proceso hasta conseguir 4 tortillas.

Tuesta las rebanadas de pan y úntalas con el diente de ajo. Corta el tomate por la mitad y unta con él las tostadas.

Sirve en cada plato 1 tortilla y 1 tostada. Adorna los platos con unas hojas de perejil.

TORTILLA DE BERENJENA CON PALITOS DE HOJALDRE Y SÉSAMO

INGREDIENTES (4 P.)

- 8 huevos
- 2 berenjenas
- 2 cebolletas
- aceite de oliva virgen extra
- perejil
- sal

Para los palitos de hojaldre y sésamo:

- 1 lámina de hojaldre
- 2 cucharadas de semillas de sésamo
- 1 huevo

ELABORACIÓN

Para preparar los palitos de hojaldre, extiende la lámina de hojaldre y córtala en 12 tiras de 1,5 cm de ancho aproximadamente. Bate el huevo y unta con él las tiras. Sujeta cada tira por los dos extremos, gíralas un poco, en sentido opuesto, para formar una especie de tirabuzón y colócalas en una bandeja de horno cubierta con papel de hornear. Espolvoréalas con las semillas de sésamo y hornéalas a 190 ºC durante 10-12 minutos. Retira los palitos de hojaldre del horno y resérvalos.

Corta las cebolletas en daditos y rehógalas durante 10 minutos en una sartén grande con 4 cucharadas de aceite.

Pela las berenjenas, córtalas en dados, añádelas a la sartén y sazónalas. Agrega 2 cucharadas de aceite y cocina las berenjenas durante unos 20 minutos. Retíralas y resérvalas.

Pon la misma sartén a calentar con 1 cucharada de aceite. Bate los huevos en un bol grande, sazónalos, agrega la mezcla de cebolleta y berenjena, remueve bien y vierte la mezcla en la sartén. Cuaja la tortilla por los dos lados y pásala a un plato (si lo prefieres, puedes hacer dos tortillas en vez de una).

Sirve la tortilla y acompáñala con los palitos de hojaldre y sésamo. Decora los platos con unas hojas de perejil.

TORTILLA DE ESPINACAS Y GAMBAS CON QUESO

INGREDIENTES (4 P.)

- 8 huevos
- 500 g de espinacas (limpias y picadas)
- 24 gambas
- 100 g de queso rallado
- 2 dientes de ajo
- aceite de oliva virgen extra
- perejil
- pimienta
- sal

ELABORACIÓN

Calienta una sartén grande con 4 cucharadas de aceite. Pela los dientes de ajo, pícalos finamente y añádelos. Incorpora las espinacas y cocínalas durante 3-4 minutos. Retira las espinacas y resérvalas. Seca la sartén y resérvala para saltear las gambas.

Pela las gambas (congela las cabezas y las cáscaras para hacer un caldo en otra ocasión). Calienta la sartén reservada con 3 cucharadas de aceite. Salpimienta las gambas, agrégalas a la sartén, saltéalas brevemente y resérvalas.

Bate 2 huevos en un bol, sazónalos, incorpórales ¼ parte de las espinacas y ¼ parte de las gambas y mezcla bien.

Calienta una sartén con 1 cucharadita de aceite. Vierte la mezcla en la sartén y cuaja la tortilla por los dos lados. Repite el proceso con el resto de los ingredientes hasta conseguir 4 tortillas y espolvoréalas con el queso rallado.

Sirve 1 tortilla en cada plato y adórnalos con unas hojas de perejil.

HUEVOS *MOLLET* CON PATATAS ESCABECHADAS

INGREDIENTES (4 P.)

- 8 huevos
- 4 patatas
- 4 dientes de ajo
- 80 ml de vino blanco
- 30 ml de vinagre de vino blanco
- aceite de oliva virgen extra
- 2 ramas de tomillo fresco
- 2 hojas de laurel
- perejil
- 15 granos de pimienta negra
- sal

ELABORACIÓN

Calienta una sartén grande con abundante aceite. Pela las patatas, córtalas en rodajas de ½ cm de grosor e introdúcelas en la sartén. Fríelas durante unos 15 minutos, hasta que se cocinen por dentro y se doren un poco por fuera.

Pela y pica los dientes de ajo, ponlos en un mortero, agrega una pizca de sal (al gusto) y májalos bien. Añade el tomillo (picado), el vino blanco, 80 ml de agua y el vinagre y mezcla bien.

Escurre las patatas, pásalas a una tartera (cazuela amplia y baja) y añádeles los granos de pimienta, las hojas de laurel, el majado y 100 ml del aceite resultante de freír las patatas. Cocina los ingredientes a fuego suave durante 10 minutos.

Pon abundante agua a calentar en una cazuela. Cuando empiece a hervir, introduce en ella los huevos y cuécelos durante 5 minutos. Retíralos, refréscalos en agua fría y pélalos con cuidado de que no se rompan.

Reparte las patatas en 4 platos, coloca 2 huevos encima de cada uno y sazónalos. Añade un poco de perejil picado a la cazuela del escabeche y salsea con él los huevos. Adorna los platos con unas hojas de perejil.

CONSEJO

Los huevos *mollet* acompañados con un buen pan casero, unas lonchas de jamón, tomate rallado, aguacate, calabacines o berenjenas a la plancha, son perfectos para un buen almuerzo de fin de semana.

TORTILLA DE BERENJENA Y CHISTORRA CON PIMIENTOS

INGREDIENTES (4 P.)

- 8 huevos
- 1 berenjena grande
- ½ chistorra (100 g)
- 1 lechuga
- 3 cebolletas
- 1 diente de ajo
- 2 pimientos rojos
- aceite de oliva virgen extra
- vinagre
- perejil
- sal

CONSEJO

En esta receta hemos hecho las tortillas individuales, pero también se puede hacer una sola tortilla grande. A mí me gustan jugosas, pero el punto lo dejo a tu gusto.

ELABORACIÓN

Suelta las hojas de la lechuga, límpialas bajo el grifo de agua fría y sécalas. Trocéalas y ponlas en una fuente. En el momento de servir, corta 1 cebolleta en juliana fina, agrégala a la fuente y adereza la ensalada con aceite, vinagre y sal.

Calienta una sartén con 3-4 cucharadas de aceite. Pela el diente de ajo, córtalo en láminas y agrégalo. Pela los pimientos rojos, córtalos en dados grandes y añádelos. Sazónalos y cocínalos a fuego suave durante 15-20 minutos. Resérvalos.

Calienta una sartén con 4 cucharadas de aceite. Corta 2 cebolletas en daditos y agrégalas a la sartén. Lava la berenjena, córtala en cuartos de luna finos e incorpórala. Sazona y cocina las hortalizas a fuego medio-suave durante 15 minutos. Retira las hortalizas hacia los bordes de la sartén. Elimina la piel de la chistorra, desmenúzala, ponla en la parte central de la sartén y fríela un poco. Cuando la chistorra esté a punto, saltea el conjunto para que los ingredientes se mezclen.

Calienta una sartén pequeña con un poco de aceite. Bate 2 huevos en un bol, agrega ¼ parte de la mezcla de hortalizas y chistorra, remueve y vierte todo en la sartén. Cuaja la tortilla por los dos lados y retírala a una fuente. Repite el proceso hasta conseguir 4 tortillas.

Sirve en cada plato 1 tortilla, una porción de pimientos y otra de ensalada. Adorna los platos con unas hojas de perejil.

HUEVOS

REVUELTO DE PATATAS Y ALGAS

INGREDIENTES (4 P.)

- 8 huevos
- 2 patatas
- 10 g de alga hijiki
- 1 cebolla roja
- 8 rebanadas finas de pan
- aceite de oliva virgen extra
- perejil
- sal

CONSEJO

Las algas se emplean cada vez más en la cocina, así que te animo a probarlas añadiéndolas a ensaladas, salsas, aliños, cremas, cebiches, sushis, guarniciones y arroces.

ELABORACIÓN

Pon las algas en un bol, cúbrelas con agua y deja que se hidraten durante 15-20 minutos. Retíralas y escúrrelas sobre un plato cubierto con papel absorbente.

Calienta abundante aceite en una sartén. Pela la cebolla, córtala en daditos y añádela a la sartén. Pela las patatas, córtalas en láminas finas irregulares (como para tortilla) e incorpóralas. Fríe todo a fuego medio durante unos 10-12 minutos. Coloca un colador sobre un bol, pasa las patatas al colador y deja que escurran bien.

Pon de nuevo el aceite en la sartén, agrega las rebanadas de pan y fríelas por los dos lados hasta que se doren. Retíralas y escúrrelas sobre un plato cubierto con papel absorbente.

Casca los huevos y pásalos a un bol grande. Sazónalos, agrega un poco de perejil picado y bátelos bien. Añade las algas y la mezcla de patatas y cebolla y mezcla bien. Calienta un poco de aceite en una sartén grande, vierte en ella la mezcla y cuaja el revuelto a tu gusto.

Sirve el revuelto en 4 platos, acompáñalos con las rebanadas de pan frito y adórnalos con unas hojas de perejil.

TORTILLA DE GAMBAS, ALCACHOFAS Y AJOS FRESCOS

INGREDIENTES (4 P.)

- 8 huevos
- 24 gambas
- 4 alcachofas
- 24 ajos frescos
- aceite de oliva virgen extra
- perejil
- sal

ELABORACIÓN

Retira el tallo de las alcachofas, pélalas (retirándoles las hojas externas), córtales la parte superior y córtalas en daditos. Calienta un wok con 3 cucharadas de aceite, agrega las alcachofas, sazónalas, saltéalas durante 4-5 minutos, retíralas a un plato y resérvalas.

Pela los ajos frescos, córtalos en cilindros y añádelos al wok. Sazónalos y saltéalos durante 2-3 minutos. Retíralos a un plato y resérvalos.

Pela las gambas, córtalas por la mitad, sazónalas y saltéalas brevemente en el wok. Retíralas y resérvalas.

Bate 2 huevos en un bol, sazónalos, incorpora ¼ parte de las alcachofas, de los ajos y de las gambas y mezcla bien. Calienta una sartén con 1 cucharadita de aceite, vierte en ella la mezcla y cuaja la tortilla. Repite el proceso (con el resto de los huevos, las hortalizas y las gambas) hasta conseguir 4 tortillas.

Sirve 1 tortilla en cada plato y adórnalos con unas hojas de perejil.

TORTILLA DE ZANCARRÓN

INGREDIENTES (4 P.)

- 8 huevos
- 500 g de zancarrón de ternera
- 1 puerro
- 1 zanahoria
- 4 dientes de ajo
- 200 g de garbanzos (a remojo desde la víspera)
- 2 cebolletas
- 1 pimiento verde
- aceite de oliva virgen extra
- perejil
- sal

ELABORACIÓN

Pon a calentar abundante agua en una olla rápida. Limpia el puerro, retirándole la parte inferior, la superior y 2 capas de hojas, córtalo en 3 trozos e introdúcelo en una bolsa para cocer legumbres. Pela la zanahoria, trocéala y agrégala a la red. Pela 2 dientes de ajo, añádelos a la red, ciérrala e introdúcela en la olla. Cuando el agua empiece a hervir, incorpora la carne y los garbanzos (escurridos). Sazona, cierra la olla y cuece todo durante 30 minutos. Retira la carne, pícala bien y resérvala (reserva los garbanzos y el caldo para otra ocasión).

Pon a calentar 4 cucharadas de aceite en una sartén grande. Pela los otros 2 dientes de ajo, córtalos en láminas y añádelos a la sartén. Corta las cebolletas en juliana fina y agrégalas. Retira el tallo y las semillas al pimiento, córtalo de la misma manera e incorpóralo. Sazona y rehoga las hortalizas a fuego suave-medio durante 15 minutos.

Incorpora la carne a la sartén y cocina todo durante 2 minutos.

Bate los huevos en un bol grande y sazónalos. Añade la carne con las hortalizas y mezcla bien.

Calienta la misma sartén con ½ cucharada de aceite, vierte en ella la mezcla y cuaja la tortilla por los dos lados. Sirve y decora los platos con unas ramas de perejil.

BOLLOS RELLENOS DE HUEVO, CHISTORRA Y PATATA

INGREDIENTES (4 P.)

- 4 huevos
- 100 g de chistorra
- 1-2 patatas
- 4 bollos redondos de pan
- 1 cebolleta
- aceite de oliva virgen extra
- perejil
- sal

ELABORACIÓN

Corta la parte superior de los bollos de pan (como si fuera una tapa) y resérvalas. Retira la miga a la parte inferior de los bollos, ponlos en una bandeja de horno y tuéstalos durante 10 minutos a 180 °C. Resérvalos.

Pela las patatas, córtalas en cuartos de luna finos y ponlas a rehogar en una sartén con abundante aceite. Corta la cebolleta en daditos y añádela. Sazona y cocina todo durante unos 20 minutos a fuego suave-medio. Pasa las hortalizas a un colador y déjalas escurrir (reserva el aceite que suelten para otra ocasión).

Pon la sartén a calentar (sin aceite). Retira la piel de la chistorra, desmenúzala, agrégala a la sartén y saltéala hasta que se dore un poco (si queda mucha grasa, retírala). Añade la mezcla escurrida de patatas y cebolla y saltea todo hasta que los ingredientes queden bien integrados. Rellena los bollos de pan con esta mezcla.

Pon a calentar una tartera (cazuela grande y baja) con abundante agua. Cuando empiece a hervir, baja la intensidad del fuego, casca los huevos, introdúcelos de uno en uno en el agua y cocínalos durante 2-3 minutos. Retíralos a un plato y deja que escurran un poco.

Coloca 1 huevo en cada bollo de pan, sazónalos y espolvoréalos con un poco de perejil. Sirve 1 bollo con su tapa en cada plato.

HUEVO FLOR CON PURÉ DE PATATA Y JAMÓN

INGREDIENTES (4 P.)

- 4 huevos
- 3 patatas
- 100 g de jamón serrano
- 25 g de mantequilla
- aceite de oliva virgen extra
- perejil
- sal

ELABORACIÓN

Calienta una cazuela con abundante agua. Pela las patatas, trocéalas, introdúcelas en la cazuela, sazónalas y cuécelas durante 20 minutos. Retíralas (reserva el agua de la cocción), pásalas por el pasapurés, agrega la mantequilla y mezcla bien. (Si quieres aligerar el puré, añádele un poco del agua de la cocción.)

Corta el jamón en daditos y saltéalos en una sartén con 1-2 cucharadas de aceite. Añade los dados de jamón al puré y mezcla bien.

Corta 1 trozo grande de film transparente y extiéndelo sobre una taza. Añade 1 cucharadita de aceite, casca dentro 1 huevo, sazónalo, junta las puntas del film, enróscalo y átalo con una cuerda de cocina. Repite el proceso con el resto de los huevos. Pon abundante agua a calentar en una cazuela y, cuando empiece a hervir, añade los huevos y cuécelos durante 3-4 minutos. Sácalos, retírales el film (con cuidado de que no se rompan) y resérvalos.

Reparte el puré en 4 platos, hazles una pequeña hondonada en el centro y pon los huevos encima. Adorna los platos con unas hojas de perejil.

HUEVOS

TORTILLA DE CEBOLLA CON PIMIENTOS

INGREDIENTES (4 P.)

- 8 huevos
- 3 cebollas
- 4 pimientos verdes
- 1 diente de ajo
- aceite de oliva virgen extra
- perejil
- sal

ELABORACIÓN

Calienta una sartén grande con 6 cucharadas de aceite.

Pela las cebollas, córtalas en juliana fina y agrégalas a la sartén. Sazónalas y cocínalas a fuego medio durante 15-20 minutos. Retíralas, escúrrelas bien y resérvalas.

Calienta otra sartén con 4 cucharadas de aceite, aplasta el diente de ajo (sin pelar) y añádelo a la sartén. Retira el tallo y las semillas de los pimientos, córtalos en bastones e incorpóralos. Cocínalos a fuego suave-medio durante 12-15 minutos. Sazónalos y resérvalos.

Bate 2 huevos en un bol y sazónalos. Agrega ¼ de la cebolla pochada y mezcla bien. Calienta una sartén pequeña con 1 cucharadita de aceite. Vierte la mezcla en la sartén y cuájala por los dos lados hasta conseguir una tortilla redonda. Retírala a un plato y resérvala. Repite el proceso hasta conseguir 4 tortillas.

Sirve 1 tortilla en cada plato y acompáñalas con los pimientos. Adorna los platos con unas hojas de perejil.

CONSEJO

Si tienes demasiados pimientos y quieres conservarlos, fríelos, distribúyelos en una bandeja sin que se toquen entre sí y congélalos. Una vez congelados, pásalos a un recipiente y mantenlos en el congelador hasta el momento en que quieras consumirlos. Al descongelar quedan bastante bien.

TORTILLA DE GULAS CON TOMATITOS

INGREDIENTES (4 P.)

- 8 huevos
- 400 g de gulas
- 16 tomates cherry
- 4 dientes de ajo
- aceite de oliva virgen extra
- perejil
- 1 guindilla cayena
- sal

ELABORACIÓN

Pela los dientes de ajo y córtalos en láminas.

Calienta 4 cucharadas de aceite en una sartén. Añade los ajos y la guindilla a la sartén y dóralos un poco. Abre los paquetes de las gulas, suéltalas un poco, incorpóralas a la sartén y saltéalas brevemente (1-2 minutos). Retira los ajos y la guindilla. Retira las gulas a un plato (separa unas pocas para adornar los platos) y resérvalas.

Calienta una sartén con 1 cucharadita de aceite.

Casca 2 huevos en un bol, agrega un poco de perejil picado y una pizca de sal y bátelos bien. Añade ¼ de las gulas y mezcla bien. Vierte la mezcla en la sartén y cuaja la tortilla. Retírala a un plato y resérvala. Repite el proceso con el resto de los huevos y de las gulas hasta conseguir 4 tortillas.

Calienta la misma sartén con 1 cucharada de aceite. Añade los tomates cherry, sazónalos y saltéalos a fuego fuerte durante 3-4 minutos.

Sirve en cada plato 1 tortilla decorada con unas gulas, acompáñalas con los tomates cherry y adorna con unas hojas de perejil.

CONSEJO

Si prefieres un sabor más suave y menos picante, puedes retirar los ajos y la guindilla antes de saltear las gulas.

TORTILLA DE PATATAS, SETAS Y BEICON

INGREDIENTES (4 P.)

- 8 huevos
- 2-3 patatas
- 200 g de setas
- 6-8 lonchas de beicon
- 1 cebolleta
- 2 tomates
- aceite de oliva virgen extra
- 6-8 hojas de albahaca
- perejil
- sal

ELABORACIÓN

Calienta una sartén con abundante aceite. Pela las patatas, córtalas en cuartos de luna finos y agrégalas a la sartén. Corta la cebolleta en daditos e incorpórala. Sazona y cocina las hortalizas durante 20-25 minutos a fuego suave-medio.

Calienta una sartén grande con 2 cucharadas de aceite. Corta el beicon en daditos, añádelos a la sartén, saltéalos brevemente, retíralos a un plato y resérvalos. Limpia las setas, córtalas en daditos, añádelas a la misma sartén, sazónalas y cocínalas durante 4-5 minutos a fuego medio-alto.

Incorpora las setas y el beicon a la sartén de las patatas, mezcla los ingredientes y cocínalos conjuntamente durante 3-4 minutos. Escurre la mezcla y resérvala.

Pon la misma sartén a calentar con 1-2 cucharadas de aceite. Bate los huevos en un bol grande, añádeles la mezcla de patatas, cebolleta, setas y beicon y mezcla bien. Vierte la mezcla en la sartén y cuaja la tortilla por los dos lados. Pasa la tortilla a un plato y córtala en 4.

Pela los tomates, córtalos en trozos irregulares, ponlos en una fuente, sazónalos y aderézalos con un buen chorro de aceite y las hojas de albahaca picadas.

Reparte la tortilla y la ensalada de tomate en 4 platos y adórnalos con unas hojas de perejil.

HUEVO CON PISTO MANCHEGO EN CAZUELA

INGREDIENTES (4 P.)

- 4 huevos
- 2 cebolletas
- 1 pimiento verde
- 1 pimiento morrón
- 1 calabacín
- 1-2 tomates
- aceite de oliva virgen extra
- 2 ramas de tomillo fresco
- perejil
- sal

ELABORACIÓN

Corta las cebolletas en dados y ponlas a rehogar en una sartén grande con 4-6 cucharadas de aceite. Retira el tallo y las semillas de los pimientos y pela el rojo, córtalos en dados y añádelos. Sazona las hortalizas y cocínalas durante unos 20 minutos a fuego medio.

Corta el calabacín en dados, agrégalo a la sartén y cocínalo durante 6-8 minutos a fuego medio. Corta el tomate por la mitad, rállalo e incorpóralo. Pon a punto de sal y cocina todo durante 10 minutos más.

Reparte el pisto en 4 cazuelitas de barro. Casca 1 huevo encima de cada una y sazónalos. Introduce las cazuelitas en el horno y hornéalas a 200 °C durante 2-4 minutos, hasta que cuajen los huevos.

Retira las cazuelas del horno, espolvoréalas con las hojas de tomillo bien picadas y adórnalas con unas hojas de perejil.

HUEVOS ESCALFADOS CON POLENTA DE SETAS

INGREDIENTES (4 P.)

- 8 huevos
- 125 g de polenta instantánea
- 150-200 g de setas de temporada
- 1 cebolleta
- 12 ajos frescos
- aceite de oliva virgen extra
- perejil
- pimentón
- sal

ELABORACIÓN

Corta la cebolleta en dados y ponla a rehogar en una sartén con 4 cucharadas de aceite. Retira la parte inferior y superior de los ajos frescos, córtalos en cilindros y añádelos. Cocina las hortalizas durante 5-6 minutos a fuego medio. Limpia las setas, córtalas en daditos y añádelas. Sazona y cocina todo durante unos 5 minutos.

Pon 400 ml de agua a hervir en una cazuela, añade la polenta en forma de lluvia, mezcla bien y cocínala durante 2 minutos. Añade la farsa de cebolleta, ajos y setas, mezcla bien, extiende la mezcla sobre una fuente grande y deja que se temple.

Corta la polenta en bastones y fríelos en una sartén con abundante aceite. Retíralos y escúrrelos sobre una fuente cubierta con papel absorbente. Resérvalos.

Pon abundante agua a calentar en una cazuela. Cuando empiece a hervir, añade los huevos (de 4 en 4) y escálfalos durante 3-4 minutos. Retíralos y escúrrelos bien.

Sirve 2 huevos y unos bastones de polenta en cada plato, espolvoréalos con un poco de pimentón y adórnalos con unas hojas de perejil.

HUEVO FLOR CON SOBRASADA Y CREMA DE SOPA DE AJO

INGREDIENTES (4 P.)

- 4 huevos
- 2 cucharadas de sobrasada
- 8 dientes de ajo
- ½ barra de pan de sopa (o pan del día anterior tostado)
- 1 l de caldo de pollo
- aceite de oliva virgen extra
- perejil
- 1 cucharada de pimentón (dulce o picante, al gusto)
- sal

ELABORACIÓN

Pela los dientes de ajo y rehógalos en una tartera (cazuela amplia y baja) con 4 cucharadas de aceite hasta que se doren un poco. Pica el pan e incorpóralo a la tartera. Añade el caldo y el pimentón, pon a punto de sal, mezcla bien y cuece todo durante 30 minutos. Tritura los ingredientes con una batidora eléctrica hasta conseguir una crema homogénea.

Corta 4 trozos de film transparente, úntalos (por la parte central) con la sobrasada y ponlos en 4 recipientes. Casca los huevos y pon 1 en cada recipiente. Junta las puntas del film, enróscalas y átalas con cuerda de cocina. Calienta agua en una tartera y, cuando empiece a hervir, introduce en ella los huevos, baja el fuego y cuécelos durante 3-4 minutos. Retírales el film y resérvalos.

Reparte la crema en 4 platos hondos y coloca 1 huevo en cada uno. Adorna los platos con unas hojas de perejil.

TORTILLA DE ARROZ CON JAMÓN Y QUESO

INGREDIENTES (4 P.)

- 8 huevos
- 300 g de arroz
- 4 lonchas de jamón cocido (150 g)
- 50 g de queso parmesano rallado
- 1 cebolleta
- 20 tomates cherry
- aceite de oliva virgen extra
- vinagre
- perejil
- pimienta
- sal

ELABORACIÓN

Pon abundante agua a calentar en una cazuela. Cuando empiece a hervir, añade el arroz, sazónalo y cuécelo durante 18 minutos. Retíralo, escúrrelo bien y resérvalo.

Calienta 3 cucharadas de aceite en una sartén pequeña. Corta la cebolleta en daditos, agrégala a la sartén, sazónala y rehógala a fuego suave-medio durante 10 minutos.

Casca los huevos y ponlos en un bol junto con un poco de perejil picado, una pizca de sal y otra pizca de pimienta molida y bate todo bien. Incorpora el queso rallado, el jamón (cortado en dados), el arroz y la cebolleta y mezcla bien.

Calienta una sartén pequeña con 1 cucharada de aceite, vierte en ella ¼ parte de la mezcla anterior y cuájala (al gusto) por los dos lados. Retírala a un plato y resérvala. Repite el proceso hasta conseguir 4 tortillas.

Lava los tomates, córtalos por la mitad, ponlos en una fuente y alíñalos con aceite, vinagre y sal.

Sirve en cada plato 1 tortilla y 1 ración de tomate y adórnalos con unas hojas de perejil.

CONSEJO

Si te ha sobrado arroz de otra receta, puedes guardarlo en el frigorífico y recuperarlo para hacer esta rica tortilla, que puedes personalizar a tu gusto.

HUEVOS ESCALFADOS CON ALCACHOFAS, ESPÁRRAGOS VERDES Y AJOS FRESCOS

INGREDIENTES (4 P.)

- 8 huevos
- 6 alcachofas
- 24 espárragos verdes
- 24 ajos frescos
- 4 rebanadas de pan
- aceite de oliva virgen extra
- perejil
- sal

ELABORACIÓN

Corta las rebanadas de pan en dados, extiéndelos sobre una bandeja de horno y hornéalos a 180 °C hasta que se doren (también puedes tostar el pan en una tostadora). Resérvalos.

Calienta una sartén grande con 3-4 cucharadas de aceite. Retira la parte inferior, la superior y 1-2 capas de hojas de los ajos frescos, córtalos en trozos de 2 cm, añádelos a la sartén y saltéalos durante 3 minutos. Retíralos a un plato y resérvalos.

Retira a los espárragos la parte inferior del tallo, córtalos en trozos de 2 cm, agrégalos a la sartén y saltéalos durante 4-5 minutos. Retíralos a un plato y resérvalos.

Pela las alcachofas, cortándoles los tallos, las puntas y 3-4 capas de hojas, córtalas en láminas finas y saltéalas en la sartén durante 4-5 minutos.

Incorpora a la sartén los ajos y los espárragos, sazona las hortalizas y saltéalas conjuntamente durante 3-4 minutos.

Calienta abundante agua en una tartera (cazuela amplia y baja). Cuando el agua empiece a hervir, casca 4 huevos, introdúcelos en la tartera, baja el fuego un poco y escálfalos durante unos 3 minutos. Retíralos a un plato y repite el proceso con los otros 4 huevos.

Sirve 2 huevos en cada plato y acompáñalos con las hortalizas salteadas. Salpica los platos con los dados de pan y adórnalos con unas hojas de perejil.

HUEVOS FRITOS CON PATATAS Y BOLETOS

INGREDIENTES (4 P.)

- 4 huevos
- 3 patatas
- 200 g de boletos
- 1 cebolleta
- 2 dientes de ajo
- aceite de oliva virgen extra
- perejil
- sal

ELABORACIÓN

Calienta una sartén con abundante aceite. Pela las patatas, córtalas en cuartos de luna finos, sazónalas y añádelas. Corta la cebolleta en daditos y agrégala a la sartén. Cocina las hortalizas durante unos 20 minutos a fuego medio. Retíralas, escúrrelas y resérvalas.

Deja en la sartén 2 cucharadas de aceite y retira el resto (resérvalo para freír luego los huevos). Pela los dientes de ajo, córtalos en daditos y agrégalos a la sartén. Limpia los boletos, córtalos en dados, añádelos, sazónalos y saltéalos durante 5 minutos a fuego medio. Retíralos y resérvalos en un plato. Reserva también la sartén para saltear después las patatas con los boletos.

Calienta en una sartén pequeña el aceite reservado (de freír las patatas) y fríe en ella los huevos de uno en uno. Sazónalos.

Calienta la sartén grande, añade las patatas y los boletos y saltea todo brevemente. Espolvorea la mezcla con un poco de perejil picado.

Para servir, reparte las patatas con boletos en 4 platos y coloca 1 huevo en cada uno. Adórnalos con unas hojas de perejil.

HOJALDRES DE HUEVO Y ESPÁRRAGOS

INGREDIENTES (4 P.)

- 5 huevos
- 1 lámina de hojaldre rectangular
- 24 espárragos verdes
- 1 pastilla de caldo de pollo
- 30 g de harina
- aceite de oliva virgen extra
- perejil
- sal

CONSEJO

Hacer hojaldre en casa tiene su dificultad, pero, por suerte, hoy en día podemos encontrarlo en cualquier supermercado preparado y listo para usar en cualquier momento.

ELABORACIÓN

Desenrosca la lámina de hojaldre y córtala en 4 rectángulos.

Bate 1 huevo en un bol y pinta con él, con ayuda de un pincel, los bordes de uno de los rectángulos. Dobla los 4 bordes sobre sí mismos de manera que te quede una tartaleta rectangular con 4 bordes. Repite el proceso con los otros 3 rectángulos de hojaldre hasta conseguir 4 tartaletas.

Para que el hojaldre no suba, pincha la base de las tartaletas con un tenedor. Unta las bases y los bordes con más huevo batido. Coloca las tartaletas sobre una bandeja de horno cubierta con papel de hornear y hornéalas a 180 ºC durante 20 minutos.

Calienta 400 ml de agua en un cazo, desmenuza encima la pastilla de caldo y cuécela hasta que se disuelva. Reserva el caldo.

Calienta 3 cucharadas de aceite en una cazuela. Retira la parte inferior del tallo de los espárragos y córtalos en trozos de 1-2 cm. Agrégalos a la cazuela, sazónalos y cocínalos durante 4-5 minutos. Incorpora la harina y rehógala un poco. Añade el caldo poco a poco y cocina la *velouté* (sin dejar de remover) durante 10-12 minutos a fuego suave-medio.

Calienta abundante agua en una tartera (cazuela amplia y baja). Coloca una espumadera encima de un plato, casca 1 huevo y ponlo sobre la espumadera de manera que la parte más líquida de la clara quede en el plato. Introduce el huevo en la tartera y repite el proceso con los otros 3 huevos. Escálfalos durante 3 minutos y retíralos a un plato.

Cubre la parte central de los hojaldres con la *velouté* de espárragos, coloca 1 huevo sobre cada uno y sazónalos.

Sirve 1 hojaldre en cada plato y adórnalos con unas hojas de perejil.

HUEVOS FRITOS CON HORTALIZAS SALTEADAS

INGREDIENTES (4 P.)

- 8 huevos
- 16 espárragos verdes
- 2 cebolletas
- 1 pimiento rojo
- 1 calabacín
- 8 tomates deshidratados (en aceite)
- aceite de oliva virgen extra
- ½ cucharadita de orégano
- perejil
- sal

ELABORACIÓN

Calienta un wok (o sartén grande) con 3 cucharadas de aceite.

Retira la parte inferior del tallo de los espárragos, córtalos en trozos de 2 cm, agrégalos al wok, sazónalos y saltéalos a fuego medio-alto durante unos 5 minutos. Retíralos a un plato y resérvalos.

Añade 1-2 cucharadas de aceite al wok. Corta las cebolletas en dados de unos 2 cm, incorpóralas al wok, sazónalas y saltéalas a fuego medio-alto durante 5 minutos. Retíralas a un plato y resérvalas.

Añade 1-2 cucharadas de aceite al wok. Retira el tallo y las semillas al pimiento rojo, pélalo, córtalo en dados de unos 2 cm, agrégalo al wok y saltéalo a fuego medio-alto durante unos 5 minutos. Retíralo a un plato y resérvalo.

Añade 1-2 cucharadas de aceite al wok. Lava el calabacín, córtalo en dados de unos 2 cm, incorpóralo al wok, sazónalo y saltéalo a fuego fuerte durante 5 minutos. Añade los espárragos, las cebolletas, el pimiento y los tomates deshidratados (cortados en juliana), espolvorea con el orégano y saltea todo junto durante 4-5 minutos a fuego fuerte.

Calienta una sartén pequeña con abundante aceite. Casca 2 huevos y fríelos a tu gusto. Retíralos a un plato y sazónalos. Fríe el resto de los huevos de la misma manera.

Sirve en cada plato 2 huevos fritos y ¼ parte de las hortalizas salteadas. Adorna los platos con unas hojas de perejil.

HUEVOS

TORTILLA DE BOQUERONES CON TOMATES ASADOS

INGREDIENTES (4 P.)

- 8 huevos
- 12 boquerones
- 12 tomates pera
- 1 cebolleta
- 2 dientes de ajo
- aceite de oliva virgen extra
- 1 cucharada de orégano
- perejil
- sal

ELABORACIÓN

Lava los tomates y escáldalos en una cazuela con agua hirviendo. Retíralos, pélalos y colócalos en una fuente apta para el horno. Sazónalos y aderézalos con 2 cucharadas de aceite, el orégano y una pizca de sal. Hornéalos a 180 ºC durante 20-25 minutos.

Corta la cebolleta en daditos y rehógala en una sartén con 4 cucharadas de aceite a fuego suave-medio durante 6-8 minutos. Pela los dientes de ajo, córtalos en daditos y añádelos.

Limpia los boquerones, retirándoles las cabezas, la tripa y la espina central, córtalos en trozos de 1-2 cm, sazónalos, incorpóralos a la sartén y saltéalos brevemente. Calienta una sartén con 1 cucharada de aceite. Bate 2 huevos en un bol y añade un poco de perejil picado y una pizca de sal. Agrega ¼ parte de la mezcla de cebolleta, ajo y boquerones y mezcla bien. Vierte la mezcla en la sartén, cuaja la tortilla por los dos lados y pásala a un plato. Repite el proceso con el resto de los ingredientes hasta conseguir 4 tortillas.

Sirve 1 tortilla y 3 tomates asados en cada plato. Adórnalos con unas hojas de perejil.

TORTILLA DE CALABACÍN, JAMÓN Y QUESO

INGREDIENTES (4 P.)

- 8 huevos
- 2 calabacines
- 100 g de jamón serrano
- 100 g de queso rallado
- 1 lechuga
- 2 cebolletas
- aceite de oliva virgen extra
- vinagre
- perejil
- sal

CONSEJO

El calabacín absorbe mucho aceite, por lo que te recomiendo escurrirlo bien antes de preparar las tortillas.

ELABORACIÓN

Suelta las hojas de lechuga, enjuágalas bajo el grifo de agua, sécalas y resérvalas.

Calienta una sartén grande con 4-6 cucharadas de aceite. Pela 1 cebolleta, córtala en daditos, agrégala a la sartén y rehógala durante 5 minutos a fuego suave.

Lava los calabacines, córtalos en cuartos de luna finos, incorpóralos a la sartén, sazónalos y cocínalos a fuego medio durante 15 minutos.

Corta el jamón en dados, añádelo a la sartén y saltéalo brevemente. Cuela la mezcla para eliminarle todo el aceite.

Calienta una sartén pequeña con ½ cucharada de aceite.

Bate 2 huevos en un bol, sazónalos y bate de nuevo. Agrega ¼ parte de la farsa, mezcla bien y vierte la mezcla en la sartén. Cuaja la tortilla por los dos lados, retírala y pásala a una bandeja de horno. Repite el proceso con el resto de los huevos y de la farsa.

Pon 1 cucharada colmada de queso en el centro de cada tortilla, introdúcelas en el horno y gratínalas hasta que el queso se funda.

Mientras tanto, trocea la lechuga, corta la otra cebolleta en juliana fina y pásalas a un bol. Adereza la ensalada con aceite, vinagre y sal.

Sirve 1 tortilla y un poco de ensalada en cada plato y decóralos con unas hojas de perejil.

HUEVOS RELLENOS DE CARNE

INGREDIENTES (4 P.)

- 8 huevos
- 500 g de carne picada de ternera
- 4 dientes de ajo
- 1 cebolla
- 100 ml de salsa de tomate
- 50 g de harina
- 500 ml de leche
- 30 g de mantequilla
- aceite de oliva virgen extra
- perejil
- pimienta
- sal

CONSEJO

Si te salen grumos al hacer la bechamel, puedes arreglarla triturándola con una batidora eléctrica.

HUEVOS

ELABORACIÓN

Calienta agua en una cazuela grande. Introduce en ella los huevos y cuécelos durante 10 minutos (contados desde el momento en que el agua empiece a hervir). Retíralos, refréscalos, pélalos y córtalos por la mitad a lo largo. Retira las yemas y reserva las claras y las yemas por separado.

Calienta 2 cucharadas de aceite en una sartén. Pela los dientes de ajo, pícalos finamente y añádelos a la sartén. Pela la cebolla, córtala en daditos e incorpórala. Sazona y rehoga las hortalizas a fuego medio durante 6-8 minutos.

Salpimienta la carne, incorpórala a la sartén y cocínala durante 4-5 minutos. Agrega la salsa de tomate y 1 cucharadita de perejil picado y mezcla bien. Pasa la farsa a una picadora y tritúrala bien.

Rellena las claras de los huevos con la farsa. Coloca 4 platos (aptos para el horno) sobre una bandeja de horno y sirve 2 huevos (4 mitades) en cada uno.

Calienta 2 cucharadas de aceite en una cazuela, añade la harina y cocínala un poco. Agrega la leche poco a poco, sin dejar de remover, hasta conseguir una salsa homogénea. Cocina la bechamel a fuego suave durante unos 10 minutos. Sazónala, añade 1 cucharadita de perejil picado y mezcla bien.

Napa los huevos con un poco de bechamel. Pon las yemas en un bol, májalas con un tenedor y repártelas sobre los huevos. Corta la mantequilla en 16 trocitos y pon 1 sobre cada huevo.

Introduce los huevos en el horno y gratínalos hasta que se doren un poco. Retíralos del horno, sirve y decóralos con unas hojas de perejil.

HUEVO FLOR CON PURÉ DE PATATA Y *MOUSSE* DE PATO

INGREDIENTES (4 P.)

- 4 huevos
- 4 patatas
- 110 g de *mousse* de *foie* de pato (en lingote)
- 40 g de mantequilla
- 150 ml de leche
- 20 g de azúcar
- aceite de oliva virgen extra
- perejil
- sal

ELABORACIÓN

Pon las patatas en la olla rápida, cúbrelas con agua, sazónalas, cierra la olla y cuécelas durante 8-10 minutos. Abre la olla, retira las patatas, deja que se templen un poco y pélalas.

Pasa las patatas por el pasapurés. Agrega la mantequilla y la leche, sazona y mezcla bien. Reserva el puré.

Para preparar los huevos flor, corta un trozo grande de film transparente, colócalo sobre un bol, húndelo, úntalo con un poco de aceite, añade una pizca de sal y un poco de perejil picado y casca 1 huevo encima. Junta las puntas del film, enróscalas y átalas con cuerda de cocina formando una bolsita. Repite el proceso con el resto de los huevos.

Calienta agua en una cazuela. Cuando empiece a hervir, introduce en ella los huevos, baja el fuego y cuécelos durante 3-4 minutos. Retíralos, corta el film con unas tijeras y saca los huevos con cuidado de no romperlos.

Corta el lingote de *mousse* en rodajas, extiéndelas en una fuente, espolvoréalas con un poco de azúcar y quémalas con un soplete hasta que la superficie se caramelice.

Reparte el puré de patatas en 4 platos hondos, coloca 1 huevo en el centro de cada uno y unas rodajas de *mousse* alrededor. Riega los platos con un chorrito de aceite y adórnalos con unas hojas de perejil.

CONSEJO

Si te parece complicado preparar huevos flor, puedes optar por hacerlos escalfados.

HUEVOS FLOR CON CREMA DE GUISANTES Y JAMÓN CRUJIENTE

INGREDIENTES (4 P.)

- 4 huevos
- 500 g de guisantes congelados
- 4 lonchas de jamón serrano finas
- 2 cebolletas
- 2 patatas
- aceite de oliva virgen extra
- perejil
- sal

ELABORACIÓN

Cubre una bandeja de horno con papel de hornear, extiende encima las lonchas de jamón, cúbrelas con otro trozo de papel de hornear, introdúcelas en el horno y hornéalas a 190 °C durante 10-12 minutos. Retira la bandeja del horno, deja que las lonchas de jamón se enfríen y resérvalas.

Corta las cebolletas en dados, ponlas a rehogar en una cazuela con 3 cucharadas de aceite y sazónalas. Cuando empiecen a dorarse, agrega los guisantes. Pela las patatas, trocéalas (cascándolas) e incorpóralas. Sazona y cubre (a ras) todo con agua. Tapa la cazuela y cocina las hortalizas durante 20 minutos a fuego medio. Si queda mucha agua, retira parte. Tritura los ingredientes hasta conseguir una crema espesa y resérvala.

Corta 1 trozo grande de film transparente, extiéndelo sobre un recipiente (una taza o un bol pequeño), úntalo por la parte central con unas gotas de aceite, casca 1 huevo y ponlo encima. Junta las puntas del film, enróscalas y átalas con cuerda de cocina. Repite el proceso con el resto de los huevos. Calienta agua en una tartera (cazuela amplia y baja) y, cuando empiece a hervir, introduce en ella los huevos, baja el fuego y cuécelos durante 3-4 minutos. Retírales el film y resérvalos.

Reparte la crema de guisantes en 4 platos y pon 1 huevo flor en el centro de cada uno. Pica el jamón finamente, hasta que prácticamente quede reducido a polvo, y salpica con él los platos. Adórnalos con unas hojas de perejil.

TORTILLA DE CARNE PICADA Y CALABACÍN

INGREDIENTES (4 P.)

- 8 huevos
- 200 g de carne de ternera picada
- 1 calabacín grande o 2 pequeños
- 1 cebolleta
- 2 dientes de ajo
- 4 rebanadas de pan de hogaza tostadas
- 1 tomate
- aceite de oliva virgen extra
- perejil
- pimienta
- sal

ELABORACIÓN

Calienta una sartén grande con abundante aceite. Lava el calabacín, córtalo en cuartos de luna finos y añádelos a la sartén. Pela la cebolleta y los dientes de ajo, córtalos en dados e incorpóralos. Sazona las hortalizas y cocínalas durante 15-20 minutos a fuego medio. Retira las hortalizas y escúrrelas bien.

Deja 2 cucharadas de aceite en la sartén (reserva el resto para otra ocasión) y vuelve a ponerla al fuego. Salpimienta la carne, introdúcela en la sartén y saltéala brevemente. Agrega las hortalizas rehogadas, saltea conjuntamente y mezcla bien.

Bate los huevos en un bol grande, sazónalos, agrega la carne con las hortalizas y mezcla bien.

Calienta de nuevo la sartén con 1 cucharada de aceite, vierte en ella la mezcla de huevos, carne y hortalizas, cuaja la tortilla por los dos lados, pásala a un plato y córtala en 4 porciones.

Unta las rebanadas de pan con el tomate.

Sirve ¼ de tortilla en cada plato y acompáñalos con 1 tostada con tomate. Adorna los platos con unas hojas de perejil y sirve.

TORTILLA A CAPAS

INGREDIENTES (4 P.)

- 9 huevos
- 1 cebolla roja grande
- 1 calabacín
- 1 pimiento verde
- ½ pimiento morrón
- 6 lonchas de queso Havarti
- aceite de oliva virgen extra
- perejil
- sal

ELABORACIÓN

Pon a calentar 3 cucharadas de aceite en una sartén. Pela la cebolla, córtala en dados, añádela a la sartén, sazónala y rehógala a fuego medio durante 8-10 minutos. Retírala a un plato y resérvala.

Pon de nuevo la sartén al fuego con 4 cucharadas de aceite. Lava el calabacín, córtalo en cuartos de luna finos, agrégalo a la sartén, sazónalo y cocínalo a fuego suave-medio durante 10 minutos. Retíralo a un plato y resérvalo.

Vuelve a poner la sartén al fuego con 3 cucharadas de aceite. Retira el tallo y las semillas a los pimientos, pela el rojo, córtalos en daditos, incorpóralos a la sartén, sazónalos y rehógalos a fuego medio durante 8-10 minutos. Retíralos y resérvalos.

Calienta la misma sartén con ½ cucharada de aceite. Bate 3 huevos en un bol, sazónalos, añade la cebolla rehogada, mezcla bien y vierte la mezcla en la sartén. Cuaja la tortilla por los dos lados, pásala a un plato grande y cúbrela con 3 lonchas de queso.

Pon de nuevo la sartén al fuego con otra ½ cucharada de aceite. Bate otros 3 huevos en un bol, sazónalos, añade los pimientos rehogados, mezcla bien y vierte la mezcla en la sartén. Cuaja la tortilla por los dos lados, pásala a un plato grande, colócala sobre la tortilla de cebolla y cúbrela con otras 3 lonchas de queso.

Calienta de nuevo la sartén con otra ½ cucharada de aceite. Bate los otros 3 huevos en un bol, sazónalos, añade el calabacín rehogado, mezcla bien y vierte la mezcla en la sartén. Cuaja la tortilla por los dos lados, pásala a un plato grande y colócala sobre la tortilla de pimientos.

Corta la tortilla en 4 y sirve ¼ en cada plato. Adórnalos con unas hojas de perejil.

TORTILLA DE PATATAS CON JAMÓN Y QUESO

INGREDIENTES (4 P.)

- 8-10 huevos
- 4 patatas
- 4 lonchas de jamón cocido
- 10 lonchas de queso *mozzarella*
- 1 cebolleta
- aceite de oliva virgen extra
- perejil
- sal

ELABORACIÓN

Calienta abundante aceite en una sartén grande. Pela las patatas, córtalas en cuartos de luna finos, sazónalas y añádelas a la sartén. Corta la cebolleta en daditos e incorpórala. Mezcla bien y fríe todo a fuego medio durante unos 25-30 minutos. Retira las hortalizas y escúrrelas bien.

Bate los huevos en 2 boles (4-5 en cada uno), añade a cada bol la mitad de la mezcla de patatas con cebolleta y mezcla bien.

Calienta una sartén con 1 cucharada de aceite. Vierte en ella el contenido de uno de los boles y, mientras se va cuajando, extiende encima 5 lonchas de queso, las lonchas de jamón y, sobre ellas, las otras 5 lonchas de queso (procurando que los bordes queden sin relleno). Vierte sobre la última capa de queso el contenido del otro bol (patatas, huevo y cebolleta), da la vuelta a la tortilla y cuájala por el otro lado. Retírala y córtala en 4.

Sirve la tortilla y decora los platos con unas hojas de perejil.

ARROCES

ARROZ CON HIGADITOS DE POLLO

INGREDIENTES (4 P.)

- 300 g de arroz
- 650 g de higaditos de pollo
- 2 patatas
- 5 dientes de ajo
- 100 ml de vino blanco
- 1 l de caldo de pollo
- 60 g de pan rallado
- aceite de oliva virgen extra
- perejil
- 2 hojas de laurel
- pimienta
- sal

CONSEJO

A la hora de freír los higaditos, hay que tener cuidado, porque es bastante normal que el aceite salte, así que, por si acaso..., te recomiendo tener siempre a mano una buena tapa.

ELABORACIÓN

Pela las patatas y córtalas en rodajas finas. Calienta 4 cucharadas de aceite en una cazuela, agrega las patatas, sazónalas y fríelas a fuego medio durante 6-8 minutos. Retíralas y resérvalas en un plato.

Limpia los higaditos retirándoles las grasitas o nervios que tengan adheridos. Reserva 4 para empanar. Corta el resto en trozos, salpiméntalos, añádelos a la cazuela y saltéalos durante 2 minutos. Incorpora las patatas y mezcla bien.

Pela 4 dientes de ajo, trocéalos y ponlos en el mortero. Añade 1 cucharada de perejil picado y maja todo bien. Agrega el vino al mortero, remueve la mezcla y viértela en la cazuela. Dale un hervor fuerte e incorpora el laurel, el arroz y el caldo de pollo. Pon a punto de sal, tapa el arroz y cocínalo durante 18 minutos (4 minutos a fuego fuerte y 14 a fuego suave). Retira la cazuela del fuego, quítale la tapa y cubre el arroz con un paño limpio de cocina. Deja que repose durante 3-4 minutos.

Calienta una sartén con bastante aceite. Mezcla en un bol el pan rallado con el otro diente de ajo finamente picado y 1 cucharada de perejil picado. Corta los 4 higaditos reservados por la mitad (a lo largo), salpiméntalos, pásalos por la mezcla de pan rallado, ajo y perejil y fríelos brevemente en la sartén. Retíralos y escúrrelos sobre un plato cubierto con papel absorbente.

Reparte el arroz en 4 platos y coloca 2 trozos de higadito empanado en cada uno. Adorna los platos con unas hojas de perejil.

ARROZ CALDOSO CON CARDO Y POLVO DE JAMÓN

INGREDIENTES (4 P.)

- 300 g de arroz
- 400 g de cardo (en conserva)
- 4 lonchas de jamón serrano
- 3-4 dientes de ajo
- 1 cebolleta
- 50 ml de vino blanco
- 1.250 ml de caldo de pescado
- aceite de oliva virgen extra
- perejil
- sal

ELABORACIÓN

Cubre la base de una bandeja de horno con un trozo grande de papel de hornear, extiende encima las lonchas de jamón, tápalas con otro trozo de papel de hornear y hornéalas a 200 °C durante 10-12 minutos. Retira las lonchas del horno, deja que se enfríen y pícalas finamente con un cuchillo hasta que queden reducidas a polvo. Reserva el polvo de jamón.

Pela los dientes de ajo y córtalos en daditos. Corta la cebolleta de la misma manera. Calienta una tartera (cazuela amplia y baja) con 4 cucharadas de aceite, agrega las hortalizas y cocínalas a fuego suave durante 10 minutos. Vierte encima el vino y dale un hervor. Incorpora el arroz, sazónalo, agrega el caldo y cuécelo a fuego medio durante 14 minutos.

Corta el cardo en dados o bastones, incorpóralos a la tartera, mezcla suavemente y cocínalos en el arroz durante 4 minutos.

Sirve el arroz en 4 platos, espolvoréalos con el jamón crujiente y adórnalos con unas hojas de perejil.

ARROZ NEGRO CALDOSO CON CALAMAR

INGREDIENTES (4 P.)

- 300 g de arroz
- 1 calamar de 600 g (en limpio)
- 2 bolsas de tinta de calamar
- 2 dientes de ajo
- 1 cebolleta
- 200 ml de salsa de tomate
- 50 ml de vino blanco
- 1.500 ml de caldo de pescado
- aceite de oliva virgen extra
- perejil
- sal

ELABORACIÓN

Pela los dientes de ajo y córtalos en dados. Corta la cebolleta del mismo modo. Pon las hortalizas a rehogar en una tartera (cazuela amplia y baja) con 4 cucharadas de aceite. Cuando cojan un poco de color (6-8 minutos), pica las aletas, la corbata y los tentáculos del calamar, añádelos y rehógalos brevemente.

Agrega la salsa de tomate a la tartera y cocina todo durante 8-10 minutos. Incorpora el arroz y rehógalo un poco. Vierte encima el vino, sazona y mezcla bien.

Diluye la tinta de calamar con ⅓ parte del caldo y añade la mezcla a la tartera. A medida que se vaya secando, vete agregando el resto del caldo (en 2-3 veces). Cocina el arroz (removiéndolo de vez en cuando) a fuego medio durante unos 18 minutos.

Corta el tubo del calamar en tiras (1 x 4 cm) y sazónalas. Calienta una sartén con 3 cucharadas de aceite, agrega las tiras de calamar, espolvoréalas con un poco de perejil picado y saltéalas brevemente (durante unos 2 minutos).

Reparte el arroz en 4 platos y coloca encima las tiras de calamar. Adorna los platos con unas hojas de perejil.

ARROZ CALDOSO CON ALMEJAS Y ESPÁRRAGOS FRESCOS

INGREDIENTES (4 P.)

- 300 g de arroz
- 24 almejas
- 16 espárragos blancos frescos
- 4 dientes de ajo
- 1 cebolleta
- 1 zanahoria
- 100 ml de vino blanco
- aceite de oliva virgen extra
- perejil
- sal

ELABORACIÓN

Calienta 1.300 ml de agua en un cazo. Retira la parte inferior de los espárragos, córtalos en trozos de 2 cm, introdúcelos en el cazo, sazónalos y cuécelos durante 12-15 minutos. Retira los espárragos, escúrrelos y resérvalos. Reserva también el caldo de cocción.

Pela los dientes de ajo, pícalos finamente y ponlos a rehogar en una tartera (cazuela amplia y baja) con 6 cucharadas de aceite. Corta la cebolleta en daditos y agrégala. Pela la zanahoria, córtala de la misma manera e incorpórala. Sazona y cocina las hortalizas durante 6-8 minutos a fuego suave-medio. Añade el vino, las almejas y un poco de perejil picado, tapa la tartera y cocina las almejas hasta que se abran. Retíralas a un plato y resérvalas.

Agrega el arroz a la tartera y vierte encima el caldo de cocción de los espárragos (en 3-4 veces). Sazona el arroz y cocínalo a fuego medio (removiéndolo de vez en cuando) durante 18-20 minutos. Incorpora los espárragos a la tartera, mezcla bien y reparte las almejas por encima.

Sirve y adorna los platos con unas hojas de perejil.

ARROZ CON SEPIA Y GUISANTES

INGREDIENTES (4 P.)

- 300 g de arroz
- 500 g de sepia limpia
- 200 g de guisantes desgranados
- 2 cebolletas
- 2 dientes de ajo
- 700 ml de caldo de pescado
- aceite de oliva virgen extra
- perejil
- pimienta
- sal

ELABORACIÓN

Corta las cebolletas y los dientes de ajo (pelados) en daditos y rehógalos durante 10 minutos en una tartera (cazuela amplia y baja) con 3-4 cucharadas de aceite.

Corta la sepia en daditos, salpiméntala, agrégala a la tartera y cocínala a fuego suave durante 10 minutos.

Incorpora el arroz, rehógalo un poco y vierte encima el caldo (caliente) de pescado. Pon a punto de sal y cuece durante 10 minutos. Añade los guisantes y cocina todo durante 8 minutos más. Retira la tartera del fuego, tapa el arroz con un paño limpio de cocina y deja que repose durante 2-3 minutos.

Sirve el arroz y adorna los platos con unas hojas de perejil.

ARROZ CON LANGOSTINOS Y CHAMPIÑONES

INGREDIENTES (4 P.)

- 300 g de arroz basmati
- 24 colas de langostino (peladas)
- 250 g de champiñones
- 1 cebolleta
- aceite de oliva virgen extra
- perejil
- pimienta
- sal

ELABORACIÓN

Pon a calentar una cazuela con abundante agua y una pizca de sal. Agrega el arroz y cuécelo durante 12 minutos. Escúrrelo, refréscalo y resérvalo.

Corta la cebolleta en juliana fina. Calienta un wok con 3-4 cucharadas de aceite, añade la cebolleta y saltéala a fuego medio-alto durante 2-3 minutos.

Limpia los champiñones, córtalos en láminas e incorpóralos al wok. Sazona y cocina a fuego medio-alto durante 3-4 minutos.

Salpimienta los langostinos, agrégalos al wok y saltéalos junto a las hortalizas durante 2 minutos. Incorpora el arroz, mezcla bien y sirve. Adorna los platos con unas hojas de perejil.

ARROZ CON SETAS Y POLLO

ARROCES

INGREDIENTES (4 P.)

- 300 g de arroz
- 250 g de setas de cultivo
- 4 muslos de pollo
- 4 dientes de ajo
- 1 cebolleta
- 1 pimiento verde
- 125 ml de vino blanco
- 750 ml de caldo de pollo
- aceite de oliva virgen extra
- perejil
- pimienta
- 1 cucharadita de pimentón
- sal

ELABORACIÓN

Calienta una tartera (cazuela amplia y baja) con 3 cucharadas de aceite. Pela los ajos y la cebolleta, córtalos en daditos y añádelos. Retira el tallo y las semillas del pimiento, córtalo en daditos y agrégalo. Sazona y cocina las hortalizas durante 6-8 minutos.

Salpimienta el pollo e incorpóralo. Cocínalo durante 5-6 minutos, hasta que el pollo se dore. Vierte encima el vino blanco y dale un hervor. Corta las setas en tiras y añádelas. Mezcla bien, sazona, tapa y cocina todo durante 20-25 minutos.

Calienta 3 cucharadas de aceite en una cazuela. Agrega el arroz y el pimentón, rehógalo un poco, vierte encima el caldo (el doble y un poco más, unos 750 ml) y cocínalo durante 18 minutos.

Sirve el arroz en la base de los platos, coloca encima el pollo con setas y adórnalos con unas hojas de perejil.

CONSEJO

En esta receta utilizamos setas de cultivo, pero recordad que si sois recolectores o podéis conseguir setas silvestres en algún mercado local, todavía quedará más sabroso.

ARROZ CON BRÓCOLI Y ALMEJAS

INGREDIENTES (4 P.)

- 300 g de arroz
- 1 brócoli
- 400 g de almejas
- 1 cebolleta
- 4 dientes de ajo
- 1 tomate
- 750 ml de caldo de verduras
- aceite de oliva virgen extra
- perejil
- sal

ELABORACIÓN

Corta la cebolleta en daditos. Pela 2 dientes de ajo y córtalos de la misma manera. Calienta 4 cucharadas de aceite en una tartera (cazuela amplia y baja), añade la cebolleta y los dientes de ajo y rehógalos a fuego suave-medio durante 6-8 minutos. Corta el tomate por la mitad y rállalo encima. Lava el brócoli, sepáralo en ramilletes pequeños e incorpóralos. Sazona, tapa y cocina el conjunto a fuego suave durante 5 minutos.

Agrega a la tartera el arroz, cúbrelo con el caldo y cocínalo a fuego medio durante 15 minutos.

Pela los otros 2 dientes de ajo, córtalos en daditos y rehógalos brevemente en una sartén con 3 cucharadas de aceite. Añade las almejas, tápalas y cocínalas hasta que se abran.

Incorpora las almejas al arroz junto con el caldo que hayan soltado durante la cocción. Mezcla suavemente y cocina todo junto durante 3 minutos. Apaga el fuego, tapa el arroz con un paño de cocina limpio y deja que repose durante 3 minutos.

Sirve y adorna los platos con unas hojas de perejil.

ARROCES

ARROZ CON CORDERO Y GUISANTES

INGREDIENTES (4 P.)

- 300 g de arroz
- 500 g de carne de cordero
- 150 g de guisantes desgranados
- 16 ajos frescos
- 1 cebolleta
- 2 zanahorias
- 750 ml de caldo de carne
- aceite de oliva virgen extra
- perejil
- pimienta
- sal

ELABORACIÓN

Limpia los ajos frescos, retirándoles la parte inferior, la superior y 1-2 capas de hojas, y córtalos en daditos. Corta la cebolleta del mismo modo. Pon los ajos y la cebolleta a rehogar en una paella con 4 cucharadas de aceite. Pela las zanahorias, córtalas en daditos y añádelas. Sazona las hortalizas y rehógalas a fuego suave durante 10 minutos.

Corta la carne en dados de bocado, salpimiéntalos, introdúcelos en la paella y rehógalos. Incorpora el arroz y el caldo, pon a punto de sal y cocínalo a fuego medio durante 10 minutos. Añade los guisantes y cocínalos con el arroz durante 8-10 minutos más a fuego medio.

Retira la paella del fuego, tápala con un trapo de cocina limpio y deja que repose el arroz durante 2 minutos.

Reparte el arroz en 4 platos y adórnalos con unas hojas de perejil.

RISOTTO VERDE CON PANCETA Y QUESO

INGREDIENTES (4 P.)

300 g de arroz
800 g de espinacas (limpias sin tallo)
4 lonchas gruesas de panceta fresca
100 g de queso parmesano
800 ml de caldo de verduras
1 diente de ajo
1 puerro
1 cebolla
25 g de mantequilla
aceite de oliva virgen extra
perejil
sal

CONSEJO

A la hora de comprar espinacas frescas, es muy importante que tengan un color verde intenso. Cuando vayas a cocinarlas, no olvides limpiarlas muy bien, porque es habitual que tengan algo de tierra.

ELABORACIÓN

Calienta el caldo de verduras en una cazuela grande. Añade las espinacas, sazónalas, tapa la cazuela y cuécelas durante 3-4 minutos. Pasa todo a una batidora de vaso y tritúralas bien hasta conseguir una crema homogénea. Resérvala.

Calienta una tartera (cazuela amplia y baja) con 3-4 cucharadas de aceite. Pela el diente de ajo, pícalo finamente y agrégalo a la tartera. Limpia el puerro (retirándole la parte inferior, la superior y 1-2 capas), córtalo en cuartos de luna finos e incorpóralo. Pela la cebolla, córtala en daditos y añádela. Sazona y rehoga las hortalizas durante 8-10 minutos.

Agrega el arroz a la tartera y rehógalo durante 1-2 minutos, sazona, vierte encima ¼ parte de la crema de espinacas, pon a punto de sal y cocínalo sin dejar de remover. A medida que el arroz vaya absorbiendo la crema, vierte otra ¼ parte y repite el proceso hasta que el arroz esté casi hecho (unos 15 minutos). Ralla el queso, agrega la mitad a la tartera (reserva el resto para el final) y sigue cocinando el arroz durante 3-5 minutos más (en total, 18-20 minutos). Incorpora la mantequilla y remueve hasta que se funda.

Corta la panceta en dados, sazónala y fríela en una sartén con un chorrito de aceite. Retírala y escúrrela bien.

Reparte el *risotto* en 4 platos hondos y coloca encima los dados de panceta y el resto del queso rallado. Adorna los platos con unas hojas de perejil.

ARROZ CON CHORIZO

INGREDIENTES (4 P.)

- 300 g de arroz redondo
- 125 g de chorizo
- 3 dientes de ajo
- 1 cebolleta
- 100 ml de salsa de tomate
- aceite de oliva virgen extra
- perejil
- 1 cucharadita de pimentón
- sal

ELABORACIÓN

Pela los dientes de ajo y córtalos en daditos. Corta la cebolleta del mismo modo. Calienta una tartera (cazuela amplia y baja) con 4 cucharadas de aceite, añade los ajos y la cebolleta, sazónalos y rehógalos a fuego suave durante 10 minutos.

Corta el chorizo en rodajas finas, incorpóralas a la tartera y rehógalas durante 1-2 minutos.

Agrega el arroz y rehógalo brevemente. Incorpora la salsa de tomate y el pimentón y mezcla bien. Vierte encima el triple de agua que de arroz, pon a punto de sal y cocina el arroz a fuego medio durante 18-20 minutos.

Apaga el fuego, tapa el arroz con un paño de cocina limpio y deja que repose durante 2-3 minutos.

Sirve y adorna los platos con unas hojas de perejil.

ARROZ CON ALITAS DE POLLO, SETAS Y MAYONESA DE AJO

INGREDIENTES (4 P.)

- 300 g de arroz
- 8 alitas de pollo
- 8 setas de cultivo
- 3 dientes de ajo
- 1 cebolleta
- 1 pimiento verde
- 200 ml de salsa de tomate
- 750 ml de caldo de pollo
- aceite de oliva virgen extra
- perejil
- pimienta
- sal

Para la mayonesa de ajo:

- 1 huevo
- 1 diente de ajo
- 150-175 ml de aceite de oliva virgen extra
- 1 cucharadita de vinagre
- sal

ELABORACIÓN

Retira la punta de las alitas, córtalas en dos por la coyuntura y salpimiéntalas. Calienta 3 cucharadas de aceite en una tartera, agrega las alitas y dóralas bien. Retíralas a un plato y resérvalas.

Pela 2 dientes de ajo y córtalos en daditos. Corta la cebolleta y el pimiento de la misma manera. Introduce las hortalizas en la tartera y rehógalas a fuego medio durante 6-8 minutos. Añade la salsa de tomate y rehógala durante 4-5 minutos. Incorpora el arroz, las alitas de pollo y el caldo, pon a punto de sal y cocina el arroz a fuego medio durante 15 minutos.

Calienta una sartén con 3 cucharadas de aceite. Pela el otro diente de ajo y córtalo en daditos. Corta las setas en tiras. Agrega el ajo y las setas a la sartén, sazónalos y saltéalos durante 5 minutos.

Añade las setas salteadas al arroz, mezcla bien y cocina todo junto durante 3 minutos más. Apaga el fuego, tapa el arroz con un paño de cocina limpio y deja que repose durante 3 minutos.

Para preparar la mayonesa de ajo, pela el diente de ajo, córtalo en láminas y ponlo en un vaso batidor. Agrega el huevo, el vinagre, el aceite y una pizca de sal y tritura los ingredientes con una batidora eléctrica hasta que liguen.

Reparte el arroz en 4 platos y acompáñalos con la mayonesa de ajo. Adorna los platos con unas hojas de perejil.

ARROZ CON COSTILLA DE CERDO Y COLIFLOR

INGREDIENTES (4 P.)

300 g de arroz
650 g de costilla de cerdo
1 coliflor pequeña (o ½ grande)
125 g de carne magra de cerdo
12 ajos frescos
750 ml de caldo de cocido
aceite de oliva virgen extra
perejil
1 cucharadita de pimentón
sal

ELABORACIÓN

Pon a calentar 4-5 cucharadas de aceite en una sartén grande (apta para el horno). Corta la costilla en trozos siguiendo los huesos, y la carne, en dados. Sazónalos, añádelos a la sartén y dóralos un poco. Retira las carnes, pásalas a una fuente y resérvalas.

Separa la coliflor en ramilletes e incorpóralos a la sartén. Limpia los ajos frescos (retirándoles la parte inferior, la superior y una capa de hojas), córtalos en trozos de 2 centímetros y agrégalos. Sazona las hortalizas y rehógalas durante 3-4 minutos. Incorpora el pimentón, las carnes, el arroz y el caldo (el doble que de arroz y un poco más) y cocínalo a fuego fuerte durante 5 minutos. Precalienta el horno a 220 °C. Introduce el arroz en el horno y hornéalo a 200 °C durante 13-15 minutos. Retíralo del horno, tápalo con un paño limpio y deja que repose durante 3-4 minutos.

Reparte el arroz en 4 platos y decóralos con unas hojas de perejil.

CONSEJO

Los platos tradicionales como este forman parte de nuestra identidad, y durante muchos años nos han alimentado de maravilla. Además, son muy económicos, perfectos para los tiempos que corren.

ARROZ CON COSTILLA DE CERDO Y CHORIZO

INGREDIENTES (4 P.)

- 300 g de arroz bomba
- 400 g de costilla de cerdo (troceada)
- 100 g de chorizo
- 2 dientes de ajo
- 1 pimiento verde
- 1 cebolleta
- 6 tomates deshidratados
- 100 ml de vino blanco seco
- aceite de oliva virgen extra
- perejil
- pimienta
- 12 hebras de azafrán
- sal

ELABORACIÓN

Salpimienta las costillas de cerdo y dóralas durante 10 minutos en una tartera (cazuela amplia y baja) con 4 cucharadas de aceite. Corta el chorizo en rodajas, agrégalas y cocina todo junto durante 3-4 minutos más. Retira las carnes a un plato y resérvalas.

Pela los dientes de ajo y córtalos en daditos. Retira el tallo y las semillas del pimiento y córtalo de la misma forma. Corta también la cebolleta en daditos. Añade 2 cucharadas de aceite a la tartera, incorpora las hortalizas y rehógalas durante 10 minutos. Agrega las hebras de azafrán y los tomates deshidratados cortados en daditos y mezcla bien. Vierte encima el vino y dale un hervor.

Incorpora el arroz y las carnes, añade 750 ml de agua, pon a punto de sal y cocina el arroz a fuego medio durante 16-18 minutos.

Sirve y adorna los platos con unas hojas de perejil.

ARROCES

ARROZ CON ESPINACAS, AJOS FRESCOS Y GAMBAS

INGREDIENTES (4 P.)

- 300 g de arroz
- 250 g de espinacas
- 24 ajos frescos
- 24 gambas
- 1 puerro
- 3 dientes de ajo
- aceite de oliva virgen extra
- perejil
- pimienta
- sal

ELABORACIÓN

Retira las cabezas de las gambas y pélalas. Reserva las colas. Rehoga las cabezas y las cáscaras en una cazuela con 3 cucharadas de aceite. Limpia el puerro, retirándole la parte inferior, la superior y 1-2 capas de hojas, córtalo en medias lunas, agrégalo a la cazuela y rehoga todo durante 3-4 minutos. Añade 1 litro de agua, sazona y cuece todo a fuego suave durante 15 minutos. Cuela y reserva el caldo.

Pela los dientes de ajo, córtalos por la mitad y rehógalos en una paella con 3 cucharadas de aceite. Limpia los ajos frescos, retirándoles la parte inferior, la superior y 1-2 capas de hojas, córtalos en cilindros de 1 cm, agrégalos, sazona y rehoga todo durante 3-5 minutos.

Lava las espinacas, córtalas en juliana fina, añádelas a la paella y cocínalas durante 3-5 minutos, hasta que mermen. Incorpora el arroz y rehógalo brevemente. Vierte encima el caldo reservado y cocina el arroz durante 18 minutos a fuego medio.

Retira la paella del fuego. Salpimienta las gambas, saltéalas en una sartén con 2 cucharadas de aceite y colócalas sobre el arroz. Tapa la paella con un paño de cocina limpio y deja que el arroz repose durante 3 minutos.

Sirve y adorna los platos con unas hojas de perejil.

ARROZ CON GUISANTES Y MAYONESA DE AJO ROJA

INGREDIENTES (4 P.)

- 300 g de arroz
- 150 g de guisantes desgranados
- 1 puerro
- 3 dientes de ajo
- 1 cebolleta
- 1 pimiento verde
- 700 ml de caldo de verduras
- aceite de oliva virgen extra
- perejil
- sal

Para la mayonesa de ajo roja:

- 1 huevo
- 4 tomates en aceite
- 200 ml de aceite de oliva virgen extra
- 1 cucharadita de vinagre
- sal

ELABORACIÓN

Calienta una tartera (cazuela amplia y baja) con 4 cucharadas de aceite. Limpia el puerro (retirándole la parte inferior, la superior y 2 capas de hojas), córtalo en cuartos de luna finos y añádelo. Pela 2 dientes de ajo, pícalos finamente y agrégalos. Pica la cebolleta del mismo modo e incorpórala. Retira el tallo y las semillas al pimiento, córtalo en daditos y añádelo a la tartera. Sazona las hortalizas y rehógalas a fuego medio durante 10 minutos.

Incorpora el arroz a la tartera y rehógalo un poco. Vierte encima el caldo, pon a punto de sal y cocina el arroz a fuego medio durante 8 minutos. Añade los guisantes y cocínalos junto con el arroz durante 10 minutos más a fuego medio. Tapa el arroz con un paño de cocina limpio y deja que repose durante 2-3 minutos.

Para preparar la mayonesa de ajo roja, corta los tomates en dados, ponlos en un vaso batidor junto con el aceite y tritúralos bien. Cuela el aceite. Pon el huevo en un vaso batidor, agrega el otro diente de ajo (pelado y cortado en láminas), el vinagre, una pizca de sal y el aceite de tomate y tritura los ingredientes hasta que liguen.

Reparte el arroz en 4 platos, acompáñalos con la mayonesa y adórnalos con unas hojas de perejil.

ARROCES

ARROZ CON COSTILLA DE CORDERO

INGREDIENTES (4 P.)

- 300 g de arroz
- 800 g de costillas de cordero
- 1 cabeza de ajos
- 1 cebolleta (con tallo)
- 1 zanahoria
- aceite de oliva virgen extra
- perejil
- 1 cucharada de pimentón
- sal

ELABORACIÓN

Pon a calentar 1 litro de agua en una olla rápida. Agrega la cabeza de ajos cortada por la mitad y el tallo de la cebolleta. Trocea la costilla y añádela. Tapa la olla y cuece todo durante 10 minutos. Abre la olla, saca las costillas y resérvalas en un plato. Cuela el caldo, desgrásalo y resérvalo.

Corta la cebolleta en daditos y ponla a rehogar en una paella con 4 cucharadas de aceite. Pela la zanahoria, córtala en cuartos de luna finos y agrégala. Sazona las hortalizas y cocínalas durante 12-15 minutos.

Incorpora el arroz a la paella y rehógalo un poco. Añade el pimentón, 750 ml del caldo reservado y las costillas y pon a punto de sal. Cocina el arroz a fuego medio durante 15-18 minutos. Retíralo del fuego, cúbrelo con un paño de cocina limpio y deja que repose durante 3-4 minutos.

Sirve y adorna los platos con unas hojas de perejil.

CAZUELA DE ARROZ CON CODORNICES Y SETAS

INGREDIENTES (4 P.)

- 300 g de arroz
- 4 codornices
- 200 g de setas shitake
- 200 ml de vino blanco
- 1 puerro grande
- 2 dientes de ajo
- aceite de oliva virgen extra
- 2 hojas de laurel
- 2 ramas de tomillo fresco
- perejil
- 10-12 granos de pimienta negra
- 10-12 hebras de azafrán
- pimienta negra molida
- sal

CONSEJO

La seta shitake se comercializa fresca y seca. Frescas son ideales para tomarlas como guarnición de casi cualquier plato, y secas son perfectas para añadirlas a sopas o guisos.

ELABORACIÓN

Deshuesa las codornices para separar los muslos y las pechugas y resérvalos. Trocea las carcasas (con las alas) y resérvalas.

Calienta 3 cucharadas de aceite en una cazuela grande, añade las carcasas y rehógalas hasta que se doren. Vierte encima el vino blanco y dale un hervor fuerte para que se evapore el alcohol. Corta la parte verde del puerro (reserva la blanca), hazle unos cortes longitudinales, lávala bien, trocéala e incorpórala a la cazuela. Añade también los granos de pimienta y las hojas de laurel. Cubre con agua (1.200 ml), sazona y cuece durante 15-20 minutos.

Calienta una tartera (cazuela amplia y baja) apta para el horno con 4 cucharadas de aceite, sazona los muslos, agrégalos y fríelos hasta que se doren. Retíralos a un plato y resérvalos.

Corta el resto del puerro en daditos e incorpóralo a la tartera. Corta cada seta en 6 trozos y añádelas. Rehoga todo durante 5-6 minutos.

Pela los dientes de ajo, pícalos finamente y agrégalos a la tartera. Incorpora los muslitos de codorniz, el arroz y el caldo (el doble que de arroz y un poco más). Añade las hebras de azafrán y una pizca de sal y cocina a fuego fuerte durante 5 minutos.

Introduce la tartera en el horno y cocina el arroz a 220 °C durante 13 minutos. Retíralo del horno, tápalo con un paño limpio y deja que repose durante 5 minutos.

Calienta 2 cucharadas de aceite en una sartén. Salpimienta las pechugas, añádelas a la sartén y dóralas bien (2-3 minutos).

Reparte el arroz en 4 platos y coloca 1 pechuga (2 mitades) en cada uno. Espolvoréalos con unas hojitas de tomillo y adórnalos con unas hojas de perejil.

ARROZ CON RABO Y BOLETOS

INGREDIENTES (4 P.)

- 250 g de arroz
- 4 trozos de rabo de ternera
- 150 g de boletos
- 2 cebollas
- 7 dientes de ajo
- 150 ml de vino tinto
- aceite de oliva virgen extra
- 1 hoja de laurel
- perejil
- pimienta
- sal

ELABORACIÓN

Pela las cebollas y 3 dientes de ajo, córtalos en dados y rehógalos en una olla rápida con 4 cucharadas de aceite durante 20-25 minutos a fuego medio. Salpimienta los trozos de rabo, introdúcelos en la olla y dóralos un poco. Añade la hoja de laurel, vierte encima el vino y dale un hervor. Cubre con abundante agua (1 ½-2 l) y sazona. Cierra la olla y guisa el rabo durante 35-40 minutos. Abre la olla, retira el rabo, desmenúzalo y resérvalo. Retira la hoja de laurel, tritura el resto de los ingredientes con una batidora eléctrica y reserva este caldo de hortalizas.

Calienta una tartera (cazuela amplia y baja) con 4 cucharadas de aceite. Pela 2 dientes de ajo, córtalos por la mitad, añádelos a la tartera y rehógalos brevemente. Cuando se doren un poco, agrega el arroz y cocínalo durante 2 minutos. Vierte encima 900 ml del caldo de hortalizas reservado, pon a punto de sal y cocina el arroz durante 10 minutos. Agrega al arroz la carne de rabo desmenuzada, mezcla bien y cocina todo durante 8 minutos más.

Pela los otros 2 dientes de ajo y córtalos en daditos. Limpia los boletos y córtalos en láminas. Calienta una sartén con 2-3 cucharadas de aceite y rehoga en ella brevemente los dientes de ajo. Antes de que se doren, añade los boletos y saltéalos durante 4-5 minutos. Coloca los boletos sobre el arroz, retira la tartera del fuego y tápala con un paño limpio de cocina. Deja que repose el arroz durante 3-4 minutos.

Sirve y adorna los platos con unas hojas de perejil.

ARROZ CON PISTO MANCHEGO

INGREDIENTES (4 P.)

- 300 g de arroz
- 3 dientes de ajo
- 2 cebolletas
- 2 calabacines
- 1 pimiento verde
- 1 pimiento rojo
- 150 ml de salsa de tomate
- aceite de oliva virgen extra
- 1 hoja de laurel
- perejil
- sal

ELABORACIÓN

Calienta 2 cucharadas de aceite en una cazuela. Pela 1 diente de ajo y añádelo a la cazuela junto con la hoja de laurel y el arroz. Cubre el arroz con el doble de agua y un poco más, sazónalo y cuécelo a fuego medio durante unos 18 minutos.

Pela los otros 2 dientes de ajo y córtalos en láminas. Corta las cebolletas en daditos. Retira el tallo y las semillas de los pimientos, pela el rojo y córtalos de la misma manera. Calienta una tartera (cazuela amplia y baja) con 4 cucharadas de aceite, incorpora las hortalizas y rehógalas a fuego suave durante unos 15 minutos. Corta los calabacines en dados, agrégalos a la cazuela, sazona y cocina todo junto durante 10 minutos más. Incorpora la salsa de tomate y cocina todo junto durante otros 10 minutos.

Con un aro de emplatar (redondo o cuadrado), sirve 4 porciones de arroz en 4 platos. Reparte encima el pisto y adorna los platos con unas hojas de perejil.

ARROZ CON MEJILLONES Y JUDÍAS VERDES

INGREDIENTES (4 P.)

- 300 g de arroz
- 1 kg de mejillones
- 250 g de judías verdes
- 2 dientes de ajo
- 1 cebolleta
- 1 tomate
- 600-700 ml de caldo de pescado
- aceite de oliva virgen extra
- perejil
- sal

ELABORACIÓN

Limpia bien los mejillones, colócalos en una tartera (cazuela amplia y baja) grande, añade ½ vaso de agua, tápalos y cuécelos hasta que se abran. Pásalos a un plato, retírales las cáscaras y resérvalos. Cuela el caldo que hayan soltado y resérvalo.

Pon a calentar 3 cucharadas de aceite en otra tartera. Pela los dientes de ajo, córtalos en daditos y añádelos a la tartera. Corta la cebolleta del mismo modo y agrégala. Rehoga las hortalizas a fuego suave durante 10 minutos.

Limpia las judías, retirándoles las puntas, córtalas en trozos de 2 cm, incorpóralas a la tartera y rehógalas durante 2 minutos. Corta el tomate por la mitad, rállalo encima y cocínalo durante 5 minutos.

Añade a la tartera el arroz y el caldo (el de pescado y el de los mejillones), pon a punto de sal y cocínalo a fuego medio durante 18 minutos. Tápalo con un paño de cocina limpio y deja que repose durante 2-3 minutos.

Sirve y adorna los platos con unas hojas de perejil.

ARROZ CON LANGOSTINOS Y MEJILLONES

INGREDIENTES (4 P.)

- 300 g de arroz bomba
- 12 langostinos
- 24 mejillones pequeños
- 100 ml de vino blanco
- 2 dientes de ajo
- 1 pimiento verde
- 1 cebolleta
- 200 ml de salsa de tomate
- 700 ml de caldo de pescado
- aceite de oliva virgen extra
- perejil
- sal

ELABORACIÓN

Calienta el vino en una sartén, añade los mejillones (limpios), tapa la sartén y cocínalos brevemente hasta que se abran. Retírales una concha y resérvalos en un plato. Cuela el caldo de la sartén y resérvalo.

Calienta una paella con 4 cucharadas de aceite. Sazona los langostinos, agrégalos a la paella y saltéalos durante 2 minutos. Retíralos a un plato y resérvalos.

Pela los dientes de ajo y pícalos finamente. Retira el tallo y las semillas al pimiento y córtalo en daditos. Corta la cebolleta de la misma manera. Incorpora las hortalizas a la paella, sazónalas y rehógalas durante 10 minutos. Agrega la salsa de tomate y cocina el sofrito durante 6-8 minutos más.

Añade el arroz a la paella y rehógalo un poco. Vierte encima el caldo de pescado y el caldo reservado de los mejillones, pon a punto de sal y cocina el arroz a fuego medio-alto durante 10 minutos. Baja el fuego y cocínalo durante 5 minutos más.

Distribuye sobre el arroz los langostinos y los mejillones y cocínalo durante 2 minutos más. Retira la paella del fuego, tápala con un paño de cocina limpio y deja que el arroz repose durante 3-4 minutos.

Sirve y decora los platos con unas hojas de perejil.

ARROZ DE HORTALIZAS AL AZAFRÁN

INGREDIENTES (4 P.)

- 300 g de arroz
- 1 cebolleta
- 1 pimiento rojo
- 1 berenjena
- 1 tomate
- 700 ml de caldo de verduras
- 16 aceitunas verdes sin hueso
- aceite de oliva virgen extra
- perejil
- 20 hebras de azafrán
- sal

ELABORACIÓN

Corta la cebolleta en dados y ponla a rehogar en una paella con 6 cucharadas de aceite. Retira el tallo y las semillas al pimiento, pélalo, córtalo en dados e incorpóralo a la paella. Cocina las hortalizas durante 10 minutos a fuego suave. Lava la berenjena, córtala en dados y añádela. Sazona y cocina las hortalizas durante 15 minutos más. Ralla encima el tomate y cocina todo durante 5-6 minutos.

Agrega a la paella las hebras de azafrán y el arroz y rehógalo durante 2 minutos. Vierte encima el caldo, pon a punto de sal y cocina el arroz durante 10 minutos a fuego medio-alto. Baja el fuego, reparte por encima las aceitunas y cocínalo durante 8 minutos más a fuego suave.

Retira la paella del fuego, tápala con un paño limpio y deja que repose el arroz durante 3-4 minutos.

Sirve y adorna los platos con unas hojas de perejil.

ARROZ NEGRO MELOSO CON CALAMAR Y ALMEJAS

INGREDIENTES (4 P.)

- 300 g de arroz
- 1 calamar limpio (300 g)
- 500 g de almejas
- 4 dientes de ajo
- 1 cebolleta
- 1 bolsa de tinta de calamar (8 g)
- 1 l de caldo de pescado
- 50 ml de vino blanco
- aceite de oliva virgen extra
- perejil
- sal

ELABORACIÓN

Calienta una tartera (cazuela amplia y baja) con 4 cucharadas de aceite.

Pela 2 dientes de ajo, córtalos en daditos e introdúcelos en la tartera. Corta la cebolleta en daditos y añádela. Sazona y rehoga las hortalizas durante 6-8 minutos.

Corta el calamar en daditos, agrégalo a la tartera y cocínalo durante 5 minutos. Incorpora el arroz, la tinta y el caldo y cocínalo a fuego medio durante 18 minutos.

Calienta una sartén con 3 cucharadas de aceite. Pela los otros 2 dientes de ajo, córtalos en daditos, añádelos a la sartén y rehógalos brevemente. Incorpora las almejas y el vino blanco, tapa la sartén y espera a que se abran.

Agrega las almejas a la tartera, mezcla bien y sirve. Adorna los platos con unas hojas de perejil.

ARROZ CALDOSO CON ALMEJAS Y GUISANTES

INGREDIENTES (4 P.)

- 300 g de arroz
- 500 g de almejas
- 1 kg de guisantes (sin desgranar)
- 1 cebolleta
- 2 dientes de ajo
- 1 pimiento verde
- 100 ml de vino blanco
- 1.200 ml de caldo de pescado
- aceite de oliva virgen extra
- perejil
- 12 hebras de azafrán
- sal

ELABORACIÓN

Desgrana los guisantes y resérvalos.

Calienta una cazuela con 3 cucharadas de aceite. Corta la cebolleta en daditos. Pela los dientes de ajo y córtalos del mismo modo. Retira el tallo y las semillas del pimiento y córtalo en dados. Incorpora las hortalizas a la cazuela, sazónalas y rehógalas durante 6-8 minutos a fuego suave-medio.

Agrega a la cazuela las hebras de azafrán y el arroz y rehógalo brevemente. Vierte encima el vino y dale un hervor.

Añade a la cazuela los guisantes y el caldo, pon a punto de sal y cocina todo durante 15 minutos. Incorpora las almejas y cocínalas en el arroz hasta que se abran.

Sirve y adorna los platos con unas hojas de perejil.

CONSEJO

Los arroces caldosos, al contrario de lo que sucede con los secos (tipo paella), no necesitan reposo. Si lo dejáramos reposar, se secaría demasiado.

ARROZ CON POLLO

INGREDIENTES (4 P.)

300 g de arroz
2 muslos de pollo deshuesados
2 dientes de ajo
1 cebolleta
1 pimiento rojo
200 ml de salsa de tomate
750 ml de caldo de pollo
aceite de oliva virgen extra
perejil
pimienta
sal

ELABORACIÓN

Calienta una paella con 4 cucharadas de aceite. Trocea los muslos de pollo en trozos de bocado, salpimiéntalos y añádelos a la paella. Pela los dientes de ajo e incorpóralos. Cocina la carne hasta que se dore un poco, sácala a un plato y resérvala.

Corta la cebolleta en daditos y ponla a rehogar en la misma paella. Retira el tallo y las semillas al pimiento, pélalo, córtalo en dados y agrégalo a la paella. Cocina las hortalizas a fuego medio durante 10-12 minutos. Añade la salsa de tomate y cocina el sofrito durante 10 minutos más.

Incorpora el arroz a la paella y rehógalo brevemente. Vierte encima el caldo y cocina el arroz a fuego medio durante 10 minutos. Agrega el pollo a la paella y cocina todo junto durante 6-8 minutos más.

Sirve y adorna los platos con unas hojas de perejil.

ARROZ CON SETAS, AJOS FRESCOS Y GAMBAS

INGREDIENTES (4 P.)

300 g de arroz
12 setas de cultivo
24 ajos frescos
250 g de gambas
2 dientes de ajo
aceite de oliva virgen extra
perejil
sal

ELABORACIÓN

Retira las cabezas de las gambas y pélalas. Reserva por separado las colas y las cabezas con las cáscaras. Calienta 5 cucharadas de aceite en una cazuela, pela los dientes de ajo, córtalos en láminas y añádelos. Agrega las cabezas y las cáscaras de las gambas y rehógalas bien. Vierte encima 1.200 ml de agua, sazona y cuece durante 15 minutos. Cuela y reserva el caldo.

Calienta 3 cucharadas de aceite en una tartera (cazuela amplia y baja). Limpia los ajos frescos, retirándoles la parte inferior, la superior y 1-2 capas de hojas, córtalos en cilindros e incorpóralos a la tartera. Corta las setas en tiras y añádelas. Saltea todo junto durante 5 minutos. Retira las hortalizas a una fuente y resérvalas.

Añade 2 cucharadas de aceite a la tartera, agrega el arroz, cúbrelo con el caldo reservado, ponlo a punto de sal y cocínalo a fuego medio durante 15 minutos. Incorpora las gambas y el salteado de ajos frescos y setas a la tartera, mezcla bien y cocina todo junto durante 3-5 minutos más.

Sirve y adorna los platos con unas hojas de perejil.

ARROZ CON RAPE Y ALCACHOFAS

INGREDIENTES (4 P.)

- 300 g de arroz
- 400 g de rape limpio
- 4 alcachofas
- 2 dientes de ajo
- 1 cebolleta
- 1 pimiento verde
- 200 ml de tomate natural triturado
- 700 ml de caldo de pescado o de verduras
- aceite de oliva virgen extra
- perejil
- pimienta
- sal

ELABORACIÓN

Calienta una tartera (cazuela amplia y baja) con 6 cucharadas de aceite. Corta el rape en trozos de bocado, salpimiéntalo, agrégalo a la tartera y saltéalo brevemente. Retíralo a un plato y resérvalo.

Pela los dientes de ajo y córtalos en daditos. Corta la cebolleta de la misma manera. Retira el tallo y las semillas al pimiento y córtalo también en daditos. Introduce las hortalizas en la tartera, sazónalas y rehógalas durante 10 minutos a fuego medio. Añade el tomate triturado y cocínalo durante 6-8 minutos.

Incorpora el arroz y el caldo, pon a punto de sal y cocínalo a fuego medio durante 10 minutos.

Calienta una sartén con 3 cucharadas de aceite. Pela las alcachofas, córtalas en octavos, añádelas a la sartén, sazónalas y saltéalas a fuego fuerte durante 5 minutos. Agrega las alcachofas a la tartera del arroz, mezcla bien, tapa y cocina todo junto durante 8 minutos más.

Apaga el fuego, agrega los dados de rape al arroz, tápalo con un paño limpio de cocina y deja que repose durante un par de minutos.

Sirve y adorna los platos con unas hojas de perejil.

ARROZ ORIENTAL CON LANGOSTINOS

INGREDIENTES (4 P.)

- 250 g de arroz jazmín
- 24 langostinos
- 2 cebolletas (con sus tallos)
- 1 zanahoria
- 1 pimiento rojo
- 30 ml de salsa de soja
- 25 g de cacahuetes tostados
- aceite de oliva virgen extra
- perejil
- pimienta
- sal

ELABORACIÓN

Enjuaga el arroz dos o tres veces para quitarle el exceso de almidón y cuécelo en una cazuela con abundante agua y una pizca de sal durante 10-12 minutos a fuego medio. Escúrrelo y resérvalo.

Corta los tallos de las cebolletas y resérvalos.

Corta las cebolletas en juliana fina. Pela las zanahorias y córtalas en bastones finos. Retira el tallo y las semillas al pimiento, pélalo y córtalo también en bastones finos. Pon a calentar 4 cucharadas de aceite en un wok, agrega las hortalizas y cocínalas a fuego medio-alto durante 6-8 minutos. Retíralas a un plato y resérvalas.

Añade 2 cucharadas de aceite al wok. Pela los langostinos, córtalos por la mitad a lo largo dejándolos unidos por la parte de la cola, salpimiéntalos, introdúcelos en el wok y saltéalos durante 2-3 minutos. Incorpora al wok las hortalizas, el arroz y la salsa de soja y saltea todo brevemente.

Reparte el arroz en 4 platos. Pica los cacahuetes finamente, corta los tallos de las cebolletas en rodajas finas y salpica con ellos los platos. Adórnalos con unas hojas de perejil.

ARROZ CON PICANTONES Y JUDÍAS VERDES

INGREDIENTES (4 P.)

300 g de arroz bomba
2 picantones
250 g de judías verdes
1 cebolleta
1 zanahoria
2 dientes de ajo
1 pimiento verde
aceite de oliva virgen extra
perejil
pimienta
sal

ELABORACIÓN

Calienta 4 cucharadas de aceite en una paella grande. Trocea los picantones, salpimiéntalos, añádelos a la paella y dóralos bien. Retíralos a un plato y resérvalos.

Pela la cebolleta, la zanahoria y los ajos, córtalos en daditos y añádelos a la paella. Retira el tallo y las semillas del pimiento, córtalo de la misma manera e incorpóralo. Sazona y cocina las hortalizas durante 10 minutos a fuego medio.

Retira las puntas de las judías, córtalas en trozos de 2 cm, agrégalas a la paella y cocina todo durante 5 minutos más.

Incorpora a la paella los picantones y el arroz y mezcla bien. Cubre con 750 ml de agua, sazona el arroz y cocínalo durante 5 minutos a fuego fuerte y 13 minutos a fuego medio. Deja que repose durante 3 minutos.

Sirve y adorna los platos con unas hojas de perejil.

ARROZ CALDOSO CAMPERO

INGREDIENTES (4-6 P.)

300 g de arroz
10 alitas de pollo (sin punta)
2 dientes de ajo
1 pimiento choricero
1 cebolla
1 puerro
1 pimiento verde
1 pimiento rojo
125 g de judías verdes
1 tomate
100 ml de vino blanco
aceite de oliva virgen extra
perejil
pimienta
28 hebras de azafrán
1 cucharadita de pimentón
sal

ELABORACIÓN

Pela los dientes de ajo y trocea el pimiento choricero. Calienta una cazuela con 3-4 cucharadas de aceite, añade los dientes de ajo (enteros) y el pimiento choricero y dóralos un poco. Retíralos a un plato y resérvalos.

Corta las alitas de pollo por la mitad (separando el alón de la blanqueta), salpimiéntalas, agrégalas a la cazuela y cocínalas hasta que se doren (unos 10 minutos). Retíralas a un plato y resérvalas.

Pela la cebolla y córtala en daditos. Limpia el puerro y córtalo en cuartos de luna finos. Corta el pimiento verde en dados. Pela el pimiento rojo y córtalo de la misma manera. Retira las puntas de las judías y córtalas en trozos de 1-2 cm. Incorpora las hortalizas a la cazuela, sazónalas y cocínalas a fuego suave-medio durante 20 minutos.

Corta el tomate por la mitad, rállalo y agrégalo a la cazuela. Añade 1 litro y medio de agua, las alitas, los ajos, el pimiento choricero, las hebras de azafrán y el pimentón. Sazona y cuece todo durante 15 minutos.

Incorpora a la cazuela el vino y el arroz. Mezcla bien y cocínalo durante 18 minutos. Apaga el fuego y sirve. Decora los platos con unas hojas de perejil.

CONSEJOS

1. Para hacer arroces caldosos, lo mejor es utilizar arroces de grano redondo tipo bomba (variedades Calasparra, Senia, Albufera...), ya que son arroces que aguantan bien una cocción prolongada sin romperse ni pasarse.
2. El reposo, tan importante en los arroces secos tipo paella, no es necesario en los arroces caldosos, ya que no nos interesa que se siga cocinando en la cazuela.

ARROZ CON MOLLEJAS DE CORDERO, CALABACÍN Y CHAMPIÑONES

INGREDIENTES (4 P.)

- 300 g de arroz
- 300-400 g de mollejas de cordero
- 1 calabacín
- 250 g de champiñones
- 3 dientes de ajo
- 700 ml de caldo de hortalizas
- 16 ajos frescos
- aceite de oliva virgen extra
- perejil
- pimienta
- sal

ELABORACIÓN

Pela los dientes de ajo y córtalos en láminas. Lava el calabacín y córtalo en cuartos de luna finos. Lava los champiñones, sécalos un poco y córtalos en láminas. Calienta una tartera (cazuela amplia y baja) con 4 cucharadas de aceite, agrega las hortalizas, sazónalas y rehógalas a fuego medio durante 6-8 minutos.

Incorpora el arroz a la tartera, rehógalo brevemente, vierte encima el caldo, ponlo a punto de sal y cocínalo durante 18 minutos.

Limpia los ajos frescos retirándoles la parte inferior, la superior y 1-2 capas de hojas, enjuágalos y córtalos en cilindros. Calienta una sartén con 4 cucharadas de aceite y saltea en ella los ajos frescos durante 2 minutos. Corta las mollejas en trocitos de bocado, salpimiéntalas, incorpóralas a la sartén y saltéalas brevemente (1-2 minutos).

Coloca las mollejas con ajos frescos sobre el arroz, retira la tartera del fuego y tápala con un paño limpio de cocina. Deja que repose el arroz durante 2-3 minutos.

Sirve y adorna los platos con unas hojas de perejil.

ARROCES

CAZUELA DE ARROZ Y GARBANZOS

INGREDIENTES (4 P.)

- 300 g de arroz
- 100 g de garbanzos lechosos (remojados desde la víspera)
- 600 g de costilla de cerdo troceada
- 2 hojas de acelgas
- 2 puerros
- 2 zanahorias
- 2 dientes de ajo
- aceite de oliva virgen extra
- perejil
- ¼ de cucharadita de pimentón
- sal

ELABORACIÓN

Pon abundante agua en una olla rápida. Introduce en ella la costilla y los garbanzos, sazona, cierra la olla y cuece todo durante 20 minutos. Cuando baje la válvula, abre la olla, saca la carne y los garbanzos a una fuente y resérvalos. Desgrasa el caldo y resérvalo.

Calienta 4 cucharadas de aceite en una cazuela. Limpia los puerros, retirándoles la parte inferior, la superior y 1-2 capas de hojas, enjuágalos bien, córtalos en cuartos de luna finos e incorpóralos a la cazuela. Pela las zanahorias, córtalas de la misma manera y agrégalas. Pela los dientes de ajo, córtalos en daditos y añádelos. Limpia las acelgas, córtalas en dados de unos 2 cm e incorpóralas. Sazona las hortalizas y rehógalas a fuego medio durante 6-8 minutos.

Añade a la cazuela el arroz, la costilla, los garbanzos y el pimentón. Cubre con 800 ml del caldo reservado y cocina el arroz a fuego medio durante 18-20 minutos.

Sirve y adorna los platos con unas hojas de perejil,

ARROZ BLANCO CON HUEVOS Y GUISANTES

INGREDIENTES (4 P.)

- 300 g de arroz
- 8 huevos
- 300 g de guisantes frescos (desgranados)
- 1 diente de ajo
- aceite de oliva virgen extra
- perejil
- sal

ELABORACIÓN

Calienta 3 cucharadas de aceite en una cazuela. Aplasta el diente de ajo (con piel), añádelo a la cazuela y fríelo un poco. Incorpora el arroz, rehógalo brevemente y cúbrelo con agua (el doble y un poco más). Sazona y cuece el arroz durante 18 minutos.

Calienta agua en otra cazuela. Cuando empiece a hervir, introduce en ella los guisantes, sazónalos y cuécelos (según tamaño) durante 5 minutos. Escúrrelos y resérvalos.

Calienta bastante aceite en una sartén pequeña, casca 1 huevo, introdúcelo en la sartén y fríelo. Retíralo a un plato y resérvalo. Fríe el resto de los huevos de la misma manera, sazónalos y espolvoréalos con un poco de perejil picado.

Saltea los guisantes en una sartén con 2 cucharadas de aceite durante 2 minutos.

Con ayuda de un aro de emplatar, monta 2 porciones de arroz en cada plato. Coloca los huevos encima y salpícalos con los guisantes. Decora los platos con unas hojas de perejil.

CONSEJO

Si quieres que el huevo quede recogido, cáscalo sobre una espumadera colocada encima de un plato de manera que se escurra la parte más líquida. Agrégalo a la sartén y fríelo como de costumbre.

RISOTTO DE PUERRO Y MEJILLONES

INGREDIENTES (4 P.)

300 g de arroz
4 puerros
1 kg de mejillones
100 ml de *txakoli* (o vino blanco)
1.500 ml de caldo de pescado
30 g de mantequilla
75 g de queso parmesano
aceite de oliva virgen extra
perejil
sal

ELABORACIÓN

Limpia los mejillones y retírales las barbas.

Pon a calentar el *txakoli* en una tartera (cazuela amplia y baja), agrega los mejillones, tápalos y espera a que se abran. Retira las conchas y reserva la carne. Cuela el caldo que hayan soltado y resérvalo.

Calienta 3 cucharadas de aceite en una cazuela. Limpia los puerros (retirándoles la parte inferior, la superior y 2-3 capas de hojas), enjuágalos bien, córtalos en cuartos de luna finos, incorpóralos a la cazuela y rehógalos a fuego suave durante 15 minutos (tienen que ablandarse, pero no dorarse). Agrega el arroz y rehógalo a fuego medio durante 2 minutos. Vierte encima el caldo que han soltado los mejillones y 2 cazos de caldo de pescado, sazona y sigue cocinándolo a fuego medio y sin dejar de remover. Cuando se seque, añade otros 2 cazos de caldo y repite el proceso hasta que esté hecho (unos 20 minutos).

Incorpora los mejillones y la mantequilla y remueve bien hasta que los ingredientes queden perfectamente integrados. Ralla el queso encima y mezcla bien. Sirve (no necesita reposo) y adorna los platos con unas hojas de perejil.

ARROZ CON PIMIENTOS GRATINADO

INGREDIENTES (4 P.)

300 g de arroz
6 pimientos verdes
50 g de mantequilla
100 g de queso rallado
aceite de oliva virgen extra
sal
perejil

ELABORACIÓN

Calienta una cazuela con abundante agua. Cuando empiece a hervir, sazónala, añade el arroz, y cuécelo durante 18 minutos. Escúrrelo y resérvalo.

Calienta un wok con 4 cucharadas de aceite. Retira el tallo y las semillas de los pimientos, córtalos en dados grandes, agrégalos al wok y rehógalos durante 10-12 minutos a fuego medio. Añade la mantequilla y saltéalos hasta que se funda.

Incorpora el arroz al wok y saltéalo brevemente. Pasa la mezcla a un recipiente apto para el horno, reparte por encima el queso y gratina el arroz en el horno hasta que se dore un poco.

Sirve y decora los platos con unas hojas de perejil.

RISOTTO DE CODORNIZ

INGREDIENTES (4 P.)

- 300 g de arroz
- 16 muslos de codorniz
- 24 ajos frescos
- 1.200 ml de caldo de pollo
- 20 g de mantequilla
- 75 g de queso parmesano
- aceite de oliva virgen extra
- 1 hoja de laurel
- perejil
- pimienta
- sal

ELABORACIÓN

Calienta 5 cucharadas de aceite en una cazuela. Salpimienta los muslos de codorniz, añádelos a la cazuela y fríelos hasta que queden dorados por fuera y tiernos por dentro. Retíralos y resérvalos. Reserva también la cazuela con el aceite.

Retira la parte inferior y superior de los ajos frescos, córtalos en rodajas, introdúcelos en la cazuela y rehógalos durante 2 minutos.

Incorpora el arroz y la hoja de laurel a la cazuela, sazónalo y rehógalo un poco. Añade ¼ parte del caldo (300 ml) y cocínalo a fuego medio, sin dejar de remover, hasta que lo absorba. Repite el proceso tres veces más hasta terminar con todo el caldo (en total, unos 18 minutos).

Trocea la mantequilla, añádela y mezcla suavemente hasta que se funda. Ralla el queso encima y remueve hasta que quede bien integrado.

Reparte el *risotto* en 4 platos hondos, coloca en cada uno 4 muslos de codorniz y adorna con unas hojitas de perejil.

HAMBURGUESAS DE ARROZ, MAÍZ Y GARBANZOS

INGREDIENTES (4 P.)

- 200 g de arroz
- 150 g de maíz cocido
- 300 g de garbanzos cocidos
- 1 cebolleta
- 1 zanahoria
- ¼ de pimiento rojo
- 2 dientes de ajo
- pan rallado (opcional)
- 200 g de hojas de lechugas variadas
- aceite de oliva virgen extra
- vinagre
- perejil
- sal

ELABORACIÓN

Calienta una sartén con 3 cucharadas de aceite. Corta la cebolleta en daditos y añádelos a la sartén. Pela la zanahoria, el pimiento y 1 diente de ajo, córtalos en daditos e incorpóralos. Sazona las hortalizas y cocínalas durante 8-10 minutos. Escúrrelas sobre un colador para que suelten todo el aceite y resérvalas.

Pela el otro diente de ajo y rehógalo en una cazuela con 2 cucharadas de aceite. Agrega el arroz y rehógalo un poco. Añade el doble de agua y un poco más que de arroz, sazónalo y cuécelo a fuego medio durante 18 minutos.

Introduce los garbanzos, el arroz y el maíz en una picadora, tritúralos hasta que todo esté bien mezclado y pasa la mezcla a un bol.

Agrega las hortalizas al bol y amasa todo hasta conseguir una masa homogénea (si no queda muy consistente, puedes añadir un poco de pan rallado). Mójate las manos para que no se pegue la masa, forma 8 hamburguesas y colócalas sobre un plato untado de aceite (para que no se peguen). Fríe las hamburguesas (3 minutos por cada lado) en una sartén con un chorrito de aceite.

Aliña las hojas de lechuga con aceite, vinagre y sal.

Sirve 2 hamburguesas por comensal y acompáñalas con la ensalada. Decora los platos con unas hojas de perejil.

ARROZ MELOSO CON NÉCORAS

INGREDIENTES (4 P.)

- 300 g de arroz
- 2 nécoras grandes (4 si son pequeñas)
- 3 dientes de ajo
- 1 cebolleta
- 2 zanahorias
- 1 puerro
- 150 ml de salsa de tomate
- 25 ml de *brandy*
- 1 l de caldo de pescado o marisco
- aceite de oliva virgen extra
- perejil
- sal

ELABORACIÓN

Calienta 6 cucharadas de aceite en una tartera (cazuela amplia y baja). Corta cada nécora en 4, sazónalas, añádelas a la tartera y fríelas durante 3-4 minutos. Retíralas a un plato y resérvalas.

Pela los dientes de ajo, córtalos en daditos e introdúcelos en la tartera. Corta la cebolleta de la misma forma y añádela. Pela las zanahorias, córtalas en cuartos de luna finos y agrégalas. Limpia el puerro (retirándole la parte inferior, la superior y 2 capas de hojas), córtalo en cuartos de luna finos e incorpóralo. Rehoga las hortalizas durante 8-10 minutos a fuego medio. Añade la salsa de tomate y rehoga todo junto durante 5 minutos. Vierte encima el *brandy* y dale un breve hervor.

Agrega a la tartera el arroz, vierte encima el caldo y pon a punto de sal. Cocina el arroz durante 15 minutos. Incorpora los trozos de nécora y cocina todo junto durante 3 minutos más.

Sirve y adorna los platos con unas hojas de perejil.

ARROZ CON HORTALIZAS Y BUTIFARRA

INGREDIENTES (4 P.)

- 300 g de arroz
- 1 butifarra negra fresca
- 1 butifarra blanca fresca
- 1 cebolla
- 2 dientes de ajo
- 1 pimiento verde
- 1 tomate
- 750 ml de caldo de carne
- aceite de oliva virgen extra
- perejil
- 10-15 hebras de azafrán
- sal

ELABORACIÓN

Calienta una tartera (cazuela amplia y baja) con 4 cucharadas de aceite. Corta las butifarras (negra y blanca) en rodajas y fríelas brevemente en la tartera. Retíralas a un plato y resérvalas.

Pela la cebolla y los dientes de ajo, córtalos en daditos y agrégalos a la tartera. Retira el tallo y las semillas del pimiento, córtalo de la misma manera y añádelo. Sazona y rehoga las hortalizas durante 10 minutos a fuego medio. Corta el tomate por la mitad, rállalo encima y cocina las hortalizas durante 4-5 minutos más. Agrega las hebras de azafrán, mezcla bien e incorpora el arroz y las butifarras. Vierte encima el caldo, pon a punto de sal y cocina el arroz durante 18 minutos.

Sirve y adorna los platos con unas hojas de perejil.

RISOTTO DE HORTALIZAS CON MOLLEJAS DE PATO

INGREDIENTES (4 P.)

300 g de arroz
6 mollejas de pato
1 l de caldo de verduras
5 zanahorias (600 g)
1 cebolleta
1 pimiento verde
100 ml de vino blanco seco
8 ajos frescos
200 g de habitas frescas (desgranadas)
25 g de mantequilla
aceite de oliva virgen extra
perejil
sal

CONSEJOS

Te cautivará la textura cremosa del *risotto*, ni demasiado seca ni demasiado húmeda, y descubrirás cómo realza cualquier ingrediente que le añadamos, ya sean hortalizas, legumbres, carne o pescado.

ELABORACIÓN

Pon a calentar el caldo de verduras en una cazuela. Pela las zanahorias, córtalas en daditos, agrégalas a la cazuela y cuécelas durante 8-10 minutos. Tritúralas con una batidora eléctrica hasta conseguir una crema ligera. Reserva la crema de zanahoria.

Calienta 3-4 cucharadas de aceite en una tartera (cazuela amplia y baja). Corta la cebolleta en daditos y añádela. Retira el tallo y las semillas del pimiento, córtalo en daditos e incorpóralo a la tartera. Sazona las hortalizas y rehógalas durante 8-10 minutos a fuego medio. Agrega el arroz. Vierte encima el vino y dale un hervor para que se evapore el alcohol.

Añade ¼ parte de la crema de zanahoria, sazona y cocina el arroz a fuego medio sin dejar de remover. Cuando el arroz haya absorbido todo el líquido, agrega otra ¼ parte de la crema de zanahoria. Repite el proceso dos veces más hasta terminar con toda la crema (en total, unos 15 minutos).

Calienta agua en un cazo. Añade las habitas, sazónalas y cuécelas durante 5 minutos. Escúrrelas y resérvalas.

Calienta 2-3 cucharadas de aceite en una sartén. Limpia los ajos frescos (retirándoles la parte inferior, la superior y 1 capa), córtalos en cilindros de 2 cm, incorpóralos a la sartén y dóralos brevemente. Corta las mollejas por la mitad y agrégalas. Añade también las habitas y saltea todo durante 2-3 minutos.

Agrega la mantequilla al *risotto* y sigue cocinándolo (sin dejar de remover) durante 3-4 minutos más.

Reparte el *risotto* en 4 platos hondos y agrega ¼ parte del salteado de ajos, mollejas y habas a cada uno. Adorna los platos con unas hojas de perejil.

ARROZ CON SALCHICHAS Y CHORIZO

INGREDIENTES (4 P.)

- 300 g de arroz
- 125 g de salchichas frescas
- 125 g de chorizo fresco
- 1 cebolleta
- 1 pimiento verde
- 1 zanahoria
- 150 ml de salsa de tomate
- aceite de oliva virgen extra
- perejil
- sal

ELABORACIÓN

Corta la cebolleta en dados y ponla a rehogar en una tartera (cazuela amplia y baja) con 3 cucharadas de aceite. Retira el tallo y las semillas del pimiento, córtalo de la misma manera e incorpóralo. Pela la zanahoria, córtala en dados y añádela. Sazona y cocina las hortalizas durante 10 minutos a fuego suave-medio.

Corta el chorizo y las salchichas en rodajas de 2 cm, agrégalas a la tartera y rehógalas brevemente. Incorpora el arroz y la salsa de tomate. Vierte encima agua caliente (el doble y un poco más que de arroz) y sazona. Cocina el arroz durante 18-20 minutos. Retíralo del fuego y deja que repose durante 2 minutos.

Sirve y adorna los platos con unas hojas de perejil.

ARROZ DE BOLETOS, AJOS FRESCOS Y BEICON

INGREDIENTES (4 P.)

- 300 g de arroz
- 250 g de boletos
- 24 ajos frescos
- 100 g de beicon (2 lonchas)
- 1 cebolleta
- 750 ml de caldo de verduras
- aceite de oliva virgen extra
- perejil
- sal

ELABORACIÓN

Calienta 4-6 cucharadas de aceite en una tartera (cazuela amplia y baja).

Corta la cebolleta en daditos y rehógala en la tartera durante 6-8 minutos a fuego medio.

Limpia los ajos frescos, retirándoles la parte inferior, la superior y 1-2 capas de hoja, córtalos en cilindros e incorpóralos a la tartera. Limpia los boletos, córtalos en láminas, añádelos, sazónalos y cocínalos durante 2 minutos.

Corta el beicon en dados, agrégalos a la tartera y rehógalos durante un par de minutos. Añade el arroz y el caldo. Pon a punto de sal y cocina el arroz durante 18-20 minutos. Retira la tartera del fuego y tápala con un paño limpio de cocina. Deja que repose el arroz durante 3 minutos.

Sirve y adorna los platos con unas hojas de perejil.

ARROZ INTEGRAL CON HORTALIZAS ASADAS

INGREDIENTES (4 P.)

- 300 g de arroz integral
- 2 dientes de ajo
- 1 cebolleta
- 1 pimiento morrón
- 1 berenjena
- 12 espárragos verdes
- 2 cucharadas de salsa de soja
- aceite de oliva virgen extra
- perejil
- sal

ELABORACIÓN

Calienta 2 cucharadas de aceite en una olla rápida. Pela los dientes de ajo, añádelos (enteros) a la olla y dóralos un poco. Agrega el arroz, rehógalo brevemente, cúbrelo con agua (el triple que de arroz) y sazónalo. Cierra la olla y cuece el arroz durante 10-12 minutos. Apaga el fuego y, cuando baje la válvula, abre la olla y deja que repose el arroz durante 4-5 minutos.

Calienta 4 cucharadas de aceite en un wok (o sartén grande). Corta la cebolleta en dados, rehógala en el wok durante 4-5 minutos a fuego medio-alto y retírala a un plato.

Retira el tallo y las semillas al pimiento, pélalo, córtalo en dados, añádelo al wok y saltéalo a fuego medio-alto durante 5-6 minutos y retíralo al plato.

Agrega 2-3 cucharadas de aceite al wok. Corta la berenjena en dados, incorpórala al wok, cocínala durante 10 minutos a fuego medio y retírala al plato.

Corta los espárragos verdes en rodajas de 1 cm y saltéalos en el wok durante 4-5 minutos. Incorpora al wok las hortalizas rehogadas, el arroz y la salsa de soja y saltea todo.

Sirve y adorna los platos con unas hojas de perejil.

ARROZ MELOSO CON MEJILLONES Y PANCETA

INGREDIENTES (4 P.)

- 300 g de arroz
- 1 kg de mejillones
- 3 lonchas gruesas de panceta fresca (150 g)
- 50 ml de vino blanco
- 2 dientes de ajo
- 1 cebolleta
- 1 pimiento verde
- 1 l de caldo de pescado
- aceite de oliva virgen extra
- perejil
- sal

ELABORACIÓN

Calienta una tartera (cazuela amplia y baja) grande con 3 cucharadas de aceite. Corta la panceta en dados, agrégala y rehógala un poco. Retírala a un plato y resérvala. Introduce en la tartera los mejillones, vierte encima el vino, tapa la tartera y cocínalos hasta que se abran. Saca los mejillones de la tartera, retírales las cáscaras y resérvalos. Cuela el caldo que hayan soltado y resérvalo.

Calienta 4 cucharadas de aceite en otra tartera. Pela los dientes de ajo y córtalos en daditos. Corta la cebolleta del mismo modo.

Retira el tallo y las semillas al pimiento y córtalo también en daditos. Añade las hortalizas a la tartera y rehógalas a fuego medio durante 6-8 minutos.

Incorpora a la tartera el arroz, el caldo reservado de los mejillones y el caldo de pescado y pon a punto de sal. Cocina el arroz (removiéndolo de vez en cuando) a fuego medio durante 15 minutos.

Agrega al arroz los mejillones y la panceta, mezcla bien y cocina todo junto durante 3 minutos.

Sirve y adorna los platos con unas hojas de perejil.

ARROZ IMPERIAL CON POLLO

INGREDIENTES (4 P.)

300 g de arroz de grano largo
3 cuartos traseros de pollo (muslos y contramuslos)
1 l de caldo de pollo
4 dientes de ajo
1 cebolleta
1 pimiento verde
½ pimiento morrón rojo
100 ml de vino blanco seco
300 ml de salsa de tomate
200 g de queso rallado (tipo *mozzarella*)
aceite de oliva virgen extra
perejil
20 hebras de azafrán
½ cucharadita de pimentón
½ cucharadita de comino
sal

Para la mayonesa de ajo:

1 huevo
1 diente de ajo
150-200 ml de aceite de oliva virgen extra
1 cucharadita de vinagre
sal

ELABORACIÓN

Pon el caldo de pollo en una olla rápida, añade los cuartos traseros de pollo, ciérrala y cuécelos durante 5 minutos. Retira el pollo, desmígalo y resérvalo. Reserva también el caldo.

Calienta 3 cucharadas de aceite en una cazuela. Pela 2 dientes de ajo y pícalos finamente. Pica del mismo modo la cebolleta. Agrega las hortalizas a la cazuela y rehógalas a fuego medio durante 4-5 minutos. Añade el caldo de pollo, el arroz, las hebras de azafrán, el pimentón y el comino y cuece todo durante 18 minutos.

Retira el tallo y las semillas del pimiento verde y córtalo en daditos. Pela el pimiento rojo y córtalo de la misma manera. Pela los otros 2 dientes de ajo y córtalos en daditos. Calienta una sartén grande con 2-3 cucharadas de aceite, agrega las hortalizas, sazónalas y cocínalas a fuego suave-medio durante 10 minutos. Incorpora a la sartén el pollo desmenuzado. Vierte encima el vino blanco y dale un hervor fuerte. Añade la salsa de tomate y mezcla bien. Cocina conjuntamente durante 6-8 minutos a fuego medio.

Para preparar la mayonesa, pela el diente de ajo, pícalo un poco y ponlo en un vaso batidor. Añade el huevo, una pizca de sal, el vinagre y el aceite y tritura los ingredientes con una batidora eléctrica hasta que liguen.

Cubre la base de un molde redondo (de fondo desmontable) con ⅓ parte del arroz y úntalo con la mitad de la mayonesa. Pon la mitad de la fritada encima, cúbrela con el resto del arroz y úntalo con el resto de la mayonesa. Agrega el resto de la fritada y cúbrela con el resto del arroz. Espolvorea con el queso, introduce el molde en el horno y hornéalo a 220 ºC durante 10 minutos.

Retira el arroz del horno, espera a que se temple un poco, desmóldalo y sirve. Adorna los platos con unas hojas de perejil.

CONSEJO

Para que el arroz quede perfecto, cocínalo durante 10 minutos destapado a fuego medio-alto y 8 minutos tapado a fuego bajo.

ARROZ MIXTO DE POLLO, CERDO Y SEPIA

INGREDIENTES (4 P.)

300 g de arroz
2 muslos de pollo deshuesados
200 g de carne de cerdo
1 sepia pequeña limpia
1 cebolleta
1 pimiento morrón rojo
1 diente de ajo
1 tomate
150 g de guisantes frescos desgranados
750 ml de caldo para paella
aceite de oliva virgen extra
pimienta
1 cucharadita de pimentón dulce
20 hebras de azafrán
perejil
sal

CONSEJO

Para que el pimentón conserve todo su aroma, asegúrate de mantenerlo herméticamente cerrado y en un lugar seco, y si quieres que también conserve su color, presérvalo de la luz.

ELABORACIÓN

Corta la carne de cerdo y los muslos de pollo en dados y salpimiéntalos. Calienta una tartera (cazuela amplia y baja) apta para el horno con 3-4 cucharadas de aceite, introduce en ella las carnes y rehógalas hasta que se doren. Retíralas a una fuente y resérvalas.

Corta la sepia en dados, sazónala, agrégala a la tartera y rehógala a fuego vivo durante 4-5 minutos. Retírala a un plato y resérvala.

Corta la cebolleta en daditos. Pela el pimiento y córtalo de la misma manera. Pela el diente de ajo y pícalo finamente. Añade las hortalizas a la tartera, sazónalas y rehógalas a fuego medio durante 8-10 minutos.

Ralla el tomate, incorpóralo a la tartera y cocina todo durante 2 minutos. Agrega el pimentón, las hebras de azafrán, los guisantes, el arroz y el caldo. Cuando empiece a hervir, prueba y pon a punto de sal, añade las carnes y la sepia a la tartera y cuece todo durante 5 minutos más.

Introduce la tartera en el horno y cocina el arroz a 200 ºC durante unos 13 minutos. Retíralo del horno, tápalo con un paño limpio de cocina y deja que repose durante 5 minutos.

Sirve y decora los platos con unas hojas de perejil.

PASTAS Y MASAS

FIDEUÁ DE POLLO Y HORTALIZAS

INGREDIENTES (4 P.)

- 225 g de fideos (con agujero)
- 2 cuartos traseros de pollo (muslos y contramuslos)
- 1 pimiento rojo
- 1 pimiento verde
- 2 dientes de ajo
- 200 g de judías verdes
- 1 ñora
- 1 l de caldo de pollo
- aceite de oliva virgen extra
- perejil
- pimienta
- 1 cucharadita de pimentón
- 15 hebras de azafrán
- sal

Para la mayonesa de ajo:

- 1 huevo
- 1 diente de ajo
- 150 ml de aceite de oliva virgen extra
- 1 cucharada de vinagre
- sal

ELABORACIÓN

Retira la piel del pollo, deshuésalo, córtalo en dados de bocado y salpimiéntalos. Calienta una tartera (cazuela amplia y baja) con 3 cucharadas de aceite, introduce en ella los dados de pollo, dóralos bien, retíralos y resérvalos en un plato.

Pela el pimiento rojo y córtalo en daditos. Corta el pimiento verde de la misma manera. Pela los dientes de ajo y córtalos en daditos. Retira las puntas y los hilos de las judías y córtalas en trozos de ½ cm. Añade las hortalizas y la ñora (sin tallo ni semillas y troceada) a la tartera, sazónalas y rehógalas durante 10-12 minutos a fuego medio.

Incorpora los fideos, el pollo, el pimentón y las hebras de azafrán y mezcla bien. Vierte encima el caldo y cocina la fideuá durante 10-12 minutos. Apaga el fuego, tápala con un paño limpio de cocina y deja que repose durante 2 minutos.

Para la mayonesa de ajo, pon el huevo en el vaso batidor, añade el diente de ajo (pelado y picado), el vinagre, una pizca de sal y el aceite. Tritura los ingredientes con una batidora eléctrica hasta que emulsionen.

Reparte la fideuá en 4 platos y acompáñalos con un poco de mayonesa. Decora los platos con unas hojas de perejil.

CONSEJO

Para que la mayonesa de ajo no quede tan fuerte de sabor, pela el diente de ajo, colócalo en un plato dentro del microondas durante 20 segundos a máxima potencia y utilízalo para hacer la mayonesa. Verás lo rica y suave que te queda.

CANELONES DE BACALAO

INGREDIENTES (4 P.)

- 20 láminas de canelón
- 400 g de bacalao desalado
- 4 cebolletas
- 2 pimientos verdes
- 60 g de harina
- 700 ml de leche
- 100 g de queso Idiazábal
- aceite de oliva virgen extra
- perejil
- sal

ELABORACIÓN

Pon agua a calentar en una tartera (cazuela amplia y baja). Cuando empiece a hervir, sazónala, agrega las láminas de canelón y cuécelas durante el tiempo que indique el paquete. Retíralas y escúrrelas sobre un paño de cocina limpio.

Calienta una sartén con 6 cucharadas de aceite. Corta las cebolletas en daditos y añádelas. Retira el tallo y las semillas de los pimientos, córtalos en daditos e incorpóralos. Rehoga las hortalizas a fuego medio durante 20 minutos. Corta el bacalao en dados, agrégalos a la sartén, mezcla y rehoga todo durante 4-5 minutos.

Calienta una cazuela con 3-4 cucharadas de aceite, agrega la harina y rehógala bien. Añade la leche poco a poco y sin dejar de remover. Sazona la bechamel y cocínala durante 8-10 minutos sin dejar de remover. Agrega ⅓ parte de la bechamel (reserva el resto) a la sartén con el bacalao y mezcla bien.

Rellena los canelones con la farsa y colócalos en una fuente apta para el horno. Cubre los canelones con el resto de la salsa bechamel, ralla encima el queso, introdúcelos en el horno y gratínalos hasta que se doren.

Sirve y adorna los platos con unas hojas de perejil.

PASTAS Y MASAS

CANELONES DE CONFIT DE PATO

INGREDIENTES (4 P.)

- 20 láminas de canelón
- 1-2 muslos de pato confitados (según tamaño)
- 2 dientes de ajo
- 1 cebolleta
- 1 manzana
- 100 ml de vino dulce
- 50 g de harina
- 600 ml de caldo de pollo y verduras
- aceite de oliva virgen extra
- perejil
- sal

ELABORACIÓN

Pon a calentar abundante agua en una cazuela amplia con una pizca de sal. Cuando el agua empiece a hervir, introduce las láminas de canelón y cuécelos durante el tiempo que indique el paquete. Retíralas, escúrrelas y extiéndelas sobre un paño de cocina limpio.

Calienta una sartén grande con 4 cucharadas de aceite. Pela los ajos, córtalos en daditos y agrégalos a la sartén. Corta la cebolleta de la misma manera y añádela. Sazona y rehoga las hortalizas a fuego medio-suave durante 10 minutos.

Pela la manzana, córtala en daditos, incorpórala a la sartén y cocínala durante 5 minutos. Vierte encima el vino dulce y dale un hervor. Pica finamente la carne de los muslos de pato e incorpórala. Cocina todo durante 3-5 minutos.

Para preparar la *velouté,* calienta 3 cucharadas de aceite en una cazuela, agrega la harina y rehógala bien. Añade el caldo poco a poco. Sazona la *velouté* y cocínala a fuego suave-medio durante 10 minutos sin dejar de remover con una varilla. Agrega 1 cucharadita de perejil picado y mezcla bien.

Añade 6-8 cucharadas de la *velouté* (reserva el resto) a la sartén con el pato y mezcla bien. Pasa la farsa a una fuente y deja que se enfríe.

Rellena los canelones con la farsa y colócalos en una fuente apta para el horno. Nápalos con el resto de la *velouté* y hornéalos a 180 ºC durante 10-15 minutos. Sirve y adorna los platos con unas hojas de perejil.

TARTA DE PUERROS Y CHAMPIÑONES

INGREDIENTES (4 P.)

1 lámina redonda de pasta quebrada

3 puerros

200 g de champiñones

2 dientes de ajo

175 ml de salsa de tomate

1 huevo

aceite de oliva virgen extra

8-10 hojas de albahaca

perejil

sal

CONSEJO

Si lo prefieres, también puedes hacer esta tarta con hojaldre en lugar de con pasta quebrada.

ELABORACIÓN

Calienta 3-4 cucharadas de aceite en una sartén. Limpia los puerros (retirándoles la parte inferior, la superior y 2-3 capas de hojas), enjuágalos bien, córtalos en rodajas finas, introdúcelos en la sartén, sazónalos y rehógalos a fuego medio durante 6-8 minutos. Retíralos a una fuente y resérvalos.

Pela los dientes de ajo y córtalos en láminas. Lava los champiñones y córtalos de la misma manera.

Vierte 2 cucharadas de aceite en la sartén donde has rehogado los puerros. Añade los ajos y rehógalos brevemente. Agrega los champiñones, sazónalos y saltéalos durante 3-4 minutos. Incorpora los puerros y mezcla bien.

Pica finamente las hojas de albahaca.

Extiende la pasta quebrada (con su papel) y cubre con ella un molde cuadrado. Extiende la salsa de tomate sobre la masa, espolvoréala con las hojas de albahaca picadas, reparte por encima las hortalizas y dobla sobre ellas los bordes de la masa. Bate el huevo en un bol y unta con él la superficie de la pasta quebrada.

Coloca el molde sobre una bandeja de horno, introdúcelo en el horno y hornea la tarta a 200 °C durante 20-25 minutos.

Retira la tarta del horno, desmóldala, córtala en 4 porciones y sirve 1 en cada plato. Decora los platos con unas hojas de perejil.

CODITOS CON GUISANTES Y BONITO

INGREDIENTES (4 P.)

- 300 g de coditos
- 150 g de guisantes frescos
- 200 g de bonito en aceite
- 1 tomate
- 1 diente de ajo
- 30 g de piñones (tostados)
- aceite de oliva virgen extra
- 30 hojas de albahaca
- perejil
- sal

ELABORACIÓN

Calienta agua en un cazo. Cuando empiece a hervir, sazónala, añade los guisantes y cuécelos durante unos 15 minutos. Retíralos y deja que se enfríen.

Pon abundante agua a calentar en una cazuela grande. Cuando empiece a hervir, sazónala, agrega los coditos y cuécelos durante el tiempo que indique el paquete. Retíralos, refréscalos y resérvalos en un bol grande.

Pela el tomate, córtalo en dados e incorpóralo al bol.

Pica las hojas de albahaca y ponlas en un vaso batidor. Pela el diente de ajo, córtalo en láminas y agrégalo. Añade 125 ml de aceite y tritura todo con una batidora eléctrica. Vierte el aceite de ajo y albahaca en el bol y mezcla bien.

Reparte la mezcla en 4 platos y esparce por encima los guisantes, el bonito (desmenuzado) y los piñones. Adorna los platos con unas hojas de perejil.

CANELONES DE POLLO CON TOMATE

INGREDIENTES (4 P.)

- 16 láminas de canelón
- 300 g de carne picada de pollo
- 250 ml de salsa de tomate
- 2 cebolletas
- 3 dientes de ajo
- 2 cucharadas de harina
- 500 ml de leche
- 100 g de queso rallado
- aceite de oliva virgen extra
- perejil
- pimienta
- sal

ELABORACIÓN

Calienta abundante agua en una cazuela y sazónala. Cuando empiece a hervir, agrega las láminas de canelón y cuécelas durante el tiempo que indique el paquete (10-12 minutos). Refresca las láminas en agua fría, escúrrelas y extiéndelas sobre un paño limpio de cocina.

Calienta una sartén con 3 cucharadas de aceite. Corta las cebolletas en daditos y agrégalas a la sartén. Pela los dientes de ajo, córtalos de la misma manera y añádelos. Sazona y rehoga las hortalizas a fuego medio durante 10 minutos. Salpimienta el pollo, incorpóralo a la sartén y cocínalo durante 3-4 minutos. Agrega la salsa de tomate y cocina todo junto durante 6 minutos.

Pon un poco de relleno en cada lámina de canelón, enróllalos y colócalos en una fuente apta para el horno.

Para hacer la bechamel, calienta 3-4 cucharadas de aceite en una cazuela, añade la harina y cocínala un poco. Añade la leche poco a poco sin dejar de remover. Condimenta con sal y pimienta y cocina la bechamel durante 8-10 minutos sin dejar de remover.

Napa los canelones con la bechamel, espolvoréalos con el queso y hornéalos a 220 °C durante 4-5 minutos. Sirve los canelones y decora los platos con unas hojas de perejil.

GURULLOS CON CONEJO Y GARBANZOS

INGREDIENTES (6 P.)

- 200 g de gurullos (o una pasta similar, como orzo o piñones)
- 1 conejo troceado
- 350 g de garbanzos cocidos
- 1 cebolla
- 1 pimiento verde
- 2 tomates
- 2 ñoras
- aceite de oliva virgen extra
- 1 hoja de laurel
- perejil
- pimienta
- 10 hebras de azafrán
- sal

ELABORACIÓN

Calienta una cazuela amplia con 4-5 cucharadas de aceite.

Salpimienta el conejo, añádelo a la cazuela y dóralo un poco. Retira el conejo a una fuente y resérvalo.

Pela la cebolla y córtala en daditos. Retira el tallo y las semillas del pimiento y córtalo de la misma manera. Añade las hortalizas a la cazuela, sazónalas y cocínalas a fuego medio durante 6-8 minutos.

Corta los tomates por la mitad y rállalos. Agrega la pulpa a la cazuela, mezcla bien y cocina todo durante 5-6 minutos.

Retira los tallos y las semillas de las ñoras, trocéalas y fríelas a fuego suave en un cazo con 6 cucharadas de aceite. Retíralas, pásalas a un mortero y majalas bien.

Incorpora a la cazuela con las hortalizas el conejo, las hebras de azafrán, el laurel, los garbanzos y las ñoras. Cubre todo con agua, tapa la cazuela y cocina el conejo durante 20-25 minutos a fuego suave. Incorpora los gurullos, pon a punto de sal, tapa la cazuela y cocina todo durante 10 minutos más. Espolvorea el guiso con un poco de perejil picado y sirve. Decora los platos con unas hojas de perejil.

CONSEJO

Los gurullos ofrecen un amplio abanico de posibilidades: se pueden usar para recetas frías, como ensaladas, pero acompañan sobre todo a guisos y platos de cuchara.

CODITOS CREMOSOS CON TOMATES DESHIDRATADOS

INGREDIENTES (4 P.)

- 300 g de coditos
- 8 tomates deshidratados
- 1 cebolla
- 24 ajos frescos
- 8 lonchas de panceta
- 250 ml de salsa de tomate
- 150 ml de nata líquida
- 100 g de queso rallado
- aceite de oliva virgen extra
- perejil
- sal

ELABORACIÓN

Calienta una tartera (cazuela amplia y baja) con 4 cucharadas de aceite.

Pela la cebolla y limpia los ajos frescos. Corta la cebolla en daditos y agrégala a la tartera. Corta los ajos frescos en cilindros y añádelos. Cocina las hortalizas a fuego suave durante 8-10 minutos. Corta la panceta en daditos, incorpórala a la tartera y saltéala brevemente. Corta los tomates en daditos y añádelos. Vierte encima la salsa de tomate y la nata y cocina todo durante 5 minutos.

Calienta abundante agua en una cazuela. Cuando empiece a hervir, sazónala, introduce en ella los coditos y cuécelos durante el tiempo que indique el paquete. Escúrrelos, pásalos a la tartera, agrega 100 ml del agua de cocción de los coditos y mezcla bien.

Reparte los coditos en 4 platos, espolvoréalos con el queso y decóralos con unas hojas de perejil.

ESPAGUETIS CON CALABACÍN, AJOS FRESCOS Y GAMBAS

INGREDIENTES (4 P.)

- 300 g de espaguetis
- 1 calabacín
- 24 ajos frescos
- 24 gambas (peladas)
- 12 tomates cherry
- 100 ml de nata líquida
- aceite de oliva virgen extra
- perejil
- pimienta
- sal

ELABORACIÓN

Calienta agua en un cazo. Cuando empiece a hervir, añade los tomates y escáldalos. Retíralos, refréscalos, pélalos y resérvalos.

Limpia los ajos frescos y córtalos en rodajas de 1 cm. Lava el calabacín y córtalo en daditos. Calienta una tartera con 4 cucharadas de aceite, añade los ajos frescos y el calabacín, sazónalos y cocínalos a fuego medio durante 10 minutos.

Calienta abundante agua en una cazuela grande. Cuando empiece a hervir, sazónala, introduce en ella los espaguetis y cuécelos durante el tiempo que indique el paquete (8 minutos). Escúrrelos (reserva el agua de la cocción por si tuvieras que aligerar la salsa) e introdúcelos directamente en la tartera.

Calienta una sartén con 2 cucharadas de aceite. Salpimienta las gambas, agrégalas a la sartén, saltéalas brevemente y añádelas a la tartera.

Vierte la nata en la tartera y mezcla bien. Incorpora los tomates, saltea el conjunto y sirve.

Adorna los platos con unas hojas de perejil.

LASAÑA DE PERLÓN Y CHAMPIÑONES

INGREDIENTES (4 P.)

- 9 láminas de lasaña
- 1 perlón grande o 2 medianos
- 300 g de champiñones
- 2 puerros
- 2 dientes de ajo
- 1 cebolla roja
- 2 zanahorias
- 40-50 g de harina
- aceite de oliva virgen extra
- perejil
- sal

CONSEJO

La cabeza del perlón, grande y con mucha gelatina, es muy adecuada para preparar sopas, ya que, además de aportar un sabor exquisito al caldo, también le dará densidad.

ELABORACIÓN

Calienta abundante agua en una tartera (cazuela amplia y baja) y sazónala. Cuando empiece a hervir, introduce en ella las láminas de lasaña, agrega 1 cucharada de aceite y cuécelas durante el tiempo que indique el paquete. Retíralas, extiéndelas sobre un paño limpio de cocina y resérvalas.

Calienta otra cazuela con abundante agua. Corta la parte verde de los puerros, límpiala bien y agrégala a la cazuela. Trocea el perlón, añádelo, sazónalo y cuécelo durante 6-8 minutos. Retira el perlón, desmenuza la carne y resérvala. Cuela el caldo y resérvalo.

Pela los ajos, la cebolla y las zanahorias. Limpia la parte blanca de los puerros, retirándoles la parte inferior y 2 capas de hojas, y enjuágalos bien. Corta los ajos y la cebolla en daditos y las zanahorias y los puerros en cuartos de luna finos. Calienta una sartén grande con 4-6 cucharadas de aceite, agrega las hortalizas, sazónalas y rehógalas durante 10-15 minutos.

Limpia los champiñones, córtalos en láminas y añádelos a la sartén. Sazona y cocina todo durante 6-8 minutos. Apaga el fuego, incorpora el perlón desmenuzado y mezcla bien. Reserva el relleno.

Para hacer la *velouté,* calienta una cazuela con 3-4 cucharadas de aceite, añade la harina y rehógala un poco. Agrega, poco a poco y sin dejar de remover, 650 ml del caldo de pescado reservado. Cocina la *velouté* durante 6-8 minutos. Añade 1 cazo de *velouté* al relleno y mezcla bien. Reserva el resto para napar la lasaña.

Para montar la lasaña, extiende 3 láminas de lasaña en una fuente apta para el horno, cúbrelas con la mitad del relleno, tápalo con otras 3 láminas de lasaña, el resto del relleno y las otras 3 láminas de lasaña. Nápala con la *velouté* y gratínala hasta que se dore un poco.

Retira la lasaña del horno, deja que repose durante 2 minutos, córtala en porciones y sirve. Adorna los platos con unas hojas de perejil.

FIDEOS YAKISOBA

INGREDIENTES (4 P.)

400 g de fideos yakisoba
1 pechuga de pollo (2 mitades)
1 cebolleta (con su tallo verde)
4 zanahorias pequeñas
1 pimiento verde
100 g de setas shitake (frescas)
1 diente de ajo
25 g de anacardos
aceite de oliva virgen extra
perejil
pimienta
1 trocito de jengibre fresco (1,5 cm)
sal

Para la salsa yakisoba:

2 cucharadas de salsa de soja
2 cucharadas de salsa inglesa
1 cucharada de salsa de ostras
2 cucharadas de salsa de tomate
1 cucharadita de aceite de sésamo
2 cucharadas de azúcar moreno

PASTAS Y MASAS

ELABORACIÓN

Para hacer la salsa yakisoba, mezcla todos los ingredientes en un cazo y ponlos a reducir durante 3-5 minutos. Pasa la salsa a un bol y deja que se enfríe.

Corta el pollo en dados y salpimiéntalo.

Calienta 3 cucharadas de aceite en un wok y saltea en él los dados de pollo hasta que se doren. Pásalos a un plato y resérvalos.

Agrega otras 3 cucharadas de aceite al wok y ponlo a calentar. Corta la cebolleta en dados y el tallo en rodajas finas. Retira el tallo y las semillas del pimiento y córtalo en dados. Pela las zanahorias y córtalas en bastones finos. Agrega las hortalizas al wok, sazónalas y saltéalas durante 3-4 minutos. Corta las setas en láminas finas e incorpóralas. Ralla encima el jengibre y el diente de ajo y saltea todo durante 3-4 minutos más. Retira las hortalizas a un plato y resérvalas.

Calienta una cazuela grande con abundante agua. Cuando empiece a hervir, agrega los fideos, sazónalos y cuécelos durante 4 minutos. Calienta 1-2 cucharadas de aceite en el wok, escurre la pasta y añádela. Incorpora las hortalizas, el pollo y la salsa. Saltea y mezcla bien hasta que los ingredientes queden bien integrados.

Reparte los fideos en 4 platos. Pica los anacardos y espolvorea con ellos los fideos. Adorna los platos con unas hojas de perejil.

CONSEJO

Si tienes la suerte de encontrar fideos chinos de trigo instantáneos, no dudes en hacerte con un paquete. Es el tipo de fideo adecuado para esta receta, aunque también se pueden usar fideos para ramen, fideos udón o cualquier otro tipo de fideos chinos de trigo.

ESPAGUETIS CON MORCILLA Y MANZANA

INGREDIENTES (4 P.)

- 400 g de espaguetis
- 1 morcilla de cebolla
- 2 manzanas
- 2 cebolletas
- 2 puerros
- aceite de oliva virgen extra
- perejil
- pimienta
- sal

ELABORACIÓN

Calienta 4 cucharadas de aceite en una tartera (cazuela amplia y baja) grande. Corta las cebolletas en daditos, introdúcelas en la tartera y ponlas a rehogar. Limpia los puerros, retirándoles la parte inferior, la superior y 2-3 capas de hojas, córtalos en cuartos de luna finos y añádelos. Sazona y rehoga las hortalizas a fuego suave durante 12-15 minutos.

Pela las manzanas, córtalas en daditos e incorpóralas a la tartera. Sazona y cocina todo durante 10 minutos a fuego suave.

Retira la piel de la morcilla, desmenúzala, agrégala a la tartera y mezcla bien.

Pon a calentar abundante agua con 1 cucharadita de sal en una cazuela grande. Cuando empiece a hervir, agrega los espaguetis y cuécelos durante el tiempo que indique el paquete. Retíralos, escúrrelos e introdúcelos directamente en la tartera junto con un poco del agua de cocción. Salpimienta y mezcla bien.

Reparte los espaguetis en 4 platos y decóralos con una hojita de perejil.

ESPAGUETIS CON CARNE PICADA, SETAS Y ALCAPARRAS

INGREDIENTES (4 P.)

- 300 g de espaguetis
- 250 g de carne de ternera picada
- 200 g de setas de cultivo
- 1 cucharada de alcaparras
- 4 dientes de ajo
- 1 cebolla
- 150 ml de cerveza
- 200 ml de salsa de tomate
- 75 g de queso parmesano (rallado)
- aceite de oliva virgen extra
- 1 cucharadita de orégano
- perejil
- pimienta
- sal

ELABORACIÓN

Calienta una tartera con 4 cucharadas de aceite. Pela los ajos y la cebolla, córtalos en daditos y agrégalos a la tartera. Sazónalos y cocínalos a fuego medio durante 8-10 minutos.

Corta las setas en tiras, añádelas a la tartera y cocínalas durante 4-5 minutos. Salpimienta la carne, incorpórala y saltéala durante 3-4 minutos. Agrega las alcaparras. Vierte encima la cerveza y dale un hervor. Añade la salsa de tomate y el orégano y cocina todo durante 5 minutos.

Calienta abundante agua en una cazuela. Cuando empiece a hervir, sazónala, introduce en ella los espaguetis y cuécelos durante el tiempo que indique el paquete. Retira los espaguetis, escúrrelos, pásalos a la tartera junto con un poco del agua de la cocción y mezcla bien.

Reparte los espaguetis en 4 platos hondos, espolvoréalos con el queso y decóralos con unas hojas de perejil.

MACARRONES A LA NORMA

INGREDIENTES (4 P.)

400 g de macarrones
2 berenjenas
5 tomates maduros
3 dientes de ajo
1 cucharadita de azúcar
200 g de requesón o *ricotta*
aceite de oliva virgen extra
16-20 hojas de albahaca
perejil
pimienta
sal

CONSEJO

Para que los ingredientes se mezclen mejor, puedes añadir 1 cacillo del caldo de la cocción de los macarrones y remover un poco hasta que queden bien integrados.

ELABORACIÓN

Lava las berenjenas, córtalas en rodajas gruesas y sazónalas. Extiéndelas sobre una fuente y déjalas reposar durante 20-30 minutos.

Pela los tomates y córtalos en dados.

Calienta 3-4 cucharadas de aceite en una cazuela. Pela los dientes de ajo, córtalos en láminas, añádelos a la cazuela y dóralos un poco. Incorpora los tomates, el azúcar, sal (al gusto) y 6-8 hojas de albahaca picadas (reserva el resto) y mezcla bien. Cocina el tomate durante 25 minutos.

Calienta una sartén con 4 cucharadas de aceite. Seca las berenjenas, córtalas en dados y añádelas a la sartén. Cocínalas a fuego medio durante unos 15 minutos. Reserva 4 cucharadas y añade el resto a la salsa de tomate.

Calienta una cazuela grande con abundante agua. Cuando empiece a hervir, agrega los macarrones, sazónalos y cuécelos durante el tiempo que indique el paquete. Retíralos.

Incorpora los macarrones a la cazuela de la salsa de tomate con berenjenas y añade también ¾ partes del requesón. Mezcla bien y cocina todo conjuntamente durante 3-4 minutos. Muele encima un poco de pimienta.

Reparte los macarrones en 4 platos y adórnalos con unos trocitos de berenjena y un poco de requesón. Pica el resto de las hojas de albahaca finamente y salpica con ella los platos.

Decóralos con unas hojas de perejil.

FIDEOS CON ALMEJAS

INGREDIENTES (4 P.)

- 300 g de fideos finos
- 32 almejas
- 1 cebolleta
- 1 pimiento verde
- 24 ajos frescos
- 1 tomate
- 1 diente de ajo
- 75 ml de vino blanco
- aceite de oliva virgen extra
- perejil
- sal

ELABORACIÓN

Calienta 1 cucharada de aceite en una tartera (cazuela amplia y baja), añade los fideos y tuéstalos bien. Retíralos a un plato y resérvalos.

Agrega 3 cucharadas de aceite a la tartera. Corta la cebolleta en dados y añádela. Retira el tallo y las semillas del pimiento, córtalo en daditos e incorpóralo. Limpia los ajos frescos, córtalos en rodajas y agrégalos. Sazona y rehoga las hortalizas a fuego suave-medio durante 15 minutos. Ralla el tomate encima y cocínalo durante 5-6 minutos.

Calienta una sartén con 2 cucharadas de aceite. Pela el diente de ajo, córtalo en daditos, añádelo a la sartén y dóralo un poco. Vierte encima el vino y 75 ml de agua. Introduce las almejas en la sartén, tápalas y espera a que se abran. Retira las almejas a un plato y resérvalas. Cuela el líquido que hayan soltado las almejas.

Incorpora los fideos a la tartera con las hortalizas, vierte encima el líquido de cocción de las almejas, añade agua hasta cubrirlos y cocínalos durante 7 minutos. Coloca las almejas encima, tapa la tartera y caliéntalas durante 2 minutos.

Sirve los fideos y adorna los platos con unas hojas de perejil.

LASAÑA DE ESCALIVADA Y CARNE PICADA

INGREDIENTES (4 P.)

- 12 láminas de lasaña
- 200 g de carne picada de ternera
- 3 cebolletas
- 2 pimientos morrones
- 2 berenjenas
- 25 g de harina
- 250 ml de leche
- 500 ml de salsa de tomate
- 100 g de queso rallado
- aceite de oliva virgen extra
- perejil
- pimienta
- sal

ELABORACIÓN

Pon a calentar abundante agua en una cazuela grande. Cuando empiece a hervir, sazónala, agrega las láminas de lasaña y cuécelas durante el tiempo que indique el paquete. Escúrrelas y extiéndelas sobre un paño de cocina limpio.

Calienta una sartén grande con 6 cucharadas de aceite. Corta las cebolletas en daditos y añádelas a la sartén. Retira el tallo y las semillas de los pimientos, pélalos, córtalos en daditos y agrégalos. Pela las berenjenas, córtalas de la misma manera e incorpóralas. Sazona las hortalizas y cocínalas a fuego medio durante 25 minutos. Salpimienta la carne picada, añádela a la sartén y cocínala durante 4-5 minutos.

Pon a calentar 2 cucharadas de aceite en un cazo, agrega la harina y rehógala bien. Agrega la leche poco a poco y sin dejar de remover. Salpimienta la bechamel y cocínala durante 6-8 minutos sin dejar de remover. Añádela a la mezcla de carne y hortalizas y mezcla bien.

Coloca 3 láminas de lasaña en la base de una fuente apta para el horno, extiende encima ⅓ parte de la farsa, cúbrela con otras 3 láminas, otro tercio de la farsa, 3 láminas de lasaña, el resto de la farsa y finaliza con 3 láminas de lasaña. Napa todo con la salsa de tomate, espolvorea la lasaña con el queso y hornéala a 200 ºC durante unos 10 minutos.

Retira la lasaña del horno y deja que se temple un poco. Córtala en porciones y sirve. Decora los platos con unas hojas de perejil.

PASTA E CECI (PASTA Y GARBANZOS)

INGREDIENTES (4 P.)

250 g de pasta para sopa (pistón mediano)
300 g de garbanzos cocidos
1 rama de apio
1 cebolla pequeña
2 zanahorias
4 cucharadas de tomate concentrado
1 patata
aceite de oliva virgen extra
1 hoja de laurel
perejil
4 ramitas de tomillo fresco
sal

ELABORACIÓN

Calienta una cazuela con 4 cucharadas de aceite. Corta la rama de apio y la cebolla (pelada) en daditos y agrégalas. Pela las zanahorias, córtalas de la misma manera e incorpóralas. Sazona y rehoga todo a fuego suave durante 10 minutos.

Añade el tomate y mezcla bien. Pela la patata, córtala en daditos y agrégala. Incorpora también los garbanzos cocidos y la hoja de laurel. Cubre con agua, pon a punto de sal y cuece todo a fuego suave durante unos 10-12 minutos. Añade 1 vaso de agua e incorpora la pasta. Cuécela durante el tiempo que indique el paquete (si notas que está espesando demasiado, puedes agregar otro poco de agua), removiendo los ingredientes para que la pasta no se quede pegada a la cazuela. Saca la hoja de laurel.

Retira 2 cazos de la cazuela, ponlos en un vaso batidor y tritúralos bien. Vierte el puré en la cazuela y remueve los ingredientes hasta que queden bien integrados. Añade un poco de perejil picado y sirve. Condimenta los platos con unas hojas de tomillo y adórnalos con unas hojas de perejil.

CONSEJO

Si quieres dar más cremosidad al plato, antes de servir, vierte un hilo de aceite a la cazuela sin dejar de remover el guiso.

FIDEOS CON GAMBAS, SETAS Y AJOS FRESCOS

INGREDIENTES (4 P.)

- 300 g de fideos gruesos
- 200 g de gambas (peladas)
- 300 g de setas
- 16 ajos frescos
- 1 cebolleta
- aceite de oliva virgen extra
- perejil
- pimienta
- sal

ELABORACIÓN

Calienta una sartén con 1 cucharada de aceite. Añade los fideos, tuéstalos un poco, retíralos a un plato y resérvalos.

Corta la cebolleta en daditos y rehógala durante 6-8 minutos en una paella con 4 cucharadas de aceite.

Limpia los ajos frescos, retirándoles la parte inferior, la superior y 1-2 capas de hojas, córtalos en cilindros de 1-2 cm, agrégalos a la paella y cocínalos durante 4-5 minutos.

Limpia las setas, córtalas en tiras finas, añádelas, sazónalas y cocínalas durante 6-8 minutos.

Salpimienta las gambas, incorpóralas a la paella y saltéalas durante 1-2 minutos.

Agrega los fideos tostados y agua (el doble y un poco más que de fideos), pon a punto de sal y cocínalos durante el tiempo que indique el paquete.

Sirve y adorna los platos con unas hojas de perejil.

PIZZA DE CALABACÍN Y POLLO

INGREDIENTES (4 P.)

- 1 calabacín
- 125 g de pechuga de pollo
- harina y huevo batido (para rebozar)
- 400 ml de salsa de tomate
- 150 g de queso *mozzarella* rallado
- aceite de oliva virgen extra
- 1 cucharada de orégano
- perejil
- pimienta
- sal

Para la masa:

- 300 g de harina + 25 g para estirar
- 125 ml de agua
- 20 ml de aceite de oliva virgen extra
- 5 g de sal

ELABORACIÓN

Calienta abundante aceite en una sartén. Corta el calabacín en rodajas, sazónalas, pásalas por harina y huevo batido, introdúcelas en la sartén y fríelas por los dos lados. Retíralas, escúrrelas sobre una fuente cubierta con papel absorbente y resérvalas.

Corta el pollo en dados, salpimiéntalos y saltéalos brevemente en una sartén con 2 cucharadas de aceite. Retíralos, pásalos a un plato y resérvalos.

Pon la salsa de tomate en una cazuelita, agrega el orégano y caliéntala durante 5 minutos. Retírala del fuego y deja que se enfríe.

Para hacer la masa, mezcla en un bol grande la harina, el agua, el aceite y la sal y amasa bien hasta obtener una masa homogénea y compacta. Espolvorea la masa con un poco de harina y estírala hasta que quede bien fina. Cubre una bandeja de horno con papel de hornear, extiende la masa de *pizza* encima y cúbrela con la salsa de tomate. Hornéala a 200 °C durante 10 minutos.

Retira la base de la *pizza* del horno, espolvoréala con el queso y coloca encima las rodajas de calabacín rebozado y los dados de pollo. Introduce de nuevo en el horno y hornea la *pizza* a 200 °C durante 5 minutos.

Retira la *pizza* del horno, córtala en 4 porciones y sirve 1 en cada plato. Adorna los platos con unas hojas de perejil.

FALSO *RISOTTO* CON ALMEJAS

INGREDIENTES (4 P.)

400 g de pasta (orzo, piñones o gurullos)

500 g de almejas

1 cebolleta

3 chalotas

2 zanahorias

75 ml de vino blanco

1 l de caldo para paella

aceite de oliva virgen extra

perejil

sal

ELABORACIÓN

Calienta una tartera (cazuela amplia y baja) con 3 cucharadas de aceite. Corta la cebolleta en daditos y agrégala. Pela las chalotas, córtalas de la misma manera y añádelas. Pela las zanahorias, córtalas en cuartos de luna finos e incorpóralas. Sazona las hortalizas y rehógalas a fuego suave-medio durante 6-8 minutos.

Añade la pasta a la tartera y rehógala ligeramente. Vierte encima el vino blanco y dale un hervor fuerte.

Calienta el caldo, agrega 250 ml a la pasta y cocínala sin dejar de remover. A medida que la pasta vaya absorbiendo el caldo, sigue agregando el resto poco a poco.

A los 6 minutos aproximadamente, introduce las almejas en la tartera, tápala y cocina todo junto durante 2 minutos más, hasta que se abran las almejas.

Sirve el falso *risotto* en 4 platos, espolvoréalos con un poco de perejil picado y decóralos con unas hojas de perejil.

CONSEJO

El orzo, además de tener forma de grano de arroz, tiene la capacidad de absorber agua o caldo, por lo que es muy apropiado para preparar un falso *risotto,* eso sí, vigilando muy bien los tiempos de cocción para que no se pase.

PIZZA CON JAMÓN, PATATAS Y HUEVO

INGREDIENTES (4 P.)

2 lonchas gruesas de jamón cocido (250 g)
2 patatas
4 huevos
250 ml de salsa de tomate
200 g de queso *mozzarella* rallado
aceite de oliva virgen extra
20 hojas de albahaca
perejil
sal
Para la masa:
500 g de harina de fuerza
20 g de levadura fresca
295 ml de agua
20 ml de aceite de oliva virgen extra
15 g de sal
sémola de trigo duro (para estirar)

CONSEJO

La base de las *pizzas* es una masa elaborada con harina, agua, sal, levadura y aceite cubierta de salsa de tomate y queso. A partir de ahí, la podéis tunear a vuestro gusto.

ELABORACIÓN

Para preparar la masa, pon la harina en un bol grande. Diluye la levadura en el agua y viértela sobre la harina. Añade el aceite y la sal y mezcla los ingredientes con una lengua. Tapa la masa con film transparente y deja que repose a temperatura ambiente durante 30 minutos. Espolvorea la encimera con un poco de sémola, coloca sobre ella la masa y amásala durante unos 5 minutos. Coloca de nuevo la masa en el bol, tápala con film transparente y deja que fermente a temperatura ambiente hasta que doble su volumen (entre 90 y 120 minutos).

Retira la masa del bol, espolvorea la encimera con otro poco de sémola y estírala bien hasta formar un rectángulo del tamaño de la bandeja del horno. Cubre una bandeja de horno con papel de hornear y coloca sobre ella la masa. Resérvala.

Calienta una sartén con abundante aceite. Pela las patatas, córtalas en bastones y fríelas hasta que se doren. Retíralas, escúrrelas sobre un plato cubierto con papel absorbente y sazónalas. Reserva la sartén con el aceite.

Cubre la masa de *pizza* con la salsa de tomate. Corta el jamón cocido en tiras y espárcelo sobre el tomate. Distribuye encima las patatas, espolvoréala con el queso y hornéala a 200 °C durante 12-15 minutos. Retira la *pizza* del horno, córtala en 4 porciones y sirve una en cada plato.

Pon a calentar la sartén con el aceite donde has frito las patatas y fríe en ella los huevos. Retíralos, sazónalos y coloca uno sobre cada porción de *pizza*.

Pica las hojas de albahaca y salpica con ellas la *pizza*. Adorna los platos con unas hojas de perejil.

FIDEOS CON CALABACÍN Y BACALAO

INGREDIENTES (4 P.)

- 300 g de fideos gruesos
- 1 calabacín
- 300 g de bacalao desmigado desalado
- 3 dientes de ajo
- 1 cebolla
- 500 ml de caldo de verduras
- aceite de oliva virgen extra
- perejil
- sal

ELABORACIÓN

Calienta una sartén grande (o paella) con 1 cucharada de aceite, agrega los fideos y tuéstalos un poco. Retira y resérvalos.

Vierte 4 cucharadas de aceite a la misma sartén y ponla a calentar. Pela los dientes de ajo y la cebolla, córtalos en daditos, añádelos a la sartén y rehógalos durante 10 minutos a fuego medio. Lava el calabacín, córtalo en cuartos de luna finos y agrégalos. Sazona y cocina todo durante 10 minutos más. Incorpora el bacalao y cocínalo durante 3-5 minutos.

Añade a la sartén los fideos tostados, vierte encima el caldo (caliente) y cocínalos durante el tiempo que indique el paquete. Sirve y adorna los platos con unas hojas de perejil.

PASTAS Y MASAS

LASAÑA DE AJOARRIERO

INGREDIENTES (4 P.):

- 12 láminas de lasaña
- 500 g de bacalao desmigado y desalado
- 4 dientes de ajo
- 2 cebolletas
- ½ pimiento rojo
- 1 pimiento verde
- 400 g de salsa de tomate
- aceite de oliva virgen extra
- perejil
- sal

Para la salsa bechamel:

- 2-3 cucharadas de aceite de oliva virgen extra
- 40 g de harina
- 500 ml de leche
- pimienta
- sal

ELABORACIÓN

Calienta 4 cucharadas de aceite en una sartén grande. Pela los dientes de ajo, córtalos en daditos y añádelos a la sartén. Corta las cebolletas en dados y agrégalas. Pela el pimiento rojo, retira el tallo y las semillas del verde, córtalos en dados e incorpóralos. Sazona y cocina las hortalizas durante 20-25 minutos a fuego suave-medio. Incorpora el bacalao y cocínalo durante 4-5 minutos. Añade la salsa de tomate y mezcla bien. Reserva el ajoarriero.

Calienta abundante agua en una tartera (cazuela amplia y baja), sazónala, introduce en ella las láminas de lasaña y cuécelas durante el tiempo que indique el paquete. Escúrrelas, refréscalas y extiéndelas sobre un paño limpio de cocina.

Para preparar la bechamel, calienta el aceite en una cazuela, añade la harina y rehógala bien. Agrega la leche poco a poco y sin dejar de remover con la varilla. Salpimienta la bechamel y cocínala durante unos 10 minutos sin dejar de remover.

Extiende 3 láminas de pasta en la base de una fuente apta para el horno y cúbrelas con ⅓ parte del ajoarriero. Repite el proceso hasta finalizar con 3 láminas de lasaña. Napa con la bechamel y hornea la lasaña a 200 °C durante 5 minutos, hasta que se caliente y la superficie se dore un poco.

Sirve y adorna los platos con unas hojas de perejil.

TIBURONES CON GUISANTES GRATINADOS

INGREDIENTES (4 P.)

- 400 g de pasta (tiburones)
- 300 g de guisantes congelados
- 1 cebolla
- 2 lonchas de jamón serrano (75 g)
- 300 ml de salsa de tomate
- 100 g de queso rallado (que funda bien)
- aceite de oliva virgen extra
- 1 cucharadita de orégano
- perejil
- sal

ELABORACIÓN

Calienta una cazuela con agua. Cuando empiece a hervir, añade los guisantes, sazónalos, tápalos y cuécelos durante 10-12 minutos. Resérvalos en la cazuela.

Calienta otra cazuela con 3-4 cucharadas de aceite. Pela la cebolla, córtala en daditos y agrégala. Sazónala y rehógala a fuego medio-suave durante 8-10 minutos. Corta el jamón en dados y añádelo a la cazuela. Incorpora el orégano, la salsa de tomate y los guisantes. Mezcla todo y cocínalo durante unos 5 minutos.

Pon abundante agua a calentar en una cazuela grande. Cuando empiece a hervir, sazónala e incorpora la pasta. Cuécela durante el tiempo que indique el paquete (7-9 minutos).

Escurre la pasta, añádela a la salsa y mezcla bien. Pasa la mezcla a un recipiente apto para el horno y espolvoréala con el queso rallado. Introduce la fuente en el horno y gratínala hasta que se dore el queso (4-5 minutos).

Reparte los tiburones en 4 platos hondos y adórnalos con unas hojas de perejil.

CONSEJO

La salsa siempre espera a la pasta, así que ni se te ocurra prepararla después de haber hervido la pasta.

LASAÑA DE MERLUZA, SETAS Y AJOS FRESCOS

INGREDIENTES (4 P.)

- 12 láminas de lasaña
- 400 g de merluza limpia
- 400 g de setas
- 24 ajos frescos limpios
- 2 cebolletas
- 70 g de harina
- 750 ml de leche
- 100 g de queso para gratinar
- aceite de oliva virgen extra
- 1 cucharadita de hierbas provenzales
- perejil
- pimienta
- sal

ELABORACIÓN

Pon abundante agua a calentar en una cazuela con una pizca de sal. Cuando el agua empiece a hervir, añade las láminas de lasaña y cuécelas durante el tiempo que indique el paquete. Escúrrelas y extiéndelas sobre un paño limpio de cocina.

Para hacer la bechamel, calienta 4 cucharadas de aceite en una cazuela, añade la harina y rehógala bien. Agrega la leche poco a poco y remuévela bien hasta que los ingredientes queden integrados. Sazona, añade las hierbas provenzales y cocina la salsa a fuego suave durante 10 minutos sin dejar de remover. Resérvala.

Calienta una sartén grande con 4 cucharadas de aceite. Corta las cebolletas en daditos, agrégalas a la sartén y rehógalas a fuego medio durante 8 minutos. Corta los ajos frescos en rodajas de 1 cm y añádelos. Corta las setas en daditos e incorpóralas. Sazona las hortalizas y cocínalas a fuego medio durante 5-6 minutos. Corta el pescado en dados, salpimiéntalos, añádelos a la sartén y cocínalos durante 2 minutos.

Agrega ⅓ parte de la bechamel (reserva el resto) a la sartén y mezcla bien.

Para montar la lasaña, extiende 3 láminas de lasaña en una fuente apta para el horno, cúbrelas con ⅓ parte del relleno, tápalo con otras 3 láminas de lasaña y repite el proceso hasta finalizar con 3 láminas de lasaña. Cúbrelas con el resto de la bechamel y espolvoréalas con el queso. Hornea la lasaña a 180 °C durante 5 minutos. Sirve y decora los platos con unas hojas de perejil.

LACITOS CON BACALAO

INGREDIENTES (4 P.)

- 400 g de lacitos *(farfalle)*
- 400 g de bacalao desalado
- 2 cebolletas
- 4 puerros
- 150 ml de nata
- aceite de oliva virgen extra
- 15 hojas de albahaca
- perejil
- sal

ELABORACIÓN

Calienta una tartera (cazuela amplia y baja) con 4 cucharadas de aceite. Corta las cebolletas en cuartos de luna finos y añádelos. Limpia los puerros (retirándoles la parte inferior, la superior y 2 capas de hojas), córtalos de la misma manera y agrégalos. Sazona y cocina las hortalizas a fuego suave-medio durante 20 minutos.

Corta el bacalao en dados, incorpóralo a la tartera y cocínalo durante 4-5 minutos.

Pon abundante agua a calentar en una cazuela. Cuando empiece a hervir, sazónala, agrega los lacitos y cuécelos durante el tiempo que indique el paquete. Escúrrelos e incorpóralos a la tartera junto con la nata y 100 ml del agua de cocción. Mezcla bien y saltea el conjunto.

Reparte los lacitos en 4 platos. Pica las hojas de albahaca finamente y salpica con ella la pasta. Decora los platos con unas hojas de perejil.

TALLARINES CON REPOLLO SALTEADO

INGREDIENTES (4 P.)

- 250 g de tallarines frescos
- 1 repollo pequeño (800 g)
- 80 g de panceta ahumada
- 1 cebolla
- 70 g de mantequilla
- perejil
- pimienta negra
- sal

ELABORACIÓN

Pon la mitad de la mantequilla a fundir en una cazuela. Corta la panceta ahumada en daditos, agrégala a la cazuela y dórala un poco.

Pela la cebolla, córtala en daditos, incorpórala a la cazuela y rehógala a fuego medio durante 10-15 minutos.

Retira las hojas externas del repollo, córtalo primero por la mitad y luego en dados (de 2 x 2 cm). Añade a la cazuela el resto de la mantequilla y el repollo. Sazona, tapa la cazuela y cocina (removiendo de vez en cuando) a fuego suave-medio durante 25-30 minutos.

Pon a calentar abundante agua en una cazuela. Cuando empiece a hervir, sazónala, introduce en ella la pasta y cuécela durante el tiempo que indique el paquete (unos 3 minutos).

Escurre la pasta e incorpórala a la cazuela del repollo. Muele encima un poco de pimienta negra y mezcla bien.

Reparte los tallarines con repollo en 4 platos y adórnalos con un poco de perejil picado y unas hojas de perejil.

CONSEJO

En esta receta hemos utilizado mantequilla para cocinar el plato, pero, si lo prefieres, puedes sustituirla por aceite. El sabor variará un poco, pero quedará igual de rico.

PIZZAS DE ESPÁRRAGOS Y PANCETA

INGREDIENTES (4 P.)

- 24 espárragos verdes
- 8 lonchas finas de panceta
- 2 dientes de ajo
- 500 ml de salsa de tomate
- 250 g de queso *mozzarella* rallado
- aceite de oliva virgen extra
- 1 cucharadita de orégano
- 16 hojas de albahaca
- perejil
- sal

Para la masa:

- 400 g de harina + 50 g para estirar
- 200 ml de agua
- 2 cucharadas de aceite de oliva virgen extra
- sal

ELABORACIÓN

Para hacer la masa, mezcla la harina con una pizca de sal, añade el aceite y el agua poco a poco y amasa bien, hasta obtener una masa homogénea y compacta. Resérvala.

Calienta 1 cucharada de aceite en un cazo. Pela los dientes de ajo, córtalos por la mitad y fríelos un poco en el cazo. Agrega la salsa de tomate y el orégano y cocínala durante 5 minutos. Reserva.

Calienta una sartén con 2 cucharadas de aceite. Retira la parte inferior de los espárragos, córtalos en rodajas de 1 cm, incorpóralos a la sartén y saltéalos durante 2-3 minutos.

Espolvorea 2 bandejas de horno con un poco de harina.

Divide la masa de *pizza* en 4 trozos, espolvorea la encimera con un poco de harina, coloca los trozos de masa encima y estíralos con un rodillo. Coloca 2 bases de *pizza* en cada bandeja de horno. Reparte sobre las bases el tomate, los espárragos y el queso y hornéalas a 200 ºC durante 20 minutos (a los 10 minutos, cambia las bandejas de posición).

Cocina brevemente las lonchas de panceta en una sartén y córtalas a la mitad.

Retira las *pizzas* del horno y pon 2 lonchas de panceta (4 mitades) y 4 hojas de albahaca sobre cada una.

Sirve 1 *pizza* en cada plato y adórnalos con unas hojas de perejil.

TALLARINES CON BRÓCOLI, TOMATES EN ACEITE Y ALMEJAS

INGREDIENTES (4 P.)

- 300 g de tallarines
- 300 g de brócoli
- 6 tomates deshidratados
- 24 almejas
- 3 dientes de ajo
- 100 ml de nata líquida
- 75 g de queso parmesano rallado
- aceite de oliva virgen extra
- perejil
- 1 guindilla cayena
- sal

ELABORACIÓN

Lava el brócoli y suéltalo en minirramilletes.

Calienta una tartera (cazuela amplia y baja) con 4 cucharadas de aceite y agrega la cayena. Pela los ajos, córtalos en daditos, añádelos a la tartera y rehógalos brevemente. Incorpora el brócoli, sazónalo y saltéalo durante 6-8 minutos. Corta los tomates en daditos, agrégalos a la tartera y cocínalos a fuego fuerte durante 3-4 minutos. Añade las almejas, tapa la tartera y espera a que se abran. Retira la cayena.

Pon abundante agua a calentar en una cazuela. Cuando empiece a hervir, sazónala, introduce en ella los tallarines y cuécelos durante el tiempo que indique el paquete. Retíralos y añádelos directamente a la tartera junto con la nata y 100 ml del agua de cocción de los tallarines. Mezcla bien y cocina todo junto durante 2-3 minutos.

Sirve los tallarines en 4 platos, espolvoréalos con el queso y decóralos con unas hojas de perejil.

FETTUCCINE ALLA PUTTANESCA

INGREDIENTES (4 P.)

- 380 g de *fettuccine*
- 2 dientes de ajo
- 8 filetes de anchoas en aceite
- 100 g de aceitunas negras sin hueso
- 2 cucharadas de alcaparras
- 1 lata de tomate en conserva (850 g)
- aceite de oliva virgen extra
- 1 cucharadita de azúcar
- sal
- perejil
- 1 guindilla cayena
- pimienta

ELABORACIÓN

Calienta 3 cucharadas de aceite en una tartera (cazuela amplia y baja).

Pela los dientes de ajo, córtalos en láminas y agrégalos a la tartera. Incorpora la cayena y rehoga todo un poco. Pica las anchoas finamente y añádelas. Reserva 8 aceitunas para decorar, corta el resto en rodajas y agrégalas. Añade también las alcaparras. Trocea un poco el tomate, incorpóralo con su jugo a la tartera y agrega el azúcar. Mezcla bien y cocina la salsa durante 20-25 minutos. Retira la guindilla.

Calienta abundante agua en una cazuela. Cuando empiece a hervir, sazónala e introduce en ella la pasta. Cuécela durante el tiempo que indique el paquete (unos 9 minutos). Retira la pasta e incorpórala a la tartera con la salsa. Vierte encima 1 cacillo del caldo de la cocción y mezcla bien. Cocina conjuntamente durante 2 minutos y muele encima un poco de pimienta.

Reparte los *fettuccine* en 4 platos. Corta las aceitunas reservadas por la mitad y coloca 2 en cada plato. Espolvorea con un poco de perejil picado y adorna los platos con unas hojas de perejil.

CONSEJO

Tradicionalmente, la salsa *puttanesca* se prepara para pastas largas, pero es tan sabrosa que serviría para acompañar cualquier plato, como huevos, carnes blancas o pescado.

TALLARINES CON TOMATE PICANTE Y ACEITUNAS NEGRAS

INGREDIENTES (4 P.)

- 300 g de tallarines
- 1 kg de tomate maduro
- 20 aceitunas negras
- 1 cebolla
- 4 dientes de ajo
- 8 lonchas de beicon
- 60 g de queso parmesano rallado
- aceite de oliva virgen extra
- 1 cucharadita de orégano
- 1 cucharadita de albahaca
- 1 guindilla cayena
- perejil
- sal

PASTAS Y MASAS

ELABORACIÓN

Calienta una cazuela con 4 cucharadas de aceite. Pela la cebolla y 2 dientes de ajo, córtalos en dados, añádelos a la cazuela, sazónalos y rehógalos durante 15 minutos. Lava los tomates, córtalos en dados y agrégalos a la cazuela junto con la guindilla, el orégano y la albahaca. Pon a punto de sal y cocina durante 30 minutos a fuego suave-medio. Retira la cayena. Pasa todo por un pasapurés y reserva la salsa.

Calienta una tartera (cazuela amplia y baja) con 4 cucharadas de aceite. Pela los otros 2 dientes de ajo, córtalos en láminas y añádelos a la tartera. Corta el beicon en dados, agrégalo y saltéalo brevemente. Incorpora las aceitunas y la salsa de tomate y cocina todo junto durante 5-6 minutos.

Pon abundante agua a hervir en una cazuela grande. Cuando empiece a hervir, sazónala, introduce en ella los tallarines y cuécelos durante el tiempo que indique el paquete. Escúrrelos, introdúcelos en la tartera y mezcla bien.

Reparte los tallarines en 4 platos y espolvoréalos con el queso rallado. Decora los platos con unas hojas de perejil.

ESPIRALES CON POLLO Y PESTO

INGREDIENTES (4 P.)

- 300 g de espirales
- 250 g de carne de pollo picada
- 2 dientes de ajo
- 1 cebolleta
- 1 calabacín
- aceite de oliva virgen extra
- 1 hoja de laurel
- perejil
- pimienta
- sal

Para el pesto:

- 30 g de piñones
- 1 diente de ajo
- 30 g de hojas de albahaca
- 50 g de queso parmesano rallado
- 150 ml de aceite de oliva virgen extra
- sal

ELABORACIÓN

Para preparar el pesto, calienta un poco los piñones en una sartén. Coloca los piñones en una batidora de vaso junto con el diente de ajo (pelado y troceado), las hojas de albahaca, el queso y el aceite. Sazona y tritura todo bien. Reserva el pesto.

Calienta 3 cucharadas de aceite en una tartera (cazuela amplia y baja).

Pela los dientes de ajo, córtalos en daditos y agrégalos a la tartera. Corta la cebolleta de la misma manera y añádela. Sazona y rehoga las hortalizas durante 6-8 minutos. Lava el calabacín, córtalo en daditos, incorpóralo a la tartera y cocínalo durante 5-6 minutos a fuego fuerte. Salpimienta la carne de pollo, agrégala y cocínala durante 3 minutos a fuego fuerte.

Pon abundante agua a calentar en una cazuela, sazónala y añade la hoja de laurel. Cuando empiece a hervir, introduce en ella las espirales y cuécelas durante el tiempo que indique el paquete. Escúrrelas y añádelas a la tartera. Retira la tartera del fuego, agrega el pesto y mezcla bien.

Sirve y adorna los platos con unas hojas de perejil.

FIDEOS UDÓN CON MEJILLONES AL *CURRY*

INGREDIENTES (4 P.)

200 g de fideos udón
900 g de mejillones (cocidos en su jugo)
1 cebolla
1 pimiento rojo
400 ml de leche de coco
aceite de oliva virgen extra
perejil
1 cucharada de *curry* rojo
sal

ELABORACIÓN

Cuela los mejillones y reserva el líquido. Retira la concha vacía de 12 mejillones y resérvalos. Retira las dos conchas del resto de los mejillones y resérvalos.

Calienta 3 cucharadas de aceite en un wok (o sartén grande). Pela la cebolla, córtala en dados, añádela al wok y cocínala durante 4-5 minutos. Pela el pimiento, córtalo de la misma manera y agrégalo. Sazona las hortalizas y cocínalas durante 6-8 minutos más.

Incorpora el *curry*, la leche de coco y 2 cazos del agua de la cocción de los mejillones. Mezcla bien hasta que se integre todo y cocina la salsa durante 6-8 minutos.

Incorpora los mejillones sin cáscara a la salsa de *curry* y cocínalos en la salsa hasta que se calienten (2-3 minutos.) Si la salsa queda muy espesa, añade otro poco del agua de cocción de los mejillones. Calienta abundante agua en una cazuela y sazónala. Cuando empiece a hervir, agrega la pasta y cuécela durante unos 7 minutos.

Reparte la pasta udón en 4 platos hondos y reparte la salsa con los mejillones encima. Adorna cada plato con 3 mejillones (los que tienen una concha) y con unas hojas de perejil.

CONSEJO

Entre los meses de mayo a agosto, las hembras de los mejillones, al igual que las de otros moluscos y crustáceos, están en su etapa reproductiva, por lo que su pesca suele estar vedada. Además, durante este período, las hembras pierden peso y disminuye su calidad, por lo que el mejor momento para su consumo son los meses con erre (septiembre, octubre, noviembre, diciembre, enero, febrero, marzo y abril).

CANELONES DE CARNE, ESPÁRRAGOS VERDES Y TOMATES DESHIDRATADOS

INGREDIENTES (4 P.)

- 20 láminas de canelón
- 400 g de carne picada de ternera
- 8 espárragos verdes
- 8 tomates deshidratados
- 1 cebolleta
- 40 g de harina
- 600 ml de leche
- 150 g de queso rallado
- aceite de oliva virgen extra
- perejil
- pimienta
- sal

PASTAS Y MASAS

ELABORACIÓN

Calienta abundante agua en una tartera (cazuela amplia y plana), sazónala, introduce en ella las láminas de canelón (de una en una) y cuécelas durante 10 minutos. Retíralas, refréscalas y extiéndelas sobre un paño limpio de cocina.

Calienta una sartén con 2-3 cucharadas de aceite. Corta la cebolleta en daditos, añádela y rehógala durante 10 minutos a fuego suave. Retira la parte inferior de los espárragos, córtalos en rodajas de 1 cm, agrégalos y cocina todo durante 6-8 minutos más.

Salpimienta la carne, incorpórala a la sartén y cocínala brevemente. Corta los tomates deshidratados en daditos y añádelos. Remueve hasta que los ingredientes queden bien mezclados. Reserva.

Calienta 3 cucharadas de aceite en una cazuela, añade la harina y rehógala bien. Agrega la leche poco a poco sin dejar de remover. Salpimienta la bechamel y cocínala durante unos 10 minutos.

Añade ¼ parte de la bechamel (reserva el resto) a la sartén con la carne y las hortalizas y mezcla bien. Pasa la mezcla a una fuente y deja que se temple.

Rellena los canelones con la farsa y colócalos en una fuente apta para el horno. Nápalos con el resto de la bechamel, espolvoréalos con el queso y hornéalos a 200 ºC durante 5-8 minutos.

Sirve y decora los platos con unas hojas de perejil.

CODITOS CON AGUACATE, JAMÓN COCIDO Y MAÍZ

INGREDIENTES (4 P.)

- 350 g de coditos
- 1 aguacate
- 2 lonchas de jamón cocido (150 g)
- 100 g de maíz en conserva
- 3 huevos
- 12 tomates cherry
- aceite de oliva virgen extra
- vinagre de Módena
- 20 hojas de albahaca fresca
- perejil
- sal

ELABORACIÓN

Calienta abundante agua en una cazuela. Cuando empiece a hervir, sazónala, introduce en ella los coditos y cuécelos durante el tiempo que indique el paquete. Escúrrelos, refréscalos y resérvalos en un bol grande.

Bate los huevos en un bol y sazónalos. Calienta ½ cucharadita de aceite en una sartén, agrega los huevos y cuájalos hasta conseguir una tortilla francesa. Retírala, espera a que se enfríe, córtala en daditos y resérvala.

Corta las lonchas de jamón en dados y resérvalos.

Lava los tomates, córtalos por la mitad y sazónalos.

Corta el aguacate por la mitad, retírale la pulpa, córtala en dados y sazónalos.

Añade el maíz al bol con los coditos y aderézalos con aceite y vinagre. Agrega los dados de jamón, los de tortilla, los de aguacate y los tomates. Remueve suavemente y reparte la ensalada en 4 platos.

Pica las hojas de albahaca finamente y salpica con ella los platos. Decóralos con unas hojas de perejil.

BIMI CON *TAGLIATELLE*

INGREDIENTES (4 P.)

- 400 g de *tagliatelle* (frescos)
- 300 g de bimi
- 4 dientes de ajo
- 4 lonchas de panceta (100 g)
- 4 yemas de huevo
- 100 g de queso parmesano rallado
- aceite de oliva virgen extra
- perejil
- pimienta
- sal

ELABORACIÓN

Calienta una sartén con 2 cucharadas de aceite. Pela los dientes de ajo, córtalos en láminas y añádelos a la sartén. Corta la panceta en tiras y agrégalas. Rehoga todo suavemente durante 2-3 minutos y resérvalo.

Calienta agua en una tartera (cazuela amplia y baja). Cuando empiece a hervir, introduce en ella los ramilletes de bimi, sazónalos y cuécelos durante 5 minutos. Resérvalos en la cazuela. En el momento de servir, retíralos, escúrrelos y riégalos con un chorrito de aceite.

Pon a calentar abundante agua en una cazuela. Introduce en ella la pasta, sazónala y cuécela durante el tiempo que indique el paquete (unos 3 minutos).

Pon las yemas en un bol grande, agrega el queso y mezcla bien. Escurre la pasta, incorpórala al bol y mezcla bien. Agrega la panceta con los ajos y mezcla de nuevo hasta que los ingredientes queden bien integrados. Muele encima un poco de pimienta.

Reparte los *tagliatelle* en 4 platos, coloca unos ramilletes de bimi sobre cada plato y decóralos con unas hojas de perejil.

CONSEJO

El bimi se puede comer crudo, ya que tanto su tallo como sus cabezas florales son pequeñas, finas y tienen un sabor muy suave y agradable. De hecho, comer bimi crudo es la mejor forma de aprovechar al máximo todos sus nutrientes.

ESPAGUETIS CREMOSOS CON SETAS Y CALABACÍN

INGREDIENTES (4 P.)

- 300 g de espaguetis
- 300 g de setas
- 1 calabacín
- 1 cebolleta
- 2 dientes de ajo
- 1 tomate
- 100 ml de nata líquida
- 75 g de queso parmesano
- aceite de oliva virgen extra
- orégano
- perejil
- sal

ELABORACIÓN

Calienta 4 cucharadas de aceite en una tartera (cazuela amplia y baja). Corta la cebolleta en cuartos de luna finos, agrégala y rehógala durante 5 minutos. Lava el calabacín, córtalo de la misma manera e incorpóralo. Sazona las hortalizas y cocínalas durante 6 minutos más.

Calienta 3 cucharadas de aceite en una sartén grande. Pela los dientes de ajo, córtalos en daditos y agrégalos. Limpia las setas, córtalas en daditos, añádelas, sazónalas y cocínalas durante 5 minutos. Pela el tomate, córtalo en daditos, incorpóralo a la sartén y saltea todo durante 2 minutos.

Calienta una cazuela grande con abundante agua. Cuando empiece a hervir, sazónala, introduce en ella los espaguetis y cuécelos durante el tiempo que indique el paquete.

Añade los espaguetis (escurridos) y el salteado de setas y tomate a la tartera con el calabacín. Agrega la nata y 100 ml del agua de la cocción de los espaguetis y mezcla bien.

Sirve los espaguetis en 4 platos, riégalos con un chorrito de aceite y espolvoréalos con el queso y el orégano. Decora los platos con unas hojas de perejil.

PASTAS Y MASAS

QUICHE LORRAINE

INGREDIENTES (4-6 P.)

- 1 lámina de pasta quebrada o brisa (redonda)
- 150 g de panceta ahumada
- 4 huevos
- 125 ml de nata líquida
- 70 g de queso rallado
- 200 ml de salsa de tomate
- perejil
- nuez moscada
- pimienta
- sal

ELABORACIÓN

Desenrosca la pasta quebrada y cubre con ella un molde redondo de fondo desmontable. Pincha la base con un tenedor y recorta los bordes con un cuchillo o pasando un rodillo por la parte superior. Para que la masa no suba, cubre la pasta con un trozo grande de papel de hornear y llena la tartaleta con legumbres secas destinadas a este uso. Hornéala a 180 ºC durante 12 minutos. Retira la tartaleta del horno y quítale el papel con las legumbres.

Calienta una sartén al fuego. Corta la panceta ahumada en tiras, añádela a la sartén y cocínala a fuego suave hasta que se dore.

Casca los huevos, ponlos en un bol, sazónalos y bátelos bien. Añade la panceta, la nata y el queso. Ralla encima un poco de nuez moscada y agrega un poco de pimienta molida. Mezcla bien y vierte la mezcla en la tartaleta.

Introduce la quiche en el horno y hornéala a 180 ºC durante 15 minutos. Retírala del horno y deja que se temple un poco.

Desmolda la quiche, córtala en 4-6 porciones y sirve. Calienta la salsa de tomate y pon un poco en cada plato. Adorna los platos con unas hojas de perejil.

CONSEJO

Si quieres que el sabor de la quiche quede más suave, puedes sustituir la panceta ahumada por unos taquitos de jamón cocido.

LASAÑA DE POLLO, CHAMPIÑONES Y PASAS

INGREDIENTES (4 P.)

- 12 láminas de lasaña
- 300 g de carne picada de pollo
- 300 g de champiñones
- 25 g de pasas (sin semillas)
- 2 dientes de ajo
- 1 cebolla
- 40 g de harina
- 600 ml de leche
- 150 g de queso rallado
- aceite de oliva virgen extra
- 1 cucharadita de tomillo
- perejil
- sal
- pimienta

PASTAS Y MASAS

ELABORACIÓN

Pela los dientes de ajo y la cebolla, córtalos en daditos y rehógalos durante 10 minutos a fuego suave-medio en una sartén grande con 4 cucharadas de aceite. Limpia los champiñones, córtalos de la misma manera y agrégalos. Cocínalos durante 5-6 minutos. Agrega las pasas y mezcla bien. Salpimienta la carne picada y añádela. Espolvorea todo con el tomillo y cocina la carne durante 3-4 minutos. Pasa la farsa a una fuente y deja que se enfríe.

Calienta abundante agua en una tartera (cazuela amplia y baja), sazónala e introduce las láminas de lasaña (de una en una) y cuécelas durante el tiempo que indique el paquete.

Escurre, refresca y extiéndelas sobre un trapo de cocina limpio.

Monta la lasaña colocando 3 láminas de pasta en la base de un recipiente apto para el horno, extiende encima ⅓ de la farsa y repite el proceso hasta finalizar con todo el relleno y las láminas de lasaña.

Para hacer la bechamel, calienta 2-3 cucharadas de aceite en una cazuela, añade la harina y rehógala bien. Vierte la leche, poco a poco, sazona y cocínala (sin dejar de remover con una varilla) durante 10 minutos a fuego suave.

Napa con la bechamel, espolvoréala con el queso y hornéala a 180 °C durante 10 minutos aproximadamente, hasta que se caliente y se dore la superficie. Sirve y decora con perejil.

FIDEOS CON BERENJENA Y TOCINO FRESCO

INGREDIENTES (4 P.)

- 300 g de fideos (número 2)
- 2 berenjenas
- 400 g de panceta fresca
- 2 cebolletas
- 1 hueso de jamón
- aceite de oliva virgen extra
- perejil
- pimienta
- 1 cucharadita de pimentón
- sal

ELABORACIÓN

Para hacer el caldo, corta la parte verde de las cebolletas y ponlas a cocer en una cazuela con agua (1.500 ml aproximadamente). Agrega unas ramas de perejil y el hueso de jamón y cuece todo durante 15 minutos. Cuela el caldo y resérvalo.

Calienta una tartera (cazuela amplia y baja) sin aceite y tuesta un poco los fideos en ella. Retíralos a un plato y resérvalos.

Añade 2 cucharadas de aceite a la tartera. Corta la panceta en dados, salpimiéntalos, agrégalos a la tartera y fríelos hasta que se doren. Retíralos a un plato y resérvalos.

Añade otras 2 cucharadas de aceite a la tartera. Retira la capa exterior de las cebolletas, córtalas en daditos, introdúcelas en la tartera y rehógalas durante 10 minutos. Pela las berenjenas, córtalas en daditos y agrégalas. Sazona y cocina todo junto durante 20 minutos más a fuego medio. Añade el pimentón y los fideos, mezcla bien y cubre todo con el caldo. Cocina los fideos durante el tiempo que indique el paquete. Agrega los dados de panceta, mezcla bien y sirve. Decora los platos con unas hojas de perejil.

FARFALLE CON POLLO, ESPINACAS Y CHAMPIÑONES

INGREDIENTES (4 P.)

- 300 g de *farfalle* (lacitos)
- 3 medias pechugas de pollo
- 200 g de espinacas
- 200 g de champiñones
- 2 puerros
- 2 cucharadas de salsa de soja
- 40 g de mantequilla
- 40 g de harina
- 600 ml de leche
- aceite de oliva virgen extra
- perejil
- pimienta
- sal

CONSEJO

Cuando en una receta no se indica la altura a la que se hornea un alimento, se entiende que se coloca en la posición media. La altura superior es la indicada para gratinar los alimentos.

ELABORACIÓN

Calienta abundante agua en una cazuela. Cuando empiece a hervir, sazónala e introduce en ella las espinacas. Tápalas y cuécelas durante 3-4 minutos. Escúrrelas, pícalas un poco y resérvalas. Reserva también la cazuela con el agua de la cocción de las espinacas.

Calienta una sartén con 3-4 cucharadas de aceite. Corta las pechugas de pollo en dados, salpiméntalas, añádelas a la sartén y saltéalas durante 3-4 minutos. Pásalas a un plato y resérvalas.

Agrega 2 cucharadas de aceite a la misma sartén donde has salteado el pollo. Limpia los puerros (retirándoles la parte inferior, la superior y 2-3 capas de hojas), enjuágalos y córtalos en cuartos de luna finos. Agrégalos a la sartén, sazónalos y rehógalos durante 4-5 minutos. Lava los champiñones, córtalos en láminas, incorpóralos y cocínalos durante unos 5 minutos. Añade la salsa de soja, mezcla bien y reserva las hortalizas.

Para hacer la bechamel, funde la mantequilla en una cazuela, agrega la harina y rehógala bien. Añade la leche poco a poco (sin dejar de remover), sazona y cocina la bechamel durante 10-12 minutos a fuego suave.

Pon a calentar la cazuela reservada con el agua de la cocción de las espinacas. Cuando empiece a hervir, introduce en ella los *farfalle* y cuécelos durante 10 minutos. Escúrrelos y pásalos a un bol.

Agrega al bol los puerros con los champiñones, las espinacas y ⅓ parte de la bechamel. Mezcla bien y pasa todo a una fuente grande apta para el horno. Cubre con el resto de la bechamel y hornea la pasta en el horno (a media altura) a 200 °C durante 4-5 minutos. Sube la parrilla del horno un nivel y gratina la pasta durante 1-2 minutos.

Reparte los *farfalle* en 4 platos y adórnalos con unas hojas de perejil.

FIDEOS CON PATA DE PULPO

INGREDIENTES (4 P.)

300 g de fideos (número 4)
4 patas de pulpo (cocidas)
1 diente de ajo
2 cebolletas
1 pimiento verde
24 espárragos verdes finos
200 ml de salsa de tomate
900 ml de caldo de verduras
aceite de oliva virgen extra
perejil
1 cucharadita de pimentón
sal

CONSEJO

Es difícil conseguir el punto de cocción perfecto del pulpo, por lo que comprarlo ya cocido y envasado al vacío es una buena opción.

ELABORACIÓN

Calienta una tartera (cazuela amplia y baja) con 3 cucharadas de aceite. Pela el diente de ajo, córtalo en láminas e incorpóralo a la tartera. Añade los fideos y cocínalos a fuego medio hasta que se doren (4-5 minutos). Retíralos a una fuente y resérvalos.

Pon a calentar de nuevo la tartera con otras 3 cucharadas de aceite.

Corta las cebolletas en daditos. Retira el tallo y las semillas del pimiento y córtalo de la misma manera. Incorpora las hortalizas a la tartera y rehógalas durante 6-8 minutos a fuego medio.

Retira la parte inferior de los espárragos verdes, córtalos en cilindros de 1 cm y añádelos. Corta las puntas de las patas de pulpo, pícalas y agrégalas. Sazona y cocina todo junto durante 3-4 minutos.

Agrega el pimentón, la salsa de tomate y los fideos y mezcla bien. Vierte encima el caldo, pon a punto de sal y cocina los fideos a fuego medio durante 11-13 minutos.

Calienta una plancha (o sartén) con 2 cucharadas de aceite. Corta cada pata de pulpo en 4 trozos, colócalas en la plancha y cocínalas a fuego medio hasta que se calienten por dentro y se doren por fuera.

Reparte los fideos en 4 platos y coloca 3 trozos de pulpo en cada uno. Decóralos con unas hojas de perejil.

FIDEUÁ DE CARNE

INGREDIENTES (4 P.)

- 400 g de fideos gruesos
- 300 g de lomo de cerdo ibérico
- 300 g de secreto de cerdo ibérico
- 4 dientes de ajo
- 1 cebolleta
- 75 ml de *brandy*
- 75 ml de salsa de tomate
- 30 g de carne de pimiento choricero
- 800 ml de caldo de carne
- aceite de oliva virgen extra
- perejil
- pimienta
- ½ cucharadita de pimentón dulce
- sal

ELABORACIÓN

Calienta 1 cucharada de aceite en una tartera (cazuela amplia y baja). Agrega los fideos y tuéstalos un poco. Retíralos a una fuente y resérvalos.

Añade 2 cucharadas de aceite a la tartera. Corta el lomo y el secreto en trozos de bocado, salpiméntalos, incorpóralos a la tartera y cocínalos a fuego fuerte durante 2-3 minutos. Retira la carne a un plato y resérvala.

Agrega 1-2 cucharadas de aceite a la tartera. Pela los dientes de ajo y la cebolleta, córtalos en daditos, añádelos a la tartera y rehógalos durante 6-8 minutos a fuego suave-medio. Vierte encima el *brandy* y flambéalo.

Agrega a la tartera el pimentón, la salsa de tomate y la carne de pimiento choricero y mezcla bien. Añade los fideos y cubre todo con el caldo. Pon a punto de sal y cocina los fideos durante 6 minutos. Incorpora la carne y cocina todo junto durante 6 minutos más. Espolvorea con un poco de perejil picado.

Reparte la fideuá en 4 platos y decóralos con unas hojas de perejil.

CONSEJO

Si no tienes caldo de carne preparado, siempre puedes recurrir a las pastillas de caldo concentrado de verduras, pollo o carne.

LASAÑA DE HORTALIZAS CON BECHAMEL DE AVENA

INGREDIENTES (4 P.)

- 12 láminas para lasaña (precocidas)
- 2 dientes de ajo
- 1 cebolla
- 2 zanahorias
- 2 pimientos verdes
- 600 g de champiñones
- 400 g de espinacas limpias
- 75 g de harina
- 1 l de bebida de avena (sin azúcar)
- 600 ml de salsa de tomate
- aceite de oliva virgen extra
- perejil
- pimienta
- ¼ de cucharadita de nuez moscada
- sal

CONSEJO

La lasaña se puede tomar como plato único, ya que es contundente, y se puede acompañar de una ensalada de hojas verdes que aportará frescor.

ELABORACIÓN

Calienta 4 cucharadas de aceite en una tartera (cazuela amplia y baja). Pela los dientes de ajo, córtalos en daditos y añádelos a la tartera. Pela la cebolla y las zanahorias y corta la cebolla en daditos y las zanahorias en cuartos de luna finos. Retira el tallo y las semillas de los pimientos y córtalos en daditos. Incorpora las hortalizas a la tartera, sazónalas y rehógalas a fuego medio durante unos 15 minutos.

Pon los champiñones en un bol grande, cúbrelos con agua y enjuágalos bien. Retíralos, córtalos en láminas, introdúcelos en la tartera y rehógalos a fuego medio durante 8 minutos. Pasa las hortalizas a una fuente y resérvalas.

Calienta 3 cucharadas de aceite en la misma tartera. Corta las espinacas en juliana, añádelas y cocínalas durante 3-4 minutos. Incorpora a la tartera las hortalizas rehogadas anteriormente y mezcla bien. Reserva.

Introduce las láminas de lasaña en un recipiente hondo con agua y déjalas a remojo durante 10 minutos para que se hidraten.

Calienta 4 cucharadas de aceite en una cazuela. Agrega la harina y rehógala bien. Añade la bebida de avena poco a poco y remueve los ingredientes con una varilla manual hasta que queden bien integrados. Cocina la bechamel a fuego suave, sin dejar de remover, durante unos 10 minutos. Salpimiéntala, agrega la nuez moscada y mezcla bien.

Escurre las láminas de lasaña y sécalas un poco.

Cubre la base de un recipiente apto para el horno con la ¼ parte de la salsa de tomate, coloca encima 4 láminas de lasaña, reparte encima la mitad de las hortalizas y nápalas con ⅓ parte de la bechamel y otra ¼ parte de la salsa de tomate. Cubre con otra capa de láminas de lasaña y repite el proceso con la otra mitad de las hortalizas, otra ¼ parte de la salsa de tomate y otra ⅓ parte de la bechamel. Finalmente coloca otra capa de láminas de lasaña, el resto de la salsa de tomate (¼ parte) y el resto de la bechamel (⅓ parte). Introduce la lasaña en el horno y hornéala a 200 ºC durante 15 minutos.

Sirve la lasaña y decórala con unas hojitas de perejil.

PIZZA DE BOQUERONES

INGREDIENTES (4-6 P.)

32 boquerones	*Para la masa:*
250 ml de salsa de tomate	500 g de harina de fuerza + 25 g para estirar
3 dientes de ajo	15 g de sal
aceite de oliva virgen extra	20 g de levadura fresca
30 hojas de albahaca	295 ml de agua
perejil	20 ml de aceite de oliva virgen extra
sal	

PASTAS Y MASAS

ELABORACIÓN

Pon la harina en un bol grande. Agrega la sal, la levadura (desmenuzada), el agua y el aceite y mezcla bien hasta que se integre bien la harina. Tapa el bol con film transparente y deja que la masa repose a temperatura ambiente durante 30 minutos.

Espolvorea la encimera con un poco de harina, coloca la masa encima y amásala durante unos 5 minutos. Colócala de nuevo en el bol, tápala con film transparente y deja que fermente a temperatura ambiente hasta que doble su tamaño (entre 90 y 120 minutos).

Espolvorea la encimera con otro poco de harina, pon la masa encima y estírala bien hasta formar un rectángulo del tamaño de una bandeja del horno. Cubre una bandeja de horno con papel de hornear y coloca la masa encima.

Cubre la masa de *pizza* con la salsa de tomate. Pica finamente 10 hojas de albahaca, espolvorea con ellas la masa y hornéala en la parte inferior del horno a 200 °C durante 12-15 minutos.

Limpia los boquerones, retirándoles las cabezas y las tripas, ábrelos por la mitad, retírales las espinas centrales y resérvalos.

Pela los dientes de ajo, córtalos en daditos y ponlos en un bol. Pica finamente las otras 20 hojas de albaca y añádelas. Agrega 6 cucharadas de aceite y mezcla bien. Sazona los filetes de boquerón y riégalos con la mezcla.

Coloca los boquerones sobre la base de *pizza* y hornéala a 220 °C durante 4 minutos.

Corta la *pizza* en 4-6 porciones, sirve 1 en cada plato y decóralos con unas hojas de perejil.

CONSEJO

Puedes preparar una *pizza* con el pescado que sea de vuestro agrado. Si utilizas pescado congelado, es importante descongelarlo previamente para que no suelte agua sobre la masa.

SAMOSAS DE LA INDIA

INGREDIENTES (4 P.)

- 6 hojas de pasta filo
- 2 cebollas
- 3 patatas
- 100 g de guisantes frescos (desgranados)
- zumo de 1 limón
- 20 g de mantequilla (fundida)
- 1 cucharada de semillas de sésamo (sin tostar)
- aceite de oliva virgen extra
- 1 pizca de *curry* en polvo
- 1 pizca de comino en polvo
- 1 trozo de jengibre
- pimienta
- 20 hojas de cilantro
- perejil
- sal

Para la salsa:

- 2 dientes de ajo
- zumo de 1 limón
- 25 hojas de cilantro
- 4 cucharadas de aceite de oliva virgen extra

CONSEJO

Aunque en esta receta hemos dado forma triangular a las samosas, se pueden hacer cónicas, cuadradas o incluso con forma de media luna.

ELABORACIÓN

Calienta una sartén grande con 4 cucharadas de aceite. Pela las cebollas, córtalas en daditos, agrégalas, sazónalas y cocínalas durante 6-8 minutos a fuego medio. Pela las patatas, rállalas e incorpóralas a la sartén. Añade el *curry* y el comino. Ralla encima 1 centímetro de jengibre y mezcla bien. Agrega 100 ml de agua y cocina todo a fuego medio durante 15 minutos.

Calienta agua en un cazo, introduce en ella los guisantes, sazónalos y cuécelos durante 10 minutos. Escúrrelos, incorpóralos a la sartén y mezcla bien.

Añade a la sartén el zumo de limón y las hojas de cilantro finamente picadas y cocina conjuntamente durante 3-4 minutos. Salpimienta la farsa y deja que se atempere un poco.

Extiende 1 hoja de pasta filo y córtala en 3 tiras largas. Pon una porción de la farsa en uno de los extremos de una tira y envuélvela formando un triángulo. Coloca la samosa sobre una bandeja de horno cubierta con un trozo grande de papel de hornear. Repite el proceso hasta conseguir 16 samosas, úntalas con mantequilla fundida y espolvoréalas con el sésamo. Hornea las samosas a 180 ºC durante 8-10 minutos. Apaga el horno y mantenlas calientes.

Para preparar la salsa, pela los dientes de ajo, córtalos en láminas y ponlos en un vaso batidor. Agrega el zumo de limón, las hojas de cilantro picadas y el aceite y tritura los ingredientes con una batidora eléctrica.

Sirve 4 samosas y un poco de salsa en cada plato y adórnalos con unas hojas de perejil.

CANELONES DE CORDERO

INGREDIENTES (4 P.)

- 16 láminas de canelón (precocido)
- 4 cuellos de cordero (1 kg)
- 2 cebollas
- 1 pimiento verde
- 2 zanahorias
- 3 dientes de ajo
- 200 ml de vino blanco
- 30 g de harina
- 500 ml de leche
- 150 ml de salsa de tomate
- aceite de oliva virgen extra
- 3-4 ramas de tomillo
- perejil
- sal

CONSEJO

Para hacer canelones de cordero puedes utilizar cualquier parte del cordero, pero el cuello es un corte económico y además tiene una carne muy jugosa.

ELABORACIÓN

Calienta 3-4 cucharadas de aceite en una olla rápida.

Pela las cebollas, córtalas en dados, incorpóralas a la olla y rehógalas durante 5 minutos. Retira el tallo y las semillas del pimiento, córtalo de la misma manera y agrégalo a la olla. Pela las zanahorias, córtalas en cuartos de luna y añádelas. Pela los ajos, córtalos en láminas e incorpóralos. Sazona las hortalizas y rehógalas a fuego medio durante 8-10 minutos.

Sazona los cuellos de cordero e introdúcelos en la olla. Agrega las ramas de tomillo y el vino y dale un hervor fuerte. Cubre con agua, cierra la olla y guisa el cordero durante 35 minutos.

Abre la olla, retira la carne de cordero y deja que se temple.

Tritura las hortalizas con una batidora eléctrica hasta conseguir una salsa homogénea.

Desmiga la carne de cordero y ponla en un bol. Añade unas cucharadas de salsa hasta conseguir la consistencia deseada (ni muy seca ni muy ligera) y mezcla bien.

Pon abundante agua caliente en un bol grande, añade los canelones y deja que se hidraten durante el tiempo que indique el envase. Cuando estén manejables, retíralos, sécalos bien y extiéndelos sobre un paño de cocina limpio.

Rellena los canelones con la carne de cordero y colócalos en una fuente apta para el horno.

Calienta 3-4 cucharadas de aceite en una cazuela, añade la harina y cocínala un poco. Agrega la leche poco a poco, sin dejar de revolver, y cocina la bechamel durante unos 10 minutos. Sazónala, agrega un poco de perejil picado y mezcla bien.

Napa los canelones con la bechamel y decórala con la salsa de tomate. Introdúcelos en el horno y gratínalos durante 7-8 minutos.

Sirve 4 canelones en cada plato y decóralos con unas hojas de perejil.

FUSILLI CON CREMA DE CALABACÍN Y QUESO FETA

INGREDIENTES (4 P.)

- 400 g de *fusilli* (espirales)
- 2 calabacines
- 150 g de queso feta
- 1 puerro
- 50 g de almendras (peladas)
- 30 aceitunas moradas
- aceite de oliva virgen extra
- perejil
- ½ cucharadita de azafrán (en polvo)
- pimienta
- sal

ELABORACIÓN

Calienta una tartera (cazuela amplia y baja) con 3 cucharadas de aceite. Lava los calabacines, córtalos en daditos, añádelos a la tartera, sazónalos y cocínalos a fuego vivo durante 4-5 minutos.

Limpia el puerro, retirándole la parte inferior, la superior y 1-2 capas de hojas, enjuágalo, córtalo en cuartos de luna finos y agrégalo a la tartera. Mezcla bien, sazona, vierte encima 50 ml de agua y cocina todo a fuego medio durante 10-15 minutos.

Pasa la mitad de las hortalizas (reserva el resto en la tartera) a una batidora de vaso. Diluye el azafrán en 100 ml de agua tibia e incorpóralo. Agrega también las almendras (reserva 8 para decorar) y la mitad del queso feta y tritura bien hasta conseguir una crema suave. Si notas que está quedando muy espesa, puedes añadir otro poco de agua. Reserva la salsa.

Calienta abundante agua en una cazuela grande. Cuando empiece a hervir, sazónala, introduce en ella la pasta y cuécela durante el tiempo que indique el paquete (unos 9-10 minutos).

Escurre la pasta e incorpórala a la tartera con las hortalizas. Vierte encima la salsa y mezcla bien. Agrega un poco de agua al vaso batidor, remuévela y añádela a la cazuela. Cocina todo conjuntamente durante 2-3 minutos.

Muele encima un poco de pimienta y reparte los *fusilli* en 4 platos. Pica las 8 almendras reservadas y espolvorea con ellas los platos. Añade también las aceitunas y el resto del queso desmenuzado. Decora los platos con unas hojas de perejil.

CONSEJO

El queso feta se consume habitualmente en ensaladas, pero también es perfecto como aperitivo o como ingrediente para elaborar hortalizas o pastas rellenas.

MACARRONES CON ALBÓNDIGAS Y SALSA DE GUISANTES

INGREDIENTES (4 P.)

400 g de macarrones

400 g de carne picada de ternera

300 g de guisantes frescos (desgranados)

100 ml de leche

100 g de queso crema

1 loncha de jamón serrano

15 g de pan rallado

1 diente de ajo

aceite de oliva virgen extra

perejil

pimienta

sal

CONSEJO

Para que la pasta quede bien, es importante cocerla en abundante agua. El cálculo es de 1 litro de agua por cada 100 g de pasta.

ELABORACIÓN

Calienta abundante agua en una cazuela. Cuando hierva, agrega los guisantes, sazónalos, tápalos y cuécelos durante 8-10 minutos. Escúrrelos, reserva el agua de la cocción y ¼ parte de los guisantes (para saltear) y pasa el resto a una batidora de vaso. Añade la leche y el queso crema a la batidora y tritura bien hasta conseguir una crema homogénea. Si queda demasiado espesa, añade un poco del agua de la cocción reservada y vuelve a triturar.

Calienta abundante agua en una cazuela grande. Cuando empiece a hervir, sazónala, introduce en ella los macarrones y cuécelos durante el tiempo que indique el paquete.

Corta el jamón en daditos y resérvalo.

Pon la carne picada en un bol grande y salpiméntala. Agrega un poco de perejil picado y el pan rallado. Pela el diente de ajo, córtalo en daditos e incorpóralo. Mezcla todo bien, divide la carne en 20 porciones y redondéalas hasta formar las albóndigas.

Calienta una sartén con 8 cucharadas de aceite y fríe en ella las albóndigas hasta que se doren. Retíralas y escúrrelas sobre un plato.

Deja un poco de aceite en la sartén y saltea en ella el jamón picado. Incorpora los guisantes reservados y las albóndigas y saltea todo brevemente.

Pon la crema de guisantes en una tartera (cazuela amplia y baja), incorpora los macarrones (escurridos), mezcla bien y cocínalos en la salsa durante 2 minutos.

Sirve los macarrones en 4 platos hondos y reparte por encima la mezcla de albóndigas, guisantes y jamón. Decora los platos con unas hojas de perejil.

PASTAS Y MASAS

FOCACCIA DE SARDINILLAS EN ACEITE

INGREDIENTES (4 P.)

16 sardinillas en aceite
16 aceitunas negras (sin hueso)
4 tomates secos en aceite
aceite de oliva virgen extra
2 ramas de romero
8-10 hojas de albahaca
perejil

Para la masa:

250 g de harina + 25 g para estirar
125 ml de leche
1 yema de huevo
12 g de miel
8 g de levadura fresca de panadero
5 g de sal
35 g de mantequilla (a punto de pomada)
aceite de oliva virgen extra

ELABORACIÓN

El día anterior, para preparar la masa, pon en un bol la harina, la leche, la yema de huevo, la miel, la levadura de panadero (desmenuzada) y la sal y mezcla los ingredientes hasta que la harina se integre. Tapa el bol con film transparente y deja que la masa repose a temperatura ambiente durante 30 minutos (autólisis).

Espolvorea la encimera con un poco de harina, pon encima la masa, extiéndela un poco y agrega la mantequilla. Amasa, envolviendo la mantequilla con la masa, hasta que la mantequilla quede bien integrada.

Pon un poco de aceite en la base de un bol grande, coloca encima la masa, tápala con film transparente y deja que fermente en el frigorífico hasta el día siguiente.

Espolvorea la encimera con un poco de harina, saca la masa del frigorífico y extiéndela sobre la encimera, primero con las manos y después con un rodillo, hasta conseguir un rectángulo. Coloca la masa sobre una bandeja de horno cubierta con papel de hornear.

Corta las aceitunas en rodajas y los tomates en tiras y distribúyelos sobre la masa. Tapa la masa con un paño de cocina limpio y deja que repose a temperatura ambiente hasta que doble su volumen (unos 30 minutos).

Mezcla en un bol pequeño el romero (picado), 2 cucharadas de aceite y 2 cucharadas de agua.

Presiona la masa con los dedos (hundiéndola hasta formar unos hoyitos), úntala con la mezcla de romero y hornéala a 190 °C durante 12-15 minutos.

Pon 100 ml de aceite en un vaso batidor. Pica las hojas de albahaca, agrégalas y tritura bien con una batidora eléctrica.

Retira la *focaccia* del horno, córtala en 4 raciones y sirve 1 en cada plato. Coloca 4 sardinillas sobre cada trozo y aderézalas con el aceite de albahaca. Decora los platos con unas hojas de perejil.

CONSEJO

En esta receta la masa se deja reposar en el frigorífico de un día para otro, pero si prefieres que fermente a temperatura ambiente bastará con que la dejes reposar durante 2 horas, hasta que doble su volumen.

CARNES Y AVES

ALBÓNDIGAS CON CHAMPIÑONES

INGREDIENTES (4 P.)

500 g de carne de ternera picada
1 huevo
harina (para rebozar)
aceite de oliva virgen extra
perejil
1 cucharadita de pimienta negra molida
1 cucharadita de comino molido
sal

Para la salsa:
500 g de champiñones
1 cebolla
2 dientes de ajo
2 cucharadas de tomate concentrado
100 ml de nata
1 cucharada de harina de maíz refinada
aceite de oliva virgen extra
sal

CARNES Y AVES

ELABORACIÓN

Pon la carne picada en un bol. Añade la pimienta, el comino, el huevo, 1 cucharada de perejil picado y sal (al gusto).

Amasa bien, forma las albóndigas (no muy grandes) y pásalas por harina. Calienta una cazuela con 8 cucharadas de aceite, añade las albóndigas y fríelas hasta que se doren. Retíralas a una fuente y resérvalas.

Pela la cebolla y los dientes de ajo, córtalos en dados y agrégalos a la cazuela. Sazónalos y rehógalos a fuego medio durante 6-8 minutos.

Lava los champiñones, sécalos un poco, córtalos en láminas e incorpóralos. Sazónalos y cocínalos durante 6-8 minutos.

Añade el tomate concentrado y la nata líquida, y mezcla bien.

Diluye la harina de maíz en 1 vaso de agua (250 ml) y añádela a la cazuela. Cuando empiece a hervir, incorpora las albóndigas y cocínalas en la salsa durante 4-5 minutos. Espolvoréalas con un poco de perejil picado.

Reparte las albóndigas con champiñones en 4 platos y adórnalos con unas hojas de perejil.

CONSEJO

Lo bueno que tienen las albóndigas es que se pueden preparar de mil formas. La preparación más habitual de las albóndigas caseras es en salsa, pero como existen múltiples tipos de salsas, las opciones son muchas. También puedes hacerlas rellenas de queso, de jamón, de huevo de codorniz... Prueba y ya me contarás.

ALITAS FRITAS CON SALSA AGRIDULCE

CARNES Y AVES

INGREDIENTES (4 P.)

16 alitas de pollo
200 g de harina de trigo
aceite de oliva virgen extra
perejil
pimienta
sal

Para el marinado:

200 g de harina de trigo
100 g de harina de maíz refinada
1 cucharada de ajo en polvo
1 cucharada de pimentón
½ cucharadita de cayena molida
400 ml de agua

Para la salsa agridulce:

100 ml de vinagre de manzana
8 g de harina de maíz refinada
25 g de azúcar moreno
60 ml de salsa de soja
200 g de kétchup

ELABORACIÓN

Para el marinado, pon en un bol la harina de trigo, la harina de maíz, el pimentón, la cayena y el ajo. Remueve los ingredientes con una varilla hasta queden bien integrados. Añade el agua poco a poco y sigue removiendo hasta que no quede ni un grumo.

Retira las puntas de las alitas. Corta las alitas por la mitad separando la blanqueta (la parte más carnosa) del alón (la que tiene dos huesos). Salpimiéntalas, introdúcelas en el bol del marinado y mezcla hasta que queden bien impregnadas. Tápalas con film transparente y déjalas marinando en el frigorífico durante 1 hora.

Para preparar la salsa, pon en un cazo el vinagre, la harina de maíz, el azúcar, la salsa de soja y el kétchup. Mezcla bien los ingredientes con unas varillas, cocina la salsa, sin dejar de remover, durante 5 minutos y resérvala.

Calienta una sartén con abundante aceite. Retira las alitas de pollo del marinado, pásalas por harina, introdúcelas en la sartén y fríelas hasta que se cocinen por dentro y se tuesten por fuera. Retíralas y escúrrelas sobre una fuente cubierta con papel absorbente.

Sirve en cada plato 4 alitas (8 trozos) y salséalas con la salsa agridulce. Adorna los platos con unas hojas de perejil.

CONSEJO

Las alitas de pollo nos dan mucho juego en la cocina, ya sean fritas, asadas o guisadas, pero te recomiendo encarecidamente que pruebes esta receta, porque el resultado te va a sorprender.

CARNE GUISADA CON ARROZ

INGREDIENTES (4 P.)

- 750 g de carne de ternera (falda) para guisar
- 200 g de arroz
- 1 cebolla grande
- 2 zanahorias
- 3 dientes de ajo
- 2 tomates
- 200 ml de vino blanco seco (fino)
- harina de maíz refinada (opcional)
- aceite de oliva virgen extra
- 1 hoja de laurel
- perejil
- 1 cucharadita de pimienta en grano
- 1 cucharadita de semillas de cilantro
- 1 cucharadita de comino en grano
- 1 guindilla cayena
- 1-2 cucharaditas de pimentón ahumado
- sal

CONSEJOS

1. El atadillo hecho con las gasas se llama *muñequilla*. La muñequilla no es más que el trozo de gasa o trapo limpio que envuelve las especias. Utilizándola conseguimos todo el sabor, pero evitamos que las especias se esparzan por la salsa.
2. Te recomiendo comprar una buena barra de pan, porque la salsa queda tan sabrosa que no dejaréis de untarla hasta que se acabe.
3. La mezcla de comino, cilantro, pimienta y cayena se vende en los supermercados como *especias para caracoles*. Si eres de Andalucía, y concretamente de Cádiz, puedes encontrar esta mezcla en muchas carnicerías.

ELABORACIÓN

Calienta 4-5 cucharadas de aceite en la olla rápida. Corta la carne en tacos (dados grandes), sazónalos y dóralos bien (6-8 minutos). Retira la carne y resérvala.

Pela la cebolla, las zanahorias y 2 dientes de ajo, córtalos en dados e incorpóralos a la olla. Sazona y cocina las hortalizas durante 10-15 minutos a fuego suave-medio.

Pela los tomates, córtalos en daditos e incorpóralos. Sazona y cocina todo junto durante 5-10 minutos más.

Extiende 2 trozos de gasa (cruzados) sobre la tabla de cocina y coloca encima la pimienta, el cilantro, el comino y la cayena. Junta las puntas de las gasas, ciérralas atándolas con cuerda de cocina e introduce el atadillo en la olla.

Agrega la carne, el laurel y el pimentón a la olla. Vierte encima el vino y dale un hervor durante 4-5 minutos (para que se evapore el alcohol). Añade 200 ml de agua, cierra la olla y cocina la carne durante 20 minutos. Si quieres ligar la salsa, agrega un poco de harina de maíz refinada diluida en agua fría, remueve bien y dale un hervor hasta conseguir el espesor deseado.

Mientras se cocina la carne, pela 1 diente de ajo, dóralo un poco en una cazuela con 2-3 cucharadas de aceite, añade el arroz, rehógalo un poco, vierte encima el agua (el doble y un poco más que de arroz), sazónalo y cocínalo durante 18 minutos.

Sirve en cada plato una porción de carne y otra de arroz (para servirlo puedes utilizar un bol a modo de molde). Adorna los platos con unas hojas de perejil.

CONEJO FRITO CON PATATAS AL ROMERO

INGREDIENTES (4 P.)

- 1 conejo troceado
- 4 patatas
- 4 dientes de ajo
- aceite de oliva virgen extra
- 2 ramas de romero
- perejil
- pimienta
- sal

ELABORACIÓN

Calienta una cazuela con 4-6 cucharadas de aceite. Salpimienta los trozos de conejo e introdúcelos en la cazuela. Fríelos a fuego suave-medio durante unos 15 minutos. Pela 2 dientes de ajo, córtalos en daditos y agrégalos. Baja el fuego y cocina el conejo, removiéndolo de vez en cuando, hasta que esté a punto (3-5 minutos más).

Calienta abundante aceite en una sartén grande. Pela las patatas, córtalas (cascándolas) y fríelas durante 15 minutos a fuego medio. Retira la mayor parte del aceite.

Pela los otros 2 dientes de ajo, córtalos en láminas y agrégalos a la sartén con las patatas. Añade también las hojas de las ramas de romero. Cocina las patatas durante unos 3-5 minutos más. Retíralas y sazónalas.

Sirve y adorna los platos con unas hojas de perejil.

CONSEJO

Este plato no lleva muy bien el recalentamiento, por lo que lo mejor será cocinar solo la cantidad que vayas a consumir.

MUSLOS DE PATO CONFITADOS CON PURÉ DE MANZANA

INGREDIENTES (4 P.)

- 4 muslos de pato confitados (con su grasa)
- 4 manzanas
- 2 patatas
- perejil
- sal

ELABORACIÓN

Para hacer el puré, descorazona las manzanas, pélalas, trocéalas y cuécelas en un cazo con un poco de agua (100 ml) durante 15-20 minutos a fuego suave. Tritúralas con una batidora eléctrica y reserva el puré.

Pon la grasa de pato a calentar en una sartén. Pela las patatas, córtalas en rodajas finas, añádelas a la sartén y fríelas a fuego suave-medio hasta que se doren (12-15 minutos). Retíralas, escúrrelas, sazónalas y resérvalas.

Pon los muslos de pato en un recipiente apto para el horno y hornéalos a 200 °C durante 10-12 minutos.

Reparte las patatas en 4 platos (a modo de cama), coloca sobre ellas 1 muslo de pato en cada plato y acompáñalo con un poco de puré de manzana. Adorna los platos con unas hojas de perejil.

CONSEJO

En esta receta hemos frito las patatas, pero también se pueden confitar a fuego suave durante unos 20 minutos.

LIBRITOS DE LOMO, JAMÓN Y QUESO CON PATATAS

INGREDIENTES (4 P.)

- 8 filetes de lomo de cerdo gruesos (abiertos como si fueran libritos)
- 2 lonchas finas y grandes de jamón serrano
- 8 lonchas de queso para fundir
- 4 patatas pequeñas
- 100 g de mantequilla (a punto de pomada)
- 1 diente de ajo
- 3 huevos batidos
- pan rallado (para rebozar)
- aceite de oliva virgen extra
- 10 hojas de cebollino
- 10 hojas de albahaca
- perejil
- pimienta
- sal

ELABORACIÓN

Pica finamente las hojas de cebollino y de albahaca y ponlas en un bol. Agrega la mantequilla y mezcla bien. Extiende un trozo de film transparente sobre la encimera, coloca encima la mantequilla y envuélvela hasta formar un cilindro. Introdúcela en el frigorífico y déjala enfriar hasta que endurezca.

Lava las patatas, colócalas en un bol, tápalas con film transparente, introdúcelas en el microondas y cocínalas durante 20 minutos (4 por patata). Retíralas, hazles un corte a la mitad (sin llegar a cortarlas del todo), ábrelas un poco y sazónalas. Corta 4 rodajas de mantequilla y pon 1 rodaja dentro de cada patata.

Abre los libritos y salpimiéntalos.

Corta las lonchas de jamón en 4 tiras anchas. Extiende las 8 lonchas de queso sobre la tabla, coloca 1 tira de jamón en uno de los lados de las lonchas de queso y dobla la parte sobrante del queso sobre el jamón. Introduce la mezcla de jamón y queso en los libritos de lomo.

Calienta abundante aceite en una sartén. Aplasta el diente de ajo y agrégalo a la sartén (cuando el ajo empiece a burbujear, el aceite habrá alcanzado la temperatura perfecta para freír). Pasa los libritos por huevo batido y pan rallado, aplástalos un poco, introdúcelos en la sartén y fríelos (en tandas) por los dos lados hasta que se doren. Retíralos y escúrrelos sobre una fuente cubierta con papel absorbente.

Sirve en cada plato 2 libritos y 1 patata con mantequilla. Adorna los platos con unas hojas de perejil.

CONSEJO

Si preparas una buena cantidad de mantequilla, lo más seguro y práctico será congelarla, bien en porciones listas para usar o en un cilindro, ya que resultará más fácil cortarla. En cualquier caso, la mantequilla deberá estar bien protegida, tapada, pues la grasa absorbe fácilmente los aromas y sabores de los alimentos que la rodean.

PALETILLAS DE CORDERO CON PERAS

INGREDIENTES (4 P.)

- 2 paletillas de cordero (con cortes para asar)
- 4 peras conferencia
- 1 cabeza de ajos
- 200 ml de vino blanco
- 1 cucharadita de harina de maíz refinada
- 150 g de manteca de cerdo
- 2 ramas de tomillo
- 2 ramas de romero
- pimienta
- perejil
- sal

CONSEJO

Cuando las paletillas son grandes, es mejor que pidas a tu carnicero que les haga unos cortes, de esta manera se cocinarán en menos tiempo y será más fácil trocearlas para repartir.

ELABORACIÓN

Pica las hojas de tomillo y de romero finamente y ponlas en un bol. Agrega la manteca de cerdo y mezcla bien.

Salpimienta las paletillas, úntalas con la mezcla de manteca y hierbas y colócalas en una bandeja de horno. Aplasta los dientes de ajo (con piel) e introdúcelos en los cortes. Introduce la bandeja en el horno a 200 ºC.

Pela las peras, córtalas por la mitad a lo largo y retírales los corazones. Retira la bandeja del horno y coloca las peras (boca abajo) al lado de las paletillas. Hornea todo durante 15-20 minutos.

Da la vuelta a las paletillas y a las peras, vierte el vino sobre las peras y hornéalas a 200 ºC durante 20 minutos más. Apaga el horno, retira la bandeja y pasa las paletillas y las peras a otra bandeja de horno, introdúcelas de nuevo en el horno y mantenlas calientes con el calor residual.

Cuela el jugo de la bandeja, pásalo a una sartén y retírale con un cazo la grasa que sube a la superficie. Dale un hervor, añádele un poco de harina de maíz refinada diluida en agua fría, mezcla bien y espera a que espese la salsa.

Sirve en cada plato ½ paletilla y 1 pera (2 mitades). Salsea las peras y adorna los platos con unas hojas de perejil.

PAVO A LA MOSTAZA CON UVAS Y BONIATO

INGREDIENTES (4 P.)

- 1 pechuga de pavo (900 g)
- 2 cucharadas de mostaza a la antigua
- 30 granos de uva blanca
- 1 boniato
- aceite de oliva virgen extra
- 2 ramas de romero
- perejil
- pimienta
- sal

ELABORACIÓN

Salpimienta las dos mitades de la pechuga de pavo. Haz un agujero atravesando cada mitad (a lo largo) con un cuchillo largo y fino e introduce 1 rama de romero en cada uno de ellas.

Unta la pechuga con la mostaza, colócala en una fuente apta para el horno y hornéala a 200 ºC durante unos 10 minutos. Vierte encima 1 vaso de agua (150-200 ml) y hornéala durante 15-20 minutos más. Apaga el horno y deja que repose unos minutos.

Mientras tanto, pela el boniato y, con ayuda de una mandolina, córtalo en tiras finas (tipo patatas paja). Calienta una sartén con abundante aceite, agrega el boniato (en tandas) y fríelo hasta que empiece a dorarse. Retíralo y escúrrelo sobre una fuente cubierta con papel absorbente. Sazónalo y resérvalo.

Retira el aceite de la sartén y ponla a calentar. Añade las uvas y saltéalas durante 3-4 minutos.

Saca la pechuga del horno y córtala en filetes. Sirve los filetes de pavo, salséalos y acompáñalos con las tiras de boniato y las uvas. Adorna los platos con unas hojas de perejil.

CONSEJO

Las pechugas de pavo se pueden comprar enteras, cortadas por la mitad, en filetes o en tacos. Para muchos es una carne seca, pero si las preparas como en esta receta, seguro que las vas a disfrutar... y mucho.

PAVO RELLENO DE PIMIENTOS CON SALSA DE QUESO AZUL

CARNES Y AVES

INGREDIENTES (4 P.)

- 500 g de pechuga de pavo (8 filetes finos)
- 1 pimiento rojo
- 1 pimiento verde
- 1 pimiento amarillo
- 100 g de queso azul de oveja
- 100 ml de nata líquida
- aceite de oliva virgen extra
- perejil
- pimienta
- sal

CONSEJO

Los quesos azules se pueden comer solos o desmenuzados, o incluso untados en pan, ya que muchos tienen una textura muy cremosa.

ELABORACIÓN

Pela los pimientos con un pelador, córtalos en juliana (1 cm de grosor) y ponlos a rehogar en una sartén con 2-3 cucharadas de aceite. Sazónalos y cocínalos durante 10 minutos.

Extiende una esterilla para sushi sobre la encimera y cúbrela con un trozo grande de film transparente (es importante que sobresalga un buen trozo por cada lado). Salpimienta los filetes de pavo y coloca la mitad sobre la esterilla, de manera que quede bien cubierta. Distribuye encima la mitad de los pimientos y enrolla los filetes (ayudándote con la esterilla) alrededor de los pimientos. Junta las puntas del film y desliza el rollito sobre la esterilla hasta que coja tensión y quede perfectamente cerrado. Haz un nudo en cada extremo. Repite el proceso con el resto de los filetes de pavo y de los pimientos.

Calienta abundante agua en una cazuela, introduce en ella los 2 rollitos y cuécelos durante unos 6 minutos. Saca los rollitos de la cazuela, retírales el film y dóralos durante 6-8 minutos en una sartén con 2 cucharadas de aceite. Retíralos y resérvalos. Retira también el aceite de la sartén.

Trocea el queso y añádelo a la sartén. Agrega la nata y mezcla los ingredientes hasta que el queso se funda y quede integrado con la nata.

Corta los rollos de pavo en rodajas gruesas, sirve 3 rodajas en cada plato y acompáñalas con la salsa de queso. Decora los platos con unas hojas de perejil.

RABO EN SALSA CON CASTAÑAS

INGREDIENTES (4 P.)

- 1 rabo de ternera
- 500 g de castañas
- 1 pimiento choricero
- 2 dientes de ajo
- 1 cebolla grande
- 1 zanahoria
- 1 puerro
- 2 tomates maduros (pera o en rama)
- 125 ml de vino fino
- 125 ml de vino oloroso
- aceite de oliva virgen extra
- 1 hoja de laurel
- perejil
- pimienta molida
- 15-20 granos de pimienta
- 1 clavo
- sal

CONSEJO

Para que tus castañas queden perfectas, deberás realizarles un pequeño corte con un cuchillo. De esta manera se cocerán en menos tiempo y evitarás que revienten durante la cocción.

ELABORACIÓN

Retira el tallo y las semillas del pimiento choricero y déjalo a remojo en un bol con agua tibia durante 1 hora aproximadamente. Sácale la pulpa y resérvala.

Calienta 3-4 cucharadas de aceite en la olla rápida, salpimienta los trozos de rabo y agrégalos. Séllalos hasta que se doren un poco por fuera. Retíralos a una fuente y resérvalos.

Pela los ajos, la cebolla y la zanahoria. Limpia el puerro retirándole la parte inferior, la superior y 2-3 capas de hojas, y enjuágalo bien. Corta los ajos y la cebolla en daditos, y el puerro y la zanahoria, en cuartos de luna finos. Incorpora las hortalizas a la olla, sazónalas y cocínalas durante unos 10 minutos.

Ralla los tomates, añádelos a la olla junto con la carne del pimiento choricero y cocina todo durante 3-5 minutos.

Incorpora a la olla los trozos de rabo, el clavo, el laurel, los granos de pimienta y los vinos (fino y oloroso). Agrega agua hasta cubrir, cierra la olla y cocina la carne durante 40-45 minutos. Retira los trozos de rabo, pásalos a una fuente y resérvalos. Con un cazo, retira la grasa que sube a la superficie y tritura los ingredientes con una batidora eléctrica hasta conseguir una salsa homogénea. Introduce de nuevo los trozos de rabo en la olla.

Haz un corte a las castañas y cuécelas durante 20 minutos en una cazuela con agua hirviendo. Retíralas, espera a que se templen, pélalas e introdúcelas en la olla. Cocina conjuntamente durante 12-15 minutos y espolvorea con un poco de perejil picado.

Reparte el guiso en 4 platos y decóralos con unas hojas de perejil.

REDONDO EMPANADO CON CALABACÍN Y CEBOLLETA

INGREDIENTES (4 P.)

12 filetes de redondo de ternera
1 calabacín
1 cebolleta
2 dientes de ajo
150 g de pan rallado
2-3 huevos
aceite de oliva virgen extra
1 cucharada de orégano
perejil
pimienta
sal

CARNES Y AVES

ELABORACIÓN

Calienta una sartén grande con 4 cucharadas de aceite. Corta la cebolleta en dados y añádela. Corta el calabacín en cuartos de luna de ½ centímetro de grosor, agrégalo, sazona y cocina todo durante unos 10 minutos.

Pela los dientes de ajo, córtalos en daditos y añádelos al pan rallado. Agrega también el orégano y mezcla todo bien.

Bate los huevos en un bol.

Recorta los bordes de los filetes y salpimiéntalos. Pásalos por el huevo batido y después por la mezcla de pan rallado, ajo y orégano. Presiónalos un poco para que el pan rallado quede bien adherido.

Calienta una sartén con abundante aceite, añade los filetes y fríelos brevemente por los dos lados. Retíralos y escúrrelos sobre un plato cubierto con papel absorbente.

Sirve en cada plato 3 filetes empanados y una porción de calabacín con cebolleta. Adórnalos con unas hojas de perejil.

CONSEJO

A la hora de freír cualquier alimento es importante controlar la temperatura del aceite. Si no está bien caliente, el alimento absorberá más aceite del que debería.

SOLOMILLO DE CERDO CON MERMELADA DE TOMATE

INGREDIENTES (4 P.)

2 solomillos de cerdo
4 tomates grandes
150 g de azúcar
2 dientes de ajo
aceite de oliva virgen extra
1 rama grande de tomillo
perejil
pimienta
sal

CONSEJO

Lo ideal es sacar la carne del frigorífico por lo menos 30 minutos antes de prepararla. De esta manera cogerá la temperatura perfecta para que, al cocinarla, la parte interior no quede fría.

ELABORACIÓN

Pela los dientes de ajo, trocéalos y ponlos en el mortero. Suelta las hojas de la rama de tomillo, pícalas y agrégalas al mortero. Maja todo, añade 1-2 cucharadas de aceite y mezcla bien.

Corta cada solomillo en 4 trozos, salpimiéntalos y ponlos en un bol. Agrega el majado y mezcla bien hasta que la carne quede bien impregnada. Tápala con film transparente y déjala macerando mientras preparas la mermelada.

Retira el pedúnculo de los tomates y hazles un corte en cruz por la parte inferior. Calienta agua en una cazuela hasta que hierva. Introduce en ella los tomates y escáldalos durante 1 minuto.

Retira los tomates, pélalos, córtalos en dados y ponlos en un recipiente apto para el horno. Sazónalos, agrega el azúcar y hornéalos a 180 °C durante 40 minutos. Escúrrelos bien, ponlos en un vaso batidor y tritúralos con una batidora eléctrica. Reserva la mermelada.

Calienta una plancha grande, añádele 2 cucharadas de aceite y cocina en ella los trozos de carne durante unos 5 minutos a fuego medio.

Sirve en cada plato 2 trozos de solomillo y acompáñalos con un poco de mermelada de tomate. Adorna los platos con unas hojas de perejil.

SOLOMILLO DE CERDO CON SALSA *GRAVY*

INGREDIENTES (4 P.)

- 2 solomillos de cerdo
- 60 g de mantequilla a temperatura ambiente
- 30 g de harina
- 2-3 cucharadas de salsa inglesa
- 500 ml de caldo de carne
- aceite de oliva virgen extra
- 20 hojas de cebollino
- perejil
- pimienta
- sal

CARNES Y AVES

ELABORACIÓN

Para hacer la salsa *gravy,* pon la mantequilla a fundir en una cazuela, incorpora la harina y mezcla bien hasta que quede bien integrada. Cocina los ingredientes durante 5-6 minutos (sin dejar de remover) hasta que adquieran un bonito color caramelo. Añade la salsa inglesa y el caldo. Mezcla bien, sazona y deja que la salsa reduzca durante 10-15 minutos, removiéndola de vez en cuando.

Corta los solomillos de cerdo en filetes, salpimiéntalos y fríelos brevemente en una sartén caliente con 2 cucharadas de aceite.

Sirve la salsa en la base de los platos y coloca en cada uno 4-5 filetes de solomillo de cerdo. Salpica los platos con las hojas de cebollino picadas y unas hojas de perejil.

CONSEJO

Cuanto mejor sea el caldo de carne, más rica será tu salsa *gravy.* Para que el caldo aporte una bonita caramelización, puedes hacerlo con huesos tostados. Otra idea fantástica es aprovechar los jugos resultantes de asar cualquier carne.

BROCHETAS DE PAVO Y PIÑA

INGREDIENTES (4 P.)

- 500 g de pechuga de pavo
- ½ piña natural
- 1 cucharada de semillas de sésamo negro
- aceite de oliva virgen extra
- perejil
- pimienta
- sal

ELABORACIÓN

Corta la pechuga de pavo en 24 tacos y colócalos en un bol grande. Salpimiéntalos, riégalos con un chorrito de aceite y mezcla bien.

Pela la piña, retírale la parte dura central y córtala en 16 tacos.

Ensarta (alternando) 3 tacos de pavo y 2 de piña en cada palillo de brocheta hasta conseguir 8 brochetas. Riégalas con un chorrito de aceite y muéleles encima otro poco de pimienta.

Calienta una plancha, coloca encima las brochetas y cocínalas durante 4-5 minutos.

Sirve las brochetas y espolvoréalas con las semillas de sésamo. Decora los platos con unas hojas de perejil.

CONSEJO

Para preparar las brochetas puedes utilizar pinchos de metal o de madera. Si usas dos pinchos para cada brocheta, evitarás que los alimentos puedan soltarse durante la cocción.

CABEZADA DE CERDO CON MOSTAZA, ALCAPARRAS Y RÚCULA

INGREDIENTES (4 P.)

- 8 filetes de cabezada de cerdo
- 1 cucharada de mostaza a la antigua
- 1 cucharada de alcaparras
- 50 g de hojas de rúcula
- 8 patatas medianas
- aceite de oliva virgen extra
- vinagre
- perejil
- pimienta
- sal (fina y gruesa)

ELABORACIÓN

Calienta agua en una cazuela. Lava las patatas, introdúcelas en la cazuela, sazónalas, tápalas y cuécelas durante 25-30 minutos. Retíralas, pélalas, córtalas en rodajas, coloca 2 patatas en cada plato y resérvalas.

Mezcla bien la mostaza con 3 cucharadas de aceite en un bol, adereza las patatas con la mezcla, sazónalas (sal gruesa) y salpícalas con unas alcaparras y unas hojas de rúcula (reserva el resto de la rúcula para acompañar).

Calienta una plancha. Pon unas 6 cucharadas de aceite en una fuente un poco profunda, añade una pizca de sal y muele encima un poco de pimienta. Unta los filetes en la mezcla y cocínalos a la plancha durante 1-2 minutos por cada lado. Coloca 2 filetes en cada plato, sobre las patatas.

Adereza el resto de las hojas de rúcula con aceite, vinagre y sal y pon una porción en cada plato. Adórnalos con unas hojas de perejil.

CONSEJO

Normalmente la rúcula se comercializa ya lavada y envasada en bolsas de plástico. Después de abrir la bolsa, es recomendable consumirla cuanto antes, ya que se estropea con facilidad.

CARNES Y AVES

CACHOPO DE TERNERA

INGREDIENTES (4 P.)

- 4 filetes de ternera cortados tipo librillo (de 220 g cada uno)
- 8 lonchas de cecina
- 4 lonchas de queso
- 2 dientes de ajo
- 12 pimientos del piquillo
- 150 g de hojas variadas de lechuga
- harina, huevo batido y pan rallado (para rebozar)
- aceite de oliva virgen extra
- vinagre
- perejil
- pimienta
- sal

ELABORACIÓN

Calienta una sartén con 3 cucharadas de aceite. Pela los dientes de ajo, córtalos en láminas y agrégalos. Cuando empiecen a dorarse, añade los pimientos. Sazónalos y cocínalos a fuego suave durante unos 20 minutos.

Extiende un filete (abierto) sobre la encimera y salpimiéntalo por la parte interior. Cubre uno de los lados con 2 lonchas de cecina y 1 loncha de queso cortada por la mitad. Tapa el relleno con el otro lado del filete, presiónalo un poco, salpimiéntalo por fuera y resérvalo. Repite el proceso con el resto de los filetes, la cecina y el queso.

Pasa los filetes por harina, huevo batido y pan rallado.

Calienta una sartén grande con aceite. Agrega 1 filete a la sartén y fríelo durante 2-3 minutos por cada lado, para que le llegue el calor a la parte interior y se dore por fuera. Retíralo y escúrrelo sobre una fuente cubierta con papel absorbente. Fríe el resto de los filetes de la misma manera.

Aliña las hojas de lechuga con aceite, vinagre y sal.

Sirve en cada plato 1 cachopo, 3 pimientos y una porción de ensalada. Adorna los platos con unas hojas de perejil.

CONSEJO

Para que los filetes no se encojan al freírlos es importante que no tengan telillas en los bordes. Para que queden más lisos, puedes golpearlos con un mazo antes de rellenarlos.

COSTILLAR DE CERDO CON ALUBIAS BLANCAS

INGREDIENTES (4 P.)

- 1.200 g de costillas de cerdo
- 200 g de alubias blancas (arrocinas)
- 2 dientes de ajo
- aceite de oliva virgen extra
- perejil
- 1 cucharadita de pimentón
- sal (fina y gruesa)

CONSEJO

Si se te ha olvidado poner las alubias a remojo, puedes utilizar un bote de alubias en conserva.

CARNES Y AVES

ELABORACIÓN

Pon las alubias a remojo la víspera.

Pela los dientes de ajo, ponlos en el mortero, agrégales una pizca de sal gruesa y májalos bien. Añade el pimentón y 6 cucharadas de aceite y mezcla todo.

Sazona las costillas, ponlas en un bol grande, vierte encima el majado y remuévelas hasta que queden bien impregnadas.

Coloca las costillas sobre una bandeja de horno y hornéalas a 220 °C durante 5 minutos. Baja la temperatura del horno a 180 °C y hornéalas durante 15 minutos más.

Escurre las alubias y ponlas en una olla rápida. Cúbrelas con agua, sazónalas, cierra la olla y cuécelas durante 4 minutos. Cuando baje la válvula, abre la olla, retira las alubias y escúrrelas bien.

Retira la bandeja del horno, reparte las alubias alrededor de las costillas, remueve la bandeja y hornea todo a 180 °C durante 6-8 minutos.

Retira la bandeja del horno y sirve 2 trozos de costilla en cada plato. Espolvorea las alubias con un poco de perejil picado y repártelas en los 4 platos. Adórnalos con unas hojas de perejil.

CHULETAS DE CERDO GLASEADAS CON ESPÁRRAGOS VERDES

INGREDIENTES (4 P.)

- 4 chuletas de lomo de cerdo
- 16 espárragos verdes
- 100 ml de vino blanco
- 250 ml de caldo de carne
- 50 g de azúcar
- 3 cucharadas de salsa de soja
- 15 ml de vinagre
- 1 cucharada de harina de maíz refinada
- aceite de oliva virgen extra
- perejil
- pimienta
- sal

ELABORACIÓN

Calienta 3-4 cucharadas de aceite en una sartén. Salpimienta las chuletas, introdúcelas en la sartén y dóralas por los 2 lados. Retíralas a una fuente y resérvalas.

Retira parte del aceite de la sartén, agrega el vino blanco y dale un hervor para que se evapore el alcohol. Añade el caldo, el azúcar, la salsa de soja y el vinagre y cocina los ingredientes durante 6-8 minutos, hasta que reduzcan un poco.

Diluye en un bol la harina de maíz con 50 ml de agua fría, agrégala a la sartén y mezcla. Incorpora a la sartén las chuletas y el jugo que han soltado y cocínalas a fuego suave durante 5 minutos.

Calienta otra sartén con 3-4 cucharadas de aceite. Corta y retira la parte inferior de los espárragos, córtalos en 3 trozos, añádelos a la sartén, sazónalos y cocínalos durante 6-8 minutos a fuego medio-fuerte.

Sirve en cada plato 1 chuleta y 1 porción de espárragos y adórnalos con unas hojas de perejil.

CONSEJO

En esta receta se han empleado chuletas de lomo de cerdo, pero también puedes usar chuletas de aguja o de riñonada.

CARNES Y AVES

CARBONADA DE TERNERA CON CALABAZA

INGREDIENTES (4 P.)

- 1 kg de carne de ternera para guisar (espaldilla)
- 600 g de calabaza
- 1 cebolla
- 1 pimiento verde
- 2 ramas de apio
- 3 zanahorias
- 3 patatas
- 150 g de guisantes congelados
- 100 g de arroz
- aceite de oliva virgen extra
- ½ cucharadita de orégano
- pimienta
- ½ cucharadita de pimentón
- 2 hojas de laurel
- perejil
- sal

ELABORACIÓN

Calienta una cazuela grande con 4 cucharadas de aceite. Corta la carne en dados, salpimiéntala, introdúcela en la cazuela y dórala bien. Pasa la carne con los jugos que haya soltado a una fuente y resérvala.

Pela la cebolla y córtala en dados. Retira el tallo y las semillas del pimiento y córtalo de la misma forma. Corta las ramas de apio en rodajas. Pela las zanahorias y córtalas en cuartos de luna finos.

Vierte 3 cucharadas de aceite en la misma cazuela donde has dorado la carne, añade las hortalizas, sazónalas y rehógalas durante 10-15 minutos.

Pela las patatas, trocéalas (cascándolas) y añádelas a la cazuela. Incorpora la carne con sus jugos, los guisantes, el arroz, el orégano, el pimentón y las hojas de laurel. Cubre con agua, pon a punto de sal, tapa y cocina todo durante 25-30 minutos a fuego suave-medio.

Pela la calabaza, córtala en dados y añádela. Mezcla bien, tapa la cazuela y cocina todo junto durante 6-8 minutos.

Reparte el guiso en 4 platos y decóralos con unas hojas de perejil.

CONSEJO

Si te sobra calabaza, envuélvela bien en film transparente e introdúcela en un recipiente de cierre hermético. Se mantendrá en perfectas condiciones durante 3-4 días. Si lo prefieres, también puedes congelarla.

CONEJO CON OREJONES Y CIRUELAS PASAS

INGREDIENTES (4 P.)

- 1 conejo (troceado)
- 8 orejones de albaricoque
- 8 ciruelas pasas (sin hueso)
- 100 g de panceta fresca
- 1 cebolla
- 1 cucharada de harina
- 80 ml de jerez seco
- aceite de oliva virgen extra
- 1 hoja de laurel
- 3 ramas de tomillo
- perejil
- 20 granos de pimienta
- sal

ELABORACIÓN

Calienta 4 cucharadas de aceite en una cazuela. Sazona el conejo, agrégalo a la cazuela y fríelo hasta que se dore. Corta la panceta en dados, incorpórala y fríela brevemente (1-2 minutos).

Pela la cebolla, córtala en daditos, añádela a la cazuela y cocina todo a fuego suave durante unos 8-10 minutos.

Agrega la harina y rehógala un poco. Incorpora la hoja de laurel, los granos de pimienta, las ramas de tomillo y el jerez y dale un breve hervor. Añade 300 ml de agua, tapa la cazuela y cocina el conejo durante 20 minutos a fuego medio.

Agrega los orejones y las ciruelas, tapa de nuevo la cazuela y cocina todo durante 10 minutos. Espolvorea la cazuela con un poco de perejil picado, reparte el conejo en 4 platos y adórnalos con unas hojas de perejil.

CONSEJO

Para que tus frutas desecadas, como los orejones y las ciruelas, se conserven mejor y durante más tiempo, guárdalas en un recipiente hermético (mejor si es de vidrio) y en un lugar fresco y seco.

COSTILLA ASADA CON PIÑA

INGREDIENTES (4 P.)

- 1.700 g de tira de costilla de ternera (estilo argentino)
- 1 piña natural
- 3 dientes de ajo
- 200 ml de vino blanco
- aceite de oliva virgen extra
- perejil
- sal

ELABORACIÓN

Pela los dientes de ajo, trocéalos, ponlos en un mortero, añade un poco de sal gruesa y májalos bien. Agrega el vino y mezcla bien. Reserva el majado.

Sazona la costilla, ponla en una bandeja de horno, riégala con un chorrito de aceite, introdúcela en el horno a 160 ºC y hornéala durante 30 minutos. Abre el horno, riega la costilla con 2 cucharadas del majado y hornéala a 160 ºC durante otras 2 horas, regándola cada 20-30 minutos con un poco del majado.

Pela la piña, corta 3 gajos grandes (reserva el resto para otro momento), retírales el tronco central y córtalos por la mitad. Coloca la piña en la bandeja con la costilla y hornea todo durante 30 minutos más.

Reparte la costilla y la piña en 4 platos y adórnalos con unas hojas de perejil.

CONSEJO

Es importante hornear la costilla a fuego bajo o medio para que se vaya cociendo en su jugo. Si la haces a la parrilla, hay que esperar a que esté muy caliente y cocinarla vuelta y vuelta.

CREPES DE CARNE GRATINADOS CON *MOZZARELLA*

INGREDIENTES (4 P.)

600 g de carne picada (ternera y cerdo)
150 g de queso *mozzarella* (rallado)
1 cebolla
2 dientes de ajo
2 zanahorias
200 ml de salsa de tomate
2 cucharadas de tomate concentrado
50 g de harina
700-800 ml de leche
150 g de hojas de lechugas variadas (limpias)
aceite de oliva virgen extra
vinagre
perejil
pimienta
sal

Para la masa de los crepes:

2 huevos
165 ml de leche
75 g de harina (tamizada)
aceite de oliva virgen extra
sal

CONSEJO

La carne picada es un producto delicado que se estropea fácilmente, por lo que conviene usarla inmediatamente. Si no la vas a utilizar en el momento, lo mejor será que la congeles; de esta forma se mantendrá perfectamente durante seis meses.

ELABORACIÓN

Para preparar la masa de los crepes, casca los huevos y ponlos en una jarra. Añade la leche, la harina, una pizca de sal y 1 cucharada de aceite y tritura los ingredientes con una batidora eléctrica hasta conseguir una masa homogénea. Deja que repose durante 15 minutos.

Calienta una sartén amplia con 1 cucharadita de aceite y espárcelo bien. Agrega un poco de la masa, extiéndela por toda la base de la sartén y espera a que cuaje un poco. Dale la vuelta y cocina el crepe otro poco (si quedara muy aceitoso, elimínalo). Repite el proceso hasta conseguir 4 crepes grandes y resérvalos.

Calienta una sartén grande con 2-3 cucharadas de aceite. Pela la cebolla y los dientes de ajo, córtalos en daditos y añádelos a la sartén. Pela las zanahorias, córtalas de la misma manera y agrégalas. Sazona y cocina las hortalizas a fuego medio durante 8-10 minutos.

Salpimienta la carne, incorpórala a la sartén y cocínala durante 4-5 minutos. Añade la salsa de tomate y el tomate concentrado y mezcla bien. Cocina todo durante 5-6 minutos y agrega un poco de perejil picado.

Para hacer la bechamel, calienta 3-4 cucharadas de aceite en una cazuela. Añade la harina y rehógala un poco. Agrega la leche poco a poco, sazona la bechamel y cocínala (sin dejar de remover) a fuego suave durante 15 minutos (no hace falta que quede muy espesa).

Extiende un crepe sobre la tabla de cocina, coloca encima una cuarta parte de la carne picada y 2 cucharadas de bechamel, ciérralo formando un paquete y colócalo en un recipiente apto para el horno. Repite el proceso con el resto de los ingredientes hasta conseguir 4 crepes. Cúbrelos con el resto de la salsa bechamel, espolvoréalos con el queso rallado y gratínalos durante 4-5 minutos, hasta que se doren bien.

Aliña las hojas de lechuga con aceite, vinagre y sal.

Sirve 1 crepe y un poco de ensalada en cada plato y decóralos con unas hojas de perejil.

ESPALDILLA CON SALTEADO DE HORTALIZAS

INGREDIENTES (4 P.)

800 g de espaldilla de ternera
2 dientes de ajo
1 cebolla roja
1 zanahoria
1 pimiento rojo
1 pimiento verde
1 brócoli pequeño
2-3 cucharadas de salsa de soja
aceite de oliva virgen extra
perejil
pimienta
sal

ELABORACIÓN

Calienta en un wok 3-4 cucharadas de aceite. Pela los dientes de ajo, córtalos en láminas y añádelos al wok. Pela la cebolla, córtala en juliana (media) e incorpórala. Pela la zanahoria, córtala en 4 tiras y después en trozos de unos 3 cm y agrégala. Retira el tallo y las semillas del pimiento verde y del rojo, pela el pimiento rojo, córtalos en dados grandes y añádelos. Separa el brócoli en ramilletes e incorpóralos. Saltea las hortalizas durante 8-10 minutos. Agrega la salsa de soja y mezcla bien.

Corta la carne en filetes y da unos cortes a los nervios centrales para que no se encojan durante la cocción.

Calienta una plancha. Pon 4-5 cucharadas de aceite en un plato, salpimiéntalo, pasa los filetes por la mezcla, colócalos en la plancha y cocínalos brevemente (a tu gusto) por los dos lados.

Reparte las hortalizas en 4 platos, coloca 3 filetes encima de cada uno y adórnalos con unas hojas de perejil.

CONSEJO

La espaldilla es una pieza muy jugosa de sabor intenso. También se conoce como *llanta de ternera, solomillo del carnicero* o *filete del niño.*

GUISO DE CONEJO Y TRIGO

INGREDIENTES (4 P.)

- 1 conejo (troceado)
- 250 g de trigo en grano
- 2 dientes de ajo
- 1 cebolla
- 1 pimiento verde
- 2 zanahorias
- 2 tomates
- aceite de oliva virgen extra
- 1 hoja de laurel
- perejil
- pimienta
- 1 cucharadita de pimentón
- sal

ELABORACIÓN

Deja el trigo a remojo durante 12 horas.

Calienta 4 cucharadas de aceite en una tartera (cazuela amplia y baja). Salpimienta el conejo, agrégalo a la tartera y dóralo bien. Retíralo a un plato y resérvalo.

Pela los ajos y la cebolla y córtalos en daditos. Retira el tallo y las semillas del pimiento y córtalo de la misma manera. Pela las zanahorias y córtalas en cuartos de luna finos. Añade las hortalizas a la tartera donde has dorado el conejo, sazónalas y cocínalas a fuego suave durante 10-12 minutos. Corta los tomates por la mitad, rállalos, incorpóralos y cocina todo durante 5 minutos.

Añade el pimentón, la hoja de laurel y el trigo escurrido. Cubre todo con agua (el triple que de trigo), sazona y cocina a fuego suave durante 20-25 minutos.

Incorpora el conejo a la tartera, mezcla bien y cocina todo junto durante 20-25 minutos a fuego suave. Espolvorea el guiso con un poco de perejil picado, repártelo en 4 platos y decóralos con unas hojas de perejil.

CONSEJO

Para aprovechar las propiedades y los beneficios del grano de trigo, se recomienda consumirlo entero y cocido o bien germinado, es decir, fresco, forma en la que conserva todos sus nutrientes.

FRICANDÓ DE TERNERA CON PATATAS ASADAS

CARNES Y AVES

INGREDIENTES (4 P.)

- 800 g de espaldilla de ternera
- 8 patatas pequeñas
- 1 cebolla
- 200 ml de salsa de tomate
- 100 ml de vino blanco
- zumo de ½ limón
- 400 g de champiñones
- harina (para rebozar)
- aceite de oliva virgen extra
- ½ cucharadita de salvia
- 2 hojas de laurel
- 1 rama de tomillo
- 1 rama de romero
- perejil
- pimienta
- 20 granos de pimienta negra
- ½ cucharadita de canela en polvo
- sal

ELABORACIÓN

Corta la carne en filetes finos y salpimiéntalos.

Calienta una sartén grande con 6 cucharadas de aceite. Pasa los filetes por harina, introdúcelos en la sartén y fríelos brevemente por los dos lados. Retíralos y ponlos en una cazuela grande.

Pela la cebolla, córtala en daditos, añádela a la sartén donde has frito la carne y rehógala a fuego medio durante 8-10 minutos. Agrega la salsa de tomate, el vino, la salvia, los granos de pimienta, la canela, las hojas de laurel, la rama de tomillo, la de romero y el zumo de limón. Mezcla bien y vierte la salsa en la cazuela donde está la carne. Añade 1 vaso de agua (200 ml), sazona y guisa la carne durante 30 minutos a fuego medio.

Limpia las patatas, córtalas por la mitad, pásalas a un recipiente apto para el horno, sazónalas, riégalas con 4 cucharadas de aceite y hornéalas a 200 ºC durante 30 minutos. En el momento de servir, retíralas del horno y espolvoréalas con un poco de perejil picado.

Calienta una sartén grande con 3-4 cucharadas de aceite.

Limpia los champiñones, córtalos en 4, añádelos a la sartén, sazónalos y cocínalos durante 4-5 minutos. Espolvoréalos con un poco de perejil picado, agrégalos al guiso y cocínalos en la salsa durante 4-5 minutos a fuego suave.

Reparte el fricandó y las patatas en 4 platos y decóralos con unas hojas de perejil.

CONSEJO

En esta receta hemos utilizado espaldilla para preparar el fricandó, pero también queda muy bien con carne de aguja o de cabezada.

GUISO DE CORDERO CON PATATAS Y CHAMPIÑONES

CARNES Y AVES

INGREDIENTES (4 P.)

- 1 kg de cordero lechal troceado
- 3 patatas
- 300 g de champiñones
- harina (para rebozar)
- 1 cebolla
- 2 dientes de ajo
- 1 puerro
- 1 zanahoria
- 1 pimiento rojo
- 125 ml de salsa de tomate
- 100 ml de *txakoli*
- aceite de oliva virgen extra
- perejil
- pimienta
- sal

CONSEJO

Si quieres que el guiso lleve menos grasa, puedes agregar las patatas y los champiñones a la cazuela cuando le incorpores el cordero.

ELABORACIÓN

Calienta 6-8 cucharadas de aceite en una sartén grande. Salpimienta los trozos de cordero, pásalos por harina, introdúcelos en la sartén y fríelos hasta que se doren. Retíralos y resérvalos.

Calienta 4 cucharadas de aceite en una cazuela. Pela la cebolla y los ajos, córtalos en dados y añádelos a la cazuela. Limpia el puerro, retirándole la parte inferior, la superior y 2 capas de hojas, enjuágalo bien, córtalo en cuartos de luna finos e incorpóralo. Rehoga las hortalizas a fuego suave durante 4-5 minutos. Pela la zanahoria, córtala en cuartos de luna finos y agrégala a la cazuela. Retira el tallo y las semillas del pimiento, pélalo, córtalo en dados y añádelo. Sazona y cocina las hortalizas a fuego medio suave durante 10-12 minutos. Incorpora a la cazuela la salsa de tomate, el *txakoli* y el cordero. Cubre todo con agua (500 ml aproximadamente), tapa y cocina a fuego medio durante 30 minutos.

Calienta una sartén con abundante aceite. Pela las patatas, córtalas en dados, añádelas y fríelas hasta que se doren ligeramente.

Limpia los champiñones, córtalos en cuartos, agrégalos a la sartén con las patatas, sazona y cocina todo durante 4-5 minutos.

Añade las patatas y los champiñones a la cazuela con el cordero y mezcla bien. Espolvorea el guiso con un poco de perejil picado, tapa y cocina todo junto a fuego suave durante 4-5 minutos.

Reparte el guiso en 4 platos y decóralos con unas hojas de perejil.

HAMBURGUESAS DE PAVO AL JEREZ

INGREDIENTES (4 P.)

- 500 g de carne picada de pavo
- 25 ml de vino de Jerez
- 25 ml de leche
- 50 g de pan rallado
- 1 diente de ajo
- 10 aceitunas negras deshuesadas
- 4 tomates secos hidratados en aceite
- 1 huevo
- 50 g de rúcula
- aceite de oliva virgen extra
- vinagre
- perejil
- pimienta
- sal

CARNES Y AVES

ELABORACIÓN

Mezcla en un bol la leche, el jerez y el pan rallado y reserva la mezcla.

Pon la carne de pavo en un bol grande, salpimiéntala y añade un poco de perejil picado.

Pela el diente de ajo y córtalo en daditos. Corta las aceitunas y los tomates de la misma manera. Agrega el ajo, las aceitunas y los tomates al bol con la carne de pavo. Incorpora el huevo y la mezcla de leche, jerez y pan rallado y amasa hasta conseguir una masa homogénea.

Divide la masa en 8 porciones, redondéalas, colócalas sobre un trozo de papel de hornear (para que sea más fácil colocarlas en la plancha) y aplástalas hasta conseguir 8 hamburguesas.

Calienta una plancha con un chorrito de aceite, coloca en ella las hamburguesas y cocínalas por los dos lados hasta conseguir el punto deseado.

Aliña la rúcula con sal, vinagre y aceite.

Sirve en cada plato 2 hamburguesas y un poco de ensalada. Adorna los platos con unas hojas de perejil.

CONSEJO

Es bastante habitual que la carne picada se seque al cocinarla, por lo que siempre es recomendable añadirle algún ingrediente que le aporte jugosidad.

JAMONCITOS DE POLLO CON SALSA DE ALMENDRA

INGREDIENTES (4 P.)

- 8 jamoncitos de pollo
- 50 g de almendras garrapiñadas
- 1 cebolla
- 1 zanahoria
- 1 pimiento verde
- 6 dientes de ajo
- 1 pastilla de caldo de pollo
- 2 patatas
- aceite de oliva virgen extra
- perejil
- pimienta
- sal

CONSEJO

Los pollos que tienen la piel amarilla son igual de nutritivos que los de piel blanca. El color varía en función de la alimentación que ha llevado el animal a lo largo de su vida.

ELABORACIÓN

Calienta una tartera (cazuela amplia y baja) con 3-4 cucharadas de aceite. Salpimienta los jamoncitos de pollo, introdúcelos en la tartera y dóralos bien. Retíralos a una fuente y resérvalos.

Pela la cebolla y córtala en dados. Pela la zanahoria y córtala en cuartos de luna finos. Retira el tallo y las semillas del pimiento y córtalo en dados. Pela los dientes de ajo y córtalos en láminas. Introduce las hortalizas en la tartera donde has dorado el pollo, sazónalas y cocínalas a fuego suave-medio durante 15 minutos.

Añade las almendras garrapiñadas, desmenuza encima la pastilla de caldo y agrega 500 ml de agua. Incorpora el pollo a la tartera, pon a punto de sal, tapa y cocina el pollo durante 25-30 minutos.

Retira el pollo, pasa la salsa a una batidora de vaso y tritúrala. Vierte la salsa en la tartera, introduce en ella el pollo y caliéntalo durante 3-4 minutos.

Calienta abundante aceite en una sartén, aplasta los ajos (con piel) y añádelos. Pela las patatas, córtalas en dados, agrégalas a la sartén y fríelas hasta que estén hechas y un poco doradas. Retira las patatas, escúrrelas sobre una fuente cubierta con papel absorbente, sazónalas y espolvoréalas con un poco de perejil picado.

Sirve 2 jamoncitos de pollo, 1 porción de patatas y 1 diente de ajo en cada plato y decóralos con unas hojas de perejil.

MUSLOS DE POLLO ASADOS SOBRE CAMA DE HORTALIZAS

INGREDIENTES (4 P.)

- 4 muslos de pollo
- 1 cebolla
- 2 pimientos verdes
- 1 brócoli pequeño
- 150 g de champiñones pequeños
- 200 ml de salsa de tomate
- 50 ml de vino blanco
- aceite de oliva virgen extra
- perejil
- pimienta
- sal

ELABORACIÓN

Salpimienta los muslos de pollo y dóralos por los dos lados en una cazuela amplia (apta para el horno) con 4-5 cucharadas de aceite. Retíralos a un plato y resérvalos.

Pela la cebolla y córtala en dados. Retira el tallo y las semillas de los pimientos y córtalos de la misma manera. Introduce las hortalizas en la cazuela donde has dorado el pollo y rehógalas durante 8-10 minutos a fuego medio.

Separa el brócoli en ramilletes, incorpóralo a la cazuela y mezcla bien. Limpia los champiñones, sécalos y agrégalos. Sazona y cocina las hortalizas durante 8-10 minutos a fuego medio.

Añade la salsa de tomate y el vino blanco y coloca encima los muslos. Introduce la cazuela en el horno y hornéalos a 200 °C durante 25 minutos.

Sirve 1 porción de hortalizas y 1 muslo de pollo en cada plato. Adórnalos con unas hojas de perejil.

CONSEJO

Puedes tunear esta receta y utilizar las hortalizas o las partes del pollo que más te apetezcan.

SALTEADO DE CERDO Y ARROZ CON SÉSAMO

INGREDIENTES (4 P.)

- 600 g de tapa de cerdo
- 300 g de arroz largo cocido
- 2 cucharadas de sésamo blanco
- 1 cebolla roja
- 1 pimiento morrón rojo
- 1 pimiento verde
- 1 zanahoria
- 2 cucharadas de salsa de soja
- 3-4 cucharadas de aceite de sésamo
- aceite de oliva virgen extra
- perejil
- pimienta
- sal

ELABORACIÓN

Calienta 4 cucharadas de aceite en un wok grande.

Corta la carne en trozos de bocado, salpimiéntala, incorpórala al wok y saltéala brevemente.

Corta la cebolla en juliana fina y añádela al wok. Retira el tallo y las semillas de los pimientos, pélalos, córtalos en juliana y agrégalos al wok. Pela la zanahoria, córtala en tiras finas con la ayuda de un pelador y añádela. Cocina las hortalizas durante 4-5 minutos.

Incorpora el arroz cocido, la salsa de soja y el aceite de sésamo y saltea todo durante 2 minutos.

Sirve el salteado y salpica los platos con las semillas de sésamo. Adorna los platos con unas hojas de perejil.

CONSEJO

En España cada vez se consume más el arroz de grano largo. Es perfecto para preparar guarniciones, ya que siempre queda suelto.

OSOBUCO CON POLENTA

INGREDIENTES (4 P.)

- 4 osobucos (de 200 g cada uno)
- 200 g de polenta amarilla (precocida)
- harina (para rebozar)
- 1 cebolla grande
- 1 rama de apio
- 2 zanahorias
- 50 ml de vino blanco seco
- 500 ml de leche
- 100 ml de nata líquida
- 50 g de mantequilla
- 1 diente de ajo
- aceite de oliva virgen extra
- 1 hoja de laurel
- 1 rama de romero
- 2 ramas de tomillo
- perejil
- pimienta
- ¼ de cucharadita de nuez moscada molida
- sal

CONSEJO

Para que los filetes de osobuco no se deformen durante la cocción, es recomendable hacer unos cortes en los bordes de la carne con un cuchillo.

ELABORACIÓN

Calienta una sartén grande con 6 cucharadas de aceite.

Salpimienta los osobucos, pásalos por harina, coloca 2 en la sartén y séllalos (dóralos brevemente). Retíralos y resérvalos. Repite el proceso con los otros 2 osobucos.

Calienta una olla rápida con 4 cucharadas de aceite. Pela la cebolla, córtala en dados y añádela a la olla. Corta la rama de apio en rodajas e incorpórala. Pela las zanahorias, córtalas en rodajas y agrégalas. Sazona y cocina las hortalizas a fuego medio durante unos 10 minutos. Introduce los osobucos en la olla, vierte encima el vino y dale un hervor. Cubre a ras con agua, añade la hoja de laurel, la rama de romero y las ramas de tomillo. Sazona, cierra la olla y cocina la carne durante 30 minutos. Abre la olla, retira la carne y resérvala. Desgrasa la salsa, tritúrala con una batidora eléctrica y resérvala.

Para hacer la polenta, calienta en una cazuela la leche con la nata, la mantequilla y el diente de ajo (pelado y aplastado). Sazona y agrega la nuez moscada y la polenta. Mezcla bien hasta que la polenta espese (1-2 minutos) y consigas una masa homogénea. Agrega un poco de perejil picado y mezcla bien.

Para emplatar, coloca un aro de emplatar en el centro de un plato, rellénalo con la polenta y retíralo. Coloca 1 osobuco encima de la polenta y salséalo. Repite el proceso con el resto de la polenta y los osobucos hasta montar los 4 platos. Adórnalos con unas hojas de perejil.

PASTEL DE CARNE A LA BOLOÑESA

CARNES Y AVES

INGREDIENTES (4 P.)

500 g de carne picada (mitad ternera, mitad cerdo)

5 patatas

100 ml de leche

2 huevos

1 cebolla

2 dientes de ajo

2 zanahorias

1 rama de apio

100 ml de vino blanco

200 ml de salsa de tomate

100 g de queso *mozzarella* rallado

aceite de oliva virgen extra

1 cucharadita de orégano

perejil

pimienta

sal

CONSEJO

Este pastel es una receta sencilla, sabrosa y consistente. Espero que te guste y lo incluyas en tu recetario particular.

ELABORACIÓN

Pon abundante agua a calentar en una cazuela. Pela las patatas, trocéalas, añádelas a la cazuela, sazónalas, tápalas y cuécelas a fuego medio durante 20 minutos. Escurre las patatas y pásalas por el pasapurés hasta conseguir un puré homogéneo. Añade la leche y los huevos batidos al puré, condiméntalo con sal y pimienta, mezcla bien y resérvalo.

Calienta una sartén grande con 4 cucharadas de aceite. Pela la cebolla, córtala en daditos, añádela y rehógala durante 4-5 minutos.

Pela los dientes de ajo y córtalos en daditos. Pela las zanahorias y córtalas en cuartos de luna finos. Lava la rama de apio y córtala en daditos. Incorpora las hortalizas a la sartén, sazónalas y rehógalas durante 10-12 minutos.

Añade las carnes, salpimiéntalas, mezcla bien y cocínalas un poco (3-4 minutos). Vierte encima el vino blanco y dale un hervor. Añade el orégano y la salsa de tomate y cocina la mezcla hasta que se evapore todo el líquido (5-6 minutos).

Forra el interior de un molde redondo (de fondo desmontable) con papel de hornear. Cubre la base del molde con la mitad del puré de patata, reparte encima la carne, espolvoréala con el queso y cúbrela con el resto del puré. Hornea el pastel a 200 °C durante 20 minutos. Retíralo del horno y deja que se temple.

Desmolda el pastel, córtalo en porciones y sirve. Adorna los platos con unas hojas de perejil.

RAMEN DE POLLO Y SETAS

CARNES Y AVES

INGREDIENTES (4 P.)

2 muslos de pollo deshuesados
300 g de fideos para ramen
150 g de setas shitake (frescas)
850 ml de caldo de pollo
4 huevos
2 tallos de cebolleta
1 lámina de alga nori
aceite de oliva virgen extra
pimienta
perejil
sal

Para la salsa tare:

50 ml de sake
50 ml de mirin
150 ml del caldo de pollo
50 ml de salsa de soja

CONSEJO

El ramen debe comerse, además de muy caliente, inmediatamente después de ser servido. De no ser así, los fideos podrían ablandarse demasiado y la textura no sería la misma.

ELABORACIÓN

Calienta 3 cucharadas de aceite en una sartén. Salpimienta los muslos de pollo, añádelos a la sartén y dóralos bien. Retíralos y resérvalos en un plato.

Pon a calentar el caldo (850 ml) en una cazuela.

Corta las setas por la mitad, añádelas a la cazuela y cuécelas durante 15 minutos. Retíralas a un plato y resérvalas. Reserva también el caldo en la cazuela.

Para la salsa tare, pon el sake y el mirin a calentar en un cazo y dale un hervor para que se evapore el alcohol. Agrega el caldo (150 ml) y la salsa de soja y deja que la salsa reduzca a fuego suave durante 15 minutos.

Calienta una cazuela con agua. Cuando empiece a hervir, introduce en ella los huevos y cuécelos durante 6 minutos y medio. Pásalos a un bol con agua y hielo para refrescarlos, pélalos y resérvalos.

Introduce los fideos en la cazuela del caldo y cuécelos durante 3-4 minutos (o el tiempo que indique el paquete). Escúrrelos y resérvalos. Reserva también el caldo.

Sirve un poco de salsa tare en el fondo de los cuencos (o platos hondos), reparte encima el caldo de pollo, 1 porción de fideos, ½ muslo de pollo cortado en filetes, ¼ parte de las setas, unas rodajas de tallo de cebolleta (cortadas en diagonal), 1 huevo cortado por la mitad y ¼ del alga nori. Adórnalos con unas hojas de perejil.

SOLOMILLO DE CERDO WELLINGTON

INGREDIENTES (4 P.)

2 solomillos de cerdo (700 g)
4 hojas de repollo
100 g de *mousse* de pato
2 láminas de hojaldre
1 huevo
16 coles de Bruselas
aceite de oliva virgen extra
perejil
pimienta
sal

CONSEJO

En esta receta hemos envuelto la carne con una hoja de repollo, pero también puede envolverse con un crepe. Esto se hace para retener la humedad de la carne y evitar que el hojaldre se humedezca.

ELABORACIÓN

Calienta agua en una tartera (cazuela amplia y baja), introduce en ella las hojas de repollo y escáldalas durante 3-4 minutos. Retíralas, escúrrelas, retírales el nervio central, sécalas bien y resérvalas.

Calienta una sartén con 1 cucharada de aceite. Corta los solomillos por la mitad (2 porciones de cada pieza), salpimiéntalos, introdúcelos en la sartén y dóralos.

Unta las hojas de repollo con la *mousse* de pato y envuelve cada trozo de solomillo con una de ellas.

Estira las láminas de hojaldre, córtalas por la mitad, envuelve cada trozo de solomillo con media lámina, recorta el hojaldre sobrante y sella los extremos. Pon las piezas de carne sobre una bandeja de horno cubierta con papel de hornear. Corta unas tiras finas del hojaldre sobrante y decóralas. Para evitar que se inflen durante el horneado, pínchalas con la punta de un cuchillo. Casca el huevo, bátelo en un bol y pinta con él el hojaldre.

Hornea los solomillos a 200 °C durante 18-20 minutos. Retira la bandeja del horno y deja que reposen durante 2 minutos.

Calienta una sartén con 2 cucharadas de aceite. Elimina las hojas exteriores de las coles de Bruselas, córtalas por la mitad, añádelas a la sartén, sazónalas y saltéalas durante 6-8 minutos.

Sirve 1 solomillo Wellington en cada plato, acompáñalos con las coles de Bruselas y decóralos con unas hojas de perejil.

TERNERA *BOURGUIGNON*

INGREDIENTES (4 P.)

800 g de ternera para guisar (aguja)
100 g de panceta ahumada
12 cebollitas (francesas)
harina (para rebozar)
70 ml de *brandy*
4 cucharadas de tomate concentrado
100 ml de caldo de carne
200 g de champiñones
1 diente de ajo
aceite de oliva virgen extra
perejil
unas ramitas de tomillo
sal

Para marinar:

750 ml de vino tinto
3 dientes de ajo
1 puerro
2 zanahorias
2 hojas de laurel
15-20 granos de pimienta negra

CARNES Y AVES

ELABORACIÓN

Corta la carne en dados grandes y ponla en un bol grande. Para marinarla, añádele las hojas de laurel y los dientes de ajo pelados. Limpia el puerro y las zanahorias, córtalos en rodajas y agrégalos. Incorpora el vino y los granos de pimienta y mezcla bien. Tapa el bol con film transparente y deja la carne marinando en el frigorífico durante 2-3 horas (mejor si se deja desde la víspera).

Calienta 4 cucharadas de aceite en una cazuela grande. Corta la panceta en tiras pequeñas e incorpóralas a la cazuela. Agrega las cebollitas y rehoga todo a fuego suave durante 10-12 minutos.

Retira del bol los trozos de carne y de zanahoria y escúrrelos sobre una fuente cubierta con papel absorbente.

Seca los trozos de carne, pásalos por harina y fríelos en una sartén con 5-6 cucharadas de aceite. Incorpora la carne a la cazuela con la panceta y las cebollitas, vierte encima el *brandy* y flambéalo. Agrega el tomate concentrado, cuela encima el vino de la maceración y deja que hierva durante 5 minutos. Añade las zanahorias y el caldo, sazona, tapa la cazuela y guisa la carne a fuego suave-medio hasta que esté tierna (35-40 minutos).

Limpia los champiñones, córtalos en cuartos y resérvalos.

Calienta una sartén con 2 cucharadas de aceite. Pela el diente de ajo, pícalo finamente y agrégalo a la sartén. Incorpora los champiñones y un poco de perejil picado. Sazona los champiñones y saltéalos durante 5-6 minutos. Añádelos a la cazuela de la carne y cocina conjuntamente durante 5 minutos.

Reparte el guiso en 4 platos y decóralos con unas ramas de tomillo y unas hojas de perejil.

CONSEJO

Prueba la carne antes de añadir los champiñones para comprobar que esté tierna, pues según el corte que se elija, puede tardar algo más en hacerse.

CARCAMUSAS TOLEDANAS CON PATATAS

CARNES Y AVES

INGREDIENTES (4 P.)

- 800 g de carne magra de cerdo (cabezada) troceada
- 2 patatas
- 100 g de guisantes (desgranados)
- 2 dientes de ajo
- 2 cebolletas
- 100 g de chorizo
- 100 g de jamón ibérico
- 100 ml de vino blanco
- 100 ml de vino oloroso
- 400 ml de tomate natural triturado en conserva
- aceite de oliva virgen extra
- ½ cucharadita de orégano seco
- perejil
- pimienta
- 1 trozo de guindilla
- sal

ELABORACIÓN

Calienta un cazo con agua y sazónala. Agrega los guisantes y cuécelos durante 15-20 minutos. Escúrrelos y resérvalos.

Calienta una cazuela con 4 cucharadas de aceite. Salpimienta la carne, introdúcela en la cazuela y dórala bien. Retírala a un plato y resérvala.

Pela los dientes de ajo y córtalos en daditos. Corta las cebolletas de la misma manera. Incorpora las hortalizas a la cazuela y rehógalas a fuego suave durante 6-8 minutos.

Corta el chorizo en rodajas y añádelo a la cazuela. Corta el jamón en dados y agrégalo. Incorpora la guindilla, el vino blanco, el oloroso, el orégano y el tomate triturado y mezcla bien. Introduce la carne en la cazuela, pon a punto de sal, tapa la cazuela y cocina todo durante 45 minutos a fuego suave. Desgrasa el guiso, añade los guisantes y cocínalos con la carne durante 5 minutos.

Calienta una sartén con abundante aceite. Pela las patatas, córtalas a tu gusto, introdúcelas en la sartén y fríelas. Retíralas, escúrrelas sobre una fuente cubierta con papel absorbente, sazónalas y espolvoréalas con un poco de perejil picado.

Reparte las carcamusas en 4 platos, acompáñalas con las patatas y adorna con unas hojas de perejil.

CONSEJO

Si quieres evitar que al freír las patatas se peguen entre sí, una vez cortadas, déjalas a remojo en un bol con agua durante 15 minutos.

CARRILLERAS DE TERNERA CON MENESTRA

INGREDIENTES (4 P.)

2 carrilleras grandes de ternera
harina (para rebozar)
2 dientes de ajo
2 cebollas rojas
2 zanahorias
1 rama de apio
40 ml de *brandy*
200 ml de salsa de tomate
500 ml de caldo de carne
aceite de oliva virgen extra
1 rama de romero
1 rama de tomillo
perejil
pimienta
sal

Para la menestra:
2 patatas
2 zanahorias
200 g de guisantes (desgranados)
8 ajos frescos
8 champiñones
aceite de oliva virgen extra
sal

ELABORACIÓN

Calienta 4-6 cucharadas de aceite en una sartén grande. Salpimienta las carrilleras, pásalas por harina, introdúcelas en la sartén y dóralas bien por los dos lados. Retíralas y resérvalas.

Cuela el aceite de la sartén, pásalo a la olla rápida y ponlo a calentar.

Pela los dientes de ajo, las cebollas y las zanahorias. Corta los dientes de ajo en láminas, las cebollas en daditos y las zanahorias en cuartos de luna finos e incorpóralos a la cazuela. Corta el apio en trozos de 1 cm y agrégalo. Sazona las hortalizas y rehógalas a fuego medio durante 12-15 minutos.

Introduce las carrilleras en la olla, vierte encima el *brandy* y dale un hervor. Agrega el romero, el tomillo, la salsa de tomate y el caldo y mezcla bien. Pon a punto de sal, cierra la olla y cocina las carrilleras durante 35-40 minutos. Abre la olla, retira las carrilleras, el romero y el tomillo, y tritura el resto con una batidora eléctrica. Pasa la salsa a una tartera (cazuela amplia y baja), corta las carrilleras en 4 e introdúcelas en la cazuela.

Para preparar la menestra, pon a calentar agua en un cazo. Pela las patatas y las zanahorias. Corta las patatas en dados y las zanahorias en cuartos de luna de 1-2 cm de grosor e incorpóralas al cazo junto con los guisantes. Sazona y cuece todo durante unos 15 minutos. Escurre y reserva las hortalizas.

Calienta una sartén con 3 cucharadas de aceite. Limpia los ajos frescos (retirándoles la parte inferior, la superior y 1-2 capas de hojas) y córtalos en rodajas de 1 cm. Enjuaga los champiñones en un bol con agua, sécalos y córtalos en láminas. Agrega los ajos y los champiñones a la sartén, sazónalos y rehógalos durante 4-5 minutos. Incorpora a la sartén las hortalizas cocidas (patata, zanahorias y guisantes) y saltea todo durante 1-2 minutos.

Sirve 2 trozos de carrillera en cada plato, salséalas y espolvoréalas con un poco de perejil picado. Reparte la menestra en los 4 platos y adórnalos con unas hojas de perejil.

CONSEJO

Si quieres tener siempre tomillo y romero frescos, prueba a cultivarlos en casa. No necesitas tener jardín, crecen muy bien en macetas.

CONEJO CRUJIENTE

INGREDIENTES (4 P.)

- 1 conejo
- 2 dientes de ajo
- 250 ml de leche
- 200 g de harina
- 1 cucharadita de ajo en polvo
- 1 cucharadita de cebolla en polvo
- 100 g de canónigos limpios
- aceite de oliva virgen extra
- vinagre
- 1 cucharadita de tomillo seco
- perejil
- pimienta
- 1 pizca de clavo molido
- 1 cucharadita de pimentón
- sal

ELABORACIÓN

Corta el conejo en trozos pequeños, ponlo en un bol grande y salpimiéntalo. Vierte encima la leche y 250 ml de agua, tapa el bol con film transparente, introdúcelo en el frigorífico y deja que macere durante 2 horas. Saca el bol del frigorífico, retira los trozos de conejo (escurridos) y pásalos a una fuente.

Pon la harina en otro bol grande, añade el ajo, la cebolla, el tomillo, el clavo y el pimentón y mezcla bien. Introduce en el bol los trozos de conejo y rebózalos bien.

Calienta abundante aceite en una sartén. Aplasta los dientes de ajo (con piel) y añádelos. Cuando empiecen a burbujear, introduce los trozos de conejo en la sartén y fríelos (en tandas) bien hasta que se cocinen por dentro y se doren por fuera. Escúrrelos sobre una fuente cubierta con papel absorbente.

Aliña los canónigos con aceite, vinagre y sal.

Sirve en cada plato unos trozos de conejo y una porción de canónigos. Adorna los platos con unas hojas de perejil.

CONSEJO

El clavo es una especia que tiene un sabor intenso y muy dominante, por lo que es importante utilizarlo en pequeñas cantidades.

COSTILLA DE CERDO A LA MIEL

INGREDIENTES (4 P.)

1.200 g de costilla de cerdo
3 cucharadas de miel
2 dientes de ajo
1 cucharada de mostaza de Dijon
2 cucharadas de salsa de soja
1 cucharada de semillas de sésamo
1 hoja de laurel
perejil
2 clavos de olor
15 granos de pimienta
sal

ELABORACIÓN

Calienta agua en la olla rápida. Corta la costilla en 4 porciones y ponlas en la olla rápida. Agrega los clavos, el laurel, los granos de pimienta y una pizca de sal. Cierra la olla y cuece la costilla durante 15 minutos.

Abre la olla, retira la costilla, escúrrela sobre una fuente cubierta con papel absorbente y deja que se temple.

Pela los dientes de ajo, pícalos, ponlos en el mortero y májalos bien. Incorpora la mostaza, la miel y la salsa de soja y mezcla bien.

Unta las costillas (por los dos lados) con la mezcla, colócalas en una bandeja de horno y hornéalas a 220 °C durante 8-10 minutos.

Sirve un trozo de costilla en cada plato y salpícalos con las semillas de sésamo. Adorna los platos con unas hojas de perejil.

CONSEJO

Puedes variar las cantidades de los ingredientes del majado según vuestros gustos.

LOS CALLOS DE GUISANDO

CARNES Y AVES

INGREDIENTES (6 P.)

- 1.500 g de callos
- 500 g de morro de ternera
- 2 trozos de pata de ternera
- 50 ml de vinagre
- 2 cebollas
- 2 dientes de ajo
- 2 morcillas de cebolla de León (200 g)
- 200 g de chorizo
- 1 tomate
- aceite de oliva virgen extra
- 1 hoja de laurel
- perejil
- ½ guindilla
- 10 granos de pimienta negra
- 4 clavos de olor
- ½ cucharadita de nuez moscada
- 1 cucharada de pimentón
- sal

ELABORACIÓN

Lava muy bien (varias veces) los callos, el morro y los trozos de pata bajo el grifo de agua fría. Ponlos en un bol grande con agua, añade 1 cucharada de sal y el vinagre y déjalos a remojo durante 2 horas. Aclávalos de nuevo hasta quitarles el olor del vinagre. Para terminar, frótalos con un cepillo y enjuágalos de nuevo.

Calienta abundante agua en una cazuela grande hasta que empiece a hervir. Corta los callos y el morro en trozos de bocado e incorpóralos a la cazuela. Añade también la pata de ternera. Cuando el agua rompa a hervir de nuevo, retírales el agua y cúbrelos con agua fresca.

Pela 1 cebolla y los dientes de ajo, córtalos en daditos y añádelos. Incorpora las morcillas enteras, el laurel, la guindilla, los granos de pimienta, los clavos y la nuez moscada. Pela el tomate, córtalo por la mitad y agrégalo. Cuece todo a fuego medio durante 2 horas. Durante la cocción, vete retirando la espuma.

Calienta una sartén con 2 cucharadas de aceite. Pela la otra cebolla, córtala en daditos, añádela a la sartén y rehógala a fuego medio durante 6-8 minutos. Corta el chorizo en rodajas, agrégalas a la sartén y rehógalas brevemente. Añade el pimentón y mezcla bien. Incorpora el sofrito a la cazuela de los callos, pon a punto de sal, tapa la cazuela y cocina todo a fuego suave durante 1 hora más.

Saca las morcillas y los trozos de pata de ternera. Retira la carne de la pata y agrégala a la cazuela. Corta la morcilla en rodajas y añádela. Remueve la cazuela hasta que los ingredientes queden bien integrados.

Sirve y decora los platos con unas hojas de perejil.

CONSEJO

Preparar callos no es difícil, pero sí algo laborioso, porque para que la receta salga bien es fundamental una limpieza profunda del morro, los callos y los trozos de pata de ternera. A la hora de guisarlos, cada uno le puede dar su toque personal agregando chorizo, morcilla, jamón...

CARNES

CARNES Y AVES

PINCHOS MORUNOS DE PAVO

INGREDIENTES (4 P.)

800 g de pechuga de pavo
1 limón
aceite de oliva virgen extra
perejil
sal

Para el adobo:

4 dientes de ajo
25 ml de zumo de limón
1 cebolla
2 cucharadas de pimentón dulce
½ cucharada de pimentón picante
2 cucharadas de comino
½ cucharada de cúrcuma
¼ de cucharadita de pimienta negra molida
¼ de cucharadita de canela molida
25 hebras de azafrán
25 hojas de cilantro fresco
100 ml de aceite de oliva virgen extra
sal gruesa

ELABORACIÓN

Pela los ajos, trocéalos, ponlos en el mortero, agrega una pizca de sal gruesa y májalos bien. Vierte el zumo de limón, mezcla bien y resérvalo.

Pela la cebolla, pícala en daditos y ponla en un bol.

Agrega al bol el pimentón dulce, el picante, el comino, la cúrcuma, la pimienta negra molida, la canela, las hebras de azafrán, las hojas de cilantro picadas finamente, el aceite y la mezcla de ajo majado y limón.

Corta la carne en dados grandes, sazónalos y ponlos en un bol grande. Añádeles el adobo y mezcla bien, de manera que la carne quede bien impregnada. Tapa el bol con film transparente, introdúcelo en el frigorífico y deja la carne macerando durante 12 horas.

Retira la carne del bol y ensarta 5-6 trozos de carne en 1 palillo de brocheta. Repite el proceso hasta conseguir 8 brochetas.

Calienta la plancha, agrega un chorrito de aceite, coloca encima las brochetas y cocínalas durante unos 5 minutos.

Sirve 2 brochetas en cada plato y acompáñalas con 2 rodajas de limón. Decora los platos con unas hojas de perejil.

CONSEJO

Hay que marinar la carne durante varias horas para que quede tierna, jugosa y bien impregnada de todos los sabores del adobo.

REDONDO EN SALSA CON BONIATO

INGREDIENTES (4 P.)

1 kg de redondo de ternera
2 boniatos
3 chalotas
2 dientes de ajo
1 pimiento verde
300 ml de vino de Oporto
1 cucharadita de harina de maíz refinada
aceite de oliva virgen extra
perejil
pimienta
sal

CARNES Y AVES

CONSEJO

Después de añadir la salsa a la carne es importante que no hierva para evitar que quede dura y seca.

ELABORACIÓN

Calienta una tartera (cazuela amplia y baja) con 6 cucharadas de aceite. Salpimienta el redondo, introdúcelo en la tartera y fríelo a fuego suave durante 15-20 minutos, hasta que quede sellado y dorado por fuera. Retíralo a una fuente y resérvalo.

Pela las chalotas y los dientes de ajo, córtalos en láminas e introdúcelos en la tartera donde has dorado la carne. Retira el tallo y las semillas del pimiento, córtalo en dados e incorpóralo. Sazona las hortalizas y rehógalas a fuego suave-medio durante 6-8 minutos.

Agrega el vino y 300 ml de agua y pon a reducir la salsa a fuego suave-medio durante 20-25 minutos. Si la salsa queda muy ligera, lígala añadiendo la harina de maíz refinada diluida en agua fría. Pasa todo al vaso americano y tritúralo bien hasta conseguir una salsa homogénea.

Corta la carne en filetes finos, ponlos en la tartera, vierte encima la salsa caliente, tapa la cazuela y resérvalos.

Calienta una sartén con abundante aceite. Pela los boniatos, córtalos en medias lunas finas, añádelos a la sartén y fríelos. Retíralos, escúrrelos sobre una fuente cubierta con papel absorbente, sazónalos y espolvoréalos con un poco de perejil picado.

Sirve 3 filetes en cada plato, salséalos y acompáñalos con el boniato frito. Decóralos con unas hojas de perejil.

SALTEADO DE PAVO Y SETAS CON SALSA DE OSTRAS

INGREDIENTES (4 P.)

700 g de pechuga de pavo
20 setas shitake
2 cucharadas de salsa de ostras
4 cucharadas de salsa de soja
1 cebolleta
aceite de oliva virgen extra
10-15 hojas de cebollino
20 hojas de cilantro
pimienta
1 guindilla cayena
sal

ELABORACIÓN

Corta el pavo en trozos de bocado, salpimiéntalos y ponlos en un bol. Agrega la salsa de ostras y la salsa de soja y deja que repose durante 10-15 minutos.

Calienta un wok (o sartén grande) con 3 cucharadas de aceite. Corta la cebolleta en dados, incorpórala al wok junto con la cayena y cocínala durante 4-5 minutos a fuego medio-alto. Retira la cayena, incorpora las setas, sazónalas y cocínalas durante 5-6 minutos a fuego medio. Pasa las hortalizas a un plato y resérvalas.

Añade 3 cucharadas de aceite al wok, sube el fuego al máximo, agrega el pavo y cocínalo durante 3-4 minutos. Incorpora las setas y el cebollino finamente picado y saltea todo junto durante 2 minutos.

Sirve y adorna los platos con unas hojas de cilantro.

CONSEJO

Para esta receta se puede emplear la pechuga de pavo entera o fileteada.

BROCHETA DE POLLO CON SALSA DE CEREZA

INGREDIENTES (4 P.)

800 g de pechuga de pollo
aceite de oliva virgen extra
perejil
pimienta
sal

Para la salsa de cereza:

250 g de cerezas
1 cebolleta
10 g de azúcar
100 ml de caldo de carne
100 ml de vino tinto
2 cucharadas de aceite de oliva virgen extra
½ guindilla cayena
sal

CARNES Y AVES

ELABORACIÓN

Deshuesa las cerezas y resérvalas.

Para preparar la salsa de cereza, calienta el aceite en una sartén. Corta la cebolleta en dados, agrégala, sazónala y rehógala a fuego medio durante 5-6 minutos. Añade la cayena y las cerezas a la sartén y rehógalas durante 2-3 minutos. Agrega el azúcar, el caldo y el vino. Sazona y deja que reduzca todo a fuego medio durante 8-10 minutos. Pasa los ingredientes de la salsa a un vaso batidor y tritúralos bien hasta conseguir una salsa homogénea. Resérvala.

Corta la pechuga de pollo en 40 tacos y salpimiéntalos. Ensarta 5 tacos en cada palillo de brocheta para conseguir 8 brochetas, colócalas en una fuente y riégalas con un chorrito de aceite.

Calienta una plancha, coloca en ella las brochetas y cocínalas por los dos lados hasta que se doren por fuera y se hagan por dentro (unos 4 minutos).

Sirve 2 brochetas en cada plato y pon un poco de salsa a los lados. Decora los platos con unas hojas de perejil.

CONSEJO

Las brochetas de madera pueden quemarse si se colocan directamente sobre el fuego de las brasas, por lo que, si las vas a preparar así, te recomiendo dejarlas a remojo unos minutos antes de utilizarlas. Si se cocinan a la plancha o en un grill eléctrico, no será necesario.

CABRITO CON PATATAS Y GUISANTES

INGREDIENTES (4 P.)

- 1.250 g de cabrito (troceado)
- 12 patatas nuevas pequeñas
- 250 g de guisantes frescos desgranados
- 4 dientes de ajo
- 1 zanahoria
- 1 cebolla
- 100 ml de vino blanco
- aceite de oliva virgen extra
- 1 rama de tomillo
- perejil
- pimienta
- sal

CONSEJO

Puedes cocinar el cabrito con hierbas aromáticas o vino, pero siempre en su justa medida para que no tapen el sabor de la carne.

ELABORACIÓN

Calienta una cazuela con abundante agua. Lava bien las patatas, introdúcelas (con piel) en la cazuela, sazónalas y cuécelas durante 25 minutos. Resérvalas en la cazuela con el agua de cocción.

Calienta una cazuela grande con 4 cucharadas de aceite. Salpimienta el cabrito, añádelo y fríelo hasta que se dore. Retíralo a una fuente y resérvalo.

Pela 2 dientes de ajo y córtalos en láminas. Pela la zanahoria y córtala en cuartos de luna. Pela la cebolla y córtala en dados. Incorpora las hortalizas a la cazuela, sazónalas y rehógalas a fuego medio durante 8-10 minutos.

Añade a la cazuela el cabrito y el tomillo. Vierte encima el vino y dale un hervor. Cubre (a ras) con agua, tapa la cazuela y guísalo a fuego suave-medio durante 25-30 minutos.

Retira los trozos de cabrito de la cazuela. Pasa la salsa a una batidora de vaso y tritúrala hasta que quede bien fina. Pon de nuevo la salsa y el cabrito en la cazuela, incorpora los guisantes, tapa y cocina todo junto a fuego suave durante 15-18 minutos.

Corta las patatas (sin pelar) por la mitad. Pela los otros 2 dientes de ajo y pícalos finamente. Calienta una sartén con 3-4 cucharadas de aceite y agrega los ajos, las patatas y un poco de perejil picado. Saltea las patatas durante 4-5 minutos.

Reparte el cabrito y las patatas en 4 platos y decóralos con unas hojas de perejil.

CARNE DE CONEJO A LA ALBAHACA CON PATATAS

INGREDIENTES (4 P.)

- 16 medallones de carne de conejo
- 3 patatas
- 25 g de piñones
- 1 diente de ajo
- 50 ml de *brandy*
- 200 ml de caldo de pollo
- aceite de oliva virgen extra
- 20 hojas de albahaca fresca
- perejil
- pimienta
- sal

ELABORACIÓN

Calienta una sartén pequeña, añade los piñones y tuéstalos un poco.

Pela el diente de ajo, trocéalo y ponlo en un mortero. Pica las hojas de albahaca y agrégalas. Incorpora los piñones, maja todo bien y reserva el majado

Calienta abundante aceite en una sartén. Pela las patatas, trocéalas (cascándolas), introdúcelas en la sartén y fríelas. Retíralas, escúrrelas, pásalas a un plato y resérvalas.

Deja 3-4 cucharadas de aceite en la sartén (reserva el resto para otra elaboración) y caliéntalo. Salpimienta los medallones de conejo, introduce la mitad en la sartén, fríelos hasta que se doren y pásalos a una tartera (cazuela amplia y baja). Repite el proceso con el resto de los medallones.

Calienta la tartera con los medallones de conejo, vierte encima el *brandy* y flambéalo. Añade el caldo, las patatas y el majado, tapa la tartera y cocina todo durante 6-8 minutos a fuego suave-medio.

Reparte el conejo y las patatas en 4 platos y decóralos con unas hojas de perejil.

CONSEJO

Si vas a pasar el aceite resultante de freír las patatas a un recipiente de vidrio, cristal o cerámica, te recomiendo que introduzcas en él un par de cucharas de metal para evitar que se rompa.

CARNE DE CONEJO AL CAVA

INGREDIENTES (4 P.)

- 1.200 g de carne de conejo (troceada)
- 250 ml de cava
- 4 zanahorias
- 2 cucharadas de harina
- 150 ml de caldo de carne
- 3 dientes de ajo
- 12 chalotas
- 50 g de mantequilla
- aceite de oliva virgen extra
- 2 ramas de tomillo
- perejil
- pimienta
- 20 hebras de azafrán
- sal

ELABORACIÓN

Pela las zanahorias, corta cada una en 3-4 trozos (según tamaño) y tornéalas. Calienta agua en una cazuela, introduce en ella las zanahorias, sazónalas y cuécelas durante 15 minutos. Escúrrelas y resérvalas.

Calienta 3 cucharadas de aceite en una tartera (cazuela amplia y baja). Salpimienta los trozos de carne de conejo, introdúcelos en la tartera y dóralos bien. Retira la carne a una fuente y resérvala.

Agrega la harina a la tartera y cocínala durante 2 minutos. Añade el caldo, el cava, las hebras de azafrán, los dientes de ajo (pelados y enteros) y las ramas de tomillo. Sazona y mezcla bien. Incorpora los trozos de carne de conejo, tapa la tartera y cocínalos a fuego suave-medio durante unos 30 minutos.

Pela las chalotas. Calienta la mantequilla en una sartén, introduce en ella las chalotas, sazónalas y confítalas durante 20 minutos. Añade las zanahorias cocidas, saltéalas brevemente y espolvorea todo con un poco de perejil picado.

Reparte la carne de conejo en 4 platos y sirve al lado la guarnición de chalotas y zanahorias. Decora los platos con unas hojas de perejil.

CONSEJO

Reserva los recortes resultantes de tornear las zanahorias para emplearlos en otra receta, por ejemplo, para una crema o una sopa de hortalizas.

CARPACCIO DE TERNERA CON PARMESANO

INGREDIENTES (4 P.)

- 400 g de redondo de ternera (16 filetes finos)
- 80 g de queso parmesano (en un trozo)
- 6 champiñones
- 50 g de hojas de rúcula
- zumo de 1 limón
- aceite de oliva virgen extra
- perejil
- pimienta negra recién molida
- sal gruesa

ELABORACIÓN

Enjuaga los champiñones en un bol con agua y separa los tallos de los sombreros. Corta los tallos en daditos y los sombreros en láminas finas y ponlos en un bol. Sazónalos, viérteles encima el zumo de limón y 2 cucharadas de aceite, mezcla bien y deja que maceren durante 15 minutos.

Extiende los filetes sobre la tabla de cocina y golpéalos con la hoja de un cuchillo cebollero hasta que queden bien finos.

Riega 4 platos llanos con un chorrito de aceite, salpimiéntalos y extiende sobre cada uno 4 filetes. Salpimienta los filetes y riégalos con otro chorrito de aceite. Con la ayuda de un pelador, corta el parmesano en lascas. Reparte sobre el *carpaccio* los champiñones, las hojas de rúcula y las lascas de parmesano.

Decora los platos con unas hojas de perejil.

CONSEJO

Para elaborar este plato es fundamental que la carne sea de calidad y esté fresca (su color será uniforme y no tendrá zonas más oscuras).

COSTILLA FRITA CON PIMIENTOS VERDES

INGREDIENTES (4 P.)

16 costillas de cerdo

24 pimientos verdes pequeños (de Gernika o de Padrón)

2 cucharadas de mostaza a la antigua

1 limón

6 dientes de ajo

aceite de oliva virgen extra

1 hoja de laurel

perejil

sal

ELABORACIÓN

Pon la mostaza en un bol grande. Agrega 3-4 cucharadas de aceite, la hoja de laurel, la ralladura del limón y el zumo de medio. Pela los dientes de ajo, córtalos en láminas y añádelos. Mezcla los ingredientes con una varilla manual.

Sazona las costillas, introdúcelas en el bol y mezcla hasta que queden bien impregnadas en el aderezo. Tapa el bol con film transparente, introdúcelo en el frigorífico y deja que la carne macere de un día para otro.

Calienta una sartén con 4-6 cucharadas de aceite y fríe en ella las costillas (en tandas) hasta que se hagan por dentro y se doren por fuera. Retíralas a una fuente.

Calienta otra sartén con 6-8 cucharadas de aceite. Añade los pimientos y fríelos durante 4-5 minutos. Retíralos a un plato y sazónalos.

Sirve 4 costillas en cada plato y acompáñalas con los pimientos. Decora los platos con unas hojas de perejil.

CONSEJO

Para que las costillas queden perfectas, compra costillas gruesas y que contengan bastante carne y ponlas a macerar con un día de antelación.

GUISO DE ZANCARRÓN CON HABITAS

INGREDIENTES (4 P.)

- 800 g de zancarrón de ternera
- 300 g de habitas frescas (desgranadas)
- 1 cebolla
- 1 pimiento verde
- 2 puerros
- 2 zanahorias
- 3 dientes de ajo
- 2 cucharadas de carne de pimiento choricero
- 150 ml de vermut rojo
- 3 patatas
- aceite de oliva virgen extra
- 1 rama de tomillo
- perejil
- pimienta
- sal

CONSEJO

El zancarrón tiene mucho tejido conectivo y grasa intramuscular. Estas características lo convierten en un corte de carne adecuado para cocciones largas y lentas, ya que se ablanda y adquiere una textura suave y tierna.

ELABORACIÓN

Calienta 3-4 cucharadas de aceite en una olla rápida. Corta la carne en dados grandes, salpimiéntalos, introdúcelos en la olla y dóralos. Retira la carne y el jugo que ha soltado a un plato y resérvala.

Pela la cebolla y córtala en dados. Retira el tallo y las semillas del pimiento y córtalo de la misma manera. Limpia los puerros (retirándoles la parte inferior, la superior y 1-2 hojas), enjuágalos bien y córtalos en medias lunas. Pela las zanahorias y córtalas en cuartos de luna. Pela los dientes de ajo y córtalos en láminas.

Calienta 3 cucharadas de aceite en la olla, introduce en ella las hortalizas, sazónalas y rehógalas a fuego medio durante unos 10 minutos.

Incorpora a la olla la carne (con su jugo), la rama de tomillo y la carne de pimiento choricero. Vierte encima el vermut y dale un hervor. Cubre con agua (unos 400 ml) y pon a punto de sal. Cierra la olla y cocina la carne a fuego medio durante 15 minutos.

Abre la olla, retira la rama de tomillo, pasa la carne a un plato y tritura la salsa con una batidora eléctrica. Pasa de nuevo la carne a la olla y déjala reposar hasta el momento de servir.

Calienta agua en una cazuela. Cuando empiece a hervir, introduce en ella las habitas, sazónalas y cuécelas durante 10 minutos. Escúrrelas y resérvalas.

Calienta una sartén con abundante aceite. Pela las patatas, trocéalas (cascándolas), añádelas a la sartén y fríelas hasta que estén doradas por fuera y blandas por dentro. Retíralas, escúrrelas sobre un plato cubierto con papel absorbente, sazónalas y espolvoréalas con un poco de perejil picado.

Reparte la carne con su salsa, las habitas y las patatas en 4 platos y decóralos con unas hojas de perejil.

HÍGADO ENCEBOLLADO

INGREDIENTES (4 P.)

- 4 filetes de hígado de ternera
- 5 cebollas
- 2 dientes de ajo
- 100 ml de *txakoli*
- pan rallado (para empanar)
- aceite de oliva virgen extra
- perejil
- pimienta
- sal

ELABORACIÓN

Calienta una sartén con 4 cucharadas de aceite. Pela los dientes de ajo, córtalos en láminas y agrégalos a la sartén. Pela las cebollas, córtalas en juliana fina y añádelas. Sazona las hortalizas y cocínalas a fuego medio durante 20-25 minutos, hasta que queden bien doradas. Vierte encima el *txakoli* y cocínalo a fuego medio-alto hasta que se evapore el alcohol.

Calienta otra sartén con 6 cucharadas de aceite. Corta cada filete en 3 trozos, salpimiéntalos, empánalos, introdúcelos en la sartén y fríelos (en tandas) durante 1-2 minutos por cada lado.

Sirve 1 filete (3 trozos) en cada plato y acompáñalos con la cebolla caramelizada. Decora los platos con unas hojas de perejil.

CONSEJO

Si os gusta el ajo y el perejil, puedes picar finamente unas hojas de perejil y 1-2 dientes de ajo y mezclarlos con el pan rallado antes de empanar los filetes.

LAGARTO DE CERDO CON SALSA AGRIDULCE

INGREDIENTES (4 P.)

- 800 g de lagarto de cerdo ibérico
- 3 cogollos de lechuga (cogollos de Tudela)
- aceite de oliva virgen extra
- vinagre
- 2 ramas de tomillo
- perejil
- pimienta
- sal

Para la salsa agridulce:

- 60 ml de vinagre de Jerez
- 100 ml de vino blanco
- 200 ml de salsa de tomate
- 60 g de azúcar
- 1 cucharada de harina de maíz refinada

ELABORACIÓN

Para preparar la salsa agridulce, pon a calentar el vinagre, el vino, la salsa de tomate y el azúcar en un cazo y deja que reduzca a fuego medio durante 10 minutos. Diluye la harina de maíz con un poco de agua fría, incorpórala al cazo y remueve bien hasta que espese un poco. Mantén la salsa caliente hasta el momento de servir.

Retira el exceso de grasa de la carne, córtala en tiras y ponlas en un bol grande. Pica el tomillo. Espolvorea las tiras de carne con el tomillo, salpimiéntalas y riégalas con 2 cucharadas de aceite. Mezcla y déjalas macerando durante 10 minutos.

Calienta una plancha, extiende encima las tiras de carne y cocínalas durante 2-3 minutos por cada lado. Retíralas a un plato.

Elimina la grasa de la plancha, coloca en ella de nuevo las tiras de carne, vierte encima la salsa agridulce y mezcla bien. Cocina conjuntamente durante 2-3 minutos más.

Corta los cogollos de lechuga en cuartos y aderézalos con sal, aceite y vinagre.

Sirve en cada plato unas tiras de carne y ¾ cuartos de cogollo y decóralos con unas hojas de perejil.

CONSEJO

A la hora de cocinar el lagarto de cerdo no es necesario agregar ninguna grasa, ya que las propias vetas de la carne tienen la suficiente para que nos quede un plato suculento y jugoso.

PICADILLO CUBANO

INGREDIENTES (4 P.)

800 g de carne picada de ternera
6 dientes de ajo
200 g de arroz blanco
2 patatas
2 plátanos machos maduros
1 cebolla grande
1 pimiento verde
50 g de pasas
150 g de aceitunas verdes y negras (aliñadas)
75 ml de vino blanco
150 ml de salsa de tomate
aceite de oliva virgen extra
1 cucharadita de orégano
1 hoja de laurel
perejil
pimienta
1 cucharadita de comino
sal

CARNES Y AVES

CONSEJO

Los plátanos macho en crudo son indigestos, por lo que para consumirlos hay que cocerlos, asarlos o freírlos.

ELABORACIÓN

Calienta 2-3 cucharadas de aceite en una cazuela. Golpea 2 dientes de ajo (con piel), añádelos a la cazuela y rehógalos un poco. Agrega el arroz, cúbrelo con agua (el doble y un poco más), sazónalo y cocínalo durante 18 minutos. Tápalo y resérvalo.

Calienta bastante aceite (unas 10 cucharadas) en una sartén. Pela las patatas, córtalas en dados grandes, agrégalas a la sartén y fríelas hasta que estén tiernas por dentro y algo doradas por fuera. Retíralas, escúrrelas sobre un plato cubierto con papel absorbente y resérvalas.

Deja 2-3 cucharadas de aceite en la sartén (reserva el resto) y ponla a calentar. Pela los plátanos, córtalos en rodajas alargadas, extiéndelas (en tandas) en la sartén y fríelas durante 3-4 minutos por cada lado. Retíralas a un plato y resérvalas.

Calienta 4 cucharadas del aceite reservado en una sartén grande. Pela 4 dientes de ajo y córtalos en daditos. Pela la cebolla y córtala de la misma manera. Retira el tallo y las semillas del pimiento y córtalo también en daditos. Añade las hortalizas a la sartén, sazónalas y rehógalas a fuego medio durante 10-12 minutos.

Salpimienta la carne, incorpórala a la sartén y cocínala a fuego medio durante 4-5 minutos. Agrega el orégano, el comino, la hoja de laurel, las pasas, las aceitunas, el vino blanco y la salsa de tomate, mezcla bien y cocina los ingredientes a fuego medio hasta que se evapore casi todo el líquido (5-6 minutos).

Sazona las patatas y espolvoréalas con un poco de perejil. Mezcla las patatas fritas con el picadillo y repártelos en 4 platos. Acompaña el picadillo con el arroz y los plátanos fritos y decora los platos con unas hojas de perejil.

POLLO GUISADO EN SALSA DE MANZANA

INGREDIENTES (4 P.)

- 4 cuartos traseros de pollo (muslos y contramuslos)
- 4 manzanas Granny Smith
- 2 dientes de ajo
- 1 cebolla
- 1 pimiento verde
- 1 l de caldo de verduras
- 100 ml de nata líquida
- 200 g de macarrones
- aceite de oliva virgen extra
- 2-3 ramas de tomillo
- perejil
- pimienta
- 1 rama de canela
- sal

CONSEJO

Hoy en día puedes comprar ya despiezadas distintas partes del pollo, así que si preferís cualquier otra, en lugar de muslos y contramuslos, prepara el guiso con las que se adapten mejor a vuestros gustos.

ELABORACIÓN

Calienta 3-4 cucharadas de aceite en una tartera (cazuela amplia y baja). Corta los cuartos de pollo por la mitad, separando los muslos de los contramuslos, y salpimiéntalos. Introdúcelos en la tartera y fríelos hasta que se doren bien. Retíralos a una fuente y resérvalos.

Pela los dientes de ajo y córtalos en láminas. Pela la cebolla y córtala en cuartos de luna finos. Retira el tallo y las semillas del pimiento y córtalo en dados. Pela 2 manzanas y córtalas de la misma manera. Introduce las hortalizas y las manzanas en la tartera, sazónalas y rehógalas a fuego medio durante 10-15 minutos.

Calienta el caldo de verduras en una cazuela. Pela las otras 2 manzanas, trocéalas a tu gusto, sazónalas, añádelas a la cazuela y cuécelas durante 5 minutos. Tritúralas con una batidora eléctrica. Añade la nata y mezcla.

Incorpora a la tartera con las hortalizas y las manzanas la canela, las ramas de tomillo, el pollo y la salsa de manzana y nata. Remueve la tartera y cocina el pollo a fuego medio durante 25 minutos.

Calienta agua en una cazuela. Cuando empiece a hervir, sazónala, introduce en ella los macarrones y cuécelos durante 8-10 minutos. Escúrrelos, añádelos a la tartera y cocina todo junto durante 2 minutos. Muele encima un poco de pimienta y espolvorea con un poco de perejil picado.

Sirve y adorna los platos con unas hojas de perejil.

SOLOMILLO DE CERDO CON *CHUTNEY* DE FRESA

INGREDIENTES (4 P.)

- 2 solomillos de cerdo
- 750 g de fresas
- 1 cebolleta
- 80 g de azúcar
- unas gotas de salsa picante
- 80 ml de vinagre de frambuesa
- aceite de oliva virgen extra
- 1 rama de tomillo fresco
- perejil
- ½ rama de canela
- 4 clavos de olor
- pimienta
- sal

ELABORACIÓN

Calienta 3 cucharadas de aceite en una sartén. Corta la cebolleta en daditos, añádela a la sartén y rehógala (sin que se dore) a fuego suave hasta que se ablande (6-8 minutos). Agrega el azúcar y mezcla bien.

Lava las fresas, retírales el tallo, córtalas en daditos e incorpóralas a la sartén. Añade la salsa picante, la canela, los clavos y el vinagre, y cocina (removiendo de vez en cuando) a fuego suave durante 18-20 minutos. Prueba y pon a punto de sal. Reserva el *chutney*.

Calienta una plancha con 1 cucharada de aceite. Corta los solomillos de cerdo en filetes y salpiméntalos por los dos lados. Pica el tomillo finamente, espolvorea con él los filetes, riégalos con un poco de aceite y cocínalos a la plancha.

Sirve 4-5 filetes de solomillo en cada plato y acompáñalos con el *chutney*. Decora los platos con unas hojas de perejil.

CONSEJO

El *chutney* es una confitura de hortalizas o frutas agridulce. En esta receta lo hemos preparado para acompañar a la carne, pero te recomiendo que lo utilices también como complemento de fiambres, patés y quesos.

TOSTA DE POLLO EN ESCABECHE

INGREDIENTES (4 P.)

- 2 pechugas de pollo (4 medias)
- 8 rebanadas grandes de pan (de semillas)
- 150 ml de vino blanco
- 2 zanahorias
- 1 cebolleta
- 8 dientes de ajo
- 150 ml de vinagre
- 8 tomates secos (en aceite)
- aceite de oliva virgen extra
- 2 ramas de romero
- 2 ramas de tomillo
- 2 hojas de laurel
- perejil
- 1 cucharadita de pimentón dulce
- 25 granos de pimienta negra
- sal

CARNES Y AVES

ELABORACIÓN

Calienta una sartén grande con 3-4 cucharadas de aceite. Ata las pechugas (de media en media) con hilo de cocina dándoles forma de rollo. Sazónalas, introdúcelas en la sartén, dóralas por fuera y pásalas a una cazuela.

Añade a la sartén el pimentón, remueve bien y agrégalo a la cazuela. Vierte el vino en la sartén, remueve bien para aprovechar todos los jugos que han quedado en ella y riega con él las pechugas. Pela las zanahorias, córtalas en rodajas de 1 cm y agrégalas a la cazuela. Incorpora la cebolleta (cortada por la mitad), los ajos aplastados (con piel), el vinagre, 500 ml de aceite, los granos de pimienta, el romero, el tomillo y las hojas de laurel. Tapa la cazuela y cocina los ingredientes a fuego moderado durante 30-35 minutos. Retira de la cazuela el pollo, las zanahorias, la cebolleta, los ajos y las hierbas y reserva el escabeche. Retira el hilo de las pechugas y córtalas en rodajas.

Unta cada rebanada de pan con 1 diente de ajo y coloca encima de cada una unas rodajas de zanahoria, 2 trozos de cebolleta y unas rodajas de pollo. Corta los tomates en rodajas finas y pon 1 tomate sobre cada tosta.

Sirve 2 tostas en cada plato y riégalas con un poco de escabeche. Decora los platos con unas hojas de perejil.

CONSEJO

Puedes guardar el escabeche sobrante en un bote con tapa en el frigorífico y utilizarlo para aderezar ensaladas, patatas o pasta.

PESCADOS Y MARISCOS

BOQUERONES MARINADOS CON LIMA

INGREDIENTES (4 P.)

- 600 g de boquerones descongelados
- zumo de 3 limas
- 1 naranja
- 1 barra de pan de semillas
- 1 diente de ajo
- aceite de oliva virgen extra
- perejil
- sal

ELABORACIÓN

Limpia los boquerones, retirándoles las cabezas y las espinas, y sepáralos en 2 filetes. Extiéndelos en una fuente, dejando la parte de la piel en contacto con la fuente, sazónalos con sal fina y riégalos con el zumo de lima. Tápalos con film transparente y deja que maceren en el frigorífico durante 1 hora. Retíralos del frigorífico, elimina el caldo que hayan soltado y sécalos bien.

Extiende los boquerones sobre una fuente, dejando la parte de la piel hacia arriba, y riégalos con un buen chorro de aceite de oliva. Ralla la piel de ½ naranja y espolvoréalos con ella.

Corta el pan en rodajas y tuéstalas (horno o tostador). Pela el diente de ajo y unta con él las tostadas.

Sirve los boquerones y acompáñalos con las tostadas. Adorna los platos con unas hojas de perejil.

CHIPIRONES CON FIDEO CHINO

INGREDIENTES (4 P.)

- 12 chipirones
- 100 g de fideo chino
- 4 dientes de ajo
- harina (para rebozar)
- aceite de oliva virgen extra
- 2 cucharadas de vinagre de Módena
- 8 hojas de cebollino
- perejil
- sal

ELABORACIÓN

Limpia bien los chipirones y rellénalos con sus tentáculos, corbatas y aletas. Calienta una sartén con abundante aceite, aplasta los dientes de ajo (con piel) y añádelos. Sazona los chipirones, pásalos por harina y fríelos durante 8-10 minutos. Retíralos y resérvalos.

Corta los fideos en tiras de 8 cm y distribúyelos en 4 montoncitos. Ata cada montón con 2 hojas de cebollino y fríelos en una sartén con abundante aceite. Retíralos.

Sirve en cada plato 3 chipirones, un montoncito de fideos fritos y 1 diente de ajo.

Mezcla en un bol 6 cucharadas de aceite con el vinagre de Módena y aliña los chipirones. Adorna los platos con unas hojas de perejil.

ATÚN ENCEBOLLADO CON PIMENTÓN Y ORÉGANO

INGREDIENTES (4 P.)

800 g de atún fresco
3 cebollas
2 dientes de ajo
100 ml de vino oloroso
aceite de oliva virgen extra
1 cucharadita de orégano
1 hoja de laurel
perejil
1 cucharadita de pimentón
pimienta
sal

ELABORACIÓN

Calienta una tartera (cazuela amplia y baja) con 4-5 cucharadas de aceite. Pela los dientes de ajo, córtalos en láminas y agrégalos. Pela las cebollas, córtalas en juliana e incorpóralas. Sazona las hortalizas y cocínalas (removiéndolas de vez en cuando) a fuego medio durante 20-25 minutos.

Añade el vino, el pimentón, el orégano y la hoja de laurel. Mezcla bien y cocina conjuntamente durante 8-10 minutos.

Corta el atún en 4 filetes y salpiméntalos. Calienta una sartén grande con 2-3 cucharadas de aceite, añade el atún y fríelo brevemente (vuelta y vuelta) a fuego fuerte.

Sirve 1 filete de atún en cada plato y acompáñalos con la cebolla. Adorna los platos con unas hojas de perejil.

CONSEJO

En esta receta hemos utilizado atún, pero cualquier otro túnido puede ser apropiado para realizarla.

FILETES DE SAN PEDRO AL CAVA

INGREDIENTES (4 P.)

8 filetes de San Pedro
2 remolachas cocidas
200 g de calabaza
100 g de pistachos pelados
aceite de oliva virgen extra
perejil
pimienta
sal

Para la salsa de cava:

250-300 ml de cava
100 g de mantequilla
1 diente de ajo
2 cebolletas
20 granos de pimienta
1 cucharadita de estragón
sal

ELABORACIÓN

Para preparar la salsa, funde la mantequilla en una sartén. Pela el diente de ajo, córtalo en daditos y añádelo a la sartén. Corta las cebolletas de la misma manera y agrégalas. Rehoga las hortalizas durante 6-8 minutos a fuego suave. Incorpora los granos de pimienta, el cava y el estragón, sazona y deja que la salsa reduzca durante unos 10 minutos.

Corta la remolacha en rodajas, extiéndelas en una fuente, sazónalas y riégalas con 2-3 cucharadas de aceite. Resérvalas.

Corta la calabaza en triángulos y cocínalos durante 10 minutos a fuego suave en una sartén con un poco de aceite. Retíralos y resérvalos.

Coloca los pistachos sobre una capa doble de papel de cocina, tápalos con más papel de cocina, aplástalos con un mazo y pásales el rodillo por encima.

Retira la piel de los filetes de San Pedro, salpimiéntalos, rebózalos con los pistachos y fríelos brevemente en una sartén con abundante aceite.

Sirve en cada plato 2 filetes de San Pedro y salséalos con la salsa de cava. Acompáñalos con unas rodajas de remolacha y unos triángulos de calabaza. Decora los platos con unas hojas de perejil.

CONGRIO CON PATATAS Y GUISANTES

INGREDIENTES (4 P.)

500 g de congrio limpio
3 patatas
150 g de guisantes frescos desgranados
2 dientes de ajo
2 cebolletas
1 tomate
750-1.000 ml de caldo de pescado
aceite de oliva virgen extra
perejil
10 hebras de azafrán
pimienta
sal

ELABORACIÓN

Pela los dientes de ajo, córtalos en daditos y ponlos a rehogar en una cazuela con 3 cucharadas de aceite. Corta las cebolletas de la misma manera y agrégalas a la cazuela. Sazona las hortalizas y rehógalas durante 10-12 minutos a fuego suave-medio.

Lava el tomate, córtalo por la mitad, rállalo, añádelo a la cazuela y cocina todo durante 6-8 minutos más. Agrega las hebras de azafrán y rehógalas brevemente.

Pela las patatas, trocéalas (cascándolas) e incorpóralas a la cazuela. Vierte encima el caldo (la cantidad, a tu gusto) y cocina todo durante otros 10 minutos. Incorpora los guisantes, pon a punto de sal y cocina todo junto durante unos 20 minutos más.

Corta el congrio en trozos de bocado, salpimiéntalos, añádelos a la cazuela y cocínalos durante 2 minutos. Espolvorea la cazuela con un poco de perejil picado y sirve.

BACALAO FRESCO CON SALSA DE PIMIENTOS

INGREDIENTES (4 P.)

- 800 g de bacalao fresco
- 3 pimientos morrones amarillos
- 2 dientes de ajo
- 1 cucharada de harina
- aceite de oliva virgen extra
- perejil
- pimienta
- sal

ELABORACIÓN

Calienta una cazuela con 3-4 cucharadas de aceite. Pela los ajos y añádelos. Retira los tallos y las semillas de los pimientos, córtalos en dados y agrégalos. Sazónalos y rehógalos durante 5-6 minutos. Incorpora la harina y cocínala un poco (1-2 minutos). Cubre los pimientos con agua y cocínalos durante 10-15 minutos. Pásalos a una batidora de vaso y tritúralos hasta conseguir una salsa homogénea. Resérvala.

Corta el bacalao en 4 lomos, salpiméntalos y cocínalos en una plancha (o sartén) con 3 cucharadas de aceite.

Reparte la salsa en la base de 4 platos y coloca 1 lomo de bacalao encima de cada uno. Aderézalos con un poco del aceite de la plancha y adórnalos con unas hojas de perejil.

CONSEJO

En esta receta se han utilizado pimientos amarillos para darle un toque diferente al plato, pero con pimientos rojos o verdes quedará igual de rica.

GUISO DE CALAMARES CON PATATAS

INGREDIENTES (4 P.)

1 kg de calamares
3-4 patatas
3 dientes de ajo
1 cebolla
1 pimiento verde
1 tomate
100 ml de vino blanco
aceite de oliva virgen extra
perejil
sal

ELABORACIÓN

Limpia los calamares, trocéalos y ponlos en la olla rápida junto con 1 litro de agua. Sazónalos y cuécelos durante 5 minutos.

Pon las tintas en un vaso, cúbrelas con agua y remuévelas hasta que se diluyan. Cuélalas y resérvalas.

Pela los dientes de ajo y la cebolla, córtalos en daditos y ponlos a rehogar en una cazuela con 3-4 cucharadas de aceite. Retira el tallo y las semillas al pimiento, córtalo de la misma manera y añádelo. Sazona y cocina las hortalizas a fuego suave-medio durante 10 minutos. Pela el tomate, córtalo en dados, agrégalo a la cazuela y rehógalo durante 5-6 minutos (si quieres, puedes triturar las verduras).

Vierte el vino en la cazuela y dale un hervor. Pela las patatas, trocéalas (cascándolas) y agrégalas. Incorpora los calamares y las tintas diluidas, cubre todo con agua y cocina el guiso durante 30 minutos a fuego suave.

Sirve y adorna los platos con unas hojas de perejil.

LANGOSTINOS CON SALSA PICANTE

INGREDIENTES (4 P.)

16 langostinos
2 puerros (la parte verde)
16 hojas de lechuga
3 huevos batidos y harina (para rebozar)
aceite de oliva virgen extra
perejil
sal

Para la salsa picante:

2 puerros (la parte blanca)
1 cucharada de harina
250 ml de salsa de tomate
250 ml del caldo de langostinos
8-10 gotas de tabasco
aceite de oliva virgen extra
sal

ELABORACIÓN

Pela las colas de los langostinos, sin retirarles las cabezas, y resérvalos.

Calienta 500 ml de agua en una cazuela, agrega las cáscaras de los langostinos, la parte verde de los puerros (limpia) y unas hojas de perejil. Sazona y cuece todo durante 15 minutos. Cuela y reserva el caldo de langostinos.

Para preparar la salsa, limpia los puerros (la parte blanca), córtalos en cuartos de luna finos y rehógalos en un cazo con 2 cucharadas de aceite durante 10 minutos a fuego suave. Añade la harina, mezcla bien y cocínala durante 2 minutos. Agrega la salsa de tomate, el caldo de langostinos, una pizca de sal y el tabasco. Cocina los ingredientes durante 10-15 minutos a fuego suave.

Sazona los langostinos y envuélvelos con las hojas de lechuga (enrollándolas). Pásalos por harina y huevo batido y fríelos en una sartén con abundante aceite. Retíralos y escúrrelos sobre una fuente cubierta con papel absorbente.

Sirve en el centro de cada plato un poco de salsa y coloca alrededor los langostinos.

BLANQUILLO DE RAPE

INGREDIENTES (4 P.)

1 rape de 1.500 g	
1 puerro	
2 zanahorias	
2 tomates maduros	
1 cebolla	
150 g de judías verdes	
2 dientes de ajo	
4 patatas medianas	
2 ñoras	
aceite de oliva virgen extra	
2 hojas de laurel	
perejil	
2 clavos de olor	
sal	

ELABORACIÓN

Calienta abundante agua (2,5 l) en una cazuela grande. Limpia el puerro, córtalo en 3-4 trozos y añádelo. Pela 1 zanahoria, córtala en bastones y añádela. Introduce también en la cazuela la cabeza del rape, sazona y cuece todo durante 15-20 minutos. Retira la cabeza del rape, sácale la carne y resérvala.

Cuela el caldo sobre otra cazuela grande. Pela los tomates, córtalos en cuartos y agrégalos. Pela la otra zanahoria, córtala en cuartos de luna finos y añádela. Pela la cebolla, córtala en cuartos e incorpórala. Retira las puntas de las judías verdes, córtalas en trozos de 2-3 centímetros y agrégalas. Añade los clavos, las hojas de laurel, los dientes de ajo (pelados y enteros) y las ñoras (sin tallos ni semillas). Pela las patatas, trocéalas cascándolas e incorpóralas. Sazona y vierte encima 2 cucharadas de aceite. Tapa y cuece todo durante 20-25 minutos.

Corta el rape en rodajas y añádelo a la cazuela. Pon a punto de sal, tapa y cuece conjuntamente durante 6-8 minutos. Incorpora la carne de la cabeza del rape, remueve la cazuela y sirve. Adorna los platos con unas hojas de perejil.

CONSEJO

El blanquillo de rape es un plato tradicional de la cocina levantina. Los alimentos van cocidos y no llevan ningún sofrito, por lo que, además de ser fácil de digerir, es una receta perfecta para todos los que queráis cuidar la línea.

LANGOSTINOS EN SALSA CON ARROZ BASMATI

INGREDIENTES (4 P.)

- 16-20 langostinos
- 250 g de arroz basmati
- 150 g de panceta
- 3 dientes de ajo
- 1 cebolla
- ½ pimiento morrón
- 1 pimiento verde
- 2 tomates
- 60 ml de *brandy*
- aceite de oliva virgen extra
- perejil
- 1 pizca de estragón
- pimienta
- sal

ELABORACIÓN

Pela los langostinos, reserva las colas y pon las cabezas y las cáscaras a cocer en una cazuela con 600 ml de agua, una pizca de sal y unas ramas de perejil. Cuando empiece a hervir, desespuma el caldo y cuécelo durante 10 minutos. Cuélalo y resérvalo.

Corta la panceta en daditos y ponla a freír en una cazuela con 1 cucharada de aceite. Pela 1 diente de ajo, la cebolla y el pimiento rojo y pícalos. Retira el tallo y las semillas al pimiento verde y pícalo. Incorpora las hortalizas a la cazuela y rehógalas con la panceta durante 6-8 minutos. Pela los tomates, córtalos en dados y añádelos. Agrega 100 ml de agua y sazona. Cocina todo durante 10-15 minutos a fuego medio. Espolvorea con el estragón y mezcla bien.

Corta los langostinos por la mitad a lo largo sin llegar a separarlos y salpimiéntalos. Pela 1 diente de ajo y pícalo finamente. Pon a calentar una sartén con 2 cucharadas de aceite, añade el ajo y los langostinos y saltéalos brevemente. Vierte encima el *brandy* y flambea. Añade los langostinos a la cazuela de las hortalizas y mezcla bien.

Pela el otro diente de ajo, córtalo en láminas y dóralo un poco en una cazuela con 1 cucharada de aceite. Incorpora el arroz y el caldo de langostinos, pon a punto de sal y cuécelo durante el tiempo que indique el paquete.

Sirve el arroz y los langostinos y decora los platos con unas hojas de perejil.

LOMOS DE RAPE CON PANCETA Y CREMA LIGERA DE ALUBIAS

INGREDIENTES (4 P.)

- 800 g de rape
- 8 lonchas de panceta
- 100 g de alubias blancas
- 1 cebolla
- 1 zanahoria
- 50 ml de vino blanco
- 1 pimiento verde
- aceite de oliva virgen extra
- perejil
- sal

ELABORACIÓN

Pon las alubias a remojo la víspera.

Escurre las alubias e introdúcelas en una olla rápida con abundante agua. Pela la cebolla, córtala en 8 trozos y añádela. Pela la zanahoria, córtala en rodajas y agrégala. Sazona, cierra la olla y cuece todo durante 15-20 minutos. Retira parte del líquido. Tritura, cuela y reserva la crema.

Corta el pescado en 8 trozos. Envuelve cada uno con una loncha de panceta y dóralos un poco en una sartén con 2 cucharadas de aceite. Pasa los trozos de rape a una bandeja apta para el horno, riégalos con el vino blanco y hornéalos a 200 °C durante 6-8 minutos.

Para hacer un aceite de pimiento, retira el tallo y las semillas del pimiento verde, pícalo y ponlo en un vaso batidor. Añade 8 cucharadas de aceite, sazónalo, tritúralo y cuélalo.

Sirve la crema de alubias en el fondo de 4 platos, coloca encima de cada uno 2 trozos de rape y salséalos con el aceite de pimiento. Adorna los platos con unas hojas de perejil.

BONITO FRITO CON PATATAS AL PIMENTÓN

INGREDIENTES (4 P.)

- 650 g de bonito fresco (limpio)
- 4 patatas
- 3 dientes de ajo
- 100 g de harina de garbanzo
- aceite de oliva virgen extra
- perejil
- 1 cucharadita de pimentón (dulce o picante, al gusto)
- pimienta
- sal

ELABORACIÓN

Pon a calentar abundante agua en una cazuela. Lava las patatas, introdúcelas en la cazuela, sazónalas y cuécelas durante 30-35 minutos. Retíralas, pélalas, corta cada una en 4 trozos y ponlas en un bol grande. Agrega el pimentón, sal (al gusto), 3-4 cucharadas de aceite y 1 cucharadita de perejil picado y mezcla bien. Resérvalas.

Calienta abundante aceite en una sartén grande. Aplasta los dientes de ajo y agrégalos a la sartén.

Corta el bonito en filetes de 1 cm de grosor (8 filetes), salpimiéntalos, pásalos por la harina de garbanzo, introdúcelos en la sartén y fríelos brevemente (30 segundos por cada lado). Retíralos y escúrrelos sobre un plato cubierto con papel absorbente.

Sirve en cada plato 1 patata (4 cuartos) y 2 filetes de bonito. Adorna los platos con unas hojas de perejil.

CONSEJO

Si quieres ahorrar tiempo, puedes cocer las patatas en la olla rápida durante 5-6 minutos.

LUBINA CON CREMA DE ALMEJAS

INGREDIENTES (4 P.)

- 1 lubina (abierta en libro)
- 24 almejas
- 2 puerros
- 200 ml de vino blanco
- 1 cucharada de harina
- aceite de oliva virgen extra
- perejil
- pimienta
- sal

Para la salsa vinagreta:

- 4-6 cucharadas de aceite de oliva virgen extra
- 1 cucharada de vinagre
- 12-15 granos de maíz frito
- 1 pimiento del piquillo

PESCADOS Y MARISCOS

ELABORACIÓN

Limpia los puerros, retirándoles la parte inferior, la superior y 2-3 capas de hojas, enjuágalos bien, pícalos finamente y rehógalos a fuego medio en una cazuela con 3 cucharadas de aceite durante 6-8 minutos.

Calienta el vino en una sartén. Añade las almejas y cocínalas hasta que se abran. Cuela las almejas y reserva el caldo. Retira la carne de las almejas, pícalas e incorpóralas a la cazuela donde has rehogado los puerros. Agrega la harina y cocínala un poco. Vierte encima el caldo que han soltado las almejas y deja reducir durante unos 6-8 minutos a fuego suave. Tritura los ingredientes y reserva la crema.

Unta una bandeja de horno con un poco de aceite. Salpimienta la lubina, colócala (cerrada) encima, riégala con un chorrito de aceite y hornéala a 200 °C durante 10-12 minutos. Retira la lubina y córtala en 4 porciones.

Para hacer la vinagreta, coloca los granos de maíz en el mortero y májalos bien. Agrega el pimiento del piquillo y maja de nuevo. Añade el aceite y el vinagre y mezcla bien.

Sirve la crema de almejas en el fondo de 4 platos, coloca encima de cada uno 1 porción de lubina y salséala con la vinagreta. Decora los platos con unas hojas de perejil.

MERO CON BUÑUELOS DE CALABAZA Y PATATA

INGREDIENTES (4 P.)

- 4 lomos de mero (200 g cada uno)
- 150 g de calabaza
- 2 patatas medianas
- 2 dientes de ajo
- harina (para rebozar)
- aceite de oliva virgen extra
- perejil
- pimienta
- sal

ELABORACIÓN

Cuece las patatas en una cazuela con abundante agua y una pizca de sal durante 25-30 minutos. Pélalas y májalas con la ayuda de un tenedor. Sazona el puré, pásalo a un bol y resérvalo.

Pela los dientes de ajo, pícalos finamente y dóralos un poco en una sartén con 2 cucharadas de aceite. Pela la calabaza, pícala finamente, incorpórala a la sartén, sazónala y cocínala a fuego suave durante 10-15 minutos. Incorpora todo al bol del puré de patata y mezcla bien. Añade pimienta y perejil picado al gusto y vuelve a mezclar.

Coge pequeñas porciones de la mezcla, dales forma de bolitas y pásalas por harina. Calienta abundante aceite en una sartén y fríe en él las bolitas hasta que se doren. Retíralas y escúrrelas sobre un plato cubierto con papel absorbente.

Coloca los lomos de mero en una fuente apta para el horno, salpimiéntalos, riégalos con 2 cucharadas de aceite y hornéalos a 200 °C durante 8-10 minutos.

Sirve en cada plato 1 lomo de mero y unos buñuelos de calabaza y patata. Decora los platos con unas hojas de perejil.

CHOCOS CON PAPAS

INGREDIENTES (4 P.)

- 1 choco o sepia grande limpia (900 g)
- 5 patatas
- 1 pimiento verde
- 4 dientes de ajo
- 1 cebolla
- 1 tomate
- 1 cucharadita de colorante alimentario
- 200 ml de vino blanco (vino de Jerez)
- aceite de oliva virgen extra
- 1 hoja de laurel
- perejil
- sal

ELABORACIÓN

Retira el tallo y las semillas del pimiento y córtalo en dados. Pela los dientes de ajo y córtalos en daditos. Pela la cebolla y córtala en dados. Calienta una cazuela grande con 3-4 cucharadas de aceite y añade las hortalizas. Sazónalas y rehógalas a fuego medio durante unos 10 minutos. Corta el tomate por la mitad, rállalo e incorpóralo. Cocina todo durante 8-10 minutos.

Corta el choco en tiras de bocado y añádelo a la cazuela. Agrega la hoja de laurel, el colorante, el vino y 500 ml de agua. Pon a punto de sal, tapa la cazuela y cuece el choco durante 15 minutos.

Pela las patatas, trocéalas (cascándolas) e incorpóralas a la cazuela. Tapa y guisa todo durante 20 minutos más. Espolvorea el guiso con un poco de perejil picado.

Reparte el guiso en 4 platos y adórnalos con unas hojas de perejil.

CONSEJO

Para conservar la sepia fresca es conveniente guardarla en el frigorífico cubierta con un paño, y nunca más de dos días. Si quieres congelarla, debes asegurarte de que esté muy fresca y hacerlo rápidamente.

PASTEL DE BRÓTOLA CON MAYONESA DE TOMATE Y AJO

INGREDIENTES (4 P.)

- 400 g de brótola limpia sin espinas
- 3 huevos
- 1 cebolla
- 200 g de queso de untar
- aceite de oliva virgen extra
- mantequilla y harina (para untar el molde)
- perejil
- pimienta
- sal

Para la mayonesa de tomate y ajo:

- 1 huevo
- 175 ml de aceite de oliva virgen extra
- 1 cucharada de tomate concentrado
- 1 diente de ajo pequeño
- 1 cucharada de zumo de limón
- sal

PESCADOS Y MARISCOS

ELABORACIÓN

Calienta una sartén con 2 cucharadas de aceite. Salpimienta la brótola y saltéala brevemente en la sartén. Retírala a un plato, deja que se temple, desmenúzala y resérvala.

Pela la cebolla, córtala en daditos y rehógala en una sartén con 3 cucharadas de aceite durante 15-20 minutos a fuego lento. Retira la sartén del fuego, agrega el queso y mezcla bien.

Casca 3 huevos, ponlos en un bol, bátelos bien y salpimiéntalos. Agrega la mezcla de cebolla y queso y la brótola desmenuzada y mezcla todo con suavidad.

Unta un molde (apto para el horno) con mantequilla y espolvoréalo con harina. Vierte la mezcla dentro y hornea el pastel al baño maría a 180 °C durante 30 minutos. Deja que se enfríe y desmóldalo.

Para preparar la mayonesa, pon el huevo, el diente de ajo (pelado y picado), el zumo de limón, una pizca de sal y el aceite en un vaso batidor y monta los ingredientes con una batidora eléctrica hasta que emulsionen. Agrega el tomate concentrado y vuelve a batir hasta que los ingredientes queden perfectamente integrados.

Sirve en cada plato una ración de pastel con un poco de mayonesa de tomate y ajo. Adorna los platos con unas hojas de perejil.

RAPE EN SALSA DE NUECES

INGREDIENTES (4 P.)

- 4 lomos de rape (700 g en limpio)
- 350 g de nueces
- 4 dientes de ajo
- 1 puerro
- 1 cucharada de harina
- 150 ml de caldo de pescado
- 1-2 cucharadas de vinagre
- 1 cucharada de pan rallado
- aceite de oliva virgen extra
- perejil
- pimienta
- sal

ELABORACIÓN

Pela las nueces, trocéalas y resérvalas.

Para preparar la salsa, pela 2 dientes de ajo y córtalos en daditos. Limpia el puerro (retirándole la parte superior, la inferior y 2-3 capas de hojas), enjuágalo bien y córtalo en cuartos de luna finos. Calienta una cazuela con 3 cucharadas de aceite y rehoga en ella las hortalizas durante 6-8 minutos. Agrega la harina y mezcla bien. Vierte encima el caldo de pescado y el vinagre y deja reducir durante 5-6 minutos a fuego medio. Pica la mitad de las nueces e incorpóralas a la cazuela (si lo prefieres, puedes triturar la salsa antes de añadir las nueces). Cocina todo durante 5 minutos más a fuego medio. Reserva la salsa.

Pela los otros 2 dientes de ajo, trocéalos, ponlos en el mortero y májalos bien. Añade el resto de las nueces troceadas y maja todo hasta que quede reducido a una pasta. Incorpora el pan rallado y 1 cucharada de perejil picado y maja de nuevo. Agrega 1-2 cucharadas de aceite y mezcla bien.

Salpimienta los lomos de rape, colócalos sobre la placa de hornear, úntalos con el majado y hornéalos a 200 °C durante 10-12 minutos.

Sirve en cada plato 1 lomo de rape y salséalos. Adorna los platos con unas hojas de perejil.

CALAMARES A LA ANDALUZA CON MAYONESA DE SOJA

INGREDIENTES (4 P.)

4 calamares de ración

200 g de harina de garbanzo

aceite de oliva virgen extra

perejil

sal

Para la mayonesa de soja:

1 huevo

2 cucharadas de salsa de soja

200 ml de aceite de oliva virgen extra

zumo de ½ limón

CONSEJO

La harina de garbanzo aporta un crujiente extra a nuestros rebozados. Además, en el caso de que seáis celiacos, es perfecta para sustituir a la harina de trigo.

ELABORACIÓN

Separa las cabezas de los cuerpos de los calamares y retírales las plumas. Separa las aletas (retirándoles también la piel) de los cuerpos (tubos). Da la vuelta a los cuerpos y enjuágalos bien por dentro y por fuera. Deja las aletas enteras. Retira el pico de las cabezas y separa los tentáculos y las corbatas. Enjuaga todo bien y reserva.

Para hacer la mayonesa de soja, pon el huevo en un vaso batidor, agrega el zumo de limón, la salsa de soja y el aceite y tritura los ingredientes con una batidora eléctrica hasta que liguen. Reserva la mayonesa.

Sazona los calamares. Corta 1 cuerpo de calamar en aros, introduce una cuerda de cocina por el interior (de manera que todos los aros queden enganchados como si fuera un collar) y haz un nudo. Repite el proceso con el resto de los cuerpos de los calamares. Introdúcelos en la harina de garbanzo y enharínalos hasta que queden bien rebozados.

Calienta un cazo con abundante aceite, introduce en él los aros (collares) de calamar en dos tandas y fríelos durante 1 minuto aproximadamente. Retíralos y escúrrelos sobre una fuente cubierta con papel absorbente.

Enharina las aletas, las corbatas y los tentáculos, introdúcelos en el cazo y fríelos durante 1 minuto aproximadamente. Retíralos y escúrrelos sobre otra fuente cubierta con papel absorbente.

Sirve 1 calamar en cada plato (1 collar, 2 aletas, 1 corbata y los tentáculos) y acompáñalos con la mayonesa de salsa de soja. Adorna los platos con unas hojas de perejil.

PESCADOS Y MARISCOS

SABIRÓN EN TEMPURA CON PIMIENTOS MORRONES ASADOS

INGREDIENTES (4 P.)

- 4 sabirones (pez escorpión) grandes
- 2 pimientos morrones
- 2 dientes de ajo
- 150 g de harina de tempura
- aceite de oliva virgen extra
- perejil
- pimienta
- sal
- azúcar

ELABORACIÓN

Lava los pimientos con agua, colócalos en una fuente apta para el horno, riégalos con aceite y sazónalos. Hornéalos a 180 ºC durante 35-40 minutos. Retíralos, deja que se templen un poco, pélalos, córtalos en tiras y pásalos a una fuente. Pela 1 diente de ajo y pícalo. Esparce el ajo sobre los pimientos, riégalos con aceite, agrega una pizca de sal y otra de azúcar, mezcla un poco y resérvalos.

Limpia bien los sabirones y córtales los pinchos laterales y frontales con unas tijeras. Saca los filetes, córtalos en bastones de 2 x 5 cm y salpimiéntalos.

Mezcla la harina de la tempura con agua fría (agrega la cantidad que indique el paquete, unos 200 ml). Pasa los bastones de sabirón por la mezcla y fríelos por los dos lados en una sartén con aceite y 1 diente de ajo. Escúrrelos sobre un plato cubierto con papel absorbente.

Reparte los sabirones y los pimientos en 4 platos y adórnalos con unas hojas de perejil.

SALMONETES ENCEBOLLADOS CON TORTAS DE PATATA

INGREDIENTES (4 P.)

- 4 salmonetes
- 4 cebolletas
- 4 patatas
- 4 dientes de ajo
- harina (para rebozar)
- aceite de oliva virgen extra
- perejil
- sal

Para la vinagreta de tomate y albahaca:

- 3 cucharadas de aceite de oliva virgen extra
- 1 cucharada de vinagre de Módena
- 2 tomates
- 12 hojas de albahaca
- sal

ELABORACIÓN

Para la vinagreta, pela los tomates, córtalos en dados y ponlos en un bol. Añade el aceite, el vinagre, las hojas de albahaca bien picadas y sal (al gusto). Mezcla bien y deja macerar mientras preparas el resto de la receta.

Pela las patatas, rállalas con un rallador y sazónalas. Calienta una sartén pequeña con 2 cucharadas de aceite, introduce en ella la ¼ parte de las patatas, extiéndela y fríela por los dos lados hasta que quede dorada. Repite el proceso con el resto de las patatas hasta conseguir 4 tortas.

Calienta una sartén con abundante aceite, aplasta los dientes de ajo (con piel) y añádelos a la sartén. Limpia los salmonetes, sálalos, pásalos por harina y fríelos durante 3-4 minutos por cada lado. Retíralos y escúrrelos sobre un plato cubierto con papel absorbente.

Corta las cebolletas en juliana fina, añádelas a la sartén donde has frito los salmonetes y cocínalas hasta que se doren un poco.

Sirve en cada plato 1 salmonete, 1 torta de patata, 1 diente de ajo, 1 porción de cebolla y un poco de la vinagreta de tomate y albahaca. Decora los platos con unas hojas de perejil.

MERLUZA CON PUERRO Y VINAGRETA DE TOMATE

INGREDIENTES (4 P.)

4 lomos de merluza (200 g cada uno)

2 puerros limpios (la parte blanca)

aceite de oliva virgen extra

perejil

sal

Para la vinagreta de tomate:

1 tomate maduro

1 cucharada de vinagre

4 cucharadas de aceite de oliva virgen extra

sal

ELABORACIÓN

Para preparar la vinagreta, pela el tomate, córtalo en daditos, ponlo en un bol y sazónalo. Añade el vinagre y el aceite y mezcla bien. Resérvala.

Calienta abundante aceite en una sartén. Corta la parte blanca de los puerros por la mitad y después en juliana fina. Añádelos a la sartén y fríelos (en tandas) a fuego medio hasta que queden crujientes. Retíralos, escúrrelos sobre un plato cubierto con papel absorbente, sazónalos y resérvalos.

Calienta una plancha. Sazona los lomos de merluza, rocíalos con un poco de aceite, colócalos en la plancha y cocínalos durante 2 minutos por cada lado.

Sirve en el centro de cada plato 1 lomo de merluza y aderézalos con la vinagreta. Acompáñalos con el puerro crujiente y adórnalos con unas hojas de perejil.

CONSEJO

Es importante conservar el pescado manteniendo la cadena de frío. Así que si lo vas a comer en los dos próximos días, puedes conservarlo en el frigorífico, pero si vas a tardar más, es preferible congelarlo.

CREPES DE AJOARRIERO

INGREDIENTES (4 P.)

400 g de bacalao desalado desmigado
3 dientes de ajo
1 cebolleta
1 pimiento verde
4 pimientos del piquillo
300 ml de salsa de tomate
aceite de oliva virgen extra
perejil
sal

Para la masa de los crepes:
2 huevos
250 ml de leche
125 g de harina
1 cucharada de aceite de oliva virgen extra
perejil
sal

ELABORACIÓN

Pela los ajos, pícalos y ponlos a rehogar en una sartén con 4 cucharadas de aceite. Corta la cebolleta por la mitad, retírale la primera capa, córtala en daditos y agrégala a la sartén. Retira el tallo y las semillas del pimiento, córtalo de la misma manera y añádelo. Cocina las hortalizas durante 5 minutos.

Corta los pimientos del piquillo en daditos, incorpóralos a la sartén y cocina todo durante 15 minutos más.

Añade el bacalao y rehógalo brevemente. Agrega la salsa de tomate, mezcla bien, pon a punto de sal y cocina todo junto durante 6-8 minutos.

Para preparar la masa de los crepes, pon los huevos, la leche, la harina, una pizca de sal y el aceite en una jarra y tritura los ingredientes con una batidora eléctrica hasta conseguir una crema homogénea. Agrega un poco de perejil picado y tritura la mezcla un poco más.

Calienta una sartén con ½ cucharadita de aceite, vierte encima un poco de masa y extiéndela bien. Cocina el crep brevemente por los dos lados, retíralo y resérvalo en un plato. Repite el proceso hasta terminar toda la masa.

Reserva 4 cucharadas de ajoarriero y rellena los crepes con el resto. Sirve en cada plato 2 crepes y 1 cucharada de ajoarriero (para que se sepa de qué van rellenos). Adórnalos con unas hojas de perejil.

CONSEJO

Algunas veces el primer crep puede quedar muy aceitoso o incluso romperse. En ese caso, te recomiendo tirarlo y repetir el proceso, pero esta vez sin añadir grasa a la sartén.

TRUCHA ASADA CON PAPAS Y MOJO VERDE

INGREDIENTES (4 P.)

- 4 truchas
- 500 g de patatas pequeñas
- 100 ml de vino blanco
- aceite de oliva virgen extra
- perejil
- 20 granos de pimienta negra
- sal

Para el mojo verde:

- 2 dientes de ajo
- 4 cucharadas de aceite de oliva virgen extra
- 1 cucharada de vinagre
- 30 hojas de cilantro fresco
- ½ cucharadita de cominos
- ½ cucharadita de semillas de cilantro
- sal

ELABORACIÓN

Sazona las truchas, colócalas en una fuente y riégalas con el vino y 2 cucharadas de aceite. Aplasta los granos de pimienta con un cuchillo y añádelos a la fuente. Deja macerando las truchas durante 15 minutos.

Limpia las patatas, colócalas en una cazuela, añade un par de puñados de sal, cúbrelas (a ras) con agua y cuécelas durante unos 20 minutos a fuego medio. Retira el agua de la cazuela y mantenlas a fuego muy suave hasta que se sequen bien. Tápalas con un paño de cocina limpio y resérvalas.

Coloca las truchas en una fuente apta para el horno, riégalas con el líquido de la maceración y ásalas en el horno a 200 °C durante 10 minutos.

Para preparar el mojo verde, pela los dientes de ajo, pícalos y colócalos en un mortero. Agrega un poco de sal, el comino, las semillas de cilantro y las hojas de cilantro (picadas) y maja todo bien. Añade el vinagre y el aceite y mezcla hasta que los ingredientes queden bien integrados.

Sirve 1 trucha en cada plato. Corta las patatas por la mitad y repártelas en los 4 platos. Adérezalas con el mojo y adorna los platos con unas hojas de perejil.

LUBINA CON BOLETOS

INGREDIENTES (4 P.)

- 4 lubinas de ración
- 500 g de boletos
- 1 cebolleta
- 1 pimiento verde
- 2 dientes de ajo
- aceite de oliva virgen extra
- perejil
- pimienta
- sal

CONSEJO

No te preocupes si no sabes sacar los lomos de las lubinas. Coméntaselo a tu pescadero y seguro que te lo hará gustosamente.

ELABORACIÓN

Corta la cebolleta en juliana fina y ponla a rehogar en una sartén con 3-4 cucharadas de aceite. Retira el tallo y las semillas del pimiento, córtalo de la misma manera y agrégalo. Sazona y cocina las hortalizas a fuego medio-suave durante 10-12 minutos.

Corta las cabezas de las lubinas y sácales los lomos.

Salpimienta una bandeja de horno, coloca encima 4 lomos de lubina (dejando la parte de la piel en contacto con la bandeja), cubre cada uno con ¼ parte de la fritada, tápalos con los otros 4 lomos (dejando la parte de la piel hacia arriba) y salpiméntalos. Riega las lubinas con un poco de aceite y hornéalas a 220 °C durante 8 minutos.

Pela los dientes de ajo y córtalos en láminas. Limpia los boletos, pasándoles un trozo de papel absorbente humedecido, y córtalos en láminas.

Calienta una sartén con 2 cucharadas de aceite, agrega los ajos y rehógalos brevemente. En cuanto empiecen a dorarse, incorpora los boletos, sazónalos y saltéalos a fuego vivo durante 4-5 minutos. Espolvoréalos con un poco de perejil picado.

Sirve 1 lubina en cada plato y acompáñalas con unos boletos salteados. Adorna los platos con unas hojas de perejil.

MERLUZA EN SALSA AMERICANA

INGREDIENTES (4 P.)

1 pescadilla (1.200 g)
8 langostinos
1 cebolleta (con tallo)
1 zanahoria
3 dientes de ajo
3 chalotas
100 ml de *brandy*
25 g de harina
50 ml de vino blanco
250 ml de salsa de tomate
aceite de oliva virgen extra
1 cucharada de estragón
1 cucharadita de hierbas provenzales
perejil
pimienta
sal

CONSEJO

Puedes preparar esta salsa con antelación, pues se conserva en el frigorífico perfectamente durante 3-4 días y también se puede congelar.

ELABORACIÓN

Calienta una cazuela con 3-4 cucharadas de aceite. Pela los langostinos y añade las cabezas y las cáscaras a la cazuela (reserva las colas). Corta la cabeza de la pescadilla y añádela. Sácale los lomos (resérvalos) e introduce la espina y la cola en la cazuela. Rehoga bien, cubre con agua (1 litro aproximadamente) y agrega unas ramas de perejil y el tallo de la cebolleta. Sazona y cuece todo durante 15-20 minutos (si aparece espuma, retírala).

Calienta otra cazuela con 4 cucharadas de aceite. Pela la cebolleta, la zanahoria, los dientes de ajo y las chalotas y córtalos en dados. Agrega las hortalizas a la cazuela, sazónalas y rehógalas durante 6-8 minutos.

Vierte el *brandy* sobre las hortalizas rehogadas y flambéalo. Añade la harina y rehógala un poco. Agrega el vino blanco, la salsa de tomate, el estragón y las hierbas provenzales. Cuela el caldo de pescado encima y deja que la salsa reduzca durante 20 minutos a fuego no muy fuerte.

Tritura los ingredientes con una batidora eléctrica (si hiciera falta, cuélala) o en una batidora de vaso. Reserva la salsa.

Calienta una sartén grande con 2 cucharadas de aceite. Corta los langostinos a lo largo dejándolos unidos por la parte de la cola, salpimiéntalos, añádelos a la sartén y saltéalos brevemente. Resérvalos en un plato.

Corta cada lomo de pescadilla en 4 trozos. Salpimiéntalos, añádelos a la sartén donde salteaste los langostinos y cocínalos brevemente (1 minuto por cada lado). Agrega los langostinos y cubre todo con la salsa. Calienta conjuntamente durante 2 minutos y sirve.

Adorna los platos con unas hojas de perejil.

MERLUZA VILLEROY CON PIQUILLOS

INGREDIENTES (4 P.)

4 lomos de merluza (180 g cada uno)
16 pimientos del piquillo
2 dientes de ajo
harina, huevo batido y pan rallado (para rebozar)
15 g de mantequilla
aceite de oliva virgen extra
perejil
sal
azúcar

Para la salsa Villeroy:
60 g de harina
500 ml de leche
1 clara de huevo
3-4 cucharadas de aceite de oliva virgen extra
perejil
sal

ELABORACIÓN

Para la salsa Villeroy, calienta el aceite en una cazuela, añade la harina y rehógala un poco. Agrega la leche poco a poco (sin dejar de remover) y cocina la mezcla durante 6-8 minutos hasta conseguir una bechamel homogénea y espesa. Sazónala y añádele un poco de perejil picado. Apártala del fuego, agrega la clara batida e incorpórala. Bate bien hasta que quede bien integrada.

Unta una fuente amplia con la mantequilla.

Sazona los lomos de merluza, introdúcelos (de uno en uno) en la salsa Villeroy e imprégnalos hasta que queden bien cubiertos. Colócalos sobre la fuente untada con mantequilla y deja que se enfríen.

Calienta una sartén con 3-4 cucharadas de aceite. Pela los dientes de ajo, córtalos en láminas, añádelos y dóralos un poco. Incorpora los pimientos del piquillo, condiméntalos con una pizca de sal y otra de azúcar y cocínalos a fuego suave durante 15-20 minutos.

Calienta otra sartén con abundante aceite, pasa los lomos de merluza por harina, huevo batido y pan rallado y fríelos por los dos lados hasta que se doren (2 minutos por cada lado). Retíralos y escúrrelos sobre un plato cubierto con papel absorbente.

Sirve en cada plato 1 lomo de merluza y 4 pimientos del piquillo y decóralos con unas hojas de perejil.

CONSEJO

En esta receta solo hemos añadido clara de huevo a la salsa Villeroy, pero también suele ser habitual agregarle queso. Normalmente, esta salsa se utiliza para rebozar (aves, pescado o carnes), pero también la puedes usar para acompañar platos de hortalizas y de pasta.

PATATAS CON BACALAO AL PEREJIL

INGREDIENTES (4 P.)

- 400 g de bacalao desalado (lomo o desmigado)
- 5 patatas
- 3 dientes de ajo
- 1 cebolla
- 1 pimiento verde
- 1.500 ml de caldo (de hortalizas o de pescado)
- aceite de oliva virgen extra
- perejil
- sal

ELABORACIÓN

Calienta una cazuela con 3-4 cucharadas de aceite. Pela los dientes de ajo, córtalos en daditos y agrégalos. Pela la cebolla, córtala en dados e incorpórala. Retira el tallo y las semillas del pimiento verde, córtalo de la misma manera y añádelo. Rehoga las hortalizas a fuego medio durante 10 minutos.

Pela las patatas, trocéalas (cascándolas) y agrégalas a la cazuela. Vierte encima 1 litro de caldo caliente (reserva el resto en una jarra), tapa la cazuela y cocina las patatas durante 25-30 minutos.

Corta el bacalao en dados, incorpóralo a la cazuela y cocina conjuntamente durante 5 minutos más.

Lava un manojo de perejil (40 g), retira los tallos y añade las hojas a la jarra con el caldo reservado. Tritúralas bien y cuela la mezcla sobre la cazuela. Cocina todo durante 2 minutos más. Prueba y pon a punto de sal.

Reparte el guiso en 4 platos y adórnalos con unas hojas de perejil.

CONSEJO

En este tipo de guisos siempre es mejor chascar (cascar) las patatas en lugar de cortarlas. Así se consigue un corte irregular, por lo que soltarán más almidón y espesarán el guiso. Para chascar una patata, tan solo tienes que dar un primer corte con el cuchillo (hasta la mitad del trozo que quieras cortar), y después girar la muñeca y el cuchillo hacia ti para terminar de romperla.

POPIETAS DE GALLO CON PURÉ DE ZANAHORIA

INGREDIENTES (4 P.)

- 2 gallos grandes
- 6 zanahorias (500 g)
- 1 trozo de hinojo fresco (1 capa)
- 2 cucharaditas de semillas de amapola
- aceite de oliva virgen extra
- ½ cucharadita de comino molido
- perejil
- pimienta
- sal

ELABORACIÓN

Calienta abundante agua en una cazuela. Pela las zanahorias, córtalas en rodajas, sazónalas, tápalas y cuécelas durante 10-15 minutos. Retíralas y colócalas en un vaso batidor. Añade el comino, el hinojo troceado y 1 cacillo del caldo de la cocción de las zanahorias. Tritura hasta conseguir un puré homogéneo. En el momento de servir, caliéntalo.

Con un cuchillo bien afilado, saca los filetes de los gallos (déjalos con piel). Salpimiéntalos y extiéndelos sobre una superficie plana (tabla o fuente) dejando la parte de la piel hacia arriba. Enrolla los filetes y prepara todas las popietas.

Calienta una sartén grande con un poco de agua. Cubre la base de una vaporera de bambú grande (que entre en la sartén) con papel de hornear y agujeréalo con la punta de un cuchillo. Coloca encima las popietas, tápalas y cocínalas durante 5-6 minutos.

Pon las semillas de amapola en un bol pequeño, agrega 3 cucharadas de aceite y mezcla bien.

Sirve 2 montoncitos de puré de zanahoria en el fondo de 4 platos y coloca las popietas encima. Adereza el pescado con el aceite con semillas de amapola y adorna los platos con unas hojas de perejil.

CONSEJO

Que no se te ocurra tirar las cabezas y las espinas de los gallos: te pueden venir muy bien para hacer un caldo.

PEZ ESPADA EN ADOBO CON TOMATES CHERRY

INGREDIENTES (4 P.)

2 rodajas de pez espada (800 g)	*Para el adobo:*
24 tomates cherry	2 dientes de ajo
1 diente de ajo	50 ml de vinagre de vino
harina de garbanzo (para rebozar)	50 ml de agua
aceite de oliva virgen extra	1 cucharada de orégano
perejil	1 hoja de laurel
sal	1 cucharada de comino molido
	1 cucharada de pimentón

ELABORACIÓN

Para preparar el adobo, coloca en un bol el orégano, el comino, el pimentón, la hoja de laurel (troceada), el vinagre y el agua. Pela los dientes de ajo, pícalos finamente y agrégalos.

Elimina la piel y la espina de las rodajas de pez espada, córtalas por la mitad y después en tiras. Sazónalas, ponlas en un bol grande y aderézalas con el adobo. Tapa el bol con film transparente y deja macerar el pescado en el frigorífico durante 1 hora.

Pon abundante aceite a calentar en una sartén grande. Aplasta el diente de ajo e incorpóralo a la sartén. Escurre los trozos de pescado, sécalos un poco, pásalos por la harina de garbanzo, introdúcelos (en tandas) en la sartén y fríelos brevemente por los dos lados. Retíralos y escúrrelos sobre una fuente cubierta con papel absorbente.

Retira el aceite de la sartén y límpiala con un trozo de papel absorbente. Ponla a calentar con 2 cucharadas de aceite, incorpora los tomates, sazónalos, cocínalos a fuego medio durante 5-6 minutos y espolvoréalos con un poco de perejil picado.

Reparte el pez espada y los tomates en 4 platos y adórnalos con unas hojas de perejil.

CONSEJO

En esta receta hemos hecho el pez espada frito, pero también puede hacerse a la plancha o a la parrilla, y le van muy bien las salsas ácidas, como vinagretas o escabeches.

SALMÓN CON SALSA BEARNESA

INGREDIENTES (4 P.)

- 4 lomos de salmón (de 200 g cada uno)
- aceite de oliva virgen extra
- 12 hojas de cebollino
- perejil
- pimienta
- sal

Para la salsa bearnesa:

- 200 g de mantequilla
- 3 yemas de huevo
- 50 ml de vinagre de estragón
- 1 cucharada de vino fino
- ½ cucharadita de estragón seco
- pimienta
- sal

ELABORACIÓN

Para preparar la salsa bearnesa, pon a calentar el vinagre en una sartén, añade el estragón, cuécelo hasta que el vinagre se reduzca a la mitad, cuélalo y resérvalo. Funde la mantequilla en un cazo a fuego suave y pásala a una jarra (sin agregar el suero que quede en la parte inferior del cazo). Pon las yemas en un bol, agrega el vino y móntalas con una batidora de varillas eléctrica. Vierte encima la mantequilla fundida poco a poco y sigue batiendo. Agrega el vinagre colado, salpimienta y bate un poco más hasta conseguir una salsa homogénea. Reserva la bearnesa.

Salpimienta los lomos de salmón y cocínalos brevemente (minuto y medio de cada lado) en una plancha con 1-2 cucharadas de aceite. Coloca los lomos en una bandeja de horno y pon 1 cucharada de bearnesa sobre cada uno de ellos. Gratínalos en el horno hasta que se doren un poco.

Sirve y adorna los platos con unas hojas de cebollino y de perejil.

CONSEJO

La salsa bearnesa es perfecta para acompañar hortalizas, pescados o carnes. Suele servirse caliente, para lo cual puedes mantenerla al baño maría removiéndola de vez en cuando con una varilla manual.

ALBÓNDIGAS DE PESCADO EN SALSA DE PIMIENTOS

INGREDIENTES (4 P.)

600 g de merluza
50 g de miga de pan
50 ml de leche
1 huevo
150 g de arroz basmati (grano largo)
harina y huevo batido (para rebozar)
1 diente de ajo
aceite de oliva virgen extra
perejil
pimienta
sal

Para la salsa de pimientos:

390 g de pimientos morrones en conserva
2 dientes de ajo
1 cebolla
1 cucharada de harina
250 ml de caldo de verdura
4 cucharadas de aceite de oliva virgen extra
sal

ELABORACIÓN

Para preparar la salsa de pimientos, calienta una cazuela con el aceite, pela los ajos, córtalos en láminas y agrégalos. Pela la cebolla, córtala en dados y añádela. Sazona y cocina las hortalizas a fuego medio durante 6-8 minutos. Corta los pimientos en dados, incorpóralos a la cazuela y rehógalos durante 2 minutos. Añade la harina, rehógala un poco y vierte encima el caldo y la misma cantidad de agua (250 ml). Cocina los ingredientes durante 18-20 minutos.

Pasa los ingredientes a una batidora de vaso, tritúralos hasta conseguir una salsa homogénea y resérvala.

Pica la merluza finamente y ponla en un bol grande.

Trocea la miga de pan y ponla en un bol. Vierte la leche encima y espera hasta que el pan esté bien remojado (si tuviera mucha leche, escúrrelo un poco). Añade el huevo, una pizca de sal y un poco de perejil picado y mezcla bien. Incorpora la mezcla al bol de la merluza, salpimienta y amasa hasta conseguir una masa homogénea. Coge pequeñas porciones de la mezcla, forma bolitas con ellas y pásalas por harina y huevo batido.

Calienta una sartén con bastante aceite y fríe en ella las albóndigas hasta que se doren. Retíralas y escúrrelas sobre un plato cubierto con papel absorbente.

Pon las albóndigas en una tartera (cazuela amplia y baja), cúbrelas con la salsa de pimientos y cocínalas a fuego suave durante 8-10 minutos.Aplasta el diente de ajo y dóralo en una cazuela con 2 cucharadas de aceite. Añade el arroz y la misma cantidad de agua, sazónalo, tápalo y cocínalo durante 10 minutos.

Reparte las albóndigas en 4 platos y acompáñalas con un poco de arroz. Adorna los platos con unas hojas de perejil.

CONSEJO

Te recomiendo que prepares este plato la víspera, porque las albóndigas se impregnarán del sabor de la salsa y mejorarán en textura.

ALMEJAS EN SALSA ROJA CON ALCACHOFAS

INGREDIENTES (4 P.)

600 g de almejas de cultivo
12 alcachofas
1 diente de ajo
1 cebolleta
1 cucharada de harina
50 ml de vino blanco
4 cucharadas de salsa de tomate
aceite de oliva virgen extra
perejil
½ cucharadita de pimentón (dulce o picante)
sal

ELABORACIÓN

Calienta agua en la olla rápida. Corta el tallo de las alcachofas, pélalas, córtales las puntas y redondéalas por la parte inferior. Introdúcelas en la olla, sazónalas, cierra la olla y cuécelas durante 2-4 minutos. Espera a que baje la válvula, abre la olla, retíralas y escúrrelas boca abajo sobre una fuente grande. Reserva las alcachofas y un poco del agua de la cocción.

Calienta 3-4 cucharadas de aceite en una sartén grande. Pela el diente de ajo, córtalo en daditos y añádelo a la sartén. Corta la cebolleta de la misma manera e incorpórala. Rehoga las hortalizas durante 5-6 minutos a fuego suave.

Añade la harina a la sartén y rehógala brevemente. Vierte encima el vino y dale un breve hervor. Agrega el pimentón, la salsa de tomate y 100 ml del agua de la cocción de las alcachofas. Remueve e incorpora las almejas.

Corta las alcachofas por la mitad, introdúcelas en la sartén, tápala y cocina todo durante 3-4 minutos, hasta que se abran las almejas.

Sirve y adorna los platos con unas hojas de perejil.

CONSEJO

Asegúrate de que las conchas de las almejas estén cerradas. Si no es así, significa que el animal no está vivo y, por lo tanto, no debemos consumirlas.

COLA DE MERLUZA ASADA CON PATATAS

INGREDIENTES (4 P.)

- 1 cola de merluza (1 kg)
- 3 patatas
- 2 cebolletas
- 2 pimientos verdes
- 50 ml de *txakoli*
- 2 dientes de ajo
- aceite de oliva virgen extra
- perejil
- sal

ELABORACIÓN

Calienta una sartén con abundante aceite. Pela las patatas, córtalas en rodajas de ½ cm y añádelas a la sartén. Corta las cebolletas en juliana y agrégalas. Limpia los pimientos verdes, retírales el tallo y las semillas, córtalos en juliana gruesa e incorpóralos. Sazona y fríe las hortalizas durante 10-15 minutos.

Escurre la mezcla de patatas, cebolleta y pimientos y forma con ella 4 montones sobre una bandeja de horno. Corta la cola de merluza en 4 porciones, sazónalas y pon una sobre cada montón.

Riega la merluza con un poco de aceite y el *txakoli*. Introduce la bandeja en el horno y hornea a 220 °C durante 12-15 minutos. Sirve 1 trozo de merluza con sus patatas en cada plato.

Pela los dientes de ajo, córtalos en láminas y rehógalos en una sartén con 6 cucharadas de aceite. Agrega un poco de perejil picado y riega la merluza con el refrito. Adorna los platos con unas hojas de perejil.

CONSEJO

Aunque no queda exactamente igual, puedes tener las patatas ya adelantadas y ponerlas a calentar mientras se cocina el pescado, con lo que la receta estaría lista para llevar a la mesa en unos 15 minutos.

CHIPIRONES RELLENOS A LA AMERICANA

INGREDIENTES (4 P.)

16 chipirones (para rellenar)

5 dientes de ajo

1 cebolla roja

1 pimiento verde

80 ml de *brandy*

80 ml de vino blanco

150 ml de salsa de tomate

250 ml de caldo de pescado

1 cucharadita de harina de maíz refinada

200 g de arroz basmati

aceite de oliva virgen extra

perejil

1 guindilla cayena

sal

CONSEJO

Por su delicado sabor, la salsa americana se suele emplear para acompañar todo tipo de pescados (al horno o a la plancha) y de mariscos. También se puede añadir a arroces, fideuás, sopas...

ELABORACIÓN

Limpia los chipirones, retirándoles la piel, el pico, la pluma, la tripa y la tinta. Retírales también las aletas, los tentáculos y las corbatas, enjuágalos bien y resérvalos. Enjuaga los tubos, dales la vuelta y enjuágalos de nuevo. Sazona los tubos, los tentáculos, las corbatas y las aletas. Rellena los tubos con los tentáculos, las corbatas y las aletas y resérvalos. (Si das la vuelta a los tubos, no hace falta pincharlos con un palillo para que no se les salga el relleno.)

Calienta una olla rápida con 4 cucharadas de aceite. Pela 3 dientes de ajo, córtalos en daditos y añádelos a la olla. Pela la cebolla, córtala en dados y agrégala. Retira el tallo y las semillas del pimiento, córtalo de la misma manera e incorpóralo. Sazona y rehoga las hortalizas a fuego suave durante 8-10 minutos.

Añade la cayena, vierte encima el *brandy* y flambéalo.

Agrega a la olla el vino blanco, la salsa de tomate y el caldo de pescado y cocina todo durante 8-10 minutos. Retira la cayena y tritura las hortalizas con una batidora eléctrica hasta conseguir una salsa homogénea.

Incorpora los chipirones, cierra la olla y cocínalos durante 5 minutos. Abre la olla, liga la salsa agregando la harina de maíz diluida en agua fría y espolvorea con un poco de perejil picado.

Golpea los otros 2 dientes de ajo, pélalos y rehógalos en una cazuela con 2 cucharadas de aceite. Añade el arroz, cúbrelo con agua (la misma cantidad que de arroz), sazónalo y cocínalo durante unos 10-12 minutos.

Sirve 4 chipirones en cada plato, salséalos y acompáñalos con un poco de arroz. Decora los platos con unas hojas de perejil.

BROCHETAS DE LANGOSTINOS CON LACTONESA DE AJO

INGREDIENTES (4 P.)

16 langostinos
8 lonchas finas de panceta
100 g de hojas de lechugas variadas
aceite de oliva virgen extra
vinagre
perejil
pimienta
sal

Para la lactonesa de ajo:
1 diente de ajo pequeño
90 ml de leche
175 ml de aceite de oliva virgen extra
zumo de ½ limón
sal

ELABORACIÓN

Para la lactonesa, pela el diente de ajo, pícalo y ponlo en un vaso batidor. Agrega el zumo de limón, la leche y una pizca de sal. Bate los ingredientes con una batidora eléctrica. Añade el aceite poco a poco y sigue batiendo hasta que ligue. Reserva.

Pela los langostinos y corta las lonchas de panceta por la mitad. Envuelve cada cola de langostino con ½ loncha de panceta y ensártalos de dos en dos en 8 palillos para brocheta. Muele un poco de pimienta encima de las brochetas, riégalas con un poco de aceite y cocínalas brevemente (por los dos lados) sobre una plancha bien caliente.

Aliña las hojas de lechuga con aceite, vinagre y sal.

Sirve en cada plato una porción de lechuga, 2 brochetas y un poco de lactonesa de ajo. Decora los platos con unas hojas de perejil.

CONSEJO

Para hacer la lactonesa hay que batir los ingredientes durante un poco más de tiempo que si fuera una mayonesa, porque tarda más en emulsionar. Si te sobra lactonesa, introdúcela en un bote de cristal con tapa y guárdala en la parte más fría del frigorífico.

CONGRIO EN SALSA DE AZAFRÁN

INGREDIENTES (4 P.)

4 rodajas de congrio (800 g)
2 huevos
2 patatas
3 rebanadas de pan
2 cebollas
2 dientes de ajo
20 ml de vinagre de Jerez
harina (para rebozar)
100 ml de vino de Jerez
1 cucharada de miel de azahar
aceite de oliva virgen extra
perejil
20 hebras de azafrán
pimienta
sal

CONSEJO

A la hora de comprar congrio, recuerda que la parte delantera (la de la tripa) es la que menos espinas tiene.

ELABORACIÓN

Calienta agua en un cazo, introduce en él los huevos y cuécelos durante 10 minutos. Escúrrelos, pélalos, córtalos por la mitad y resérvalos.

Calienta agua en una cazuela. Pela las patatas, trocéalas (cascándolas), agrégalas a la cazuela, sazónalas y cuécelas durante 15-18 minutos. Escúrrelas y resérvalas. Reserva también el caldo de cocción.

Calienta 4-5 cucharadas de aceite en una sartén. Corta las rebanadas de pan en tiras y agrégalas a la sartén. Pela las cebollas y los dientes de ajo, córtalos en dados y añádelos. Sofríe todo durante unos 10 minutos. Incorpora el azafrán, el vinagre y 150 ml del caldo de la cocción de las patatas. Pasa todo a una batidora de vaso y tritura los ingredientes hasta conseguir una salsa homogénea.

Calienta 5 cucharadas de aceite en una sartén grande. Salpimienta las rodajas de congrio, pásalas por harina, introdúcelas en la sartén y fríelas durante 1 minuto por cada lado. Retira el exceso de aceite de la sartén, vierte en ella el vino y dale un hervor. Agrega a la sartén las patatas y la salsa y cocina todo junto durante 5-6 minutos.

Reparte el guiso en 4 platos, añade ½ huevo a cada uno, aderézalos con unos hilos de miel y espolvoréalos con un poco de perejil picado. Adorna los platos con unas hojas de perejil.

DORADA CON MUSELINA DE PATATA

PESCADOS Y MARISCOS

INGREDIENTES (4 P.)

- 2 doradas
- 2 patatas
- 1 cebolleta
- 50 g de mantequilla
- zumo de ½ limón
- 100 ml de vino blanco
- 1 diente de ajo
- aceite de oliva virgen extra
- perejil
- 1 guindilla cayena
- sal

ELABORACIÓN

Pon 200 g de sal en un bol grande y añade 1 litro de agua. Corta y retira las cabezas de las doradas. Saca los lomos de las doradas, introdúcelos en el bol y déjalos en la salmuera durante 15 minutos. Retira los lomos, sécalos bien y resérvalos.

Calienta una sartén con 6 cucharadas de aceite. Pela las patatas, córtalas en cuartos de luna finos y añádelas a la sartén. Pela la cebolleta, córtala en juliana fina e incorpórala. Sazona las hortalizas y fríelas durante 15 minutos.

Pasa las patatas con cebolleta a una fuente apta para el horno y agrégales la mantequilla (troceada), el zumo de limón y el vino. Hornéalas a 180 °C durante 15 minutos. Pasa las patatas con cebolla a una picadora y tritúralas hasta conseguir una crema fina.

Unta una bandeja de horno con un poco de aceite, coloca los lomos de dorada encima (dejando la parte de la piel hacia arriba), riégalos con un chorrito de aceite y gratínalos (280 °C) durante 5 minutos.

Calienta 3 cucharadas de aceite en una sartén pequeña y añade la guindilla. Pela el diente de ajo, córtalo en daditos y agrégalo a la sartén. Fríe todo sin que el ajo llegue a dorarse demasiado.

Reparte la muselina en la base de 4 platos, coloca los lomos de dorada encima y riégalos con el refrito. Adorna los platos con unas hojas de perejil.

CONSEJO

No es imprescindible utilizar dorada para hacer esta receta. Puede elaborarse con cualquier otro pescado que sea de vuestro agrado.

FLETÁN CON PATATAS AL HORNO

INGREDIENTES (4 P.)

4 filetes de fletán
4 patatas
4 dientes de ajo
2 cebollas
1 cucharadita de ñora molida
100 ml de vino blanco
500 ml de salsa de tomate
aceite de oliva virgen extra
perejil
pimienta
sal

ELABORACIÓN

Calienta 4 cucharadas de aceite en una sartén grande. Pela 2 dientes de ajo, córtalos en láminas y añádelos a la sartén. Pela las cebollas, córtalas en juliana fina y agrégalas. Sazona y cocina las hortalizas a fuego medio durante 10-12 minutos. Pasa las hortalizas a una fuente grande (apta para el horno) y resérvalas.

Añade un poco más de aceite a la sartén y ponla a calentar. Pela las patatas, córtalas en rodajas de ½ cm e introdúcelas en la sartén. Fríelas a fuego suave-medio durante 13-15 minutos. Retíralas, ponlas sobre las cebollas pochadas y sazónalas.

Pela los otros 2 dientes de ajo, córtalos en láminas y rehógalos en una cazuela con 2 cucharadas de aceite. Agrega la ñora molida, el vino y la salsa de tomate. Reduce todo a fuego suave durante unos 10 minutos. Pasa los ingredientes a una batidora de vaso, tritúralos hasta conseguir una salsa homogénea y viértela sobre las patatas.

Salpimienta los filetes de fletán por los dos lados, colócalos encima de las patatas, riégalos con un chorrito de aceite, introduce la fuente en el horno y hornea a 200 °C durante unos 12 minutos.

Sirve el fletán y acompáñalo con la mezcla de patatas, cebolla y salsa. Decora los platos con unas hojas de perejil.

CONSEJO

El fletán es un pescado blanco conocido también como *halibut*. A diferencia de otros pescados, no tiene una temporada específica, por lo que podemos encontrarlo en el mercado durante todo el año.

GALLO FRITO CON SALSA DE PIMIENTA ROSA

PESCADOS Y MARISCOS

INGREDIENTES (4 P.)

- 3 gallos
- 200 ml de nata líquida
- 16 espárragos verdes
- 2 dientes de ajo
- sémola de trigo duro o harina (para rebozar)
- aceite de oliva virgen extra
- perejil
- 1 ½ cucharadas de pimienta rosa en grano
- sal

ELABORACIÓN

Calienta 1.500 ml de agua en una cazuela y añade unas ramas de perejil. Saca los lomos de los gallos y resérvalos. Agrega las cabezas y las espinas a la cazuela, sazona y cuece todo durante 15-20 minutos. Cuela y reserva el caldo.

Maja 1 cucharada de granos de pimienta (reserva la otra ½ para decorar) en un mortero y pásala a un cazo. Añade la nata líquida y 200 ml del caldo de pescado (reserva el resto para preparar en otro momento un arroz o un guiso de pescado con patatas). Deja reducir la salsa a fuego medio durante 10-15 minutos.

Calienta agua en un cazo. Corta los espárragos por la mitad, añádelos, sazónalos y cuécelos durante unos 10 minutos. Escúrrelos y resérvalos.

Calienta bastante aceite en una sartén. Aplasta los dientes de ajo y añádelos a la sartén. Cuando empiecen a burbujear (lo que indica que el aceite está a la temperatura adecuada), sazona los filetes de gallo, pásalos por sémola de trigo (o harina), introdúcelos en la sartén y fríelos (en tandas) durante 1 minuto por cada lado. Retíralos y escúrrelos sobre una fuente cubierta con papel absorbente.

Sirve un poco de salsa en la base de los platos, coloca 3 filetes de gallo encima de cada uno y acompáñalos con los espárragos. Decora los platos con unas hojas de perejil.

CONSEJO

Tanto la pimienta negra o blanca como las denominadas *falsas pimientas* (la rosa, la de Jamaica o la de Sichuán) están disponibles durante todo el año. Para conservarlas en perfectas condiciones, lo mejor es guardarlas en pequeños tarros de cristal que tengan un buen cierre hermético, alejadas de la luz, el calor y la humedad.

KOKOTXAS DE MERLUZA AL PILPIL CON FIDEOS

INGREDIENTES (4 P.)

- 750 g de *kokotxas* de merluza
- 200 g de fideos finos
- 1 cebolleta
- 1 pimiento verde
- 3 dientes de ajo
- 500 ml de caldo de verduras
- aceite de oliva virgen extra
- perejil
- ½ guindilla roja
- sal

ELABORACIÓN

Corta la cebolleta en daditos. Retira el tallo y las semillas del pimiento y córtalo de la misma manera. Calienta 3 cucharadas de aceite en una tartera (cazuela amplia y baja) apta para el horno, añade la cebolleta y el pimiento, sazona y rehoga las hortalizas durante 4-5 minutos. Incorpora los fideos y tuéstalos un poco. Vierte encima el caldo, mezcla bien, dale un hervor e introduce la tartera en el horno. Hornea los fideos a 220 °C durante 6-8 minutos.

Calienta 200 ml de aceite en una sartén grande. Pela los dientes de ajo, córtalos en láminas y agrégalos a la sartén. Corta el trozo de guindilla en 4 rodajas finas y añádelas. Rehoga todo hasta que los ajos se doren. Retira los ajos y la guindilla a un plato y resérvalos.

Sazona las *kokotxas* e introdúcelas en la sartén (dejando la parte de la piel en contacto con la sartén). Cocínalas a fuego vivo durante 1-2 minutos, aparta la sartén del fuego y deja que se templen. Remueve la sartén con movimientos circulares hasta que el aceite ligue (espese). Si las *kokotxas* estuvieran frías, caliéntalas a fuego muy suave.

Reparte las *kokotxas* y los fideos en 4 platos y adórnalos con las láminas de ajo, la guindilla y unas hojas de perejil.

CONSEJO

Para que el aceite ligue fácilmente es muy importante que esté templado. Si remueves la sartén cuando está caliente, no ligará.

SALMONETES CON ESPÁRRAGOS FRESCOS

PESCADOS Y MARISCOS

INGREDIENTES (4 P.)

- 4 salmonetes (de ración)
- 12 espárragos blancos frescos
- 2 puerros (pequeños)
- 1 cebolleta
- 1 cucharada de harina
- 250 ml de leche
- harina y huevo (para rebozar)
- aceite de oliva virgen extra
- perejil
- ½ cucharadita de nuez moscada
- pimienta
- sal
- 1 pizca de azúcar

CONSEJO

Si te resulta difícil dar la vuelta a los salmonetes con dos espátulas, puedes cortar otros 8 trozos de papel, colocarlos sobre la parte de la piel y darles la vuelta.

ELABORACIÓN

Pon agua a calentar en un cazo. Pela los espárragos y córtalos separando las puntas (5-6 cm) de los tallos. Introduce las puntas en el cazo, sazónalas, agrega el azúcar y cuécelas durante 12 minutos. Retira el cazo del fuego y deja que se templen.

Calienta 3 cucharadas de aceite en otro cazo. Corta los tallos de los espárragos en medias lunas e incorpóralos. Limpia los puerros (retirándoles la parte inferior, la superior y 2 capas de hojas), enjuágalos, córtalos de la misma manera y añádelos. Corta la cebolleta en dados y agrégala. Sazona las hortalizas y rehógalas a fuego suave-medio durante 6-8 minutos.

Añade la harina a las hortalizas y rehógala bien. Incorpora la nuez moscada y la leche y cuece los ingredientes a fuego medio durante unos 15 minutos. Salpimienta, pasa los ingredientes a una batidora de vaso y tritúralos bien hasta conseguir una crema homogénea. Reserva la salsa.

Retira las cabezas de los salmonetes y sácales los lomos.

Calienta abundante aceite en una sartén. Escurre las puntas de espárrago, sécalas bien, pásalas por harina y huevo batido, añádelas a la sartén y fríelas hasta que se doren. Retíralas y escúrrelas sobre un plato cubierto con papel absorbente.

Calienta una plancha grande y riégala con un chorrito de aceite. Corta 8 trozos de papel de hornear del mismo tamaño que los lomos de los salmonetes. Coloca cada lomo sobre 1 trozo de papel (dejando la parte de la piel hacia arriba), salpimiéntalos y riégalos con un poco de aceite. Ponlos (con su papel) sobre la plancha y cocínalos durante 1-2 minutos. Dales la vuelta y cocínalos durante 1 minuto.

Sirve la salsa de espárragos en el fondo de los platos y pon 2 lomos de salmonete y 3 puntas de espárrago sobre cada uno. Decora los platos con unas hojas de perejil.

MEJILLONES CON PATATAS Y SALSA VERDE

INGREDIENTES (4 P.)

- 900 g de mejillones cocidos en su jugo
- 4 patatas medianas
- 2 dientes de ajo
- 1 cebolleta
- 1 cucharada de harina
- 100 ml de *txakoli*
- aceite de oliva virgen extra
- perejil
- 1 guindilla cayena
- pimentón
- sal

PESCADOS Y MARISCOS

ELABORACIÓN

Calienta abundante agua en una cazuela grande, introduce en ella las patatas (lavadas y con piel) y cuécelas durante 30-35 minutos.

Calienta una tartera (cazuela amplia y baja) con 4-5 cucharadas de aceite. Pela los dientes de ajo, córtalos en daditos y añádelos a la tartera. Corta la cebolleta de la misma manera e incorpórala. Rehoga las hortalizas durante 5 minutos a fuego suave.

Agrega la cayena a la tartera. Añade también la harina y rehógala bien. Vierte encima el *txakoli* y dale un hervor. Incorpora el jugo de los mejillones y cocina la salsa durante 5-6 minutos. Espolvorea con 1 cucharadita (de postre) de perejil picado y retira la guindilla.

Retira una de las conchas de los mejillones (la que no tiene mejillón) e introdúcelos en la salsa.

Pela las patatas, córtalas en rodajas gruesas y sirve 1 patata en cada plato. Sazónalas y espolvoréalas con el pimentón. Reparte encima los mejillones, salsea y adorna los platos con unas hojas de perejil.

CONSEJO

En esta receta hemos empleado *txakoli,* pero puedes usar el vino blanco que prefieras.

MERLUZA AL PAPILLOTE CON CHALOTAS GLASEADAS

INGREDIENTES (4 P.)

4 lomos de merluza (800 g)
16 chalotas
1 cucharada de azúcar moreno
200 ml de vino de Oporto
2 zanahorias
2 puerros
aceite de oliva virgen extra
1 cucharadita de orégano
perejil
pimienta
sal

CONSEJO

El papillote es una técnica de cocina agradecida, sencilla, rápida y muy saludable. En esta receta hemos utilizado papel de aluminio para hacer los paquetes, pero también puedes emplear papel de estraza o papel de hornear.

ELABORACIÓN

Calienta una sartén con 4 cucharadas de aceite. Pela las chalotas, añádelas a la sartén, sazónalas y dóralas a fuego suave-medio durante 4-5 minutos. Agrega el orégano y el azúcar. Cuando el azúcar se funda, vierte encima el vino y cocina las chalotas a fuego suave durante 20-25 minutos.

Pela las zanahorias, córtalas en tiras finas con el pelador y resérvalas.

Limpia los puerros, retirándoles la parte inferior, la superior y 2 capas de hojas, enjuágalos bien, córtalos en trozos de 6-8 cm y después en juliana fina y resérvalos.

Corta 1 trozo grande de papel de aluminio y extiéndelo sobre la tabla de cocina. A un lado del papel, coloca ¼ de los puerros y reparte encima ¼ de las tiras de zanahoria. Sazona y riega todo con un poco de aceite. Salpimienta 1 lomo de merluza, ponlo encima y riégalo con un chorrito de aceite. Cierra el papel de aluminio sobre las hortalizas y el pescado formando un paquete que quede herméticamente cerrado. Repite el proceso con el resto del puerro, la zanahoria y la merluza hasta formar 4 paquetes. Colócalos sobre 2 bandejas de horno y hornéalos a 220 °C durante 10-12 minutos.

Retira los paquetes del horno y sírvelos en cuatro platos. Ábrelos con cuidado, coloca 4 chalotas en cada uno y adórnalos con unas hojas de perejil.

RAPE CON GULAS EN SALSA VERDE

PESCADOS Y MARISCOS

INGREDIENTES (4 P.)

- 600 g de rape (limpio)
- 200 g de gulas
- 2 dientes de ajo
- 1 cebolleta
- 1 cucharada de harina
- 100 ml de vino blanco
- 200 ml de caldo de pescado
- aceite de oliva virgen extra
- perejil
- pimienta
- sal

ELABORACIÓN

Calienta 3-4 cucharadas de aceite en una cazuela. Pela los dientes de ajo, córtalos en daditos y añádelos a la cazuela. Corta la cebolleta de la misma manera y agrégala. Rehoga las hortalizas a fuego suave durante 4-5 minutos (sin que lleguen a coger color). Incorpora la harina y cocínala un poco. Vierte encima el vino y dale un hervor. Añade el caldo de pescado, pon a punto de sal y deja que reduzca a fuego suave-medio durante 5 minutos. Pasa la salsa a un vaso batidor y tritúrala con una batidora eléctrica.

Calienta una sartén grande con 1 cucharada de aceite. Corta el rape en 8 trozos, salpimiéntalos, introdúcelos en la sartén y cocínalos brevemente por los dos lados hasta que se dore. Vierte encima la salsa y cocina el pescado durante 3-4 minutos.

Abre el envase de las gulas, pásalas a un plato y suéltalas un poco.

Agrega a la sartén 1 cucharadita de perejil picado y las gulas y caliéntalas durante 1 minuto. Sirve y adorna los platos con unas hojas de perejil.

CONSEJO

Si tenéis problema con las espinas de los pescados, el rape es una buena elección, porque en lugar de espinas tiene huesos.

RAPE EN SALSA MARINERA

INGREDIENTES (4 P.)

- 800 g de rape limpio (2 lomos)
- la cabeza y los huesos del rape
- 2 patatas
- 2 dientes de ajo
- 50 ml de *brandy*
- 100 ml de vino blanco
- 4 cucharadas de salsa de tomate
- 1 cucharadita de harina de maíz refinada
- aceite de oliva virgen extra
- perejil
- pimienta
- 1 trozo de guindilla
- sal

ELABORACIÓN

Calienta 500 ml de agua en una cazuela. Agrega la cabeza y los huesos del rape y unas ramas de perejil, sazona y cuece durante 12-15 minutos. Cuela y reserva el caldo.

Calienta 4 cucharadas de aceite en una tartera (cazuela amplia y baja). Pela las patatas, trocéalas (cascándolas), añádelas a la tartera y rehógalas hasta que se doren (10-12 minutos). Retíralas a un plato y resérvalas.

Corta el rape en 8 tacos grandes, salpimiéntalos y dóralos en la misma tartera donde has dorado las patatas.

Pela los dientes de ajo, córtalos en daditos e incorpóralos a la tartera. Vierte encima el *brandy* y flambéalo. Añade el vino blanco, el caldo reservado, la guindilla, la salsa de tomate y las patatas. Sazona, tapa y cocina todo durante 8 minutos. Agrega la harina de maíz diluida en agua fría para espesar un poco la salsa.

Espolvorea con un poco de perejil picado y sirve. Adorna los platos con unas hojas de perejil.

CONSEJO

Si os gusta el pescado poco hecho, una vez sellado el rape, retíralo de la tartera antes de añadir las patatas y el caldo. Cocina las patatas en el caldo durante 6 minutos, introduce después el rape y cocina todo junto durante 2 minutos.

PESCADOS Y MARISCOS

SALMÓN CON SALSA DE CÍTRICOS, MOSTAZA Y MIEL

INGREDIENTES (4 P.)

- 4 rodajas de salmón (700 g)
- 3 naranjas
- 1 lima
- 2 dientes de ajo
- 100 ml de caldo de ave
- 1 cucharada de mostaza a la antigua
- 1 cucharada de miel
- 1 cucharada de harina de maíz refinada
- aceite de oliva virgen extra
- ½ rama de romero
- perejil
- pimienta
- sal

CONSEJO

Aunque en el mercado se pueden encontrar naranjas durante todo el año, la mejor temporada para consumir naranjas españolas va de noviembre a mayo.

ELABORACIÓN

Lava las naranjas. Corta, con un pelador, tres tiras de la cáscara de una de ellas y resérvalas. Corta las naranjas por la mitad y exprímelas. Corta la lima por la mitad y exprime una de las mitades. Corta la otra mitad en rodajas finas y resérvalas.

Calienta 3 cucharadas de aceite en una cazuela. Pela los dientes de ajo, córtalos en láminas, añádelos a la cazuela y rehógalos un poco (sin que lleguen a coger color). Agrega el caldo, la mostaza, la miel, la cáscara de naranja, el zumo de naranja y de lima y la harina de maíz diluida en 100 ml de agua fría. Sazona y cocina los ingredientes durante 4-5 minutos. Apaga el fuego y retira la cáscara de naranja. Corta el romero en tres trocitos e incorpóralos a la salsa.

Salpimienta las rodajas de salmón y cocínalas a la plancha durante 1 minuto y medio por cada lado.

Sirve la salsa en el fondo de los platos y coloca encima, en cada uno de ellos, 1 rodaja de salmón y 1 rodaja de lima. Adórnalos con unas hojas de perejil.

PESCADOS Y MARISCOS

SALMONETES CON ARROZ Y ALCACHOFAS

INGREDIENTES (4 P.)

- 6 salmonetes de ración
- 200 g de arroz redondo
- 4 alcachofas
- 1 diente de ajo
- 1 cebolleta
- 1 pimiento verde
- 100 ml de *txakoli*
- 100 ml de nata líquida
- aceite de oliva virgen extra
- perejil
- 15-20 hebras de azafrán
- sal

CONSEJO

El salmonete no necesita grandes salsas o aderezos que enmascaren su sabor. El zumo de limón, el ajo, el perejil, el laurel, el tomillo y el estragón combinan muy bien con él.

ELABORACIÓN

Corta las cabezas de los salmonetes y sácales los lomos. Pon 1 litro de agua en una cazuela y añade las cabezas y las espinas de los salmonetes y unas hojas de perejil. Sazona, tapa la cazuela, ponla a calentar y cuece todo durante 15 minutos. Cuela y reserva el caldo.

Calienta 4-5 cucharadas de aceite en una cazuela. Pela el ajo y córtalo en daditos. Corta la cebolleta y el pimiento de la misma manera. Agrega las hortalizas a la cazuela, sazónalas y rehógalas a fuego suave medio durante 6-8 minutos.

Incorpora el arroz a la cazuela, rehógalo brevemente y añade el azafrán. Vierte encima el *txakoli* y dale un hervor (para que se evapore el alcohol). Agrega 1 vaso del caldo reservado y cocina el arroz sin dejar de remover. A medida que el caldo se vaya secando, agrega otro vaso de caldo y repite el proceso hasta que el arroz esté a punto (unos 18 minutos). Apaga el fuego, vierte la nata en la cazuela y mezcla hasta que se integre con el arroz.

Calienta una sartén con 3 cucharadas de aceite. Pela las alcachofas, retirándoles las hojas externas, los tallos y las puntas, Córtalas en láminas finas, extiéndelas en la sartén, sazónalas y cocínalas durante 3-4 minutos por cada lado.

Sazona los lomos de salmonete, riégalos con un chorrito de aceite y cocínalos (primero por la parte de la piel) a la plancha brevemente (1-2 minutos).

Sirve en cada plato 3 lomos de salmonete, una porción de arroz y unas láminas de alcachofa. Decora los platos con unas hojas de perejil.

SOLDADITOS CON SALSA DE GUISANTES Y ESPÁRRAGOS

PESCADOS Y MARISCOS

INGREDIENTES (4 P.)

24 soldaditos (acedías) pequeños y limpios
200 g de guisantes congelados
4 espárragos blancos
2 dientes de ajo
1 cebolla pequeña
1 cucharada de harina
250 ml de cerveza
harina de garbanzo (para rebozar)
aceite de oliva virgen extra
perejil
1 cucharadita de pimentón
pimienta
sal

ELABORACIÓN

Calienta un poco de agua en una cazuela. Cuando empiece a hervir, añade los guisantes, sazónalos y cuécelos durante unos 15 minutos. Escúrrelos y resérvalos. Reserva también el caldo de cocción.

Calienta 2-3 cucharadas de aceite en una sartén. Pela los dientes de ajo, córtalos en láminas y añádelos a la sartén. Pela la cebolla, córtala en dados y agrégala. Sazona y rehoga las hortalizas a fuego suave durante 6-8 minutos. Incorpora la harina y cocínala un poco. Añade el pimentón, la cerveza y 150 ml del agua de la cocción de los guisantes. Cuece los ingredientes durante 5-6 minutos. Pasa todo a un vaso batidor y tritúralo con una batidora eléctrica hasta conseguir una salsa homogénea. Pasa la salsa a la sartén y agrega los guisantes y los espárragos cortados en trozos de 2 cm.

Calienta otra sartén con bastante aceite. Salpimienta los soldaditos, pásalos por la harina de garbanzo y fríelos brevemente por los dos lados. Retíralos y escúrrelos sobre una fuente cubierta con papel absorbente.

Sirve la salsa en la parte central de los 4 platos y coloca 6 soldaditos en cada uno. Adórnalos con unas hojas de perejil.

CONSEJO

Elegir soldaditos para incluir pescado en la dieta infantil es un acierto, ya que, como solo tienen una espina central, los más peques pueden sacar la carne con facilidad.

TRUCHAS CON PANCETA

INGREDIENTES (4 P.)

- 4 truchas de ración
- 4 lonchas de panceta ahumada
- 1 escarola pequeña
- 2 dientes de ajo
- 1 limón
- harina (para rebozar)
- aceite de oliva virgen extra
- perejil
- sal

ELABORACIÓN

Limpia la escarola, sécala y trocéala y resérvala.

Calienta una sartén grande con bastante aceite. Aplasta los dientes de ajo y agrégalos a la sartén.

Sazona las truchas por dentro y por fuera, introduce 1 loncha de panceta dentro de cada una, pásalas por harina, ponlas en la sartén y fríelas (de dos en dos) a fuego medio-alto durante 4-5 minutos, hasta que se doren. Retíralas y escúrrelas sobre una fuente cubierta con papel absorbente.

Sirve 1 trucha en cada plato. Sazona la escarola y alíñala con un chorrito de zumo de limón y un buen chorro de aceite. Mezcla bien y sirve una porción en cada plato. Adorna los platos con unas hojas de perejil.

CONSEJO

La panceta ahumada, también conocida como *beicon,* se utiliza para saltear hortalizas, cocinar arroces, potajes, guisos, o para rellenar carnes o pescados, y aporta mucha jugosidad a los platos.

AJOARRIERO CON HUEVO ESCALFADO

INGREDIENTES (4 P.)

- 600 g de bacalao desmigado desalado
- 4 huevos
- 2 pimientos choriceros
- 12 dientes de ajo
- 1 cebolla
- 2 pimientos morrones en conserva
- 400 ml de tomate natural triturado
- 2 patatas
- aceite de oliva virgen extra
- perejil
- sal

CONSEJO

El proceso de salazón del bacalao, además de permitir su conservación durante más tiempo, le imprime un sabor más intenso. Hoy en día podemos encontrarlo también ya desalado, listo para usar.

ELABORACIÓN

Lava los pimientos choriceros, quítales el tallo y las pepitas, ponlos en un cazo, cúbrelos con agua y cuécelos durante 5 minutos. Retíralos, escúrrelos, sácales la pulpa (con una puntilla o con una cucharilla de café), pícala finamente y resérvala.

Calienta una tartera (cazuela amplia y baja) con 4-6 cucharadas de aceite. Pela los dientes de ajo, añádelos y dóralos un poco. Pela la cebolla, córtala en dados, incorpórala a la cazuela y rehógala a fuego medio durante 6-8 minutos.

Corta los pimientos morrones en tiras, agrégalos a la tartera y cocínalos durante 3-4 minutos. Añade el tomate y la carne de los pimientos choriceros y cocina todo a fuego suave durante 8-10 minutos. Incorpora el bacalao y cocínalo durante 4-5 minutos.

Calienta 150-200 ml de aceite en una sartén. Pela las patatas, córtalas (cascándolas) en lascas, sazónalas, introdúcelas en la sartén y cocínalas a fuego suave-medio durante unos 12 minutos. Escúrrelas, pásalas a la tartera, tapa y cocina el ajoarriero durante 8-10 minutos a fuego suave. Prueba y pon a punto de sal.

Calienta abundante agua en una tartera (cazuela amplia y baja). Cuando el agua empiece a hervir, casca los huevos, introdúcelos en la tartera, cuécelos durante 3-4 minutos y retíralos a una fuente. Sazónalos y espolvoréalos con un poco de perejil picado.

Reparte el ajoarriero en 4 platos hondos, coloca 1 huevo en el centro de cada uno, riégalos con un chorrito de aceite y decóralos con unas hojas de perejil.

CAZUELA EMPANÁ

INGREDIENTES (4 P.)

- 2 cabrachos (1.500 g)
- 4 patatas
- 2 dientes de ajo
- 100 g de almendras tostadas
- 1 tomate maduro
- aceite de oliva virgen extra
- perejil
- sal

ELABORACIÓN

Calienta 2 litros de agua en una cazuela. Corta las cabezas de los cabrachos e introdúcelas en la cazuela. Saca los lomos de los cabrachos (resérvalos) y añade las espinas a la cazuela. Agrega unas hojas de perejil y una pizca de sal y cuece todo durante 20 minutos. Cuela el caldo sobre otra cazuela.

Pela las patatas, trocéalas (cascándolas), incorpóralas a la cazuela con el caldo y cuécelas durante 20-25 minutos.

Corta los lomos de cabracho en trozos de bocado, sazónalos, introdúcelos en la cazuela y cuécelos durante 2-3 minutos.

Pela los dientes de ajo, córtalos en láminas y ponlos en una picadora. Pela el tomate, trocéalo e incorpóralo a la picadora. Agrega las almendras y 3-4 cucharadas de aceite y tritura todo bien. Añade la mezcla a la cazuela, remueve los ingredientes y cuece todo durante 2 minutos más.

Deja que el guiso repose durante 4-5 minutos y espolvoréalo con un poco de perejil. Sirve y adorna los platos con unas hojas de perejil.

CONSEJO

No pasa nada si no se retira la telilla negra que tiene el pescado en la parte de la ventresca, pero queda un poco feo. Si quieres, puedes retirarla pasándole por encima un trozo de papel absorbente.

BOQUERONES CON GABARDINA Y ENSALADA

INGREDIENTES (4 P.)

- 32 boquerones
- 1 escarola
- 6 fresas
- 1 aguacate
- 1 diente de ajo
- aceite de oliva virgen extra
- perejil
- sal

Para la pasta orly:

- 1 huevo
- 8 g de levadura
- 80 g de harina
- 150 ml de cerveza
- 1 pizca de sal

Para la salsa vinagreta:

- 4-6 cucharadas de aceite de oliva virgen extra
- 1 limón
- 1 cucharada de mostaza a la antigua
- 1 pizca de sal

ELABORACIÓN

Limpia los boquerones (retirándoles las cabezas y las tripas) y resérvalos.

Limpia la escarola, sécala, trocéala y resérvala.

Para hacer la pasta *orly,* casca el huevo, ponlo en un bol y bátelo un poco con una varilla. Agrega la levadura, la harina, la cerveza y la sal, bate bien y deja que repose durante 15 minutos.

Para preparar la vinagreta, exprime el limón (½ o 1, al gusto) y ponlo en un bol. Agrega la mostaza, el aceite y la sal, mezcla bien y resérvala.

Limpia las fresas, córtalas en daditos y ponlas en un bol. Corta el aguacate por la mitad, retírale el hueso, pélalo, córtalo en daditos y añádelos al bol. Aliña la mezcla con un poco de la vinagreta y resérvala.

Calienta una sartén con abundante aceite. Aplasta el diente de ajo (con piel) y agrégalo. Sazona los boquerones e introdúcelos (agarrándolos por la cola) en la pasta *orly.* Cuando el ajo empiece a burbujear, añade los boquerones a la sartén y fríelos (en tandas) durante 1 minuto (medio minuto por cada lado). Retíralos y escúrrelos sobre un plato cubierto con papel absorbente.

Aliña la escarola con el resto de la vinagreta.

Sirve en cada plato 8 boquerones, coloca, al lado, 1 porción de escarola y, encima de ella, otra de dados de fresa con aguacate. Adorna los platos con unas hojas de perejil.

CONSEJO

La clave para disfrutar de unos buenos boquerones es elegirlos frescos en la pescadería. Para ello es importante fijarse en el lomo: en el principio ha de apreciarse un color verde, que poco a poco se va azulando hasta que finalmente acaba siendo prácticamente negro.

DORADA ESPECIADA

INGREDIENTES (4 P.)

- 2 doradas de 800 g
- 1 diente de ajo
- 200 g de arroz
- aceite de oliva virgen extra
- 1 cucharadita de romero
- 1 cucharadita de tomillo
- 1 cucharadita de orégano
- perejil
- 1 cucharadita de pimentón dulce
- 1 cucharadita de comino en polvo
- pimienta
- sal

CONSEJO

Para servir el arroz de manera divertida, colócalo en un cuenco y presiónalo un poco. Da la vuelta al cuenco sobre el plato y listo.

ELABORACIÓN

Calienta 500-600 ml de agua en una cazuela. Corta las cabezas de las doradas y añádelas. Sácales los lomos, córtalos por la mitad, hazles un corte superficial por la parte de la piel y resérvalos. Trocea las espinas, incorpóralas a la cazuela, sazona y cuece durante unos 15 minutos.

Calienta 2 cucharadas de aceite en un cazo. Pela el diente de ajo, añádelo y dóralo un poco. Incorpora el arroz, cuela el caldo encima (el doble y un poco más), pon a punto de sal y cocínalo durante 18-20 minutos.

Mezcla en un bol el pimentón, el comino, el romero, el tomillo, el orégano y 3 cucharadas de aceite. Salpimienta los trozos de pescado y úntalos por los dos lados con la mezcla.

Unta la bandeja de horno con el resto de la mezcla de especias y hierbas. Coloca los trozos de pescado encima (dejando la parte de la piel hacia arriba) y hornéalos a 220 ºC durante 5 minutos.

Sirve 1 lomo (2 trozos) y 1 porción de arroz en cada plato y adórnalos con unas hojas de perejil.

HAMBURGUESAS DE CABALLA CON SALSA ESPECIADA

PESCADOS Y MARISCOS

INGREDIENTES (4 P.)

- 4 caballas
- 1 huevo
- 2 rebanadas de pan de molde
- 1 limón
- 1 diente de ajo
- aceite de oliva virgen extra
- perejil
- pimienta
- sal

Para la salsa especiada:

- 250 ml de mayonesa
- 1 pepinillo
- 1 cucharadita de cebolla en polvo
- 1 cucharadita de ajo en polvo
- 1 cucharada de salsa barbacoa
- 1 cucharada de salsa inglesa
- 1 cucharada de mostaza francesa
- ¼ de cucharadita de tomillo
- ¼ de cucharadita de orégano
- ¼ de cucharadita de pimienta

ELABORACIÓN

Bate el huevo en un bol grande. Corta el pan en daditos y añádelo al bol. Exprime el limón encima. Pela el diente de ajo, pícalo finamente y agrégalo. Mezcla bien y reserva.

Retira las cabezas de las caballas y sácales los lomos. Corta cada lomo por la mitad a lo largo retirándoles la fila de espinas que tienen en la parte central de cada uno. Retírales también la piel. Corta los lomos en daditos, salpimiéntalos, espolvoréalos con un poco de perejil picado, incorpóralos al bol y mezcla hasta que los ingredientes queden bien integrados. Divide la farsa en 8 porciones.

Rellena un aro de emplatar con 1 porción de la farsa, presiónala un poco y retira el aro. Repite el proceso hasta conseguir 8 hamburguesas.

Calienta una plancha con un chorrito de aceite. Coloca las hamburguesas sobre la plancha y cocínalas a tu gusto (1-3 minutos).

Para preparar la salsa especiada, pica el pepinillo finamente y ponlo en un bol. Agrega la pimienta, el orégano, el tomillo, la cebolla, el ajo, la salsa barbacoa, la salsa inglesa, la mostaza y la mayonesa y mezcla bien.

Sirve 2 hamburguesas en cada plato y acompáñalas con la salsa. Adorna los platos con unas hojas de perejil.

CONSEJO

También puedes dar forma a las hamburguesas de la manera tradicional. Para ello, divide la farsa en 8 porciones, redondéalas y aplástalas un poco.

LUBINA CON SALSA DE LIMÓN

INGREDIENTES (4 P.)

- 2 lubinas
- 1 limón
- 20 g de mantequilla
- 3 dientes de ajo
- 1 cucharada de harina de maíz refinada
- 100 ml de vino blanco
- aceite de oliva virgen extra
- perejil
- sal

CONSEJO

Es muy importante incluir platos de pescado en nuestros menús semanales, porque aportan proteínas de alto valor biológico y muy pocas calorías.

ELABORACIÓN

Calienta una cazuela con 500 ml de agua. Corta las cabezas de las lubinas y añádelas. Saca los lomos de las lubinas y resérvalos. Agrega a la cazuela las espinas centrales de las lubinas, unas ramas de perejil y una pizca de sal y cuece todo durante unos 15 minutos. Cuela y reserva el caldo.

Calienta una sartén con la mantequilla y 2 cucharadas de aceite. Pela 2 dientes de ajo, córtalos en daditos e incorpóralos a la sartén.

Lava el limón, ralla la mitad de la piel y ponla en un bol. Corta el limón por la mitad, exprímelo y añádelo al bol. Incorpora la harina de maíz y el vino blanco y mezcla los ingredientes con una varilla manual hasta que se integren bien. Añade unos 150-200 ml del caldo de pescado y mezcla. Cuando los ajos empiecen a dorarse, vierte la mezcla en la sartén y deja que la salsa reduzca a fuego medio durante unos 10-12 minutos. En el momento de servir, cuela la salsa.

Calienta una plancha. Pela el otro diente de ajo, pícalo finamente y ponlo en un bol. Añade un poco de perejil picado y 2-3 cucharadas de aceite y mezcla.

Sazona los lomos de pescado, úntalos con la mezcla de aceite, ajo y perejil, colócalos sobre la plancha y cocínalos durante 2 minutos por cada lado.

Sirve la salsa en la base de los platos y coloca 1 lomo de lubina encima de cada uno. Adórnalos con unas hojas de perejil.

MERLUZA CON SALSA DE PUERRO Y SU CRUJIENTE

INGREDIENTES (4 P.)

- 4 lomos de merluza (700 g)
- 4 puerros
- 1 diente de ajo
- 1 cucharada de harina
- 100 ml de vino blanco
- 500 ml de caldo de verduras
- aceite de oliva virgen extra
- perejil
- 1 guindilla cayena
- 15 hebras de azafrán
- pimienta
- sal

PESCADOS Y MARISCOS

ELABORACIÓN

Limpia los puerros, retirándoles la parte inferior, la superior y 2 capas de hojas, y enjuágalos.

Calienta 3 cucharadas de aceite en una cazuela. Pela el diente de ajo, córtalo en dados y añádelo. Corta 3 puerros (reserva el otro para hacer el crujiente) en cuartos de luna e introdúcelos en la cazuela. Sazona, añade la guindilla y rehoga las hortalizas a fuego suave durante unos 10 minutos. Retira la guindilla e incorpora las hebras de azafrán. Agrega la harina y rehógala un poco. Vierte encima el vino y dale un hervor. Añade el caldo y cocina todo a fuego medio durante 15-20 minutos. Pasa los ingredientes al vaso batidor y tritúralos bien hasta conseguir una salsa homogénea. Reserva la salsa.

Corta el otro puerro en juliana fina. Calienta abundante aceite en una sartén, introduce em ella parte del puerro, fríelo hasta que quede dorado y retíralo a un plato cubierto con papel absorbente. Repite el proceso con el resto del puerro, sazónalo y resérvalo.

Salpimienta los lomos de merluza, rocíalos con un poco de aceite y cocínalos a la plancha.

Sirve la salsa de puerro en el fondo de los platos, coloca encima los lomos de merluza y reparte el puerro crujiente por encima. Decora los platos con unas hojas de perejil.

CONSEJO

Cuando compres puerros, fíjate en su aspecto: el tallo debe ser blanco y recto, sin marcas, imperfecciones ni engrosamientos; las hojas, verdes, han de ser planas y firmes, si están blandas o tienen un color amarillento o blanquecino, es mejor elegir otra pieza.

MERLUZA CON TOMATE Y HABITAS

INGREDIENTES (4 P.)

- 800 g de merluza (limpia)
- 1 kg de habitas frescas (sin desgranar)
- 2 dientes de ajo
- 1 cebolla
- 1 pimiento verde
- 850 g de tomate natural triturado
- aceite de oliva virgen extra
- perejil
- pimienta
- 1 cucharadita de azúcar
- sal

ELABORACIÓN

Calienta 3-4 cucharadas de aceite en una cazuela. Pela los dientes de ajo, córtalos en dados y agrégalos. Pela la cebolla, córtala en dados y añádela. Retira el tallo y las semillas del pimiento, córtalo de la misma manera e incorpóralo. Sazona las hortalizas y rehógalas a fuego suave durante 8-10 minutos.

Añade el tomate triturado y el azúcar y cocínalo a fuego suave durante unos 30 minutos. Pasa todo a una batidora de vaso, tritúralo bien y pon la salsa en una tartera (cazuela amplia y baja).

Calienta una cazuela con agua y sazónala. Desgrana las habitas, incorpóralas a la cazuela y cuécelas durante 4-5 minutos. Retíralas y escúrrelas. Pela las más grandes.

Calienta una sartén con 2 cucharadas de aceite, añade las habitas, sazónalas y saltéalas brevemente.

Corta la merluza en porciones, salpiméntalas, introdúcelas en la tartera con la salsa de tomate, tapa y cocínalas durante 2 minutos por cada lado.

Sirve en cada plato 2-3 trozos de merluza y 1 porción de habitas. Decora los platos con unas hojas de perejil.

CONSEJO

La merluza congelada, sobre todo en forma de filetes, lomos o rodajas, es un producto que ofrece excelentes resultados culinarios, siempre y cuando la descongelación se realice del modo adecuado (en la parte menos fría de la nevera).

CHIPIRONES RELLENOS DE ARROZ

PESCADOS Y MARISCOS

INGREDIENTES (4 P.)

16 chipirones (con sus tintas)

50 g de arroz

2 dientes de ajo

1 pimiento verde

3 puerros

4 tomates pera maduros

100 ml de vino blanco

2 lonchas de jamón serrano (100 g)

aceite de oliva virgen extra

perejil

sal

CONSEJO

Los calamares traen su propia tinta, pero a veces no es suficiente para que el plato quede bien negro. Si necesitas más, puedes encontrarla envasada (en bolsas pequeñas) en pescaderías y supermercados.

ELABORACIÓN

Limpia los chipirones y reserva los cuerpos y las tintas. Pica finamente las aletas, las corbatas y los tentáculos y resérvalos.

Para preparar la salsa, calienta 3-4 cucharadas de aceite en una cazuela. Pela los ajos, pícalos y añádelos a la cazuela. Retira el tallo y las semillas del pimiento, córtalo en dados y agrégalo. Limpia los puerros (retirándoles la parte inferior, la superior y 1-2 capas de hojas), enjuágalos, córtalos en cuartos de luna finos e incorpóralos. Sazona las hortalizas y rehógalas a fuego suave-medio durante 10 minutos. Corta los tomates en dados y agrégalos. Mezcla bien e incorpora la tinta y el vino blanco. Sazona, tapa la cazuela y cocina los ingredientes a fuego medio durante unos 20 minutos. Tritura los ingredientes y reserva la salsa.

Calienta una sartén con 2 cucharadas de aceite.

Pica el jamón finamente y añádelo a la sartén. Sazona las aletas, las corbatas y los tentáculos de los chipirones, incorpóralos y saltea todo brevemente. Escurre la farsa y reserva el líquido que haya soltado.

Pasa la farsa a un bol, añade el arroz, mezcla bien y rellena los chipirones con la mezcla. Sazónalos y extiéndelos con cuidado en una tartera (cazuela amplia y baja). Vierte encima la salsa y el líquido de la farsa, remueve la tartera para que los ingredientes se integren, tápala y cocina los chipirones a fuego suave durante 30-35 minutos.

Sirve 4 chipirones en cada plato y decóralos con unas hojas de perejil.

SALMÓN AL VAPOR CON ESPÁRRAGOS VERDES Y TOMATITOS

INGREDIENTES (4 P.)

- 4 rodajas de salmón (700-800 g)
- 8 espárragos verdes
- 12 tomates cherry
- aceite de oliva virgen extra
- 1 cucharada de vinagre
- 1 cucharadita de eneldo
- perejil
- pimienta
- sal

ELABORACIÓN

Pon el eneldo, 3 cucharadas de aceite, el vinagre, una pizca de sal y otra de pimienta en un bol y mezcla bien. Reserva la vinagreta.

Cubre la base de 2 vaporeras de bambú con 2 trozos de papel de hornear y agujeréalos. Calienta agua en una sartén grande (que vaya en consonancia con el tamaño de la vaporera). Extiende 2 rodajas de salmón sobre cada vaporera, monta una sobre la otra, tapa, colócalas sobre la sartén y cocina el salmón al vapor durante 5-6 minutos.

Calienta otra sartén con 2 cucharadas de aceite. Retira la parte inferior de los espárragos, córtalos en trocitos de 2 cm y añádelos. Agrega también los tomates, sazona las hortalizas y cocínalas a fuego alto durante 3-4 minutos.

Sirve 1 rodaja de salmón en cada plato y aderézalas con la vinagreta. Acompáñalas con la guarnición de espárragos y tomates y decora los platos con unas hojas de perejil.

CONSEJO

Si cubres la base de la vaporera de bambú con un trozo de papel de hornear te resultará mucho más fácil limpiarla.

TARTALETA DE BACALAO CON GULAS

INGREDIENTES (4 P.)

- 1 lomo de bacalao (200 g)
- 200 g de gulas
- 2 láminas de hojaldre (rectangulares)
- 1 huevo
- 4 cebollas rojas
- 1 diente de ajo
- aceite de oliva virgen extra
- perejil
- sal

CONSEJO

Si quieres que la base de las tartaletas no suba, puedes hornearlas tapando la parte central de cada una con un trozo de papel de hornear cubierto de legumbres.

ELABORACIÓN

Bate el huevo en un bol y resérvalo. Cubre la base de una bandeja de horno con un trozo grande de papel de hornear.

Con un cortapastas redondo (de 12 cm de diámetro) corta en una de las láminas de hojaldre 4 círculos, que servirán como base de nuestras tartaletas, y ponlos en la bandeja de horno. Corta en la otra lámina otros 4 círculos del mismo tamaño, coloca en el centro de cada círculo otro cortapastas (de 10 cm de diámetro) y corta hasta conseguir 4 aros (que servirán como bordes de las tartaletas) y 4 tapas (de 10 cm).

Unta el borde de las bases con un poco de huevo batido, coloca un aro de hojaldre encima de cada uno (de manera que tengamos 4 bases con contorno) y úntalos también con huevo batido. Coloca las tapas en la bandeja de horno (al lado de las bases) y úntalas con otro poco de huevo batido. Hornea el hojaldre a 180 °C durante 20 minutos. Retira las tartaletas del horno y deja que se templen. Con una cucharilla, presiona y hunde la parte central de las bases de las tartaletas hasta conseguir 4 espacios huecos para rellenar. Resérvalas.

Calienta una sartén con 4 cucharadas de aceite. Pela las cebollas, córtalas en juliana fina y agrégalas. Sazónalas y confítalas a fuego medio durante 15-20 minutos, hasta que estén bien doradas y blandas. Corta el lomo de bacalao en dados, añádelos a la sartén y cocínalos durante 2-3 minutos.

Calienta otra sartén con 2 cucharadas de aceite, pela el diente de ajo, córtalo en láminas y agrégalo. En cuanto empiece a dorarse, incorpora las gulas y saltéalas brevemente hasta que se calienten.

Rellena las tartaletas con el salteado de cebolla y reparte las gulas por encima. Sirve 1 tartaleta (con su tapa) en cada plato y adorna los platos con unas hojas de perejil.

BACALAO FRESCO CON SALSA HOLANDESA

INGREDIENTES (4 P.)

- 800 g de bacalao fresco
- 200 g de mantequilla
- 3 yemas de huevo
- 1 cucharada de zumo de limón
- 100 g de canónigos
- aceite de oliva virgen extra
- perejil
- pimienta
- sal

ELABORACIÓN

Pon la mantequilla en un cazo pequeño y fúndela a fuego suave.

Pon las yemas en un bol y bátelas con una batidora de varillas eléctrica hasta que monten y empiecen a blanquear. Vierte encima, poco a poco, la mantequilla fundida (dejando el suero en el fondo del cazo) y sigue montando hasta conseguir una salsa bien emulsionada. Añade el zumo de limón y una pizca de sal y bate hasta que se integren. Reserva la salsa holandesa.

Calienta una plancha. Corta el bacalao en 4 porciones, salpiméntalas y riégalas con un poco de aceite. Extiéndelas sobre la plancha y cocínalas durante 2-3 minutos por cada lado.

Pasa los trozos de bacalao a una bandeja de horno (dejando la parte de la piel hacia abajo), nápalos con la salsa holandesa y gratínalos durante 2-3 minutos.

Sirve 1 porción de bacalao en cada plato. Reparte los canónigos en los 4 platos y aderézalos con sal y aceite. Decora los platos con unas hojas de perejil.

CONSEJO

La salsa holandesa no es difícil de hacer, pero hay que elaborarla con cariño, porque a veces se corta. Recuerda que es perfecta para acompañar pescados, mariscos, hortalizas o huevos.

CALDERETA DE RAPE AL HORNO

INGREDIENTES (4 P.)

- 1 kg de cola de rape
- 3 dientes de ajo
- 1 cebolleta
- 1 pimiento verde
- 4 patatas
- 1 l de caldo de pescado de roca y marisco
- aceite de oliva virgen extra
- perejil
- pimienta
- sal

ELABORACIÓN

Calienta una cazuela (apta para el horno) con 3 cucharadas de aceite. Pela los dientes de ajo, córtalos en láminas y agrégalos a la cazuela. Corta la cebolleta en juliana y añádela. Retira el tallo y las semillas del pimiento, córtalo en dados e incorpóralo. Sazona las hortalizas y rehógalas a fuego medio durante 5-6 minutos.

Pela las patatas, córtalas en rodajas (de 1 cm de grosor), introdúcelas en la cazuela y vierte el caldo encima. Tapa y cocina las patatas a fuego suave-medio durante 18-20 minutos.

Corta la cola de rape en 8 rodajas y salpimiéntalas. Coloca las rodajas de rape sobre las patatas, introduce la cazuela en el horno y hornea a 220 ºC durante 5-7 minutos.

Retira la cazuela del horno, espolvoréala con un poco de perejil picado y reparte el guiso en 4 platos hondos. Decóralos con unas hojas de perejil.

CONSEJO

Para hacer este guiso puedes sustituir el rape por cualquier otro pescado de temporada que sea de vuestro gusto.

CAZUELA DE MERLUZA Y MARISCO

INGREDIENTES (4 P.)

500 g de merluza
12 langostinos
12 mejillones
1 cebolleta
1 zanahoria
1 puerro
2 patatas medianas
150 ml de salsa de tomate
1 l de caldo de pescado de roca y marisco
100 g de judías verdes
100 g de guisantes frescos desgranados
150 g de fideos gruesos
aceite de oliva virgen extra
perejil
1 cucharadita de pimentón dulce
sal

CONSEJO

Si utilizas langostinos congelados, tendrás que descongelarlos antes de añadirlos al guiso. En ese caso, la mejor forma de hacerlo es dejar que se descongelen en el frigorífico desde la noche anterior.

ELABORACIÓN

Calienta una tartera (cazuela amplia y baja) con 3 cucharadas de aceite. Corta la cebolleta en daditos y agrégala a la tartera. Pela la zanahoria, córtala en cuartos de luna finos y añádela. Limpia el puerro (retirándole la parte inferior, la superior y 1-2 capas de hojas), enjuágalo bien, córtalo en cuartos de luna finos e incorpóralo. Sazona las hortalizas y rehógalas a fuego suave durante 8-10 minutos.

Pela las patatas, trocéalas (cascándolas) y añádelas a la tartera. Agrega el pimentón, la salsa de tomate y el caldo y calienta todo hasta que el caldo empiece a hervir. Corta las judías en trozos de 2-3 cm y añádelas a la tartera. Agrega los guisantes y cocina todo a fuego medio durante 10 minutos.

Incorpora los fideos a la tartera y cocina conjuntamente durante otros 10 minutos a fuego medio.

Pela los langostinos y sazónalos. Limpia los mejillones y retírales las barbas. Introduce los mejillones y los langostinos en la tartera. Corta la merluza en dados, sazónala y añádela. Cocina conjuntamente durante 2 minutos.

Reparte el guiso en 4 platos hondos y decora los platos con unas hojas de perejil.

PESCADOS Y MARISCOS

CREPES BRETONES DE SALMÓN, HUEVO Y AGUACATE

INGREDIENTES (4 P.)

- 6 lonchas de salmón ahumado (250 g)
- 4 huevos
- 1 aguacate
- 10 g de mantequilla
- 100 g de queso gruyer (rallado)
- 60 g de rúcula
- 12 tomates cherry
- aceite de oliva virgen extra
- perejil
- sal

Para la masa de los crepes:

- 330 g de harina de trigo sarraceno
- 10 g de sal gruesa
- 1 huevo
- 750 ml de agua fría

CONSEJO

El trigo sarraceno no contiene gluten, por lo que los crepes elaborados con este pseudocereal son perfectos para que los consuman los celiacos.

ELABORACIÓN

Corta 2 lonchas de salmón en daditos y resérvalas.

Para hacer la masa de los crepes, pon la harina y la sal en un bol grande y mezcla bien. Casca el huevo en otro bol, bátelo bien e incorpóralo al bol de la harina. Agrega el agua poco a poco y mezcla bien con una varilla manual hasta conseguir una crema homogénea. Deja que repose durante 30 minutos, removiéndola cada 5 minutos.

Calienta ½ cucharadita de aceite en una sartén.

Casca 1 huevo, añádelo a la sartén, cocínalo a la plancha y retíralo a un plato. Prepara los otros 3 huevos de la misma manera y resérvalos.

Unta una sartén con un poco de mantequilla, vierte en ella 1 cacillo de la masa, extiéndela bien y cuájala a fuego moderado. Cuando empiecen a asomar las burbujas (1 minuto aprox.), voltéala. Espolvorea un poco de queso en el centro, coloca encima 1 huevo, un poco de salmón picado, unas rodajas finas de aguacate y 1 loncha de salmón. Dobla los 4 lados hacia el centro (como si fuera un sobre), dejando que se vea la loncha de salmón. Repite el proceso y monta otros 3 crepes de la misma manera.

Sirve 1 crepe en cada plato y acompáñalos con las hojas de rúcula y los tomates (cortados por la mitad) aderezados con sal y aceite. Decora los platos con unas hojas de perejil.

DORADA ASADA CON SALSA DE LIMÓN

PESCADOS Y MARISCOS

INGREDIENTES (4 P.)

- 2 doradas (600 g cada una)
- 1 cebolleta
- 1 cucharada de harina
- 100 ml de vino blanco
- zumo de 1 limón
- 1 calabacín
- aceite de oliva virgen extra
- perejil
- pimienta
- sal

CONSEJO

Si lo prefieres, puedes sustituir el zumo de limón por zumo de naranja. La salsa será diferente, pero estará igual de rica.

ELABORACIÓN

Corta las cabezas de las doradas, sácales los lomos y resérvalos.

Pon agua a calentar en una cazuela. Introduce en ella las cabezas y las espinas de las doradas, unas ramas de perejil y 1 pizca de sal y cuécelas durante unos 15 minutos. Cuela y reserva el caldo.

Calienta una sartén con 3 cucharadas de aceite. Corta la cebolleta en daditos, agrégala a la sartén, sazónala y cocínala a fuego medio durante 8-10 minutos. Añade la harina y rehógala un poco. Vierte encima el vino y 250 ml del caldo reservado y remueve los ingredientes con una varilla manual. Agrega el zumo de limón y 1 cucharadita de perejil picado, mezcla bien y cocina la salsa a fuego suave durante 6-8 minutos. Resérvala.

Calienta 3 cucharadas de aceite en una sartén. Corta el calabacín en medias lunas, agrégalo a la sartén, sazónalo y saltéalo durante 6-7 minutos. Resérvalo.

Salpimienta los lomos de las doradas, riégalos con un poco de aceite, colócalos sobre una bandeja de horno y hornéalos a 240 ºC durante 7 minutos.

Sirve la salsa de limón en el fondo de los platos, coloca 1 lomo en cada uno y acompáñalos con el calabacín salteado. Decora los platos con unas hojas de perejil.

GUISO DE CABALLA CON PATATAS

INGREDIENTES (4 P.)

- 4 caballas (limpias)
- 3 patatas grandes
- 3 dientes de ajo
- 800 ml de caldo de pescado
- 1 cucharada de harina
- 125 ml de salsa de tomate
- aceite de oliva virgen extra
- perejil
- 1 cucharada de pimentón dulce
- sal

CONSEJO

Cuando las patatas lleven 15 minutos en el horno, remuévelas para que las que estén por encima del caldo no se quemen.

ELABORACIÓN

Calienta 4 cucharadas de aceite en una cazuela (apta para el horno). Pela los dientes de ajo, pícalos finamente y añádelos. Pela las patatas, trocéalas (cascándolas), incorpóralas a la cazuela, sazónalas y rehógalas durante 2 minutos. Agrega 1 cucharada de perejil picado, cúbrelas con 600 ml de caldo (reserva el resto) y cocínalas hasta que el caldo empiece a hervir.

Introduce la cazuela en el horno y hornea las patatas a 200 °C durante 20 minutos.

Calienta una sartén con 3 cucharadas de aceite. Añade la harina y rehógala un poco. Agrega el pimentón y cocínalo brevemente. Vierte encima la salsa de tomate y mezcla bien. Incorpora esta mezcla a la cazuela de las patatas, vierte encima el resto del caldo (200 ml) y remueve la cazuela suavemente. Corta las caballas en rodajas y colócalas sobre las patatas. Sazona las caballas, introduce de nuevo la cazuela en el horno y hornea a 200 °C durante 5 minutos.

Sirve y decora los platos con unas hojas de perejil.

MARMITAKO DE BONITO CON GUINDILLAS

INGREDIENTES (4 P.)

- 800 g de bonito del norte
- 150 g de guindillas frescas
- 5 patatas
- 2 dientes de ajo
- 1 cebolleta
- 1 pimiento verde
- 1 pimiento rojo
- 75 ml de vermut blanco
- 150 ml de salsa de tomate
- aceite de oliva virgen extra
- perejil
- 1 trozo de guindilla roja
- pimienta
- sal

CONSEJO

El secreto de un buen marmitako es cocinarlo a fuego lento, añadiendo el bonito o atún en el último momento, una vez apagado el fuego, para que se cocine con el calor residual del guiso.

ELABORACIÓN

Pon 1.500 ml de agua a calentar en una cazuela grande. Limpia el bonito, retirándole las pieles y las espinas, y resérvalo. Agrega a la cazuela las espinas y las pieles del bonito y unas ramas de perejil, sazona y cuece todo durante 8-10 minutos. Cuela y reserva el caldo.

Calienta 3-4 cucharadas de aceite en una cazuela. Pela los dientes de ajo, pícalos finamente y agrégalos. Corta la cebolleta en daditos y añádela. Retira el tallo y las semillas del pimiento verde, córtalo en dados e incorpóralo. Retira el tallo y las semillas del pimiento rojo, pélalo, córtalo en dados y añádelo a la cazuela. Sazona las hortalizas y rehógalas a fuego medio durante unos 15 minutos.

Vierte el vermut en la cazuela y dale un hervor (para que se evapore el alcohol). Pela las patatas, trocéalas (cascándolas) y agrégalas a la cazuela. Añade el trozo de guindilla roja, el caldo reservado y la salsa de tomate y cocina los ingredientes a fuego suave durante 30-35 minutos.

Corta el bonito en dados, salpimiéntalos e incorpóralos a la cazuela. Tapa la cazuela, apaga el fuego y deja que repose el marmitako durante 3 minutos. Espolvorea el marmitako con un poco de perejil picado.

Calienta 8 cucharadas de aceite en una sartén. Añade las guindillas frescas, fríelas brevemente (2-3 minutos), retíralas a un plato y sazónalas.

Reparte el marmitako en 4 platos hondos y acompáñalos con las guindillas fritas. Decora los platos con unas hojas de perejil.

RAYA CON MANTEQUILLA Y ALCAPARRAS

INGREDIENTES (4 P.)

- 700 g de raya (4 trozos)
- 100 g de mantequilla
- 1 cucharada de alcaparras
- 1 cebolla
- 1 boniato
- 1 limón
- aceite de oliva virgen extra
- perejil
- sal

CONSEJO

Si no encuentras boniatos, puedes sustituirlos por patatas y prepararlas de la misma manera.

ELABORACIÓN

Calienta 500 ml de agua en una tartera (cazuela amplia y baja) y agrega unas ramas de perejil. Pela la cebolla, córtala en juliana y añádela. Sazona y cuece los ingredientes durante 5 minutos.

Corta los trozos de raya por la mitad, sazónalos, introdúcelos en la tartera y cuécelos durante 2 minutos. Retira la raya y resérvala. Cuela el caldo y resérvalo.

Pela el boniato y córtalo en chips utilizando una mandolina.

Calienta aceite en una sartén, agrega los chips de boniato y fríelos (en tandas) a fuego medio hasta que se doren (teniendo cuidado de que no se quemen). Retíralos y escúrrelos sobre una fuente cubierta con papel absorbente.

Calienta 2 cucharadas de aceite en una sartén grande. Trocea la mantequilla, añádela a la sartén y deja que se funda y se tueste un poco. Exprime el limón y vierte el zumo en la tartera. Agrega 100 ml del caldo reservado y las alcaparras y cocina la salsa a fuego medio durante 4-5 minutos. Introduce los trozos de raya en la salsa y cocínalos durante 2 minutos por cada lado.

Sirve en cada plato 2 trozos de raya, salséalos y acompáñalos con unos chips de boniato. Adorna los platos con unas hojas de perejil.

VERDEL AL AJILLO CON PURÉ DE PATATA

INGREDIENTES (4 P.)

- 4 verdeles
- 3 patatas
- 25 g de mantequilla
- 1-2 cucharadas de mostaza a la antigua
- 100 ml de leche templada
- 4 dientes de ajo
- aceite de oliva virgen extra
- perejil
- 1 guindilla cayena
- sal

CONSEJO

Para eliminar las espinas centrales de los lomos de los verdeles, lo mejor es cortarlas de una vez (una tira alrededor de la columna vertebral del pescado) con un cuchillo bien afilado.

ELABORACIÓN

Corta las cabezas de los verdeles y sácales los lomos (sin retirarles la piel). Corta cada lomo por la mitad a lo largo, eliminando las espinas centrales de cada uno, hasta conseguir 4 filetes largos de cada verdel. Córtalos en 3 trozos y resérvalos.

Calienta agua en una olla rápida. Lava las patatas, introdúcelas en la olla, ciérrala y cuécelas durante 8 minutos. Cuando baje la válvula, abre la olla, retira las patatas, pélalas y ponlas en un bol grande. Agrega la mantequilla, la mostaza y la leche y maja todo (con un machacador de patatas) hasta conseguir un puré homogéneo. Sazónalo, agrega un poco de perejil picado, mezcla bien y reserva el puré.

Pela 2 dientes de ajo y córtalos en daditos. Calienta 2-3 cucharadas de aceite en una sartén y añade la guindilla cayena y los dientes de ajo. Sazona 2 verdeles, incorpóralos y saltéalos durante 2 minutos. Retíralos a una fuente dejando la guindilla en la sartén. Repite el proceso con los otros 2 dientes de ajo y los otros 2 verdeles.

Para servir, pon un aro de emplatar en un plato, llénalo hasta la mitad con el puré de patata y coloca encima los trozos de pescado correspondientes a 1 verdel. Riégalo con el aceite resultante de freír los verdeles. Retira el aro y monta los otros 3 platos de la misma manera. Decóralos con unas hojas de perejil.

VIEIRAS GRATINADAS

INGREDIENTES (4 P.)

- 4 vieiras
- 2 puerros (la parte blanca)
- 40 g de mantequilla
- 35 g de harina
- 500 ml de leche
- ½ limón
- 50 ml de fino (vino de Jerez)
- 2 cucharadas de pan rallado
- aceite de oliva virgen extra
- perejil
- pimienta
- sal

CONSEJO

Para saber si una vieira es fresca debes usar la vista, el tacto y el olfato. La concha debe ser pesada y estar bien cerrada. Si la tocas, la concha tiende a cerrarse, y debe desprender olor a yodo.

ELABORACIÓN

Calienta 2 cucharadas de aceite en una sartén. Corta los puerros finamente, agrégalos a la sartén, sazónalos y rehógalos a fuego suave durante 6-8 minutos.

Abre las vieiras, suéltalas de la concha, retírales las membranas y las partes negras que puedan tener y reserva los callos y los corales. Limpia bien las 4 conchas (las más hondas) y resérvalas.

Funde 25 g de mantequilla en una cazuela. Incorpora la harina y rehógala bien. Añade la leche poco a poco y remueve la mezcla con una varilla hasta que se integre completamente. Cocina la bechamel a fuego suave durante 8-10 minutos sin dejar de remover.

Salpimienta la bechamel, agrega los corales picados, mezcla bien y cocínalos brevemente (1 minuto). Pasa la mezcla a un vaso batidor y tritúrala con una batidora eléctrica. Agrega ½ cucharadita de zumo de limón y mezcla bien.

Corta los callos de las vieras en dos a lo ancho (de manera que queden 2 láminas), salpimiéntalos e incorpóralos a la sartén donde están los puerros. Saltéalos, vierte encima el fino y dale un hervor.

Reparte el puerro en las 4 conchas, coloca 1 callo (2 láminas) encima de cada una y cúbrelos con la bechamel. Espolvorea con un poco de pan rallado, pon un trocito de mantequilla sobre cada una y rállales encima un poco de cáscara de limón.

Coloca las vieiras sobre una bandeja de horno, introdúcelas en el horno y gratínalas durante unos 5 minutos.

Sirve 1 vieira en cada plato y decora los platos con unas hojas de perejil.

LAS RECETAS DE JOSEBA

BOLAS DE PATATA RELLENAS DE BOLOÑESA

INGREDIENTES (4 P.)

250 g de carne de ternera picada
2 zanahorias
2 cebolletas
3 dientes de ajo
60 ml de vino tinto
150 ml de salsa de tomate
harina, huevo batido y pan rallado mezclado con panko (para rebozar)
aceite de oliva virgen extra
6 hojas de albahaca
perejil
pimienta
½ cucharadita de pimentón dulce
sal

Para el puré de patata:

1 kg de patata monalisa
50 g de queso *mozzarella* rallado
25 ml de leche
15 g de mantequilla
1 cucharada de perejil picado
sal

CONSEJO

Es importante cocer las patatas enteras, ya que si las troceamos quedarán más aguadas y el puré no quedará tan compacto.

ELABORACIÓN

Calienta una cazuela grande con agua. Pela las patatas y, cuando el agua empiece a hervir, introdúcelas en la cazuela, sazónalas, tápalas y cuécelas durante 30-35 minutos.

Calienta una sartén grande con 3 cucharadas de aceite.

Pela las zanahorias, córtalas en daditos y agrégalas a la sartén. Corta las cebolletas en daditos e incorpóralas. Pela los dientes de ajo, córtalos por la mitad (en horizontal), aplástalos con la hoja del cuchillo, pícalos finamente y agrégalos. Sazona y cocina las hortalizas a fuego medio durante 10 minutos. Baja el fuego al mínimo y sigue cocinándolas durante 10 minutos más.

Salpimienta la carne y agrégala a la sartén. Sube el fuego y cocina la carne durante 2-3 minutos. Incorpora el pimentón y mezcla bien. Vierte encima el vino y dale un hervor para que se evapore el alcohol. Añade la salsa de tomate y cocina conjuntamente durante 4-5 minutos. Retira la boloñesa a un plato y deja que se enfríe. Trocea las hojas de albahaca y agrégalas a la boloñesa.

Escurre las patatas y pásalas por el pasapurés sobre un bol. Incorpora el queso, la leche, la mantequilla, sal (al gusto) y 1 cucharadita de perejil picado. Mezcla bien hasta conseguir una masa homogénea.

Pon agua en un bol y mójate las manos con ella.

Coge una porción de patata en la mano y aplástala un poco. Pon en el centro un poco de boloñesa y cierra el puré a su alrededor hasta formar una bola (para que la patata no se te pegue a las manos, mójate las manos las veces que necesites). Repite el proceso con el resto del puré de patata y de la boloñesa. Pasa las bolas por harina, huevo batido y la mezcla de pan rallado y panko.

Calienta una sartén con abundante aceite. Introduce en ella las bolas (en tandas) y fríelas brevemente hasta que se doren. Retíralas y escúrrelas sobre una fuente cubierta con papel absorbente.

Sirve y decora los platos con unas hojas de perejil.

CRISPIS DE SALMÓN CON SALSA DE YOGUR ANISADA

INGREDIENTES (4 P.)

1 trozo de salmón de 600 g
2 cucharadas de kétchup
1 cucharada de ajo en polvo
1 cucharada de cebolla en polvo
panko (para rebozar)
2 cucharadas de miel
aceite de oliva virgen extra
1 cucharada de tomillo
perejil
1 cucharada de pimentón ahumado
1 cucharada de comino molido
pimienta
sal

Para la salsa de yogur anisada:

1 yogur griego natural
1 cucharada de nata
1 cucharada de vinagre de sidra
1 cucharada de ajo en polvo
1 cucharada de cebolla en polvo
1 cucharada de eneldo seco
1 cucharada de estragón seco
sal

ELABORACIÓN

Retira la piel y las espinas del salmón, córtalo en dados y salpimiéntalos.

Mezcla en un bol el kétchup, el pimentón, el comino, el tomillo, el ajo, la cebolla y 4 cucharadas de aceite. Introduce los dados de salmón en el bol, espolvoréalos con 1 cucharadita de perejil picado y mezcla hasta que el pescado quede bien impregnado con los ingredientes de la mezcla.

Calienta una sartén con abundante aceite. Reboza los trozos de salmón con el panko, introdúcelos en la sartén y fríelos (en tandas) hasta que queden crujientes y se doren. Escúrrelos sobre un plato cubierto con papel absorbente.

Para preparar la salsa, mezcla en un bol el yogur, la nata, el vinagre, el ajo, la cebolla, el eneldo, el estragón y una pizca de sal.

Sirve en cada plato 1 cucharada de salsa de yogur y unos dados de salmón. Aderézalos con unos hilos de miel y decora los platos con unas hojas de perejil.

CONSEJO

Si queremos crear recetas memorables, además de velar por la apariencia y el sabor, hay que cuidar el sonido. El sonido de un alimento, en este caso crujiente, es interpretado por el cerebro como algo apetitoso y saludable.

SALCHIPÁN

INGREDIENTES (1 PAN)

Para el pan trenzado:

- 375 g de harina de fuerza + 25 g para amasar
- 15 g de azúcar
- 20 g de leche en polvo
- 7 g de sal
- 18 g de levadura de panadería
- 100 ml de leche
- 100 ml de agua
- 30 g de mantequilla

Para rellenar y decorar:

- 2 salchichas Frankfurt grandes
- 1 huevo
- hojas de romero y de tomillo

CONSEJO

A la hora de volver a estirar los rollitos es importante que la masa pierda algo de correa y se relaje, por eso se deben dejar reposar durante 4-5 minutos, y tapados con un paño limpio para que no se forme costra.

ELABORACIÓN

Pon la harina en un bol grande con el azúcar, la leche en polvo, la sal, la levadura desmenuzada, la leche y el agua y mezcla bien hasta que se integre la harina.

Incorpora la mantequilla y envuélvela con la masa. Cubre el bol con film transparente y deja reposar la masa (autólisis) a temperatura ambiente durante 30 minutos.

Retira la masa del bol, ponla en la encimera, espolvoréala con un poco de harina y amásala durante 4-5 minutos. Córtala en 3 porciones, redondéalas, tápalas con un paño limpio y deja que fermenten a temperatura ambiente durante unos 45 minutos.

Coge una de las bolas y estírala hasta formar un rollito largo. Repite el proceso con las otras 2 bolas. Tapa los rollitos de masa con un paño limpio y déjalos reposar durante 4-5 minutos. Vuelve a estirar los rollitos hasta conseguir el tamaño deseado (60 cm cada cilindro).

Corta cada salchicha en 6 trozos.

Entrelaza un rollito de masa con 4 trozos de salchicha (formando una trenza) y sella el borde. Repite el proceso con los otros 2 rollitos de masa y los 8 trozos de salchicha hasta conseguir 3 bollos trenzados. Colócalos sobre una bandeja de horno cubierta con papel de hornear, tápalos con un paño limpio y deja que reposen durante unos 90 minutos. Bate el huevo, unta con él los panes y hornéalos a 180 ºC durante 12-15 minutos.

Retíralos del horno y deja que se enfríen sobre una rejilla. Sirve y adórnalos con unas hojas de romero y de tomillo.

PASTA CARBONARA CON HUEVO POCHÉ

INGREDIENTES (4 P.)

- 400 g de pasta fresca
- 4 huevos
- 25 g de mantequilla
- 250 g de beicon
- 400 ml de nata líquida
- 100 g de queso parmesano (60 g rallado + 40 g en 1 trozo)
- 15 hojas de cebollino
- perejil
- sal

CONSEJO

Si quieres hacer huevos a baja temperatura y no tienes la máquina para ello, tan solo necesitarás un bol, huevos y agua hirviendo y proceder como en esta receta.

ELABORACIÓN

Calienta agua en una cazuela hasta que empiece a hervir. Pon los huevos en un bol grande, viérteles el agua encima, tapa el bol (herméticamente) con film transparente y déjalos en el bol durante unos 20 minutos.

Calienta la mantequilla en una sartén. Corta el beicon en tiras finas, añádelas y cocínalas a fuego fuerte hasta que se doren.

Vierte la nata en la sartén y deja que reduzca durante 3-4 minutos a fuego medio. Agrega el queso rallado, mezcla bien y baja el fuego al mínimo (para mantener la salsa caliente).

Calienta una cazuela grande con abundante agua. Cuando empiece a hervir, sazónala, introduce en ella la pasta y cuécela durante el tiempo que indique el paquete (unos 4 minutos).

Pica las hojas de cebollino finamente y resérvalas.

Sirve la salsa en la base de 4 platos y coloca la pasta encima dejando una hondonada en la parte superior. Casca los huevos y pon 1 en cada plato. Ralla el queso encima y espolvorea con el cebollino picado. Decora los platos con unas hojas de perejil.

PAN CON ESPINACAS, JAMÓN Y QUESO

INGREDIENTES (4 P.)

Para la masa:

- 250 g de harina + 25 g para estirar
- 160 ml de agua
- 4 g de sal
- 10 g de levadura de panadería
- ¼ de cucharadita de ajo en polvo
- 2 cucharadas de aceite de oliva virgen extra

Para el relleno:

- 30 hojas de espinaca *baby*
- 8-10 lonchas finas de jamón serrano
- 100 g de queso rallado
- 2 cucharadas de mantequilla (a punto de pomada)
- ½ cucharadita de orégano seco

CONSEJO

El pan de esta receta es un lujo accesible. Puede servirnos de maravilla para tomar como aperitivo, primer plato o merienda.

ELABORACIÓN

Mezcla en un bol la harina, el agua, la sal, la levadura desmenuzada y el ajo en polvo. Cuando la harina esté integrada, agrega el aceite y vuelve a mezclar hasta que se integre. Tapa el bol con film transparente y deja que la masa repose a temperatura ambiente durante 30 minutos como mínimo.

Retira la masa del bol y amásala hasta conseguir una masa lisa y homogénea. Forma con ella una bola, introdúcela en otro bol, tápala con film transparente y deja que fermente a temperatura ambiente hasta que doble su volumen (de 1 ½ a 2 horas).

Espolvorea la encimera con un poco de harina. Pasa la masa del bol a la encimera y estírala de las esquinas hasta formar un rectángulo. Termina de estirarla con un rodillo, partiendo de la parte central hacia los extremos. Espolvorea la masa con un poco de harina y dale la vuelta, de manera que la parte enharinada quede en contacto con la encimera.

Para rellenar la masa, úntala primero con la mantequilla (deja uno de los bordes largos sin untar). Espolvoréala con el orégano y el queso. Extiende encima las lonchas de jamón y las espinacas. Enrolla la masa (empezando por el lado largo untado con mantequilla) hasta formar un rulo. Unta el extremo (el que estaba sin untar con mantequilla) con un poco de agua y sella la junta.

Cubre una bandeja de horno con papel de hornear y coloca encima el pan dejando abajo la parte de la junta. Tápalo con un paño limpio y deja que fermente hasta que doble su volumen (1 hora aproximadamente).

Con una puntilla, hazle 4 cortes por la parte superior y pulverízalo con un poco de agua.

Calienta el horno a 220 ºC. Cuando alcance esa temperatura, bájalo a 190 ºC, introduce el pan en el horno y hornéalo durante 15-20 minutos.

Retíralo del horno, deja que se temple y sirve.

ENREDO DE LENTEJAS Y ARROZ FRITO CHINO

LAS RECETAS DE JOSEBA

INGREDIENTES (4-6 P.)

500 g de lenteja pardina
1 cebolleta picada
1 pimiento verde picado
1 puerro picado
6 dientes de ajo
aceite de oliva virgen extra
1 cucharadita de pimentón
perejil
sal

Para el arroz frito chino:

200 g de arroz de grano largo
1 trozo de jengibre (25 g)
2 dientes de ajo
500 ml de caldo de pollo
2 huevos
1 loncha gruesa de jamón cocido (75 g)
2 cucharadas de salsa de soja
2 cucharadas de aceite de oliva virgen extra
2-3 cucharadas de aceite de sésamo
15 hojas de cebollino
sal

ELABORACIÓN

Pon las lentejas en una olla rápida, cúbrelas con 2 litros de agua, incorpora la cebolleta, el pimiento verde, el puerro y 3 dientes de ajo con piel, sazona y cierra la olla. Cocina las lentejas durante 15 minutos. Abre la olla, pon a punto de sal y agrega el pimentón.

Calienta una sartén con 3 cucharadas de aceite. Pela los otros 3 dientes de ajo, córtalos en láminas, añádelos a la sartén y fríelos hasta que se doren. Vierte el refrito sobre las lentejas y mezcla bien.

Para preparar el arroz chino, calienta una cazuela con las 2 cucharadas de aceite de oliva. Pela el jengibre y los dientes de ajo, córtalos en daditos, añádelos a la cazuela y rehógalos durante 1 minuto. Incorpora el arroz y rehógalo brevemente. Vierte encima el caldo, pon a punto de sal y cocina el arroz durante 9 minutos. Pasa el arroz a un colador, refréscalo bajo el grifo de agua fría para cortar la cocción y escúrrelo bien.

Corta el jamón en daditos y el cebollino en trocitos de 1 cm (aprox.) y resérvalos. Calienta el aceite de sésamo en un wok. Agrega los huevos y revuélvelos hasta que empiecen a cuajar (tienen que estar cremosos). Incorpora el arroz y remueve los ingredientes sin parar hasta que el arroz quede bien impregnado con el huevo. Añade los daditos de jamón, sube el fuego a tope, incorpora el cebollino y la salsa de soja y mezcla todo bien.

Coloca un aro de emplatar en el centro de un plato hondo, rellénalo con el arroz frito, sirve las lentejas alrededor y retira el aro de emplatar. Repite el proceso con otros 3 platos y decóralos con unas hojas de perejil.

CONSEJOS

1. Si no os gusta encontraros con trocitos de hortalizas, puedes triturarlas en una picadora antes de añadirlas a las lentejas.
2. Puedes añadir a este arroz cualquier ingrediente que sea de vuestro agrado, como pollo, jamón, hortalizas, setas...

FINGERS DE POLLO Y PATATA CON SALSA DE AJO ASADO Y MOSTAZA

INGREDIENTES (4 P.)

1 pechuga de pollo (350 g)
1 patata mediana
1 cucharada de harina de maíz refinada
1 huevo
½ cucharadita de ajo en polvo
1 cebolla morada
panko (para rebozar)
aceite de oliva virgen extra
½ cucharadita de pimentón dulce
perejil
sal

Para la salsa de ajo y mostaza:

1 cabeza de ajos asada
1 cucharada de mostaza a la antigua
1 huevo
1 cucharada de zumo de limón
150 ml de aceite de oliva virgen extra
sal

ELABORACIÓN

Coloca la patata en un bol, tápala con film transparente y pínchalo. Introduce la patata en el microondas y cocínala durante 6 minutos. Deja que se temple, pélala, córtala en dados y ponla en la picadora. Incorpora la harina de maíz, el huevo, el ajo y el pimentón. Pela la cebolla, córtala en daditos y añádela. Corta la pechuga de pollo en dados y agrégala. Sazona, pica todo bien (1-1,5 minutos) hasta conseguir una masa e introdúcela en una manga pastelera.

Pon el panko en una fuente. Con ayuda de la manga pastelera, forma sobre el panko 4-5 bastones. Rebózalos bien y fríelos en una sartén con abundante aceite caliente hasta que se doren. Retíralos y escúrrelos sobre un plato cubierto con papel absorbente. Repite el proceso hasta terminar con toda la masa.

Para preparar la salsa, casca el huevo y ponlo en un vaso batidor. Pela los dientes de ajo y añádelos. Agrega el zumo de limón, el aceite y 1 pizca de sal y tritura los ingredientes con una batidora eléctrica hasta que liguen. Añade la mostaza y mezcla bien.

Sirve los *fingers* de pollo y acompáñalos con la mayonesa de ajo asado y mostaza. Decora los platos con unas hojas de perejil.

CONSEJO

Encender el horno para asar una cabeza de ajos no es rentable, por lo que te recomiendo que cuando vayas a asar un pollo, unos pimientos o unas patatas, añadas un par de cabezas de ajos para tenerlas disponibles en cualquier momento.

ROLLITOS DE CACHOPO DE POLLO CON SALSA DE QUESO *CHEDDAR*

INGREDIENTES (4 P.)

- 1 pechuga de pollo entera
- 2 lonchas gruesas de queso de tetilla (160 g)
- 2 lonchas de jamón ibérico
- 2 huevos y pan rallado (para rebozar)
- aceite de oliva virgen extra
- perejil
- pimienta
- sal

Para la salsa de queso:

- 150 ml de nata líquida
- 100 g de queso *cheddar*
- 50 g de queso crema

ELABORACIÓN

Corta el queso de tetilla en 4 bastones (si te sobran algunas puntas de queso, puedes aprovecharlas para añadirlas después a la salsa de queso).

Corta cada media pechuga en 2 filetes. Extiende un trozo grande de papel de hornear sobre la tabla, úntalo con un poco de agua, coloca encima (a un lado del papel) 1 filete de pollo, dobla el papel sobre la carne y golpéala (del centro hacia afuera) con un cazo hasta conseguir un filete fino. Coloca encima ½ loncha de jamón y 1 bastón de queso y enrolla el filete. Repite el proceso con los otros 3 filetes.

Para preparar la salsa de queso, pon en un cazo la nata, el queso crema y el queso *cheddar* y calienta los ingredientes sin dejar de remover hasta que queden bien integrados. Reserva la salsa.

Calienta una sartén con abundante aceite.

Bate los huevos en un bol. Salpimienta los rollitos de pollo, pásalos por el huevo batido y rebózalos con el pan rallado. Introduce los rollitos en la sartén y fríelos a fuego medio hasta que se cocinen por dentro y se doren por fuera (unos 8 minutos). Retíralos y escúrrelos sobre una fuente cubierta con papel absorbente.

Sirve la salsa de queso en la base de los platos. Corta los rollitos por la mitad y coloca uno en cada plato. Adórnalos con unas hojas de perejil.

CONSEJO

El cachopo original se elabora con carne de ternera, jamón serrano y queso. Partiendo de esa idea, puedes hacerlos con carne de pollo, de cerdo, de pescado, y rellenarlos con setas, pimientos, espárragos, cecina, marisco... ¡Que triunfe la creatividad!

SHAKSHUKA

INGREDIENTES (4 P.)

- 4 huevos
- 2 cebollas
- 1 pimiento verde
- 1 pimiento rojo
- 1 pimiento amarillo
- 600 g de tomates maduros
- 40 ml de tomate concentrado
- 5 ml de salsa harissa
- 4 bollos de pan de pita
- aceite de oliva virgen extra
- 30 hojas de cilantro fresco
- perejil
- 2 g de pimentón dulce
- 1 g de canela en polvo
- 1 g de pimienta blanca molida
- 2 g de comino molido
- sal

ELABORACIÓN

Calienta una sartén grande con 3-4 cucharadas de aceite.

Pela las cebollas y córtalas en daditos. Retira el tallo y las semillas de los pimientos y córtalos de la misma manera. Añade las hortalizas a la sartén, sazónalas y rehógalas a fuego medio durante 10-15 minutos.

Retira el tallo de los tomates, córtalos en daditos, incorpóralos a la sartén, mezcla bien y cocina todo durante 8-10 minutos hasta que se evapore el agua de las hortalizas. Agrega el tomate concentrado, el pimentón, la canela, el comino, la pimienta y la salsa harissa y mezcla bien.

Marca 4 huecos en las hortalizas, casca los huevos, coloca 1 en cada hueco y sazónalos.

Calienta el horno a 200 °C. Cuando alcance esta temperatura, bájalo a 180 °C e introduce la sartén en el horno. Cocina los huevos durante 6-7 minutos.

Unta los panes con un poco de agua por los dos lados y colócalos sobre una bandeja de horno. Cuando a los huevos les falten 3 minutos, introduce la bandeja con los panes en el horno para que se calienten un poco. Retira del horno los panes y la sartén con los huevos y las hortalizas.

Pica el cilantro finamente y espolvorea con él los huevos.

Abre los bollos de pan por la mitad y rellena cada uno con una porción de hortalizas y 1 huevo. Sirve 1 bollo en cada plato y decóralos con unas hojas de perejil.

CONSEJO

Puedes variar este plato con los ingredientes que tengas a mano, como calabacines, berenjenas, zanahorias, calabaza, puerros..., o con otras especias, o incluso sustituyendo los huevos por tofu si quieres un plato 100 % vegano.

TEQUEÑOS RELLENOS DE QUESO Y SALSA DE CHISTORRA

INGREDIENTES (4 P.)

- 250 g de harina + 25 g para estirar
- 5 g de sal
- 5 g de azúcar
- 10 g de levadura química
- 40 ml de leche
- 1 huevo
- 60 g de mantequilla a temperatura ambiente
- 200 g de queso blando
- aceite de oliva virgen extra
- perejil

Para la salsa de chistorra:

- 100 g de chistorra
- 200 ml de aceite de girasol
- 1 cucharada de vinagre de Jerez
- 2 yemas de huevo
- 1 cucharada de mostaza de Dijon
- 1 cucharadita de pimentón ahumado
- zumo de ½ limón
- sal

CONSEJO

Los tequeños tradicionales se rellenan de queso, pero puedes innovar y cambiar el relleno en función de vuestros gustos.

ELABORACIÓN

Para preparar la masa de los tequeños, mezcla en un bol la harina, la sal, el azúcar, la levadura, la leche, 50 ml de aceite, el huevo y la mantequilla (cortada en dados). Amasa los ingredientes hasta conseguir una masa fina y homogénea, tápala a piel con film transparente, introdúcela en el frigorífico y deja que repose durante 1 hora.

Corta el queso en 16 bastones de 5 x 1 cm.

Espolvorea la encimera con un poco de harina, coloca la masa encima y estírala con un rodillo hasta conseguir una lámina fina. Para igualar la masa, recorta los bordes y córtala en 16 tiras de 2 cm de ancho. Enrolla cada tira alrededor de cada bastón de queso y presiona los bordes, de manera que el queso quede bien envuelto, para formar los tequeños.

Calienta abundante aceite en una sartén, introduce en ella los tequeños (en tandas) y fríelos hasta que se doren. Retíralos y escúrrelos sobre un plato cubierto con papel absorbente de cocina.

Para la salsa, calienta el aceite de girasol en una sartén. Corta la chistorra en trocitos pequeños, agrégala a la sartén y fríela a fuego medio hasta que quede crujiente. Cuela y reserva por separado el aceite y la chistorra. Deja que el aceite se enfríe bien.

Pon el aceite de chistorra en un vaso batidor, añade el vinagre, el pimentón, las yemas, la mostaza, una pizca de sal y el zumo de limón y tritura los ingredientes con una batidora eléctrica hasta que emulsionen. Agrega la mitad de la chistorra crujiente a la salsa y mezcla.

Sirve en cada plato 4 tequeños y 1 cucharada de salsa y salpica la salsa con el resto de la chistorra crujiente. Decora los platos con unas hojas de perejil.

JUDÍAS VERDES CON PATATA ROTA, LÁMINAS DE *FOIE GRAS* Y MAÍZ TOSTADO

INGREDIENTES (4 P.)

- 500 g de judías verdes
- 3 patatas medianas
- 1 trozo de *foie gras* fresco (75 g)
- 50 ml de leche
- 50 g de mantequilla
- 2 dientes de ajo
- 5 lonchas de jamón serrano
- 20 g de maíz frito
- aceite de oliva virgen extra
- perejil
- sal

CONSEJO

En esta receta las judías verdes se preparan al dente, pero si prefieres que estén un poco más blandas, cuécelas durante 10 minutos más.

ELABORACIÓN

Pon agua a calentar en un cazo. Retira las puntas de las judías verdes, córtalas por la mitad a lo largo y después en 3 trozos. Introdúcelas en el cazo, sazónalas, tápalas y cuécelas durante 6-8 minutos. Retíralas, escúrrelas y resérvalas.

Calienta agua en una cazuela. Pela las patatas, trocéalas (cascándolas) y añádelas a la cazuela. Sazona, tapa y cuece las patatas durante 15 minutos. Retíralas, escúrrelas y ponlas en un bol. Agrega la leche y la mantequilla y aplasta un poco las patatas con un tenedor. Tapa el bol con film transparente y reserva las patatas.

Calienta a fuego suave 3-4 cucharadas de aceite en una sartén grande. Pela los dientes de ajo, pícalos finamente y agrégalos a la sartén. Corta las lonchas de jamón en daditos, añádelos y rehógalos brevemente. Incorpora las judías verdes y saltea el conjunto.

Pon el maíz en un mortero y májalo un poco. Vierte encima 2 cucharadas de aceite y mezcla bien.

Pon en cada plato 2 cucharadas de patata rota y reparte encima las judías verdes. Con un pelador de verduras, saca unas lascas de *foie* y corona con ellas los platos. Riégalos con el aceite de maíz frito y decóralos con unas hojas de perejil.

AREPAS DE QUESO Y CEBOLLA

INGREDIENTES (4 P.)

200 g de queso *brie*

5 cebollas moradas (700 g)

aceite de oliva virgen extra

perejil

sal

Para la masa de las arepas:

175 g de harina de maíz blanca precocida

200 ml de agua

20 g de mantequilla (fundida)

5 g de sal

CONSEJO

Para comprobar si las arepas están bien cocidas, coloca una en la palma de la mano y dale un golpe en el centro: si suena a hueco, estará lista para rellenar; si no, habrá que hornearlas durante unos minutos más.

ELABORACIÓN

Pela las cebollas y córtalas en juliana fina. Calienta una sartén con 3 cucharadas de aceite, incorpora las cebollas, sazónalas y cocínalas a fuego suave durante unos 30 minutos, hasta que estén bien doradas.

Para preparar la masa, pon el agua en un bol grande, añade la sal, la mantequilla fundida y la harina de maíz y mezcla bien hasta conseguir una masa homogénea. Tápala con film transparente y deja que repose durante 5-10 minutos.

Divide la masa en 8 porciones, boléalas y aplástalas con las manos hasta conseguir unos discos de 1 cm y medio de grosor.

Calienta una sartén con ½ cucharada de aceite. Extiende 4 arepas en la sartén y dóralas por los dos lados. Retíralas y colócalas sobre una bandeja de horno. Repite el proceso con las otras 4. Coloca las arepas en la parte media del horno y hornéalas a 180 °C (calor arriba y abajo) durante unos 12 minutos. Retíralas, colócalas sobre una rejilla y deja que se templen un poco.

Abre las arepas (sin separarlas del todo) con un cuchillo y rellénalas con un poco de cebolla y 1 loncha gruesa de queso. Sirve 2 arepas en cada plato y adórnalos con unas hojas de perejil.

FISH AND CHIPS DE VERDEL

INGREDIENTES (4 P.)

2 verdeles
1 patata (200 g)
50 g de harina
1 huevo
100 g de harina de tempura
100-125 ml de agua con gas
aceite de oliva virgen extra
perejil
sal

Para el marinado:

½ cucharadita de ajo en polvo
1 cucharadita de pimentón dulce
ralladura de 1 limón
1 cucharada de mostaza de Dijon
1 cucharada de aceite de oliva virgen extra
1 pizca de sal

Para la salsa:

3 cucharadas de mayonesa
1 cucharada de mostaza a la antigua
1 cucharadita de ajo en polvo
1 cucharadita de salsa de soja
1 cucharada de cebolla rehogada
1 cucharadita de cebolla frita crujiente deshidratada

ELABORACIÓN

Corta y retira las cabezas de los verdeles. Con un cuchillo bien afilado, saca los lomos y retírales la piel y las espinas que tienen en la parte de la ventresca. Corta cada uno por la mitad a lo largo (eliminándoles las filas de espinas que tienen en la parte central) y después por la mitad a lo ancho hasta conseguir 16 bastones.

Para preparar el marinado, mezcla en un bol el ajo en polvo, el pimentón, la ralladura de limón, la mostaza, el aceite y la sal. Introduce los bastones de verdel en el bol, úntalos bien con la mezcla y déjalos marinando durante unos 30 minutos.

Lava la patata, envuélvela bien con film transparente, pínchala con un cuchillo, introdúcela en el microondas y cuécela durante 8 minutos. Retírala, quítale el film, pélala y pásala por el pasapurés a un bol. Sazónala, añade los 50 g de harina y mezcla bien. Amasa todo hasta que los ingredientes queden integrados.

Corta un trozo grande de papel de hornear y dóblalo por la mitad. Coloca la masa de patata dentro y estírala con un rodillo. Cuadra los bordes, estírala un poco más y córtala en bastones con un cuchillo. Calienta una sartén con abundante aceite, agrega los bastones de patata y fríelos hasta que se doren (en poco tiempo estarán a punto). Retíralos y escúrrelos sobre un plato cubierto con papel absorbente.

Bate el huevo en un bol. Añade la harina de tempura y mezcla bien. Vierte encima el agua con gas y mezcla hasta conseguir la textura de una crema espesa. Agrega un poco de perejil picado y mezcla. Introduce en el bol los bastones de verdel y rebózalos.

Calienta una sartén con abundante aceite y fríe en ella los bastones de verdel hasta que se doren. Retíralos y escúrrelos sobre un plato cubierto con papel absorbente.

Para preparar la salsa, mezcla en un bol la mayonesa, el ajo en polvo, la salsa de soja, la cebolla rehogada y la mostaza.

Sirve 1 cucharada de salsa en cada plato y espolvoréalas con un poco de cebolla frita crujiente. Coloca en cada uno 4 bastones de verdel y unos bastones de patata (formando un cubo) y decóralos con unas hojas de perejil.

CONSEJO

En esta ocasión hemos acompañado el pescado con una salsa de mayonesa aderezada, pero puedes utilizar cualquier otra que sea de vuestro agrado, como, por ejemplo, kétchup, salsa tártara, salsa de ajo...

PAN CON PATATA Y QUESO

INGREDIENTES (1 HOGAZA)

- 90 g de harina de fuerza + 10 g para estirar
- 55 g de leche
- 40 g de mantequilla fundida
- 1,5 g de sal
- 1 patata mediana
- 60 g de queso *mozzarella*
- 2 cucharadas de mayonesa
- perejil

CONSEJO

En esta receta hemos utilizado patata cocida para rellenar el pan, pero también se pueden utilizar copos de patata deshidratada para hacer el puré de patata.

ELABORACIÓN

Mezcla la harina, la leche, 10 g de mantequilla y la sal en un bol. Cuando los ingredientes estén bien integrados, pasa la masa a la encimera y trabájala hasta que quede lisa y homogénea. Cúbrela a piel con film transparente y deja que repose a temperatura ambiente durante 1 hora.

Calienta agua en una cazuela, introduce en ella la patata y cuécela durante 25 minutos. Retírala, pélala, ponla en un bol y májala bien. Agrega la mayonesa y mezcla bien.

Espolvorea la encimera con un poco de harina, coloca encima la masa, estírala con un rodillo y forma un círculo de unos 22 cm de diámetro. Pon en el centro de la masa la mitad de la *mozzarella,* extiende encima el puré de patata y termina con el resto de la *mozzarella.* Cierra la masa (estirando las esquinas y cerrándolas hacia el centro) y pellizca las puntas hasta que quede bien cerrada. Dale la vuelta, espolvoréala con otro poco de harina y estírala un poco con el rodillo.

Unta una sartén con un poco de la mantequilla fundida, pon encima el pan y cocínalo a fuego suave durante unos 3 minutos. Úntalo por la parte superior con otro poco de mantequilla y dale la vuelta. Repite el proceso tres veces más (en total, 12 minutos).

Córtalo en porciones y sirve. Adorna los platos con unas hojas de perejil.

PAN DE AJO Y QUESO

INGREDIENTES (8 P.)

Para la masa escaldada:

- 130 ml de leche
- 40 g de harina de fuerza

Para la masa de pan:

- 480 g de harina de fuerza + 20 g para estirar
- 25 g de azúcar
- 10 g de sal
- 35 g de crema de queso
- 20 g de levadura fresca
- 2 huevos
- 160 ml de leche
- 35 g de mantequilla (a punto de pomada)
- la masa escaldada

Para rellenar y decorar:

- 80 g de mantequilla (a punto de pomada) + 20 g para hornear
- 1 cabeza de ajos asada
- 200 g de queso *mozzarella* rallado
- 1 cucharada de hierbas provenzales
- hojas de tomillo
- pimienta negra
- sal

ELABORACIÓN

Para hacer la masa escaldada, pon la leche a calentar en un cazo. Cuando empiece a hervir, retira la cazuela del fuego, añade la harina de golpe y mezcla bien con una varilla hasta conseguir una papilla homogénea. Pasa la masa a un bol y deja que repose a temperatura ambiente por lo menos durante 2 horas.

Para la masa de pan, pon la harina, el azúcar, la sal, la crema de queso, la levadura desmenuzada, los huevos y la leche en un bol grande. Incorpora también la masa escaldada y mezcla los ingredientes hasta que la harina se integre. Incorpora la mantequilla y amasa a mano hasta que quede bien integrada. Tapa el bol con film transparente y deja que repose durante 30 minutos a temperatura ambiente (autólisis).

Pasa la masa a la encimera y amásala durante 4-5 minutos. Ponla de nuevo en el bol, tápala con film y deja que fermente a temperatura ambiente hasta que doble su volumen (unas 2-3 horas).

Divide la masa en 4 porciones y amásalas para formar 4 bolas. Colócalas sobre una bandeja de horno cubierta con papel de hornear, tápalas con un paño limpio y deja que reposen a temperatura ambiente durante 30 minutos.

Para hacer la mantequilla de ajo, pon los 80 g de mantequilla en un bol, agrega la pulpa de la cabeza de ajos, las hierbas provenzales, una pizca de pimienta y otra pizca de sal. Mezcla bien, hasta que los ingredientes queden bien integrados.

Para montar el pan, espolvorea una bola de masa con un poco de harina, estírala con un rodillo hasta conseguir un rectángulo de 20 x 15 cm y úntala con ¼ parte de la mantequilla de ajo. Espolvoréala con ¼ parte del queso y córtala en 12 cuadrados. Vete montando los trozos, uno sobre otro, e introdúcelos (de lado) en un molde rectangular (tipo bizcocho de 30 cm). Repite el proceso con el resto de los ingredientes (bolas, mantequilla de ajo y queso) y termina de rellenar el molde. Tápalo con un paño limpio de cocina y deja que fermente hasta que doble su volumen (unas 2 horas). Corta los 20 g de mantequilla en dados y colócalos en la parte superior.

Hornea el pan a 180 °C durante 25-30 minutos.

Retira el molde del horno, deja que se temple y desmóldalo. Sirve y adórnalo con unas hojas de tomillo.

CONSEJO

Para asar la cabeza de ajos, colócala en un recipiente apto para el horno y hornéala a 180 °C durante 30 minutos. Te recomiendo que mientras estés asando algún alimento aproveches el calor para asar la cabeza de ajos.

PICOS CAMPEROS

INGREDIENTES (4 P.)

- prefermento (86 g)
- 250 g de harina
- 100 ml de agua
- 25 ml de aceite de oliva virgen extra
- 1 g de levadura seca de panadería
- 3 g de sal
- perejil (para decorar)

Para el prefermento:

- 50 g de harina
- 35 ml de agua templada
- 1 g de levadura seca de panadería

CONSEJO

Dependiendo de la posición en que estén las bandejas en el horno, los picos se tostarán más o menos, por lo que te recomiendo que vigiles el proceso y, si fuera necesario, cambies las bandejas de posición.

ELABORACIÓN

Para hacer el prefermento, pon la harina, la levadura y el agua en un bol y mezcla bien hasta conseguir una masa. Tapa con film transparente y deja que repose durante 2 horas a temperatura ambiente.

Pasa el prefermento a un bol grande. Agrega el agua, la harina, la levadura, la sal y el aceite y mezcla bien hasta que la harina se integre. Tapa la masa con film transparente y deja que repose a temperatura ambiente durante 30 minutos (autólisis).

Retira la masa del bol, ponla sobre la encimera y amásala durante 4-5 minutos. Pon la masa en un bol, tápala con film transparente y deja que fermente (90 minutos a temperatura ambiente y 30 minutos en el frigorífico) hasta que doble su volumen.

Divide la masa en 5 porciones y forma con ellas 5 rulos. Divide cada rulo en 20 piezas, estíralas un poco y afílales las puntas hasta conseguir los piquitos.

Cubre 3 bandejas de horno con papel de hornear, coloca encima los picos, tápalos con 3 paños de cocina limpios y déjalos fermentar a temperatura ambiente hasta que doblen su volumen (40-50 minutos).

Pulveriza los picos con un poco de agua y hornéalos a 190 °C (calor arriba y abajo) durante 14-16 minutos.

Sirve y adorna con unas hojas de perejil.

PAN DE ESPELTA

INGREDIENTES (1 PAN / 4 P.)

- 300 g de harina de espelta + 15 g para amasar
- 10 g de levadura de panadero
- 5 g de sal
- 170 ml de agua (a temperatura ambiente)
- 3 cucharadas de aceite de oliva virgen extra
- 1 cucharada de pipas de girasol crudas

ELABORACIÓN

Pon la harina en un bol grande. Desmenuza encima la levadura, agrega la sal y el agua y mezcla bien hasta que la harina esté bien integrada. Incorpora 2 cucharadas de aceite y vuelve a mezclar. Tapa el bol con film transparente y deja que repose (autólisis) durante 30 minutos a temperatura ambiente.

Espolvorea la masa con un poco de harina, sácala del bol, ponla en la encimera, amásala durante 4-5 minutos y forma con ella una bola.

Vierte la otra cucharada de aceite en un bol, pon la masa dentro y úntala en el aceite. Tapa la masa con film transparente y deja que fermente a temperatura ambiente hasta que doble su volumen (2-3 horas).

Retira la masa del bol, quítale el exceso de aire, hazle 2-3 pliegues, forma con ella un cilindro (introduciendo los bordes hacia el centro) e introdúcela en un molde rectangular (tipo bizcocho). Mójate las manos con un poco de agua, humedece con ellas la parte superior del pan y espolvoréalo con las pipas de girasol.

Tapa la masa con un paño de cocina limpio y deja que fermente a temperatura ambiente hasta que doble su volumen (unas 2 horas).

Calienta el horno (calor arriba y abajo sin aire), coloca la rejilla a media altura y una bandeja de horno honda en la parte inferior del horno. Coloca el pan en el centro de la rejilla y vierte unos 200 ml de agua en la bandeja inferior. Hornéalo a 200 °C durante 15 minutos. Retira la bandeja del agua y hornéalo durante otros 15 minutos a la misma temperatura.

Retira el pan del horno, desmóldalo y deja que se enfríe sobre una rejilla. Córtalo en rebanadas y sirve.

CONSEJO

Es importante que las pipas estén crudas, porque se tostarán durante el horneado del pan.

PAN ALCALINO

INGREDIENTES (5 BARRITAS)

Para la masa:

- 300 g de harina de fuerza + 25 g para estirar
- 200 ml de leche
- 4 g de sal
- 6 g de azúcar
- 5 g de levadura de panadería
- 30 g de mantequilla (a punto de pomada)

Para el baño:

- 400 ml de agua
- 25 g de bicarbonato de sodio

CONSEJO

En esta receta hemos hecho a las barritas una greña ciega, es decir, a mitad de la última fermentación. De esta manera, la greña no se abrirá del todo. Un pan con greña ciega se conservará mejor que uno con greña abierta.

ELABORACIÓN

Pon la harina en un bol, añade la leche, la sal, el azúcar y la levadura desmenuzada y mezcla los ingredientes hasta que la harina quede bien integrada. Incorpora la mantequilla y mezcla suavemente. Tapa la masa con film transparente y deja que repose a temperatura ambiente durante 30 minutos.

Retira la masa del bol, ponla sobre la encimera y amásala durante 3-4 minutos. Ponla de nuevo en el bol, tápala con film transparente y deja que fermente a temperatura ambiente hasta que doble su volumen (de 1 ½ a 2 horas).

Saca la masa del bol, córtala en 5 trozos y boléalos (redondéalos) hasta que cojan tensión. Colócalos sobre una bandeja de horno, tápalos con un paño limpio y déjalos reposar a temperatura ambiente hasta que empiecen a moverse (30-40 minutos aproximadamente).

Calienta el agua en una cazuela hasta que alcance los 50 °C. Retírala del fuego, agrega el bicarbonato y mezcla bien hasta que se disuelva.

Espolvorea la encimera con un poco de harina, golpea una de las bolas de masa con la mano para quitarle el aire y estírala con un rodillo hasta conseguir un rectángulo. Enróllalo, dándole tensión, y forma un rollito. Introdúcelo en la solución de agua y bicarbonato y mantenlo en ella durante 20 segundos.

Cubre la base de una bandeja de horno con un trozo de papel de hornear. Retira el rollito del baño, colócalo en la bandeja de horno y repite el proceso con el resto de los rollitos. Tápalos con un paño limpio y deja que fermenten a temperatura ambiente hasta que doblen su volumen (1-2 horas). A mitad de la fermentación, gréñalos (haz 3 cortes oblicuos sobre la parte superior de cada uno). Introdúcelos en el horno y hornéalos a 200 °C durante 13-15 minutos. Retíralos del horno, colócalos sobre una rejilla y deja que se enfríen. Sirve.

PAN DE ARROZ

INGREDIENTES (4 P.)

- 230 g de arroz glutinoso (tipo sushi)
- 25 ml de aceite de oliva virgen extra
- 15 ml de sirope de arce
- 5 g de sal
- 4 g de levadura seca en polvo
- 150 ml de agua
- romero, tomillo y menta frescos (para decorar)

ELABORACIÓN

La víspera, pon el arroz en un bol, cúbrelo con agua y déjalo a remojo. Escurre el arroz y pásalo a una batidora de vaso junto con el aceite, el sirope de arce, la sal y la levadura. Calienta el agua hasta que humee (unos 70 °C) y viértela encima. Tritura los ingredientes hasta conseguir un puré homogéneo y cuela la mezcla.

Forra un molde rectangular de papel de aluminio con papel de hornear (para que luego sea más fácil desmoldar el pan).

Vierte la mezcla en el molde y deja que fermente en el horno a 40 °C durante 2 horas y media, hasta que doble su tamaño, pulverizándolo con un poco de agua cuando hayan pasado 75 minutos.

Sube la temperatura del horno a 180 °C, pulveriza el pan con otro poco de agua y hornéalo durante 25-30 minutos. Retíralo del horno, espera a que se temple un poco y desmóldalo. Deja que se enfríe sobre una rejilla, retírale el papel de hornear y sirve. Adorna los platos con unas ramas de tomillo y de romero y unas hojas de menta.

CONSEJO

Si no quieres tener el horno encendido tanto tiempo, para que fermente puedes colocar el pan de arroz cerca de la calefacción, del horno, de la chimenea o de cualquier otra fuente de calor.

BAGUETTE CASERA

INGREDIENTES
(2 *BAGUETTES*)

- 380 g de harina + 50 g para estirar
- 300 ml de agua tibia
- 10 g de levadura fresca
- 7 g de sal

CONSEJO

Para cortar el pan siempre es mejor utilizar un cuchillo de sierra, pues este tipo de filo permite desgarrar fácilmente las fibras del pan.

ELABORACIÓN

Pon la harina, la sal, la levadura desmenuzada y el agua en un bol y mezcla los ingredientes hasta que se integre la harina. Tapa el bol con film transparente y deja que repose a temperatura ambiente durante 30 minutos (autólisis).

Con la ayuda de una espátula de panadero, retira la masa del bol y ponla sobre la encimera. Trabaja la masa con la ayuda de 2 espátulas durante 3-4 minutos. Pasa la masa a un bol, tápala con film transparente y deja que repose a temperatura ambiente durante 1 hora.

Pon agua en un bol y mójate las manos. Sin sacar la masa del bol, hazle 4 pliegues. Mójate de nuevo las manos y dale la vuelta a la masa en el bol. Tapa el bol con film transparente, introdúcelo en el frigorífico y deja que la masa fermente durante 4 horas.

Retira la masa del frigorífico. Espolvorea la encimera con bastante harina, coloca la masa encima y divídela en dos. Enrolla cada mitad para formar 2 barras alargadas.

Partiendo del centro de una barra, enrosca la masa hacia lados opuestos (uno hacia la derecha y otro hacia la izquierda) hasta que coja tensión. Colócala sobre una bandeja de horno cubierta con papel de hornear. Repite el proceso con la otra barra y colócala al lado. Tápalas con un paño de cocina limpio y deja que fermenten durante 1 hora.

Hornéalas a 250 °C (altura media y calor arriba y abajo) durante 20-25 minutos.

Retíralas del horno y deja que se templen sobre una rejilla.

BOLLOS DE PAN RÁPIDOS

INGREDIENTES (6 BOLLOS)

- 400 g de harina de repostería + 25 g para amasar
- 300 g de yogur natural cremoso
- 12 g de levadura química (impulsor)
- 30 ml de aceite de oliva virgen extra
- 7 g de sal
- perejil

ELABORACIÓN

Pon la harina en un bol grande, agrega la levadura, la sal, el aceite y el yogur y mezcla bien hasta que la harina se integre. Tapa el bol con film transparente y deja reposar la masa a temperatura ambiente durante 25-30 minutos (autólisis).

Cubre una bandeja de horno con un trozo de papel de hornear.

Espolvorea la encimera con un poco de harina, pon la masa sobre ella y amásala un poco (1 minuto). Córtala en 6 trozos, amásalos brevemente, redondéalos y colócalos sobre la bandeja de horno. Tápalos con un paño de cocina limpio y deja que reposen durante 15 minutos.

Hornea los bollos a 220 °C (altura media y calor arriba y abajo) durante 15 minutos. Retíralos del horno y deja que se templen sobre una rejilla.

Sirve y adorna con unas hojas de perejil.

CONSEJO

Estos panecillos se pueden congelar perfectamente. Espera a que se enfríen y congélalos dentro de una bolsa cerrada herméticamente. Para comerlos, descongélalos a temperatura ambiente. Quedarán como recién hechos.

PAN CHINO

INGREDIENTES (8 BOLLOS)

- 300 g de harina + 25 g para estirar
- 190 ml de leche
- 4 g de levadura fresca
- 40 g de azúcar
- 2 g de sal
- 20 g de mantequilla
- aceite de girasol
- hojas de menta

CONSEJO

Una vez cocinados los bollos al vapor, puedes sacarlos y freírlos directamente, pero a mí me gusta dejarlos reposar durante unos minutos por si acaso estuvieran húmedos por el vapor de la cocción.

ELABORACIÓN

Pon la harina en un bol. Añade la leche, la levadura, la mitad del azúcar y la sal y mezcla los ingredientes hasta que se integre la harina. Tapa el bol con film transparente y deja que repose a temperatura ambiente durante 30 minutos (autólisis).

Espolvorea la encimera con un poco de harina, pon la masa encima y amásala durante unos 5 minutos. Forma una bola y ponla (dejando el pliegue hacia abajo) en un bol. Tápala con film transparente y deja que fermente a temperatura ambiente hasta que doble su volumen (1 hora-1 hora y media).

Espolvorea la encimera con un poco de harina. Saca la masa del bol, desgasifícala (aplástala un poco) y estírala un poco dándole forma de rectángulo. Estírala un poco más con un rodillo hasta conseguir un rectángulo fino. Espolvoréala con otro poco de harina, da la vuelta a la masa y unta toda la superficie con la mantequilla. Enrolla la masa hasta formar un rulo. Para igualar la masa, corta los extremos y retíralos. Corta el rulo en 8 trozos, pon cada uno sobre un trozo de papel de hornear, tápalos con un paño de cocina limpio y deja que fermenten hasta que doblen su volumen (1 hora aproximadamente).

Coloca 4 trozos de masa (con su papel) dentro de una vaporera, cuécelos durante 4-5 minutos y pásalos a una fuente. Repite el proceso con los otros 4 bollos.

Calienta abundante aceite en una sartén honda, introduce en ella 4 bollos y fríelos hasta que se doren por fuera y se hagan por dentro. Retíralos y escúrrelos sobre una fuente cubierta con papel absorbente. Repite el proceso con los otros 4 bollos.

Espolvorea los bollos con el resto del azúcar, sirve 2 en cada plato y decóralos con unas hojas de menta.

LAS RECETAS DE JOSEBA

PANECILLOS DE MANZANA

INGREDIENTES (12 BOLLOS)

450 g de harina de fuerza + 25 g para estirar

80 g de manzana Fuji (rallada)

125 g de masa escaldada

125 g de yogur griego sin azúcar

1 huevo (tamaño L)

40 g de mantequilla fundida

8 g de sal

2 g de levadura fresca

1 cucharadita de canela en polvo

40 g de azúcar moscabado

Para la masa escaldada:

25 g de harina de fuerza

120 ml de agua

Para decorar:

1 rama de canela

almendra fileteada

1 huevo

hojas de menta

CONSEJO

Si quieres dar brillo a los panecillos, puedes prepararles un baño: cuece azúcar y leche a partes iguales hasta que los ingredientes queden bien integrados, pasa la mezcla a un bol, deja que se enfríe y baña los panecillos con la mezcla cuando los retires del horno.

ELABORACIÓN

Para preparar la masa escaldada, calienta el agua y la harina en un cazo y mézclalos con una varilla manual hasta que empiece a hervir y los ingredientes se integren. Retira la masa a un bol y deja que se enfríe.

Mezcla en un bol grande el yogur, la masa escaldada, el huevo, la mantequilla fundida, la sal, la levadura (desmenuzada), la canela, el azúcar y la manzana rallada. Incorpora la harina y mezcla los ingredientes hasta que la harina se integre. Tapa el bol con film transparente y deja que la masa repose a temperatura ambiente durante 30 minutos (autólisis).

Espolvorea la masa con un poco de harina, úntate las manos con otro poco, retírala del bol y amásala sobre la encimera hasta conseguir una textura lisa, elástica y con tensión (unos 5 minutos). Pon la masa en un bol, tápala con film transparente y deja que fermente entre 3 y 6 horas (según la temperatura ambiente).

Saca la masa del bol, espolvoréala con un poco de harina, divídela en 12 porciones y boléalas (dales forma redonda).

Cubre la base de 12 moldes de flan con un trozo de papel de hornear y coloca una bolita en cada molde (dejando la parte del pliegue en la parte inferior). Tápalos con un paño de cocina limpio y deja que fermenten a temperatura ambiente hasta que doblen su volumen (unas 2-3 horas). Bate el huevo y pinta con él la parte superior de los bollos. Corta la rama de canela en trocitos y coloca uno en la parte superior de cada bollito (a modo de tallo). Coloca, al lado del tallo, 2 láminas de almendra (a modo de hojas).

Hornea los panecillos a 190 ºC (altura media y calor arriba y abajo) durante 18 minutos. Retíralos, desmóldalos y deja que se enfríen sobre una rejilla. Sirve y decora con unas hojas de menta.

LAS RECETAS DE JOSEBA

TORTILLA DULCE DE PAN

INGREDIENTES (6-8 P.)

- 300 g de pan del día anterior (o bollos de leche, *brioche*...)
- 700 ml de leche
- 2 cucharadas de aroma de vainilla
- 100 g de azúcar
- 4 huevos
- 15 g de mantequilla
- azúcar con canela (a partes iguales)
- frambuesas
- hojas de menta

Para la salsa de chocolate:

- 70 g de chocolate de cobertura en gotas
- 25 g de cacao
- 200 ml de agua
- 40 g de azúcar
- 60 g de mantequilla

ELABORACIÓN

Trocea el pan y ponlo en un bol grande. Vierte encima la leche y el aroma de vainilla. Mezcla bien y deja que repose hasta que el pan absorba toda la leche (1 hora aproximadamente).

Para preparar la salsa de chocolate, calienta en un cazo el agua con el azúcar y el cacao. Cuando los ingredientes se disuelvan, pasa la mezcla a un bol, añade el chocolate de cobertura y remueve hasta que se funda. Incorpora la mantequilla al bol y vuelve a remover hasta que quede bien integrada. Reserva la salsa.

Añade el azúcar al bol con el pan remojado en leche y mezcla bien. Bate los huevos en otro bol, viértelos sobre el pan y mezcla bien.

Engrasa una sartén con la mitad de la mantequilla, vierte en ella la mezcla y cuaja la tortilla por un lado. Dale la vuelta con un plato, unta la sartén con el resto de la mantequilla y coloca de nuevo la tortilla en la sartén. Cuájala por el otro lado hasta que el interior también quede cuajado.

Retira la tortilla de la sartén y espolvoréala con la mezcla de azúcar y canela. Córtala en porciones, y adórnalas con unas frambuesas y unas hojas de menta. Salsea los platos con la salsa de chocolate y sirve.

CONSEJO

Esta es una receta de aprovechamiento, muy económica, fácil y rápida de preparar. Su sabor nos recordará al de las torrijas. Además, es perfecta para aprovechar las sobras de bizcochos, galletas, magdalenas o cualquier otro alimento similar que tengas olvidado por la cocina. Solo tienes que sustituir la cantidad de pan por la del otro ingrediente que elijas.

BOLLOS DE CALABAZA

INGREDIENTES (10 BOLLOS)

- 100 g de calabaza asada triturada
- 375 g de harina de fuerza
- 1 huevo
- 7 g de sal
- 50 ml de leche condensada
- 15 g de levadura fresca
- 75 ml de agua
- 50 g de mantequilla a temperatura ambiente
- aceite de oliva virgen extra

Para el brillo:

- 100 ml de leche
- 100 g de azúcar

Para decorar:

- 2-3 ramas de canela
- hojas de menta

Otros:

- 30 trozos de hilo de bridar de 30 cm

ELABORACIÓN

Pon la harina, el huevo, la sal, la calabaza y la leche condensada en un bol grande y mézclalos un poco. Desmenuza la levadura, disuélvela bien en el agua, añádela al bol y vuelve a mezclar. Funde la mantequilla en el microondas, incorpórala al bol y amasa todo un poco hasta que se integre la harina. Tapa el bol con film transparente y deja que repose durante 30 minutos (autólisis).

Saca la masa del bol, ponla sobre la encimera y amásala hasta conseguir una masa homogénea y lisa. Vierte 1 cucharadita de aceite en el bol, coloca dentro la masa, tápala con film transparente y deja que fermente hasta que doble su volumen (unas 2 horas).

Retira la masa del bol, forma con ella un cilindro, córtalo en 10 porciones y dales forma de bola.

Unta los hilos de bridar con aceite. Coloca 3 hilos cruzados (formando una estrella) sobre la encimera y coloca en el centro de los hilos una bolita de masa. Une los extremos de cada hilo y átalos (sin apretar) para que queden marcadas 6 divisiones (6 gajos). Corta los trozos sobrantes de hilo y repite el proceso con el resto de las bolitas. Coloca las bolitas sobre una bandeja de horno cubierta con papel de hornear, tápalas con un paño limpio de cocina y deja que fermenten hasta que doblen su volumen (aproximadamente 1 hora-1 hora y media). Pulverízalas con un poco de agua.

Hornea las bolitas a 180 °C durante 18-20 minutos, hasta que se doren. Retira los bollos del horno y espera a que se enfríen. Corta los hilos con unas tijeras, retíralos con cuidado y pon los bollos sobre una rejilla con una bandeja de horno debajo.

Pon la leche y el azúcar en un cazo y dale un hervor. Pasa la mezcla a un bol y deja que se enfríe. Unta los bollos con la mezcla para darles brillo.

Corta las ramas de canela en trocitos (para simular el tallo de las calabazas) y pon uno en el centro de cada bollo. Sirve y adorna los platos con unas hojas de menta.

CONSEJO

Estos bollos de calabaza son perfectos para comer en el desayuno o en la merienda. Se pueden tomar con café, té, chocolate o leche, y combinan muy bien con mermeladas, crema de cacahuete e incluso con jamón cocido o queso.

NEW YORK ROLLS RELLENOS DE CREMA PASTELERA Y MERMELADA

INGREDIENTES (4 P.)

- 1 lámina de hojaldre
- 200 g de crema pastelera
- 80 g de mermelada de frutos rojos
- 100 g de chocolate de cobertura
- 1 cucharada de fresas liofilizadas picadas
- hojas de menta

CONSEJO

En esta receta hemos empleado crema pastelera y mermelada para el relleno, pero puedes usar los ingredientes que más te gusten: nata, chocolate, crema de plátano, crema de pistacho...

ELABORACIÓN

(Para hacer esta receta necesitarás 4 cortapastas redondos o aros de emplatar de 12 cm de diámetro y 4 cm de altura.)

Extiende la lámina de hojaldre sobre la encimera y corta 4 tiras de 35 cm de largo x 3,5 cm de ancho (es importante que la anchura sea un poco inferior a la altura del molde) sin arrastrar el cuchillo (para que durante el horneado el hojaldre crezca uniformemente). Enrolla cada tira formando una caracola.

Cubre una bandeja de horno con un trozo grande de papel de hornear, pon encima los 4 cortapastas y coloca 1 caracola en el centro de cada uno. Cúbrelos con otro trozo de papel de hornear y ponles encima algo de peso (por ejemplo, una fuente apta para el horno) para que en lugar de crecer hacia arriba lo hagan hacia los laterales. Hornéalos a 180 ºC (calor arriba y abajo y altura media) durante 25-30 minutos. Retíralos del horno, colócalos sobre una rejilla y deja que se enfríen.

Ponlos de lado y haz 3 agujeros pequeños y profundos (sin llegar al fondo) en uno de los lados de cada uno. Introduce la crema pastelera y la mermelada de frutos rojos en 2 mangas pasteleras. Rellena los agujeros de los extremos con la crema pastelera, y el del centro, con la mermelada de frutos rojos.

Coloca el chocolate en un bol y fúndelo en el microondas. Baña con el chocolate fundido la parte superior de los rollos de hojaldre (donde hiciste los agujeros) sumergiéndolos en el bol y espolvorea con las fresas liofilizadas. Sirve 1 *New York roll* en cada plato y adórnalos con unas hojas de menta.

MINIDÓNUTS DE CHOCOLATE

INGREDIENTES (12 UNIDADES)

- 150 g de harina de fuerza + 25 g para espolvorear
- 6 g de levadura fresca
- 1,5 g de sal
- 35 ml de agua
- 20 g de azúcar
- 1 huevo pequeño
- 1 yema de huevo
- ralladura de ½ limón
- 30 g de mantequilla (a punto de pomada)
- 300 g de chocolate negro de cobertura
- pepitas de chocolate blanco (o chocolate blanco rallado)
- aceite de girasol
- hojas de menta

CONSEJO

Es mejor emplear aceite de girasol para freír los dónuts, en lugar de aceite de oliva, porque así no les aportará sabor ni aroma.

ELABORACIÓN

Pon la harina en un bol grande y desmenuza la levadura encima. Añade la sal, el agua, el azúcar, el huevo, la yema y la ralladura de limón y mezcla los ingredientes con una lengua hasta que la harina quede bien integrada. Incorpora la mantequilla y mezcla de nuevo hasta que se integre. Cubre el bol con film transparente y deja que repose la masa durante unos 30 minutos (autólisis).

Espolvorea la encimera con un poco de harina, coloca la masa encima y amásala durante unos 5 minutos. Ponla de nuevo en el bol, tápala con film transparente y deja que fermente a temperatura ambiente hasta que doble su volumen (de 2 a 3 horas).

Saca la masa del bol, divídela en 12 porciones, redondéalas y déjalas reposar durante unos 10 minutos.

Aplasta cada bolita, introduce el dedo índice en el centro y forma los dónuts. Colócalos sobre una bandeja de horno cubierta con papel de hornear, tápalos con un paño de cocina limpio y deja que fermenten durante 30-40 minutos.

Calienta (a 150-160 °C) abundante aceite en una sartén. Introduce en ella 6 dónuts y fríelos hasta que el aceite deje de burbujear. Dales la vuelta y fríelos por el otro lado hasta que se doren. Retíralos y escúrrelos sobre un plato cubierto con papel absorbente. Repite el proceso con los otros 6 dónuts y deja que se enfríen bien.

Funde el chocolate negro al baño maría o en el microondas.

Cubre una bandeja de horno con film transparente. Coloca encima una rejilla de horno y extiende sobre ella los dónuts. Nápalos con el chocolate fundido y adorna la mitad con unas pepitas de chocolate blanco (o con chocolate blanco rallado). Sirve y adorna con unas hojas de menta.

PAN TURCO RELLENO DE CHOCOLATE

INGREDIENTES (8 P.)

- 650 g de harina + 25 g para estirar
- 180 ml de agua tibia
- 200 ml de leche tibia
- 20 g de azúcar
- 10 g de sal
- 12 g de levadura de panadero
- 250 g de crema de chocolate
- 1 huevo batido (para pintar)
- azúcar glas
- hojas de menta

CONSEJO

Si lo prefieres, también puedes rellenar este pan con crema de cacahuete o mermelada en lugar de chocolate.

ELABORACIÓN

Pon la harina en un bol, agrega el agua, la leche, el azúcar, la sal y la levadura desmenuzada y mezcla hasta que la harina quede bien integrada. Amasa brevemente a mano, tapa el bol con film transparente y deja que repose a temperatura ambiente durante unos 30 minutos (autólisis).

Saca la masa del bol, pásala a la encimera, amásala durante 3-4 minutos (plegándola desde los extremos hacia el centro) y forma con ella una bola. Ponla en el bol, tápala con film transparente y deja que fermente a temperatura ambiente durante 2 horas y media (o en el frigorífico de un día para otro).

Pasa la masa a la encimera y espolvoréala con un poco de harina. Estírala con un rodillo hasta formar un rectángulo (50 x 35 cm aprox.) de ½ cm de grosor.

Introduce la crema de chocolate en una manga pastelera y cubre con ella la mitad de la masa (empezando por uno de los lados largos). Enrosca el rectángulo de masa por la parte del chocolate hasta llegar a la parte que no tiene chocolate. Con un cuchillo, marca rayas paralelas (como si fuera un teclado de piano) sobre la parte de la masa que no tiene chocolate.

Humedécete las manos y pásalas sobre la masa (para eliminar cualquier resto de harina que pueda tener). Termina de enrollar la masa, ahora sobre la parte rayada.

Introduce el rollo en un molde de savarín (redondo y con un agujero en el centro), dejando la parte rayada hacia arriba. Tápalo con un paño de cocina limpio y deja que fermente a temperatura ambiente hasta que doble su volumen (1-2 horas). Retira el paño y unta la masa, con la ayuda de un pincel, con huevo batido.

Calienta el horno a 200 °C. Cuando alcance esa temperatura, bájalo a 180 °C, introduce en él el pan y hornéalo (calor arriba y abajo y altura media) durante 35-40 minutos.

Retira el pan del horno y deja que se enfríe. Desmóldalo, espolvoréalo con un poco de azúcar glas, adórnalo con unas hojas de menta y sirve.

PAN DE LECHE JAPONÉS

INGREDIENTES (1 PAN)

Para el tangzhong *(premasa):*

- 20 g de harina de fuerza
- 100 ml de agua (a temperatura ambiente)

Para la masa:

- 280 g de harina de fuerza + 20 g para amasar
- 20 g de azúcar
- 6 g de sal
- 15 g de leche en polvo
- 15 g de levadura de panadería
- 1 huevo
- 80 ml de leche + 4 cucharadas para pintar el pan
- 35 g de mantequilla (a punto de pomada)

Para decorar:

- azúcar glas
- hojas de menta

LAS RECETAS DE JOSEBA

ELABORACIÓN

Para hacer el *tangzhong* (la premasa), mezcla en una cazuelita el agua y la harina, ponla al fuego y cocina los ingredientes sin dejar de remover hasta que espesen. Retira la cazuelita del fuego, pasa la papilla a un bol y deja que se enfríe completamente.

Para hacer la masa, pon la premasa en un bol grande, añade la harina, el azúcar, la sal, la leche en polvo, la levadura desmenuzada, el huevo y la leche (líquida). Mezcla los ingredientes con una espátula hasta que se integre la harina. Incorpora la mantequilla y mezcla hasta que quede bien integrada. Tapa el bol con film transparente y deja que la masa repose a temperatura ambiente durante 30 minutos (autólisis). Pasa la masa a la encimera, espolvoréala con un poco de harina y amásala durante unos 5 minutos. Ponla en un bol, cúbrela con film transparente y deja que fermente durante 2 horas o hasta que doble su volumen.

Espolvorea la encimera con otro poco de harina, coloca la masa encima, estírala hasta formar un cilindro y córtala en 12 porciones. Espolvoréalas con otro poco de harina, amásalas un poco (para desgasificarlas) y redondéalas. Distribuye las bolas de masa sobre un molde redondo de 30 cm. Tápalas con un paño limpio y deja que fermenten durante 1 hora o hasta que doblen su volumen. Pinta el pan con un poco de leche y hornéalo a 180 ºC durante 16 minutos.

Retira el pan del horno, píntalo con otro poco de leche y deja que se temple un poco. Desmóldalo, espolvoréalo (con ayuda de un colador) con el azúcar glas, adórnalo con unas hojas de menta y sirve.

CONSEJO

En esta receta no hemos untado el molde con mantequilla porque hemos utilizado un molde antiadherente. En el caso de que no sea antiadherente, habría que untarlo con mantequilla y espolvorearlo con un poco de harina.

STOLLEN (PAN DE NAVIDAD)

INGREDIENTES (3 BOLLOS)

Para la masa:

- 375 g de harina de fuerza
- 16 g de levadura
- 150 ml de leche (templada)
- 3 g de sal
- 45 g de azúcar
- 180 g de mantequilla
- 2 g de canela molida
- 2 g de cardamomo molido
- 1 g de vainilla (pasta)
- 2 g de clavo molido

Para la mezcla de frutas:

- 100 g de pasas sin semillas
- 100 g de guindas verdes confitadas (picadas)
- 100 g de naranja confitada (cortada en daditos)
- 100 g de almendras (enteras)
- 1 limón
- 100 ml de ron añejo

Para decorar:

- azúcar glas

LAS RECETAS DE JOSEBA

ELABORACIÓN

Pon las frutas (pasas, guindas y naranja) y las almendras en un bol. Ralla encima el limón, añade el ron y deja que se hidraten bien (como mínimo 2 horas, pero mejor si es de un día para otro).

Para hacer la premasa, mezcla en un bol 125 g de harina (reserva el resto), la levadura desmenuzada y la leche. Tapa el bol con film transparente y deja que la masa fermente a temperatura ambiente hasta que doble su volumen (1-2 horas aproximadamente).

Mezcla la canela, el cardamomo, la vainilla y el clavo.

Pasa la premasa a un bol grande y añádele la sal, el azúcar, la mezcla de especias, el resto de la harina (250 g) y la mantequilla cortada en dados. Amasa hasta que los ingredientes queden bien integrados. Tapa el bol con film transparente y deja reposar la masa durante 30 minutos a temperatura ambiente (autólisis).

Pasa la masa a la encimera y amásala hasta conseguir una masa lisa y homogénea (unos 5 minutos). Escurre las frutas y las almendras, incorpóralas a la masa y vuelve a amasar (4-5 minutos) hasta que queden integradas en la masa. Introduce la masa en un bol, tápala con film transparente y deja que fermente a temperatura ambiente hasta que doble su volumen (2 horas aproximadamente).

Corta la masa en 3 trozos, forma con ellos 3 bollos alargados y colócalos sobre una bandeja de horno cubierta con un trozo de papel de hornear. Tápalos con un paño limpio y deja que fermenten a temperatura ambiente durante unos 20 minutos.

Introduce la bandeja en el horno y hornéalos (calor superior e inferior sin ventilación) a 190 °C durante 30 minutos. Retíralos del horno y deja que se enfríen sobre una rejilla. Espolvorea los bollos con el azúcar glas (con ayuda de un colador) y sirve.

CONSEJO

Es recomendable que se dejen macerar las frutas en el ron (o, si lo prefieres, en otro alcohol dulce, infusión, zumo o mezcla) durante varias horas, o incluso días, para que se hidraten muy bien. Además de volver más tiernas las frutas, esa maceración logrará que el *stollen* sea mucho más aromático y se mantenga jugoso durante más días.

BRIOCHE DE CHOCOLATE

INGREDIENTES (4 P.)

Para la masa:

- 300 g de harina + 25 g para estirar
- 25 g de levadura fresca
- 125 ml de leche (templada)
- 1 huevo
- 45 g de azúcar
- ½ cucharadita de sal
- 50 g de mantequilla (a punto de pomada)

Para la crema de chocolate:

- 50 g de chocolate negro
- 20 g de cacao en polvo
- 30 g de azúcar
- 55 g de harina
- 1 pizca de sal
- 1 clara de huevo
- 75 ml de leche
- 25 g de mantequilla

Para decorar:

- baño de leche y azúcar
- hojas de menta

LAS RECETAS DE JOSEBA

ELABORACIÓN

Para la masa, pon la harina en un bol grande, desmenuza encima la levadura y agrega la leche, el huevo, el azúcar y la sal. Amasa los ingredientes hasta que la harina se integre. Incorpora la mantequilla y mézclala. Tapa la masa con film transparente y deja que repose a temperatura ambiente durante 30 minutos (autólisis).

Saca la masa del bol, espolvoréala con un poco de harina y amásala durante unos 5 minutos, hasta conseguir una masa lisa y homogénea. Ponla de nuevo en el bol, tápala con film transparente y deja que fermente a temperatura ambiente hasta que doble su volumen (1-2 horas).

Para la crema de chocolate, mezcla en un bol el azúcar, la harina, el cacao, la sal y la clara de huevo. Calienta la leche en un cazo, llévala a ebullición y viértela en el bol. Remueve bien, pasa la mezcla al cazo y cocínala hasta que espese. Retírala del fuego. Incorpora la mantequilla y el chocolate y vuelve a mezclar hasta que se fundan. Pasa la crema a un bol y deja que se enfríe. Extiende un trozo grande de film transparente sobre la encimera, esparce a un lado la crema de chocolate (formando un rectángulo de 20 x 15 cm) y tápala con el film sobrante. Introdúcela en el congelador y deja que se endurezca.

Para hacer el *brioche* de chocolate, espolvorea la masa con un poco de harina y estírala con un rodillo hasta que tenga el doble de tamaño que el rectángulo de crema de chocolate. Retira el film de la crema de chocolate y colócala sobre un lado de la masa, tápala con el resto de la masa y cierra los bordes (para que el chocolate no se salga). Golpea la masa suavemente con un rodillo para que se vaya estirando poco a poco. Pásale el rodillo por encima y estírala un poco más. Haz un pliegue simple en la masa (dobla primero un extremo hacia el centro y luego dobla, encima de este, el otro extremo), envuélvela en film transparente, introdúcela en el frigorífico y déjala reposar durante 20 minutos. Sácala del frigorífico, espolvoréala con otro poco de harina y vuelve a estirarla (sobre el pliegue simple) con el rodillo. Enrolla la masa formando un cilindro. Recorta las esquinas y corta el cilindro en trozos de 2-3 centímetros.

Introduce los trozos de masa de *brioche* de chocolate en un molde de redondo de 19-20 cm, dejando los cortes hacia arriba y formando una flor. Cubre el molde con film transparente y deja que fermente durante 1 hora aproximadamente. Retira el film y hornea el *brioche* a 180 °C durante 30-35 minutos.

Desmolda el *brioche,* deja que se temple y úntalo con el baño de leche y azúcar. Adórnalo con unas hojas de menta y sirve.

CONSEJO

Para preparar el baño de leche y azúcar, mezcla en un cazo la misma cantidad de leche que de azúcar, dale un hervor, pásalo a un bol y deja que se enfríe bien. Al bañar el *brioche* es importante que el baño esté frío y el *brioche,* templado, pues así el baño cristalizará y le dará un brillo sin igual.

POSTRES

BRAZO DE TIRAMISÚ

INGREDIENTES (6 P.)

Para el bizcocho:

- 3 huevos
- 75 g de azúcar
- 75 g de harina

Para el relleno:

- 3 yemas
- 100 g de azúcar
- 350 g de queso mascarpone (a temperatura ambiente)
- 100 g de nata montada
- 100 ml de café
- 15 ml de licor de almendra amarga

Para decorar:

- cacao puro en polvo
- hojas de menta

CONSEJO

Para que resulte más fácil montar los huevos y el queso, es mucho mejor que estén a temperatura ambiente.

ELABORACIÓN

Para hacer el bizcocho, casca los huevos, añádelos a un bol, agrégales el azúcar y móntalos con una batidora de varillas eléctrica. Tamiza la harina sobre el bol y mézclala (con una lengua) con movimientos envolventes hasta que quede bien integrada.

Cubre una bandeja de horno con un trozo de papel de hornear. Vierte encima la masa y extiéndela suavemente con una espátula fina. Hornéala a 180 °C durante 8-10 minutos. Retira el bizcocho del horno, sácalo de la bandeja y deja que se temple. Coloca otro trozo de papel de hornear cubriendo el bizcocho, dale la vuelta y retira con mucho cuidado el papel sobre el que se horneó el bizcocho.

Para hacer el relleno, pon las yemas y el azúcar en un bol y móntalas con una batidora de varillas eléctrica (hasta que doblen el volumen y clareen). Incorpora el queso (a cucharadas) y bate de nuevo. Agrega la nata montada y mezcla los ingredientes suavemente.

Para montar el brazo, mezcla el café con el licor y, con ayuda de un pincel, unta la plancha de bizcocho con la mezcla (teniendo cuidado de no hacerlo en exceso para que la plancha de bizcocho no se rompa). Cúbrela con la crema, dejando 3-4 cm de uno de los lados largos sin cubrir. Ayudándote del papel de hornear que está en la base del bizcocho, enróllala formando un cilindro. Si quieres emborrachar algo más el bizcocho, puedes hacerlo ahora. Envuelve el bizcocho con film transparente, introdúcelo en el frigorífico y deja que repose durante 4 horas (o, mejor, de un día para otro). Retira el brazo del frigorífico, quítale el film y espolvoréalo con el cacao.

Córtalo en porciones y sirve. Adorna los platos con unas hojas de menta.

CHOCOLATINAS PARA EL CAFÉ

POSTRES

INGREDIENTES (12 P.)

- 1 tableta de chocolate blanco
- 1 tableta de chocolate negro
- 1 tableta de chocolate con leche
- 30 g de almendras
- 30 g de pistachos
- 20 g de fresas liofilizadas
- hojas de menta

ELABORACIÓN

Cubre una bandeja de horno con papel de hornear. Coloca la tableta de chocolate blanco en el centro de la bandeja. Corta la tableta de chocolate negro y la de chocolate con leche en 3 trozos. Coloca a un lado de la tableta de chocolate blanco (pegados) 2 trozos de chocolate negro (a los lados) y 1 de chocolate con leche (en el centro), y, al otro lado, 2 trozos de chocolate con leche (a los lados) y 1 de chocolate negro (en el centro), formando un rectángulo grande.

Calienta el horno a 150 °C, introduce la bandeja en el horno y calienta los chocolates durante 3 minutos.

Retira la bandeja del horno y remueve, con un palillo de brocheta, los chocolates de manera que los colores se mezclen y formen figuras. Reparte por encima las almendras, los pistachos y las fresas. Deja que se enfríe y solidifique.

Corta el chocolate en porciones, sírvelo en una fuente y adórnala con unas hojas de menta.

CONSEJO

En esta receta hemos añadido frutos secos y fresas liofilizadas, pero puedes utilizar cualquier otro ingrediente que sea de tu agrado, como, por ejemplo, semillas de sésamo, pasas, cítricos...

CREMA DE MANGO

INGREDIENTES (4 P.)

- 2 mangos (500 g en limpio, sin piel ni huesos)
- 200 ml de leche evaporada
- 10 g de harina de maíz refinada
- 30 g de azúcar panela
- 6 semillas de cardamomo
- frutos rojos (arándanos, frambuesas)
- hojas de menta

ELABORACIÓN

Pon la leche evaporada en un bol, agrega la harina de maíz, la panela y las semillas de cardamomo y mezcla bien. Pasa la mezcla a un cazo, ponla a calentar y cocínala a fuego suave-medio, sin dejar de remover, durante 3-4 minutos, hasta que espese. Apaga el fuego y reserva la crema.

Pela los mangos, retírales el hueso, trocéalos y ponlos en un vaso batidor. Añade la mezcla anterior y tritura todo bien hasta conseguir una crema homogénea.

Reparte la crema en 4 copas, adórnalas con unos arándanos, unas frambuesas y unas hojas de menta y sirve.

CONSEJO

Si compras un mango y no está suficientemente maduro, mételo en una bolsa de papel, déjalo reposar durante dos días y verás la diferencia.

POSTRES

CORONA DE PISTACHOS Y ALMENDRAS

INGREDIENTES (8 P.)

- 105 g de pistachos
- 105 g de almendras
- 245 g de mantequilla (a punto de pomada)
- 170 g de miel
- 150 g de azúcar blanco
- 110 g de azúcar moreno
- 3 huevos
- 120 g de yogur griego entero
- 8 ml de extracto de vainilla
- 60 ml de leche entera
- 280 g de harina
- 2,5 g de bicarbonato de sodio
- 5 g de levadura en polvo
- mantequilla y harina para el molde
- hojas de menta
- sal

CONSEJO

No te preocupes si parece que la masa del bizcocho se está cortando. En cuanto agregues la harina y mezcles los ingredientes, conseguirás una masa homogénea.

ELABORACIÓN

Unta un molde tipo corona con mantequilla y espolvoréalo con un poco de harina.

Coloca las almendras y los pistachos en una picadora (o usa el accesorio picador de la batidora) y tritúralos un poco. Añade 75 g de mantequilla, la mitad de la miel (85 g) y una pizca de sal. Tritura brevemente hasta que los ingredientes queden integrados. Pasa la mitad de la mezcla al molde y reserva el resto.

Para hacer el bizcocho, pon el resto de la mantequilla (170 g) en un bol grande y bátela con la batidora de varillas eléctrica. Agrega los azúcares (blanco y moreno) sin dejar de batir. Incorpora los huevos de uno en uno y sigue batiendo. Añade el yogur y bátelo. Agrega el resto de la miel (85 g) y sigue batiendo. Finalmente, incorpora la vainilla y la leche y bate de nuevo hasta que se mezclen los ingredientes (no te preocupes si la masa tiene aspecto de estar cortada).

Mezcla la harina con el bicarbonato, la levadura y una pizca de sal, incorpóralos a la masa y mezcla los ingredientes con una lengua hasta que queden bien integrados.

Añade la mitad de la masa al molde (a cucharadas), pon encima el resto de la mezcla de frutos secos con miel y mantequilla, con cuidado de que no toque los bordes del molde (para evitar que se pegue y facilitar luego el desmoldado). Coloca un trapo de cocina sobre la encimera y golpea el molde sobre él para que los ingredientes se vayan asentando. Cubre los frutos secos con el resto de la masa de bizcocho y vuelve a golpear el molde sobre el trapo de cocina para que se asiente bien.

Introduce el molde en el horno y hornéalo a 160 °C durante 50 minutos. Retira el molde del horno, deja que se temple un poco y desmolda la corona. (Es importante no dejar que el molde se enfríe del todo porque la mezcla de frutos secos podría quedar pegada al molde.)

Adorna la corona con unas hojas de menta y sirve.

POSTRES

FLAN PARISINO

INGREDIENTES (4-6 P.)

150 g de pasta quebrada
4 yemas de huevo
125 ml de nata líquida
1 cucharadita de esencia de vainilla
125 g de azúcar
500 ml de leche

Para decorar:

nata montada
frambuesas y arándanos
hojas de menta

ELABORACIÓN

Estira la pasta quebrada con un rodillo, cubre con ella un molde de fondo desmontable y retira los bordes sobrantes. Hornéala a 180 °C durante 8-10 minutos.

Pon las yemas en un bol grande. Vierte encima la nata y mezcla bien con unas varillas. Incorpora la esencia de vainilla y el azúcar y remueve hasta que se integre el azúcar. Incorpora la leche y mezcla de nuevo.

Pasa la mezcla a una jarra, viértela sobre la tartaleta y hornea a 180 °C durante unos 30 minutos. Retira el flan del horno, deja que se enfríe y desmóldalo.

Adórnalo con la nata montada, las frambuesas, los arándanos y unas hojas de menta.

CONSEJOS

1. En esta receta hemos utilizado frambuesas y arándanos para adornar la tarta, pero puedes emplear cualquier otra fruta que tengas en casa. 2. Cuando hagas este tipo de tartas, te recomiendo (por si la tartaleta tuviera algún agujero) que la hornees siempre sobre una bandeja de horno.

CUAJADA CON GALLETAS DE SÉSAMO

INGREDIENTES (4 P.)

- 600 ml de leche de oveja (pasteurizada)
- 12 gotas de cuajo líquido de farmacia
- 50 g de azúcar
- 15 g de semillas de sésamo
- hojas de menta

CONSEJO

Para controlar mejor la temperatura de la leche, es recomendable introducir un termómetro en la cazuela. Cuando alcance los 50 ºC, retira la cazuela del fuego y elabora las cuajadas. Si la leche está a más temperatura, retira la cazuela del fuego y espera hasta que baje a 50 ºC.

ELABORACIÓN

Calienta el azúcar en una sartén hasta que se funda y caramelice. Añade el sésamo y mezcla bien. Con una cucharilla, coge pequeñas porciones del caramelo y distribúyelas (sin que se toquen entre sí) sobre un trozo grande de papel de hornear. Tápalas con otro trozo de papel y pásales el rodillo por encima hasta formar las galletas. Deja que se enfríen.

Reparte el cuajo en 4 vasos o recipientes de cristal (3 gotas en cada uno).

Pon la leche a calentar en una cazuela. Cuando empiece a humear, retírala del fuego, deja que se temple un poco y repártela en los vasos. Espera a que cuaje.

Sirve las cuajadas, acompáñalas con las galletas de sésamo (enteras o troceadas) y decora los vasos con unas hojas de menta.

MOUSSE DE MELÓN CON FRUTOS ROJOS

INGREDIENTES (4 P.)

- 400 g de melón (pelado)
- 300 ml de nata líquida (35 % de materia grasa)
- 2 hojas de gelatina
- 2 cucharadas de azúcar
- frutos rojos (moras, frambuesas y arándanos)
- hojas de menta

ELABORACIÓN

Monta la nata en un bol grande con una varilla manual o con una batidora de varillas eléctrica. Resérvala.

Pon las hojas de gelatina a remojo en un bol con agua fría. Calienta 2 cucharadas de agua en un cazo, introduce en él las hojas de gelatina, remueve y espera a que se diluyan.

Trocea el melón y colócalo en una jarra. Agrega el azúcar y la gelatina diluida y tritura todo con una batidora eléctrica hasta conseguir un puré.

Vierte el puré de melón en el bol de la nata y mezcla los ingredientes con movimientos suaves y envolventes. Pasa la mezcla a una jarra, repártela en 4 vasos, introdúcelos en el frigorífico y espera a que cuajen (1 hora como mínimo).

Reparte los frutos rojos en los 4 vasos y adórnalos con unas hojas de menta.

CONSEJO

Si quieres que la receta contenga menos grasa, puedes sustituir la nata por yogur.

MOUSSE DE YOGUR CON KIWI

INGREDIENTES (4 P.)

- 3 yogures naturales griegos
- 2 kiwis
- 4 hojas de gelatina (8 g)
- zumo de 1 limón
- 4 cucharadas de azúcar
- 2 claras de huevo montadas
- 100 g de nata montada
- zumo de 1 naranja
- hojas de menta

ELABORACIÓN

Pon las hojas de gelatina a remojo en agua fría. Calienta el zumo de limón en un cazo, introduce en él las hojas de gelatina escurridas y remueve hasta que se disuelvan.

Bate los yogures con el azúcar, cuela encima el zumo de limón con la gelatina y mezcla bien. Añade las claras y la nata y vuelve a mezclar.

Reparte la mezcla en 4 vasos, introdúcelos en el frigorífico y déjalos durante 30-60 minutos, hasta que cuajen.

Pela los kiwis, trocéalos y ponlos en un vaso batidor. Agrega el zumo de naranja y tritura con una batidora eléctrica.

Reparte el puré sobre los 4 vasos y sirve. Adórnalos con unas hojas de menta.

CONSEJO

Es importante tener en cuenta que las *mousses* caseras llevan claras crudas, por lo que hay que mantenerlas en el frigorífico y consumirlas pronto.

HOJALDRES DE PIÑONES

INGREDIENTES (4-6 P.)

- 1 lámina rectangular de hojaldre
- 100 g de piñones
- 1 clara de huevo
- 50 g de azúcar
- hojas de menta

ELABORACIÓN

Extiende la lámina de hojaldre sobre su papel. Pásale el rodillo por encima suavemente y córtala en 12 rectángulos.

Cubre la base de una bandeja de horno con papel de hornear y coloca encima los rectángulos de hojaldre sin que se toquen entre sí.

Bate la clara de huevo y, con la ayuda de un pincel, unta con ella la superficie de los hojaldres. Salpícalos con los piñones y espolvoréalos con el azúcar.

Hornéalos a 200 °C durante 15 minutos.

Retíralos del horno, sírvelos y adorna los platos con unas hojas de menta.

CONSEJO

En esta receta hemos utilizado piñones, pero puedes emplear cualquier otro fruto seco que sea de vuestro agrado.

MELOCOTÓN MELBA

POSTRES

INGREDIENTES (4 P.)

2 melocotones

1 cucharada de azúcar

400 ml de helado de vainilla (8 bolas)

hojas de menta

Para el coulis:

250 g de frambuesas

2 cucharadas de azúcar

ELABORACIÓN

Corta los melocotones por la mitad, retírales el hueso y pélalos. Calienta agua en una cazuela, agrega los melocotones y cuécelos durante 1 minuto y medio.

Espolvorea una fuente con un poco de azúcar, coloca encima los melocotones, dejando el agujero hacia arriba, y espolvoréalos con otro poco de azúcar. Tápalos con film transparente, introdúcelos en el frigorífico y espera a que se enfríen (1 hora aproximadamente).

Para el *coulis,* pon las frambuesas en un cazo, agrega el azúcar y pon la mezcla a calentar a fuego suave hasta que el azúcar se disuelva y las frambuesas se deshagan. Cuela la mezcla y deja que se enfríe (1 hora aproximadamente).

Sirve ½ melocotón en cada plato, pon 2 bolitas de helado al lado y salséalos con el *coulis.* Adorna los platos con unas hojas de menta.

CONSEJO

Si no es temporada de melocotones, puedes hacer la receta utilizando melocotones en almíbar.

PASTELITOS DE MANZANA

INGREDIENTES (4 P.)

- 2 manzanas reineta
- 1 lámina de hojaldre
- 3 cucharadas de azúcar
- ½ cucharada de canela molida
- 2 cucharadas de mermelada de albaricoque
- hojas de menta

ELABORACIÓN

Limpia bien las manzanas y pélalas. Corta cada una en 2 rodajas gruesas y descorazónalas.

Mezcla en un plato el azúcar con la canela y reboza las manzanas en la mezcla.

Corta 4 cuadrados de hojaldre (de 12 x 12 cm) y extiéndelos sobre un trozo grande de papel de hornear. Haz una corte con el cuchillo a 1 centímetro del borde (a modo de marco) dejando en el centro de cada lado un trozo pequeño sin cortar.

Coloca una rodaja de manzana rebozada en el centro de uno de los trozos de hojaldre. Coge las esquinas del marco del hojaldre, levántalas e introdúcelas en el centro (agujero) de la manzana. Repite el proceso con el resto de los trozos de hojaldre y las manzanas hasta conseguir 4 pastelitos.

Pon los pastelitos en una bandeja de horno cubierta con papel de hornear y hornéalos a 200 ºC durante 20 minutos.

Retíralos del horno y, con ayuda de un pincel, píntalos con la mermelada. Adórnalos con unas hojas de menta y sirve.

CONSEJO

Si la mermelada está muy fría, estará muy espesa y puede resultar difícil utilizarla para untar los pastelitos. Basta con calentarla ligeramente en el microondas para que puedas manejarla sin dificultad.

PASTELITOS DE PASTA FILO Y PASAS

INGREDIENTES (4 P.)

1 paquete de pasta filo rectangular

30 g de pasas (remojadas)

100 g de mantequilla fundida

3 huevos

370 g de leche condensada

1 cucharadita de esencia de vainilla

250 ml de leche

hojas de menta

ELABORACIÓN

Coge 2 hojas de pasta filo y, con ayuda de un pincel, úntalas con la mantequilla fundida. Pliégalas (como si fueran los pliegues de un acordeón) dándoles la altura del molde que vayas a utilizar (de unos 4 cm). Introdúcelas en el molde siguiendo el contorno. Repite el proceso hasta cubrir todo el interior del molde. Hornea la pasta filo a 200 ºC durante 10 minutos.

Escurre las pasas sobre un plato cubierto con papel absorbente.

Bate los huevos en un bol, agrega la leche condensada y vuelve a batir hasta que se integre. Incorpora la esencia de vainilla y la leche y bate de nuevo hasta conseguir una crema homogénea.

Retira el molde del horno, reparte las pasas por toda la superficie y vierte la crema (a cacillos) encima. Hornea de nuevo a 180 ºC durante 25 minutos.

Retira el molde del horno, espera a que se enfríe y desmolda. Córtalo en 4 porciones y sirve. Adorna los platos con unas hojas de menta.

CONSEJO

Resulta difícil elaborar pasta filo en casa, por lo que te recomiendo comprarla (fresca o congelada) en tiendas especializadas o supermercados.

SAGARGALA

INGREDIENTES (6-8 P.)

- 8 sobaos pequeños
- grosellas y frambuesas
- hojas de menta

Para la compota:

- 500 g de manzanas
- 2 hojas de gelatina
- 1 rama de canela
- 35 g de azúcar
- zumo de ½ limón

Para la crema de queso fresco:

- 250 g de queso fresco
- 3 hojas de gelatina
- 450 ml de nata líquida
- 60 g de azúcar glas

Para el jarabe de vino tinto:

- 300 ml de vino tinto
- 75 g de azúcar
- cáscara de naranja y limón (2 trozos de cada)

ELABORACIÓN

Para la compota, pon las 2 hojas de gelatina a remojar en un bol con agua fría.

Lava las manzanas, trocéalas (con piel y semillas) y ponlas en una cazuela. Añade la rama de canela, el azúcar y el zumo de limón. Pon la cazuela a calentar, tápala y cocina las manzanas a fuego suave durante unos 20 minutos. Incorpora las hojas de gelatina remojadas a la cazuela, mezcla bien y pasa todo por el pasapurés.

Cubre un molde rectangular (tipo bizcocho) con film transparente, vierte en él la compota y extiéndela por la base del molde. Introdúcelo en el frigorífico hasta que endurezca (2-3 horas).

Para el jarabe de vino tinto, pon las cáscaras de naranja y de limón en un cazo, añade el azúcar y el vino y reduce a fuego suave-medio durante 15-20 minutos. Reserva el jarabe.

Para la crema de queso fresco, pon las 3 hojas de gelatina a remojar en un bol con agua fría.

Calienta 100 ml de nata (reserva el resto) en un cazo a fuego suave. Añade las hojas de gelatina y remueve hasta que la gelatina se diluya.

Pon el queso en un bol grande, agrega el azúcar glas y mézclalos con la batidora de varillas eléctrica. Añade el resto de la nata (350 ml) poco a poco y semimonta la mezcla. Incorpora la mezcla de nata y gelatina y remueve los ingredientes con una lengua hasta que queden bien integrados.

Para montar y decorar la tarta, vierte la crema de queso fresco en el molde con la gelatina de manzana. Espera a que se enfríe y se solidifique un poco.

Extiende los sobaos sobre una fuente y emborráchalos (solo por la base) con el jarabe de vino tinto. Ponlos sobre la crema de queso, introduce el molde en el frigorífico y deja enfriar durante 2-3 horas.

Desmolda la tarta y decórala con grosellas, frambuesas y hojas de menta.

CONSEJO

Es mejor hacer la compota sin retirar las cáscaras, las semillas y el corazón de las manzanass, porque estas son las partes de la fruta que más pectina tienen, una sustancia que ayuda a que la compota espese.

POSTRES

TARTA DE CUMPLEAÑOS

INGREDIENTES (6-8 P.)

150 g de chocolate para postres 70 %
150 g de mantequilla
6 huevos
150 g de azúcar
80 g de harina
40 g de almendras molidas

Para la cobertura:

150 g de chocolate para postres 70 %
85 ml de nata líquida
40 g de mantequilla

Para decorar:

150 g de grageas de chocolate
hojas de menta

ELABORACIÓN

Forra un molde redondo de fondo desmontable con papel de hornear y resérvalo.

Para preparar el bizcocho, calienta una cazuela con un poco de agua e introduce en ella un bol. Trocea el chocolate y ponlo en el bol. Agrega la mantequilla y espera a que se fundan, revolviendo la mezcla de vez en cuando.

Casca los huevos, ponlos en otro bol y bátelos un poco con una varilla manual. Agrega el azúcar y bátelos un poco más. Vierte encima la mezcla de chocolate y mantequilla.

Mezcla la harina y la almendra e incorpóralas al bol. Remueve los ingredientes hasta que queden bien integrados.

Vierte la mezcla en el molde y hornéala a 180 °C durante 25 minutos. Retira el bizcocho del horno, deja que se temple y desmóldalo. Colócalo sobre una bandeja de horno cubierta con una rejilla de horno y espera a que se enfríe bien.

Para hacer la cobertura, calienta la nata en un cazo hasta que empiece a hervir. Retira el cazo del fuego y agrega el chocolate (troceado). Mezcla bien hasta que se funda. Incorpora la mantequilla y vuelve a mezclar hasta que los ingredientes queden bien integrados. Cubre el bizcocho con la cobertura y espera a que se enfríe.

Para dar a la tarta forma de pez, córtale una porción (un triángulo), retírala (al retirarla quedará como si fuera una boca) y colócala en el lado opuesto (a modo de cola). Decora la tarta con las grajeas de colores marcando el ojo y las escamas.

Sirve y adórnala con unas hojas de menta.

CONSEJO

Para que el papel de horno quede adherido al molde, puedes untarlo con mantequilla o un poco de aceite.

TARTA DE DULCE DE LECHE (SIN HORNO)

INGREDIENTES (6-8 P.)

Para la base:

150 g de galletas

80 g de mantequilla

Para el relleno:

400 g de dulce de leche

200 ml de nata

4 hojas de gelatina

200 g de queso para untar

Para decorar:

almendras picadas

hojas de menta

ELABORACIÓN

Para preparar la base de la tarta, trocea y tritura las galletas y ponlas en un bol. Funde la mantequilla (calentándola en el microondas o en el fuego) y agrégala al bol. Mezcla las galletas con la mantequilla hasta conseguir una masa compacta. Extiéndela en un molde de fondo desmontable y presiónala para formar la base. Introduce el molde en el frigorífico hasta que la masa se endurezca un poco.

Para el relleno, calienta en un cazo la mitad de la nata (reserva el resto) con las hojas de gelatina (previamente hidratadas en agua fría) hasta que la gelatina se disuelva. Pon el queso en un bol grande y añade la nata reservada anteriormente, el dulce de leche y la nata con gelatina. Bate los ingredientes con una batidora de varillas eléctrica hasta que monten un poco.

Vierte la mezcla en el molde con la base de galleta. Tapa la tarta con film transparente e introdúcela en el frigorífico hasta que se solidifique (mínimo durante 4 horas, pero mejor si se deja de un día para otro).

Retira la tarta del frigorífico, pasa una puntilla por el contorno y desmóldala. Decórala con la almendra picada y las hojas de menta. Córtala en porciones y sirve.

CONSEJO

Puedes triturar las galletas a máquina (picadora) o a mano. En este último caso, pon las galletas en una bolsa y pásales un rodillo por encima hasta que queden reducidas a polvo.

POSTRES

TARTA DE MORAS

INGREDIENTES (6-8 P.)

- 200 g de moras
- 100 g de galletas trituradas
- 25 g de cacao en polvo
- 80 g de mantequilla (fundida)
- 7 g de gelatina (hojas)
- 100 g de arándanos
- 125 g de queso crema (mascarpone)
- 80 g de azúcar glas
- 140 g de nata montada
- moras, arándanos y uvas para decorar

ELABORACIÓN

Mezcla en un bol las galletas trituradas, el cacao y la mantequilla fundida hasta que los ingredientes queden bien integrados. Cubre la base de un molde de fondo desmontable con la mezcla y extiéndela hacia los lados del molde, presionándola, hasta conseguir un pequeño borde por todo el contorno. Introduce el molde en el frigorífico y deja que se enfríe mientras preparas el resto de la receta.

Pon la gelatina en un bol, cúbrela con agua fría y déjala a remojo hasta que se ablande. Escúrrela, ponla en un cazo con 2 cucharadas de agua y caliéntala hasta que se funda.

Pon las moras y los arándanos en un vaso batidor, tritúralos con una batidora eléctrica y cuela la mezcla sobre un bol grande. Agrega la gelatina fundida, mezcla y reserva el puré.

Bate en otro bol el queso con el azúcar glas hasta que queden perfectamente integrados. Agrega la mezcla al bol del puré de frutos rojos con gelatina y remueve hasta que se integren.

Coloca la nata montada en un bol grande, incorpora la mezcla anterior y remueve hasta conseguir una crema homogénea. Viértela en el molde con la base de galleta, introduce la tarta en el frigorífico y déjala reposar durante 4 horas (como mínimo).

Adórnala con moras, arándanos y uvas, y sirve.

CONSEJO

Con 4 horas de reposo en el frigorífico será suficiente, pero, si quieres que esté bien asentada, te recomiendo dejarla enfriar durante 24 horas.

TRUFAS DE PALOMITAS

POSTRES

INGREDIENTES (4 P.)

- 25 g de maíz para palomitas
- 100 g de chocolate de cobertura
- aceite de oliva virgen extra
- hojas de menta

ELABORACIÓN

Calienta 2-3 cucharadas de aceite en una sartén, añade el maíz, tapa la sartén y cocínalo hasta que explote. Retira las palomitas.

Trocea el chocolate, ponlo en un bol y fúndelo al baño maría. Retira el bol del agua, agrega las palomitas y mezcla bien.

Con 2 cucharas, coge pequeñas porciones de la mezcla y colócalas sobre la encimera cubierta con un trozo de papel de hornear. Espera a que se enfríen y endurezcan (unos 30 minutos).

Reparte las trufas en 4 platos y adórnalos con unas hojas de menta.

CONSEJO

Es importante tapar la cazuela o sartén en la que prepares las palomitas, ya que cuando los granos de maíz revientan pueden saltar a una distancia considerable.

ARROZ CON LECHE AL CHOCOLATE

INGREDIENTES (6 P.)

- 100 g de arroz
- 1 l de leche
- 100 g de chocolate para fundir
- 70 g de azúcar
- 4 tiras de corteza de naranja
- 4 tiras de corteza de limón
- 1 rama de canela
- hojas de menta

ELABORACIÓN

Vierte la leche en una cazuela y ponla a calentar a fuego suave. Añade 2 cortezas de naranja y 2 de limón (reserva el resto para decorar) y la rama de canela. Cuando empiece a hervir, incorpora el arroz y cuécelo a fuego lento, removiéndolo de vez en cuando. A los 10 minutos retira la canela, la naranja y el limón y cocínalo durante 15 minutos más.

Agrega el azúcar y el chocolate a la cazuela y remueve los ingredientes hasta que queden bien integrados.

Retira la cazuela del fuego, reparte el arroz en recipientes individuales y espera a que se templen.

Corta el resto de las cortezas de naranja y de limón en juliana muy fina. Adorna los recipientes con la juliana de cítricos y unas hojas de menta y sirve.

CONSEJO

En esta receta hemos saborizado el arroz con leche con chocolate, pero puedes hacerlo con cualquier otro ingrediente que sea de vuestro agrado, como, por ejemplo, café, vainilla, cardamomo, frutas deshidratadas...

BAKLAVA DE PISTACHOS Y CREMA DE QUESO

INGREDIENTES (6 P.)

Para las capas del baklava:

- 6 hojas de pasta filo
- 50 g de mantequilla fundida
- 20 g de azúcar

Para la pasta de pistacho:

- 100 g de pistachos crudos (pelados)
- 50 g de mantequilla a punto de pomada
- 75 g de azúcar glas

Para la crema de queso:

- 220 g de queso crema (a temperatura ambiente)
- 125 g de queso mascarpone (a temperatura ambiente)
- 2 huevos medianos
- 50 ml de nata líquida
- 75 g de azúcar
- 8 g de harina de maíz refinada

Para decorar:

- azúcar glas
- hojas de menta

ELABORACIÓN

Para preparar las capas del baklava, desenrosca las hojas de pasta filo y extiende una sobre la encimera. Úntala con la mantequilla fundida y espolvoréala con un poco de azúcar. Pon encima otra hoja de pasta filo, úntala con mantequilla y espolvoréala con azúcar. Coloca otra hoja encima y repite el proceso. Al final tendrás 3 hojas de pasta filo pegadas entre sí.

Con ayuda de unas tijeras, corta las hojas de pasta filo por la mitad. Cubre el interior de un molde redondo con las láminas de pasta filo cruzadas. Recorta los bordes con unas tijeras y extiéndelos sobre la base. Pincha el fondo (la base) con un tenedor.

Para que las paredes no se caigan, pon una tira gruesa de papel de aluminio por el borde interior de la masa. Hornea la base a 180 ºC durante 8-10 minutos. Retírala del horno y resérvala.

Monta otras 3 hojas de pasta filo de la misma manera que has montado la base. Coloca encima un plato del mismo tamaño que la base y, con ayuda de una puntilla, corta la pasta filo hasta conseguir un círculo. Corta el círculo de pasta en 6 triángulos (que serán las 6 porciones del baklava) y resérvalos en un plato. Reserva también los recortes de pasta filo.

Para la pasta de pistacho, pon la mantequilla fundida, el azúcar glas y los pistachos en una picadora y tritura todo hasta conseguir una pasta homogénea. Cubre la base de pasta filo con la mitad de la pasta de pistacho y reserva el resto.

Para la crema de queso, coloca los huevos, el queso crema, el mascarpone, la nata, el azúcar y la harina de maíz en una picadora y tritúralos hasta conseguir una crema homogénea. Vierte la crema de queso en el molde (sobre los pistachos).

Con los recortes de pasta filo reservados, forma un círculo sobre un plato (un poco más pequeño que el tamaño de la base), cúbrelo con el resto de la pasta de pistachos y colócalo sobre la crema de queso.

Distribuye encima los 6 triángulos de pasta filo reservados y hornea el baklava a 180 ºC durante 30 minutos. Retíralo, deja que se temple y desmóldalo.

Córtalo en 6 porciones, espolvoréalas con un poco de azúcar glas y adórnalas con unas hojas de menta.

CONSEJO

Si os gusta mucho el dulce, puedes hacer un jarabe calentando en un cazo 160 ml de agua con 75 g de azúcar y un trozo de cáscara de limón hasta que se disuelva el azúcar. Al sacar el baklava del horno, lo untas con el jarabe y listo.

ESPIGA DE HOJALDRE Y CREMA DE CHOCOLATE

INGREDIENTES (4 P.)

- 1 lámina de hojaldre rectangular
- 150 g de crema de chocolate
- 1 huevo
- 1 cucharada de miel
- hojas de menta

ELABORACIÓN

Desenrosca la lámina de hojaldre (sobre su papel) y úntala con la crema de chocolate.

Enrolla el hojaldre hasta formar un rulo y colócalo sobre una bandeja de horno cubierta con papel de hornear. Con unas tijeras, hazle unos cortes profundos (partiendo desde la base, pero sin cortarlos del todo) cada 2-3 centímetros. Separa los cortes, uno a cada lado, hasta conseguir una especie de espiga. Bate el huevo y pinta con él la superficie.

Hornea la espiga a 180 °C durante unos 20 minutos. Retíralo y ponlo sobre una fuente.

Mezcla la miel con 1 cucharada de agua y unta con la mezcla la parte superior de la espiga. Decórala con unas hojas de menta y sirve.

CONSEJO

Para dar brillo a nuestra espiga hemos utilizado una mezcla de miel y agua, pero también se puede emplear cualquier mermelada que sea de vuestro gusto.

GACHAS DULCES

POSTRES

INGREDIENTES (4 P.)

- 1 l de leche
- 80 g de harina
- 150 g de azúcar
- 1 tira de corteza de naranja
- 1 tira de corteza de limón
- 4 rebanadas de pan
- aceite de oliva virgen extra
- 1 cucharadita de semillas de anís
- 1 rama de canela
- 1 cucharadita de canela en polvo
- hojas de menta

ELABORACIÓN

Pon la leche a calentar en un cazo. Agrega las cortezas de limón y de naranja, la rama de canela, las semillas de anís y el azúcar. Infusiona la leche, removiéndola a menudo, durante unos 5 minutos. Deja que repose un poco para que absorba bien todos los aromas. Cuela la leche y resérvala.

Corta el pan en daditos y fríelos en una sartén con abundante aceite. Retíralos y escúrrelos sobre un plato cubierto con papel absorbente.

Calienta una sartén con 3 cucharadas de aceite, añade la harina y rehógala bien hasta que se dore un poco. Agrega la leche poco a poco y cocina la mezcla durante 10-12 minutos, sin dejar de remover, hasta que espese y tenga la textura de unas natillas o una bechamel ligera.

Reparte las gachas dulces en 4 recipientes, espolvoréalos con la canela y agrega los dados de pan frito. Adórnalos con unas hojas de menta.

CONSEJO

Las gachas dulces se pueden tomar calientes, templadas o frías. Puedes conservarlas hasta el día siguiente en el frigorífico, pero tendrás que cubrirlas a piel con film transparente.

HOJALDRE DE MANZANA Y CREMA

POSTRES

INGREDIENTES (4-6 P.)

1 lámina de hojaldre

3 manzanas

3 cucharadas de crema pastelera

3 cucharadas de mermelada de albaricoque

hojas de menta

ELABORACIÓN

Desenrosca la lámina de hojaldre (sobre el papel de hornear con el que viene) y colócala (con el papel) sobre una bandeja de horno. Córtala por la mitad (a lo largo) y separa los trozos un poco. Cubre la parte central de cada trozo con la crema pastelera dejando los bordes sin nada de crema.

Pela las manzanas, córtalas por la mitad, descorazónalas, córtalas en láminas finas y distribúyelas (superponiéndolas) sobre la crema.

Introduce la bandeja en el horno y hornea los hojaldres a 200 ºC durante 20-25 minutos.

Retíralos del horno, deja que se templen y píntalos con la mermelada de albaricoque. Córtalos en porciones, sírvelos y adorna los platos con unas hojas de menta.

CONSEJO

En esta receta hemos dado brillo a la tarta con mermelada de albaricoque, pero puedes utilizar cualquier otro sabor que sea de vuestro agrado.

GELATINA DE NARANJA

INGREDIENTES (4 P.)

6 naranjas grandes de mesa
5 hojas de gelatina (10 g)
2 cucharadas de azúcar
16 frambuesas
hojas de menta

ELABORACIÓN

Pon las hojas de gelatina en un bol, cúbrelas con agua fría y espera hasta que se hidraten (5-6 minutos).

Lava bien las naranjas, córtalas por la mitad, exprímelas, pasa el zumo a un bol y resérvalo.

Con ayuda de una cucharilla, vacía 8 cáscaras. Coloca 8 vasitos sobre una fuente grande y pon 1 cáscara de naranja (sin inclinación) en cada uno, dejando la parte vacía hacia arriba.

Mezcla el zumo de naranja con el azúcar.

Pon 50 ml de agua a calentar en un cazo. Cuando empiece a hervir, agrega las hojas de gelatina escurridas y remuévelas hasta que se fundan. Vierte la gelatina en el bol con el zumo de naranja, remueve los ingredientes hasta que se integren y rellena las cáscaras de naranja con la mezcla. Introduce la fuente en el frigorífico hasta que cuajen (mejor si las preparas la víspera).

Sirve 2 medias naranjas en cada plato y decóralos con unas frambuesas y unas hojas de menta.

CONSEJO

Esta gelatina es un postre refrescante y fácil de preparar. Si quieres, puedes sustituir el zumo de naranja por el de la fruta que prefieras.

POSTRES

PASTEL DE GALLETAS Y CHOCOLATE

INGREDIENTES (6 P.)

- 300 g de galletas
- 55 g de azúcar
- 15 g de cacao
- 19 g de harina de maíz refinada
- 190 ml de leche
- 55 ml de nata líquida (35 % de materia grasa)
- 30 g de chocolate de cobertura
- 5 g de almendra picada
- fresas y frambuesas
- hojas de menta

Para la crema de cobertura:

- 150 g de nata líquida (35 % de materia grasa)
- 130 g de chocolate de cobertura
- 1 pizca de sal

ELABORACIÓN

Forra el interior de un molde redondo (de fondo desmontable) con un trozo grande de papel de hornear arrugándolo un poco.

Trocea las galletas y ponlas en un bol.

Mezcla el azúcar, el cacao y la harina de maíz en una cazuela. Añade la leche y la nata y mezcla bien. Trocea el chocolate de cobertura (30 g) y añádelo. Pon la cazuela al fuego y calienta los ingredientes hasta que se funda el chocolate y empiece a hervir.

Vierte la crema de chocolate sobre las galletas y mezcla hasta que las galletas queden bien impregnadas. Pasa la mezcla al molde, tápala con un trozo grande de film transparente y golpea las galletas con la mano de un mortero hasta que queden niveladas.

Para preparar la cobertura, trocea el chocolate y resérvalo. Pon a calentar la nata con la sal en un cazo. Cuando empiece a hervir, retira la cazuela del fuego e incorpora el chocolate troceado. Remueve la mezcla hasta que el chocolate se funda y quede bien integrado con la nata. Vierte la cobertura en el molde, sobre la base de galletas y chocolate, y deja que repose a temperatura ambiente durante 1-2 horas.

Desmolda la tarta, espolvoréala con la almendra molida y adórnala con las fresas, las frambuesas y unas hojas de menta.

CONSEJO

Aunque al principio te parezca que no hay suficiente crema de chocolate para cubrir las galletas, si haces la mezcla con paciencia y poco a poco, verás como quedan perfectamente cubiertas.

TORTA DE REYES (GALETTE DES ROIS)

INGREDIENTES (6-8 P.)

2 láminas redondas de hojaldre
1 huevo
hojas de menta

Para el relleno:

100 g de almendra molida
250 ml de leche
90 g de azúcar
2 yemas de huevo
20 g de harina de maíz refinada
20 g de mantequilla
1 vaina de vainilla

CONSEJOS

1. Los agujeros en la parte superior se hacen, al igual que en las empanadas, para que la masa vaya soltando el vapor interior durante el horneado. 2. La torta de Reyes (receta francesa para el día de Reyes) se puede servir tibia o fría, como más os apetezca. Queda deliciosa si la acompañas con nata, crema ácida o chocolate caliente.

ELABORACIÓN

Mezcla en un bol la harina de maíz y el azúcar. Agrega la mitad de la leche y vuelve a mezclar hasta que los ingredientes queden bien integrados. Corta la vaina de vainilla por la mitad (a lo largo), ráspale la parte interior y agrega las semillas al bol. Incorpora también las yemas de huevo y el resto de la leche y remueve todo hasta conseguir una crema homogénea.

Pasa la mezcla a un cazo y cocínala a fuego suave-medio (sin dejar de remover) hasta que hierva. Aparta el cazo del fuego e incorpora la mantequilla. Pasa la crema a un bol, tápala (a piel) con film transparente y espera a que se enfríe. Agrega la almendra molida, mezcla bien y reserva el relleno.

Desenrosca las láminas de hojaldre (sobre el papel sulfurizado con el que vienen) y extiéndelas sobre la encimera. Con ayuda de 2 platos (uno ligeramente más grande que el otro) corta 2 círculos (1 de cada lámina de hojaldre).

Unta el círculo grande de hojaldre con huevo batido. Con la parte roma de un palillo de brocheta, márcalo superficialmente en 8 octavos. Aprovechando las marcas, dibuja 4 pétalos de flor y 4 espigas. Coloca el hojaldre sobre un plato grande, tápalo con film transparente e introdúcelo en el frigorífico hasta que se enfríe un poco (15 minutos).

Unta el borde de la base (el círculo más pequeño de hojaldre) con huevo batido. Reparte la crema encima (sin tocar la parte pintada con el huevo), tápala con el otro círculo de hojaldre (el más grande) y presiona un poco los bordes para que queden bien sellados. Haz unos agujeros en la parte superior a modo de chimenea.

Introduce la torta en el horno y hornéala a 180 °C durante 30 minutos. Retírala del horno y deja que se temple. Adórnala con unas hojas de menta y sirve.

BANANA SPLIT

INGREDIENTES (4 P.)

- 4 plátanos
- 40 g de mantequilla
- 2 cucharadas de azúcar (30 g)
- 150 g de nata montada
- 4 fresas
- 2 cucharadas de almendra crocanti (30 g)
- 4 bolas de helado de vainilla
- 2 cucharadas de sirope de chocolate
- hojas de menta

ELABORACIÓN

Funde la mantequilla en una sartén. Pela los plátanos, espolvoréalos con el azúcar, introdúcelos en la sartén y cocínalos durante 1-2 minutos. Retíralos y deja que se templen.

Introduce la nata montada en una manga pastelera con boquilla.

Sirve un plátano en cada plato y córtalos por la mitad a lo largo. Limpia las fresas, córtalas por la mitad y coloca 1 mitad en cada extremo (1 fresa por plátano). Rellénalos con la nata montada y espolvoréalos con la almendra. Pon 1 bola de helado en cada plato y aderézalos con unos hilos de sirope de chocolate. Adorna los platos con unas hojas de menta.

CONSEJO

Este postre no puede esperar, hay que comerlo en el momento, en cuanto lo montes.

PIÑA ESPECIADA

INGREDIENTES (4-6 P.)

1 piña natural
250 g de azúcar
2 cucharadas de canela molida
½ cucharada de tomillo
½ cucharada de jengibre molido
½ cucharada de orégano
pimienta negra
10 clavos de olor
4 ramas de canela
helado de vainilla (para acompañar)
hojas de menta

ELABORACIÓN

Pon en un bol grande el azúcar, la canela, el tomillo, el jengibre y el orégano. Muele encima un poco de pimienta y mezcla todo bien.

Pela la piña (sin que le quede ningún ojo) e inserta los clavos a su alrededor. Con una puntilla (cuchillo), haz 4 cortes a la piña e introduce 1 rama de canela dentro de cada uno.

Introduce la piña en el bol, embadúrnala bien con la mezcla de azúcar, especias y hierbas aromáticas y deja que repose en el bol durante 8-10 minutos. Embadúrnala de nuevo en la mezcla y deja que repose otros 8-10 minutos.

Coloca la piña en una fuente apta para el horno y hornéala a 180 °C durante 30 minutos. Retírala del horno y deja que se temple.

Corta la piña en rodajas, sirve 2 en cada plato y salséalas con el jugo que soltó la piña al hornearse. Acompáñalas con el helado y adorna los platos con unas hojas de menta.

CONSEJO

Añadir especias y hierbas aromáticas a nuestras frutas hará que se potencien sus aromas.

NATILLAS DE CHOCOLATE

POSTRES

INGREDIENTES (4 P.)

500 ml de leche
100 g de azúcar
8 yemas de huevo
150 g de chocolate negro
1 cucharadita de harina de maíz refinada
4 galletas redondas
hojas de menta

ELABORACIÓN

Pon 400 ml de leche (reserva el resto) a calentar en una cazuela, agrega el chocolate y espera a que se funda.

Pon el azúcar en un bol, agrega la harina de maíz y el resto de la leche (100 ml) y mezcla bien. Incorpora las yemas y remueve los ingredientes hasta que queden bien integrados.

Vierte la leche chocolateada sobre la crema de las yemas y remueve hasta que se integren. Cuela la mezcla sobre una cazuela y cocina la crema (sin dejar de remover) a fuego suave hasta que espese.

Reparte las natillas en 4 copas (o vasos) y coloca 1 galleta encima de cada una. Decóralas con unas hojas de menta.

CONSEJO

La elaboración de las natillas es muy básica y se puede adaptar al gusto de cada uno, pues, como todas las recetas tradicionales, en cada casa se preparan de diferente manera: con más o menos azúcar, más o menos espesas, o agregando canela, vainilla, café, chocolate o cualquier otro aroma que sea de vuestro gusto.

TARTA CREMOSA DE COCO

INGREDIENTES (6 P.)

400 ml de leche de coco

500 ml de leche

140 g de azúcar

80 g de harina de maíz refinada

170 g de queso mascarpone

50 g de coco rallado (25 g tostado y 25 g natural)

hojas de menta

Para el coulis *de frambuesa:*

125 g de frambuesas

1 cucharada de azúcar

ELABORACIÓN

Mezcla el azúcar y la harina de maíz refinada en un bol. Agrega las leches poco a poco sin dejar de remover los ingredientes con una varilla.

Pasa la mezcla a una cazuela y cocínala a fuego suave (sin dejar de remover) hasta que hierva y espese.

Apaga el fuego, agrega el mascarpone y remueve los ingredientes hasta que queden bien integrados.

Vierte la mezcla en un molde cuadrado de silicona (de 20 cm de lado). Cuando se temple, introdúcelo en el frigorífico y deja que enfríe hasta que cuaje (3-4 horas).

Para hacer el *coulis,* cocina las frambuesas y el azúcar en una sartén hasta que se deshagan. Cuela y reserva el *coulis.*

Desmolda la tarta y decórala (a tu gusto) con el coco rallado.

Corta la tarta en porciones y sirve. Salsea los platos con el *coulis* de frambuesas y adórnalos con unas hojas de menta.

CONSEJO

Para tostar el coco, calienta una sartén, añade el coco rallado y cocínalo a fuego medio-suave, removiéndolo con frecuencia hasta que adquiera un color dorado.

TARTA DE CALABAZA

INGREDIENTES (8-12 P.)

1 lámina de pasta quebrada (230 g)
300 g de calabaza (rallada)
3 huevos
1 yema
300 g de azúcar
120 ml de aceite de girasol
1 cucharada sopera de agua de azahar
300 g de harina
16 g de levadura
½ cucharadita de canela molida
½ cucharadita de jengibre molido
1 pizca de sal
Para decorar:
70 g de pasta quebrada (opcional)
coco rallado
mermelada de albaricoque
hojas de menta

ELABORACIÓN

Pon los huevos y la yema en un bol grande junto con el azúcar y móntalos bien con una batidora de varillas eléctrica. Agrega el aceite poco a poco y sigue montándolos. Incorpora el agua de azahar, la harina (tamizada), la levadura, la canela, el jengibre y la sal y mezcla suavemente con una lengua hasta que los ingredientes queden bien integrados. Finalmente, añade la calabaza rallada y mezcla bien.

Desenrosca la lámina de pasta quebrada y cubre con ella un molde redondo (de silicona o de fondo desmontable). Vierte dentro el relleno de calabaza y hornea la tarta a 210 °C durante 20 minutos.

Si tienes un recorte de pasta quebrada (unos 70 g), puedes aprovecharlo para decorar la tarta. Extiende la masa, recorta en ella unas hojas (puedes usar una plantilla de cartulina) y colócalas en una fuente apta para el horno con el fondo cubierto con papel de hornear. Cubre las hojas con otro trozo de papel de hornear y coloca encima otra fuente (apta para el horno) para que las hojas no se deformen con el peso. Con el resto del recorte de masa, forma bolitas y ponlas en la fuente superior. Introduce las hojas y las bolitas en el horno.

Baja la temperatura del horno a 160 °C y hornea todo (tarta y adornos) durante 15-20 minutos. Retira todo del horno y deja que se enfríen.

Desmolda la tarta, píntala con mermelada de albaricoque y adórnala con el coco rallado, las hojas y las bolitas de pasta quebrada y unas hojas de menta.

CONSEJO

Si quieres que la base de la tarta quede más tostada, puedes hornearla primero a 180 °C durante 15 minutos antes de verter el relleno dentro.

TARTA DE CHOCOLATE Y DULCE DE LECHE (CHOCOTARTA ARGENTINA)

INGREDIENTES (6 P.)

- 375 g de galletas rectangulares de chocolate (54 galletas)
- 450 g de dulce de leche
- 450 g de queso crema
- 250 ml de café
- 80 g de chocolate de cobertura
- 80 ml de nata para montar
- 20 g de mantequilla
- hojas de menta

ELABORACIÓN

Pon el queso y el dulce de leche en un bol y bátelos con una batidora de varillas eléctrica hasta que queden bien integrados. Introduce ⅓ de la mezcla en una manga pastelera y resérvalo para decorar.

Forra el interior de un molde rectangular (25 cm de largo x 11 cm de ancho x 7 cm de alto) con film transparente dejando que sobre un buen trozo por cada lado. Introduce ⅓ de las galletas (una a una) en el café y cubre con ellas la base del molde. Cubre las galletas con ⅓ de la mezcla de queso y dulce de leche. Repite el proceso alternando las galletas (emborrachadas con el café) y el resto de la mezcla de queso y dulce de leche. Termina con una capa de galletas emborrachadas con el café. Dobla las partes sobrantes del film transparente sobre la tarta para taparla, introdúcela en el frigorífico y deja que se enfríe durante 2 horas como mínimo.

Para hacer la *ganache,* pon la nata a calentar en un cazo, agrega el chocolate (troceado) y remueve los ingredientes con una varilla hasta que el chocolate se funda. Apaga el fuego, incorpora la mantequilla y vuelve a mezclar hasta que quede integrada.

Retira la tarta del frigorífico, abre el film transparente, da la vuelta a la tarta sobre un plato y retira el molde y el film. Extiende la *ganache* con una espátula sobre toda la superficie de la tarta, introdúcela de nuevo en el frigorífico y deja que la *ganache* se enfríe.

Retira la tarta del frigorífico y adórnala con la mezcla de queso y dulce de leche reservada. Adórnala con unas hojas de menta.

CONSEJO

Si quieres que la tarta esté bien fría y quede bien asentada, te recomiendo que la prepares la víspera.

POSTRES

TARTA DE NARANJA Y QUESO

INGREDIENTES (8 P.)

- 10 bizcochos de soletilla
- 250 ml de zumo de naranja
- 1 naranja
- frambuesas
- hojas de menta

Para la crema de naranja:

- 250 ml de zumo de naranja
- 70 ml de zumo de limón
- 50 g de azúcar
- 30 g de harina de maíz refinada

Para la crema de queso:

- 250 g de queso mascarpone
- 250 g de yogur griego
- 100 g de azúcar
- 50 g de azúcar avainillado
- 400 ml de nata fría (35 % de materia grasa)
- un poco de ralladura de limón

ELABORACIÓN

Para preparar la crema de naranja, mezcla el azúcar y la harina de maíz en un bol. Agrega los zumos y remueve los ingredientes hasta que queden bien integrados. Pasa la mezcla a una cazuela y caliéntala hasta que espese. Cubre el interior de un molde de cristal (de 22 x 22 cm) con film transparente (dejando que sobre un buen trozo por cada lado), vierte encima la crema de naranja, extiéndela bien y deja que se temple. Introduce la crema en el frigorífico y deja que se solidifique.

Para la crema de queso, pon el mascarpone, el yogur, el azúcar, el azúcar avainillado, la nata y la ralladura de limón en un bol grande y monta la mezcla con una batidora de varillas eléctrica.

Para montar la tarta, pon la crema de queso sobre la crema de naranja, extiéndela bien y alisa la superficie. Pasa el zumo de naranja a un plato llano, moja en él los bizcochos de soletilla y colócalos sobre la crema de queso tapando toda la superficie del molde. Dobla las partes sobrantes del film transparente sobre la tarta para taparla, introdúcela en el frigorífico y déjala enfriar durante 3-4 horas.

Pela la naranja, sácale los gajos en vivo (de manera que queden sin ninguna piel blanca) y resérvalos.

Desmolda la tarta sobre un plato grande y retira el film transparente. Marca las raciones con un cuchillo y pon en cada una 1 gajo de naranja, 1 frambuesa y unas hojitas de menta.

CONSEJO

En esta receta hemos hecho la crema superior con naranja, pero cualquier otro cítrico, como pomelo o lima, podría resultar muy interesante.

FLAN DE MERENGUE

INGREDIENTES (6 P.)

- 7 claras de huevo
- 60 g de azúcar (para montar)
- 125 g de azúcar (para el caramelo)
- 1 lima
- 3 fresas
- hojas de menta

ELABORACIÓN

Pon 125 g de azúcar en una sartén y caliéntalo hasta que se funda y adquiera un color tostado. Vierte el caramelo en un molde (de cristal), extiéndelo bien y deja que enfríe.

Pon las claras en un bol grande, añade 30 g de azúcar y móntalas con una batidora de varillas eléctrica. Agrega el resto del azúcar (30 g), el zumo de ½ lima y un poco de su cáscara rallada. Sigue montando las claras durante 2 minutos, hasta que queden firmes.

Con ayuda de una lengua (o cuchara), pasa el merengue al molde caramelizado, extiéndelo bien y hornéalo al baño maría a 160 °C durante 35 minutos. Retíralo del horno y deja que se temple (unos 30 minutos). Dale la vuelta y desmóldalo.

Lava las fresas, retírales el tallo y colócalas en la parte superior del flan. Decóralo con unas hojas de menta.

CONSEJO

Para desmoldar el flan con facilidad, pasa una puntilla por el borde del molde.

DULCE DE MANDARINA

INGREDIENTES (4 P.)

1.200 g de mandarinas (650 ml de zumo)
40 g de harina de maíz refinada
40 g de azúcar
12 pistachos
4 frambuesas
hojas de menta

ELABORACIÓN

Exprime las mandarinas.

Mezcla la harina de maíz y el azúcar en un bol, añade un poco del zumo de mandarina y remueve los ingredientes (enérgicamente) con una varilla manual hasta que queden bien integrados. Incorpora el resto del zumo de mandarina y mezcla bien.

Pasa la mezcla a un cazo y caliéntala (sin que llegue a hervir) hasta que ligue.

Reparte la crema de mandarina en 4 recipientes de cristal y deja que se templen. Una vez templados, introdúcelos en el frigorífico y deja que se enfríen bien.

Desmóldalos, sirve 1 en cada plato y adorna cada uno con 3 pistachos, 1 frambuesa y unas hojas de menta.

CONSEJO

Las mandarinas se pueden utilizar tanto en platos salados (ensaladas, platos de caza o cerdo) como en platos dulces (macedonias, tartas, cremas).

POSTRES

PERAS ASADAS

INGREDIENTES (4 P.)

- 4 peras conferencia
- 40 g de mantequilla
- 150 g de queso crema
- 20-30 g de almendra crocante (garrapiñada)
- hojas de menta

ELABORACIÓN

Pela las peras, córtalas por la mitad (a lo largo), retírales el corazón y ponlas en un recipiente apto para el horno.

Corta la mantequilla en 8 taquitos y coloca 1 en el centro de cada mitad de pera.

Hornea las peras a 200 °C durante 20 minutos. Retíralas del horno y deja que se templen.

Rellena el centro de cada mitad de pera con 1 cucharadita de queso crema y espolvoréalas con la almendra crocante.

Sirve 2 mitades de pera en cada plato y adórnalos con unas hojas de menta.

CONSEJO

Si no consigues almendra crocante, puedes comprar unas almendras garrapiñadas y golpearlas hasta que queden reducidas a un polvo grueso (grano).

CREMA CATALANA

POSTRES

INGREDIENTES (4 P.)

6 yemas de huevo
700 ml de leche
20 g de harina de maíz refinada
80 g de azúcar
1 trozo de cáscara de limón
1 trozo de cáscara de naranja
1 rama de canela
azúcar para caramelizar
hojas de menta

ELABORACIÓN

Calienta en una cazuela 550 ml de leche (reserva el resto), la cáscara de limón y la de naranja y la rama de canela. Retírala del fuego cuando empiece a hervir.

Mezcla en un bol grande la harina con el azúcar y el resto de la leche (150 ml). Incorpora las 6 yemas y bate todo bien con una varilla manual.

Cuela la leche caliente sobre el bol y mezcla bien. Pasa todo de nuevo a la cazuela y cocina a fuego suave durante 6-8 minutos (sin dejar de remover), hasta que espese.

Reparte la crema en 4 recipientes y espera a que se enfríe.

Espolvorea la crema con azúcar (1 cucharada por recipiente) y quema la superficie con un soplete de cocina hasta que quede caramelizada.

Sirve y decora con unas hojas de menta.

CONSEJO

La crema catalana es deliciosa por sí sola, pero si sois muy golosos, te recomiendo que la acompañes con un poco de nata montada y unos cigarrillos crujientes.

ROLLO DE MERENGUE CON FRESAS

INGREDIENTES (6 P.)

- 5 claras de huevo
- 300 g de fresas
- 200 g de azúcar moreno o de caña
- 20 g de harina de maíz refinada
- 1 cucharadita de esencia de vainilla
- 30 g de almendra fileteada cruda
- 300 ml de nata líquida (35 % de materia grasa)
- 100 g de azúcar blanco
- hojas de menta

ELABORACIÓN

Pon las claras en un bol grande y móntalas con una batidora de varillas eléctrica. Mezcla el azúcar moreno con la harina de maíz, agrega la mezcla (a cucharadas) al bol de las claras y sigue montándolas hasta incorporar toda la mezcla de azúcar y harina. Añade la esencia de vainilla y bate hasta que se integre bien.

Cubre una bandeja de horno con papel de hornear, agrega el merengue y extiéndelo bien con ayuda de una espátula. Espolvorea encima la almendra fileteada y hornéalo a 170-180 °C durante 15 minutos.

Coloca un trozo grande de papel de hornear sobre la encimera.

Retira el merengue del horno y dale la vuelta sobre el papel de hornear (la parte de las almendras debe quedar abajo). Deja que se temple un poco y retira el papel de la parte superior.

Lava las fresas, retírales el tallo (reserva 3), córtalas en daditos y resérvalas.

Pon la nata en un bol grande, agrega el azúcar blanco y móntala bien con una batidora de varillas eléctrica. Introduce la nata montada en una manga pastelera y cubre con ella el merengue (reserva un poco para decorar). Reparte las fresas picadas sobre la nata y, ayudándote del papel inferior, enrolla el merengue como si fuera un brazo de gitano. Corta los extremos con un cuchillo de sierra para igualarlos, pon el rollo de merengue en una fuente y adórnalo con la nata y las fresas reservadas anteriormente.

Córtalo en porciones, sirve y adórnalo con unas hojas de menta.

CONSEJO

Para que la nata monte bien, es fundamental que esté bien fría.

POSTRES

TARTA BANOFFEE

INGREDIENTES (4-6 P.)

2 plátanos (300 g)

150 g de galletas

100 g de mantequilla fundida

250 ml de nata líquida

75 g de azúcar

2 onzas de chocolate negro

hojas de menta

Para el tofe:

45 g de azúcar

6 g de mantequilla

50 ml de nata

1 hoja de gelatina

ELABORACIÓN

Coloca las galletas en una picadora y tritúralas hasta que queden reducidas a polvo. Agrega la mantequilla y vuelve a triturar hasta que los ingredientes queden bien mezclados.

Coloca un aro de papel de hornear bordeando la parte interior de un molde redondo de fondo desmontable de 20 cm de diámetro. Introduce la mezcla de galletas y mantequilla en el molde y presiónala (cubriéndote la mano con un trozo de film transparente) hasta conseguir una base de tarta con borde. Hornéala a 200 °C durante 5 minutos. Retírala del horno y resérvala.

Para preparar el tofe, deja a remojo la hoja de gelatina en un bol con agua para que se hidrate. Calienta el azúcar en un cazo hasta que adquiera el color de un caramelo oscuro. Añade la mantequilla y remueve bien. Vierte encima la nata poco a poco (porque sube como la lava de un volcán) y mezcla bien. Incorpora la gelatina (escurrida) y vuelve a mezclar.

Vierte el tofe (reserva un poco para decorar) sobre la base de la tarta y extiéndelo bien.

Pela los plátanos, córtalos en rodajas oblicuas de 1,5 cm de grosor y repártelas sobre el tofe.

Pon la nata (250 ml) y el azúcar (75 g) en un bol grande y móntala con una batidora de varillas eléctrica. Cubre los plátanos con la nata e introduce la tarta en el congelador durante 1 hora.

Ralla las onzas de chocolate.

Desmolda la tarta y decórala con unos hilos de tofe, el chocolate rallado y unas hojas de menta.

CONSEJO

1. La palabra *banoffee* proviene de la exquisita mezcla de *banana* y *toffee.*
2. Si no tienes picadora, puedes colocar las galletas en un paño limpio de cocina y golpearlas con un mazo hasta que queden reducidas a polvo.

POSTRES

TARTA DE FRESAS Y CHOCOLATE

INGREDIENTES (6-8 P.)

600 g de fresas

325 g de chocolate negro de cobertura (mínimo 55 % de cacao)

300 ml de nata líquida

100 g de mantequilla

hojas de menta

Para la base:

100 g de galleta tostada

80 g de mantequilla fundida

ELABORACIÓN

Forra el interior de un molde redondo (20 cm) de fondo desmontable con papel de hornear.

Para preparar la base de la tarta, pon las galletas en la picadora y tritúralas hasta que queden reducidas a polvo. Vierte encima la mantequilla fundida y mezcla de nuevo. Introduce la mezcla en el molde y extiéndela por toda la base.

Lava las fresas, retírales el tallo y reserva 4 para decorar. Corta 10 fresas por la mitad a lo largo y colócalas, de pie, sobre la base de galleta (dejando la parte interior de las fresas hacia fuera) bordeando el contorno del molde. Coloca las fresas enteras, también de pie, en la parte central de la tarta hasta cubrir toda la base. Reserva.

Trocea el chocolate y ponlo en un bol.

Calienta la nata en una cazuela hasta que empiece a hervir. Viértela sobre el chocolate, espera 30 segundos y mezcla los ingredientes con una lengua hasta conseguir una crema homogénea. Trocea la mantequilla, añade 1 trozo al bol y remueve hasta que se integre. Repite el proceso hasta terminar con toda la mantequilla.

Vierte la mezcla de chocolate, nata y mantequilla en el molde cubriendo las fresas. Tapa la tarta con film transparente y deja que repose en el frigorífico como mínimo durante 8 horas.

Desmolda la tarta, retírale el papel de hornear y decórala con las 4 fresas reservadas anteriormente y las hojas de menta. Córtala en porciones y sirve.

CONSEJO

Para que el chocolate se asiente bien sobre las fresas, golpea suavemente el molde sobre la encimera. Esta tarta puede aguantar durante 2-3 días en perfectas condiciones.

POSTRES

TARTA KARPATKA

INGREDIENTES (6 P.)

- aceite y harina para el molde
- 6 frambuesas, 2 racimos de grosellas y hojas de menta para decorar

Para la masa:

- 120 ml de leche
- 120 ml de agua
- ½ cucharadita de sal
- 1 cucharadita de azúcar
- 80 g de mantequilla
- 150 g de harina de trigo
- 4-5 huevos

Para la crema:

- 100 g de azúcar
- 50 g de harina de maíz
- 150 ml de nata
- 2 huevos
- 350 ml de leche
- 1 cucharada sopera de esencia de vainilla
- 130 g de mantequilla (cortada en trozos y a temperatura ambiente)

ELABORACIÓN

Unta 2 moldes redondos con un poco de aceite, espolvoréalos con un poco de harina y resérvalos.

Para preparar la masa, pon a calentar en un cazo la leche, el agua, la sal, el azúcar y la mantequilla y cocina los ingredientes hasta que se funda la mantequilla. Agrega la harina de golpe, mezcla bien y pasa la masa a un bol.

Añade 1 huevo a la masa y mezcla hasta que quede bien integrado. Incorpora del mismo modo el resto de los huevos de uno en uno (tiene que quedar una masa espesa, pero fluida).

Reparte la masa en los 2 moldes y hornéala a 170 ºC durante 30-35 minutos. Retira del horno, deja que se enfríen, desmolda y reserva las 2 capas.

Para preparar la crema, mezcla en un bol el azúcar y la harina de maíz. Agrega la nata y mezcla todo bien con una varilla manual. Casca los huevos, añádelos y bátelos bien. Vierte encima la leche y la esencia de vainilla y mezcla de nuevo. Pasa la mezcla a un cazo y cocínala a fuego suave-medio hasta que la crema hierva y adquiera cuerpo.

Pasa la crema a un bol, añade 1 trozo de mantequilla y remueve hasta que quede bien integrada. Repite el proceso incorporando el resto de los trozos de mantequilla de uno en uno. Deja que se enfríe la crema e introdúcela en una manga pastelera con boquilla rizada.

Coloca 1 de las capas en una fuente, cúbrela con la crema y tápala con la otra capa. Adorna la parte superior con el resto de la crema, las frambuesas, los racimos de grosellas y unas hojas de menta y sirve.

CONSEJO

Para obtener un buen resultado, es importante que no incorpores a la masa el siguiente huevo hasta que el anterior no haya quedado perfectamente integrado.

SUFLÉ FAMILIAR

POSTRES

INGREDIENTES (4-6 P.)

- 3 huevos
- 30 ml de leche
- 1 cucharada de miel
- 40 g de harina
- 1 pizca de sal
- 40 g de azúcar
- mantequilla y harina (para el molde)
- 8 fresas
- azúcar glas (para decorar)
- helado de leche merengada y 25 g de mantequilla (para acompañar)
- hojas de menta

ELABORACIÓN

Casca los huevos, separa las yemas de las claras y ponlas en boles separados.

Bate ligeramente las yemas, añádeles la leche, la miel, la harina y la sal y mezcla bien, hasta que los ingredientes queden bien integrados.

Monta las claras con una batidora de varillas eléctrica. Agrega 30 g de azúcar (reserva el resto) poco a poco y termina de montarlas.

Incorpora, poco a poco, las claras montadas a la mezcla de las yemas y remueve los ingredientes con movimientos suaves y envolventes hasta que queden integrados.

Engrasa un molde redondo (16 cm aprox.) con un poco de mantequilla y espolvoréalo con un poco de harina. Vierte dentro la crema del suflé y hornéalo a 180 °C durante 10 minutos. Retira el suflé del horno, hazle un corte en cruz en la parte central y hornéalo durante 10 minutos más.

Limpia las fresas, córtalas en cuartos y ponlas en un bol. Espolvoréalas con el resto del azúcar (10 g) y deja que maceren durante 10 minutos.

Retira el suflé del horno y espolvoréalo con el azúcar glas. Acompáñalo con las fresas, la mantequilla y el helado, y decóralo con unas hojas de menta.

CONSEJO

Retira los huevos del frigorífico 2 horas antes de empezar a preparar el suflé.

TORRIJAS DE PAN DE VIENA

INGREDIENTES (4 P.)

1 barra de pan de Viena
1 l de leche
3-4 cucharadas de azúcar
20 ml de agua de azahar
2 tiras de corteza de limón
2 tiras de corteza de naranja
2-3 huevos batidos
aceite de oliva virgen extra
1 cucharadita de canela en polvo
hojas de menta

ELABORACIÓN

Pon en una cazuela la leche, 1 cucharada de azúcar, el agua de azahar y las tiras de corteza de naranja y de limón y calienta los ingredientes a fuego suave hasta que hiervan (unos 6-8 minutos). Retira del fuego y deja atemperar.

Corta 8 rebanadas de pan (de unos 3 cm de grosor) y ponlas en un recipiente hondo. Vierte la leche por encima, remójalas bien por los dos lados y escúrrelas sobre un plato.

Calienta una sartén con abundante aceite. Reboza las rebanadas de pan con el huevo batido, introdúcelas en la sartén y fríelas por los dos lados hasta que se doren un poco. Retíralas y escúrrelas sobre un plato cubierto con papel absorbente.

Mezcla 2-3 cucharadas de azúcar con la canela en polvo y espolvorea las torrijas con la mezcla.

Sirve 2 torrijas en cada plato y decora los platos con unas hojas de menta.

CONSEJO

En esta receta hemos utilizado pan de Viena para hacer las torrijas, pero empleando pan que os haya sobrado el día anterior también da buen resultado.

POSTRES

PANACOTA DE FRESAS

INGREDIENTES (4 P.)

- 500 g de fresas
- 3 hojas de gelatina (5 g)
- 200 ml de nata líquida (35 % de materia grasa)
- 200 ml de leche
- 150 g de azúcar
- ½ limón
- hojas de menta

ELABORACIÓN

Pon las hojas de gelatina en un bol, cúbrelas con agua fría y déjalas a remojo hasta que se hidraten bien (deben quedar blandas).

Lava las fresas, retírales el tallo, trocea la mitad (reserva el resto), introdúcelas en una batidora de vaso y tritúralas.

Pon la nata y la leche en una cazuela y caliéntalas a fuego suave durante 3-4 minutos. Incorpora la mitad del azúcar (75 g) y las hojas de gelatina (escurridas), apaga el fuego y mezcla bien hasta que el azúcar se disuelva. Agrega las fresas trituradas y vuelve a mezclar.

Reparte la mezcla en 4 vasos, introdúcelos en el frigorífico y espera a que cuajen (2 horas aproximadamente).

Pica finamente el resto de las fresas y ponlas a calentar en una sartén. Ralla encima un poco de la cáscara de limón, añade el zumo del limón y el resto del azúcar (75 g) y cocina las fresas a fuego medio durante 10 minutos, hasta conseguir una salsa espesa que tenga la consistencia de una mermelada.

Retira la panacota del frigorífico, pon un poco de mermelada de fresa sobre cada vaso y adórnalos con unas hojas de menta.

CONSEJO

Si prefieres utilizar flaneras de metal y desmoldar luego la panacota, te recomiendo que antes de volcarlas sobre el plato las sumerjas brevemente en una cazuela o recipiente con agua caliente y les pases un cuchillo afilado por el borde.

CREMA DE CHOCOLATE

INGREDIENTES (6-8 P.)

80 g de chocolate negro

40 g de cacao en polvo

200 g de azúcar

70 g de harina

60 g de harina de maíz refinada

1 cucharada de esencia de vainilla

1 l de leche

20 g de mantequilla

Para decorar:

cacao en polvo

hojas de menta

ELABORACIÓN

Pon el azúcar, la harina de trigo y la de maíz, el cacao y la esencia de vainilla en un bol grande. Agrega la leche poco a poco y remueve los ingredientes hasta que quede bien integrada.

Pasa la mezcla a una cazuela y cocínala a fuego suave-medio, sin dejar de remover, hasta que espese.

Retira la cazuela del fuego, agrega el chocolate negro troceado y la mantequilla y remueve hasta que se fundan.

Pasa la mezcla a un molde de silicona, deja que se temple e introdúcelo en el frigorífico hasta que esté bien frío (mínimo 4 horas).

Retira la crema del frigorífico y desmóldala sobre una fuente.

Espolvoréala con un poco de cacao en polvo y decórala con unas hojas de menta.

CONSEJO

Este postre también pueden consumirlo los celiacos si lo preparas utilizando solo harina de maíz refinada.

PROFITEROLES DE NATA

INGREDIENTES (4 P.)

200 g de nata montada
65 g de mantequilla
1 cucharadita de azúcar
½ cucharadita de sal
100 g de harina tamizada
2 huevos
8 fresas
hojas de menta

ELABORACIÓN

Pon 125 ml de agua a calentar en un cazo. Añade la mantequilla, el azúcar y la sal. Cuando se funda la mantequilla, retira el cazo del fuego y agrega la harina (tamizada) de golpe. Mezcla bien con una varilla manual hasta que quede completamente incorporada.

Pasa la mezcla a un bol, agrega 1 huevo y mezcla bien hasta que quede perfectamente integrado. Añade el otro huevo y vuelve a mezclar hasta que quede bien integrado. (Es importante que no incorpores el segundo huevo hasta que el primero esté bien integrado.)

Introduce la masa en una manga pastelera y forma con ella 12 montoncitos redondos sobre una bandeja de horno cubierta con papel de hornear. Hornea los profiteroles a 180 ºC durante 20 minutos. Apaga el horno, abre la puerta y deja que se templen (de esta manera evitaremos que la masa baje de golpe). Retíralos del horno y deja que se enfríen sobre una rejilla.

Rellena una manga pastelera con la nata montada. Corta los profiteroles por la mitad a lo ancho (sin llegar a separarlos del todo) y rellénalos con la nata.

Sirve en cada plato 3 profiteroles y 2 fresas y decóralos con unas hojas de menta.

CONSEJO

Después de formar los montoncitos de masa con la manga pastelera, terminarán en punta. Para quitar esa punta, te recomiendo que te mojes los dedos de la mano con agua y los aplastes un poco.

POSTRES

TIRAMISÚ FÁCIL

INGREDIENTES (4 P.)

8 bizcochos de soletilla	125 ml de nata líquida
250 ml de café	50 ml de *amaretto* (licor de almendras)
600 g de queso mascarpone	cacao en polvo
100 g de azúcar glas	hojas de menta

ELABORACIÓN

Pon el queso mascarpone en un bol, agrega el azúcar y la nata y mezcla los ingredientes con una varilla hasta que queden bien integrados.

Mezcla en un recipiente el café con el licor. Corta un bizcocho de soletilla por la mitad, mójalo (vuelta y vuelta) en la mezcla de café y licor, retíralo a un plato, escúrrelo un poco y ponlo en la base de un vaso pequeño. Cúbrelo con 2 cucharadas de la mezcla de mascarpone, azúcar y nata. Corta otro bizcocho por la mitad, mójalo en la mezcla de café y licor, escúrrelo y colócalo sobre la crema. Finaliza con una capa de la mezcla de mascarpone, azúcar y nata. Monta los otros 3 vasos de la misma manera.

Espolvoréalos con el cacao, adórnalos con unas hojas de menta y sirve.

CONSEJO

El café desempeña un papel importante en la receta del tiramisú: por un lado, cambia la textura de los bizcochos de soletilla y, por otro, equilibra el dulzor de la mezcla de mascarpone, nata y azúcar. Una vez que el bizcocho absorbe el café, se vuelve mucho más esponjoso y crea una sensación muy agradable en boca.

POSTRES

MACEDONIA TROPICAL

INGREDIENTES (4 P.)

- ½ piña natural
- 1 mango
- 2 plátanos
- 8 fresas
- 1-2 cucharadas de panela
- 60 ml de ron blanco
- 125 ml de leche de coco
- hojas de menta

ELABORACIÓN

Pela la piña, el mango y los plátanos, córtalos en daditos y ponlos en un bol. Lava las fresas, córtalas en dados e incorpóralas al bol.

Agrega la panela, mezcla bien, tapa el bol con film transparente, introdúcelo en el frigorífico y deja que las frutas reposen durante 30 minutos.

Mezcla en una jarra el ron con la leche de coco. Pica finamente 10-12 hojas de menta y añádelas. Vierte la mezcla sobre las frutas y remuévelas.

Reparte la macedonia en 4 cuencos y adórnalos con unas hojas de menta.

CONSEJO

Siempre puedes adaptar esta receta y cambiar las frutas por otras que os gusten más, y si quieres que el postre sea apto para los niños, no le añadas el ron.

POSTRE DE NARANJA CON COCO

INGREDIENTES (6 P.)

- 7 naranjas (1 l de zumo)
- 2-3 cucharadas de coco rallado
- 120 g de harina de maíz refinada
- 12 frambuesas
- hojas de menta

ELABORACIÓN

Corta las naranjas por la mitad y exprímelas.

Pon la harina de maíz refinada en un bol, agrega ⅓ parte del zumo de naranja y mezcla bien con una varilla manual hasta conseguir una papilla homogénea. Añade el resto del zumo y vuelve a mezclar.

Pasa la mezcla a una cazuela y cocínala durante unos 5 minutos, hasta que espese (no hace falta que hierva). Vierte la mezcla en un molde de silicona y deja que se enfríe. Introduce el molde en el frigorífico y espera a que esté bien frío (3-4 horas).

Retira el molde del frigorífico y desmóldalo.

Espolvorea el contorno del postre con el coco rallado y decóralo con las frambuesas y unas hojas de menta.

CONSEJO

Si no os gusta el coco, puedes sustituirlo por unos frutos secos picados o unas virutas de chocolate.

POSTRES

TARTA DE FRESAS

INGREDIENTES (6-8 P.)

800 g de fresas
1 lámina de pasta quebrada
80 g de mantequilla
100 g de mermelada de fresa
1 pizca de sal
1 pizca de pimienta
hojas de menta

Para la crema pastelera:

500 ml de leche
½ rama de canela
35 g de harina de maíz refinada
75 g de azúcar
3 yemas de huevo
1 huevo

CONSEJO

En esta receta hemos preparado una crema pastelera básica, pero puedes aromatizarla a vuestro gusto agregándole ralladura de cítricos, chocolate, café...

ELABORACIÓN

Extiende la pasta quebrada, pínchala con un tenedor y cubre con ella un molde de tarta (de fondo desmontable) de 24 cm de diámetro. Pon encima el papel con el que viene la pasta quebrada y cúbrela con unas legumbres (destinadas a este fin) para que la masa no suba. Introduce el molde en el horno y hornea la pasta quebrada a 160 °C durante 20-30 minutos. Retírala del horno, desmolda la tartaleta y deja que se enfríe.

Para preparar la crema pastelera, pon 350 ml de leche (reserva el resto) en una cazuela con la canela troceada y caliéntala a fuego suave durante unos 5 minutos para que quede bien aromatizada.

Pon en un bol la harina de maíz refinada y el azúcar y mezcla bien. Añade el resto de la leche (150 ml) las yemas y el huevo y bate los ingredientes con una varilla manual hasta conseguir una crema homogénea. Cuela la leche aromatizada sobre el bol y remueve los ingredientes. Pasa la mezcla a la cazuela y caliéntala a fuego suave-medio hasta que espese. Vierte la crema en un recipiente hondo, tápala a piel con film transparente y deja que se enfríe.

Limpia las fresas y retírales el tallo.

Funde la mantequilla en una sartén, incorpora las fresas, salpimiéntalas y rehógalas brevemente (1-2 minutos). Retíralas a una fuente y deja que se enfríen.

Pon la crema pastelera en el interior de la tartaleta y extiéndela bien. Distribuye encima las fresas (dejando la punta hacia arriba) y úntalas con la mermelada de fresa. Decora la tarta con unas hojas de menta.

POSTRES

PUDIN DE PAN CON PASAS Y NUECES

INGREDIENTES (6 P.)

500 g de pan de molde

50 g de pasas (sin semillas)

10 nueces peladas

1 l de leche

200 g de azúcar

3 huevos

1 cucharadita de esencia de vainilla

12 frambuesas

hojas de menta

ELABORACIÓN

Para preparar el caramelo, calienta 100 g de azúcar en una sartén y espera a que se funda y se dore. Vierte el caramelo en un molde rectangular (tipo bizcocho) y espárcelo bien. Reserva el molde.

Con un cuchillo de sierra, retira la corteza del pan, córtalo en dados, ponlo en un bol grande, vierte la leche encima y déjalo a remojo hasta que esté bien empapado. Bate la mezcla de pan y leche con una varilla manual hasta que el pan se deshaga. Agrega el resto del azúcar (100 g), la esencia de vainilla y los huevos (batidos) y bate de nuevo. Añade las pasas y las nueces picadas, mezcla bien todo y vierte la mezcla en el molde. Hornéalo al baño maría a 160 ºC durante 50-60 minutos.

Retira el pudin del horno, deja que se enfríe y desmóldalo.

Corta el pudin en porciones y adórnalo con unas frambuesas y unas hojas de menta.

CONSEJO

Para preparar este postre te recomiendo utilizar pasas sultanas (doradas) o de Corinto (más oscuras), que no tienen semillas.

SEMIFRÍO DE CEREZAS

POSTRES

INGREDIENTES (4 P.)

200 g de cerezas
2 claras de huevo
60 g de azúcar
100 ml de nata líquida (bien fría)
150 g de yogur natural griego
hojas de menta

ELABORACIÓN

Reserva 4 cerezas para decorar, corta el resto por la mitad y retírales el hueso. Corta la mitad de las cerezas en daditos, deja el resto cortadas a la mitad y resérvalas.

Pon las claras en un bol y móntalas un poco con una batidora de varillas eléctrica. Agrega la mitad del azúcar y bate de nuevo hasta que queden bien montadas.

Pon la nata en otro bol y móntala con una batidora de varillas eléctrica. Añade el resto del azúcar y termina de montarla.

Incorpora las claras montadas a la nata y mezcla suavemente. Agrega el yogur y mézclalo con movimientos envolventes. Finalmente, añade las cerezas (las cortadas en daditos y las cortadas a la mitad) y vuelve a mezclar hasta que se integren.

Reparte la mezcla en 4 moldes de silicona, introdúcelos en el congelador y deja que se congele (3-4 horas).

Desmolda y sirve 1 semifrío de cerezas en cada plato. Decora cada uno con 1 cereza y unas hojas de menta.

CONSEJO

Para evitar que los semifríos estén demasiado duros, te recomiendo que los pases del congelador al frigorífico 1 hora antes de consumirlos.

TARTA FRÍA DE QUESO Y CARAMELO

INGREDIENTES (6 P.)

150 g de galletas tostadas
90 g de mantequilla fundida
2 g de sal en escamas
almendras fileteadas tostadas
hojas de menta

Para la crema de queso:

350 g de queso crema
2 g de hojas de gelatina
50 ml de leche
350 ml de nata líquida fría
70 g de azúcar
1 cucharadita de esencia de vainilla
50 g de almendra granillo caramelizada

Para la salsa de caramelo:

150 g de azúcar
150 ml de nata líquida
30 g de mantequilla

CONSEJO

Para distribuir bien la mezcla de galletas y mantequilla por la base del molde, te recomiendo que te cubras la mano con un trozo de film transparente y vayas presionando con ella la mezcla hasta que quede bien repartida.

ELABORACIÓN

Pon las hojas de gelatina en un bol, cúbrelas con agua fría y deja que se ablanden.

Trocea las galletas, ponlas en una picadora y tritúralas. Incorpora la mantequilla fundida (90 g) y vuelve a triturar hasta que quede bien integrada. Cubre un molde de fondo desmontable con un trozo de papel de hornear, pon encima la mezcla de galletas y mantequilla y distribúyela por toda la base del molde. Reserva la base.

Para preparar la crema de queso, calienta la leche en un cazo. Incorpora las hojas de gelatina escurridas y mezcla hasta que se diluyan. Pon el queso crema en un bol grande, añade la nata fría, el azúcar y la esencia de vainilla y bate los ingredientes con una batidora de varillas eléctrica. Agrega la leche con gelatina y bate de nuevo. Incorpora la almendra granillo y mezcla bien.

Vierte la crema de queso en el molde sobre la base de galletas e iguala la superficie. Introduce la tarta en el frigorífico y deja que enfríe durante 2-3 horas.

Para hacer el caramelo, pon el azúcar a calentar en un cazo y deja que se funda hasta conseguir un caramelo oscuro. Agrega la nata (caliente o a temperatura ambiente) poco a poco, aparta el cazo del fuego y mezcla bien. Incorpora la mantequilla y vuelve a mezclar hasta que se disuelva. Pasa el caramelo a una jarra y deja que se enfríe.

Desmolda la tarta, salséala con el caramelo y espolvoréala con unas escamas de sal y las almendras fileteadas. Adórnala con unas hojas de menta.

TARTA HELADA DE NATA Y CHOCOLATE

INGREDIENTES (6-8 P.)

- 700 ml de nata líquida fría (35 % de materia grasa)
- 100 g de chocolate de cobertura fundido
- 100 g de azúcar
- 4 claras de huevo
- 8-10 fresas
- hojas de menta

CONSEJO

Para que las claras monten, es importante que no haya nada de grasa ni en el bol ni en las varillas, por lo que conviene que te asegures primero de que estén bien limpios.

ELABORACIÓN

Para hacer este postre necesitaremos un molde de silicona de unos 22 x 10 cm.

Corta 6 rectángulos de papel de hornear del mismo tamaño que el molde. Pon 1 cucharada de chocolate fundido en uno de los extremos de cada papel y extiende el chocolate con una espátula hasta conseguir 6 láminas finas. Coloca las láminas sobre una bandeja grande, introdúcelas en el frigorífico para que se solidifiquen y resérvalas dentro hasta el momento de montar la tarta.

Pon la nata en un bol grande, añade la mitad del azúcar y móntala con una batidora de varillas eléctrica.

Pon las claras en otro bol grande y móntalas con la batidora de varillas eléctrica. Cuando estén casi montadas, agrega el resto del azúcar y termina de montarlas hasta que estén bien firmes.

Agrega un poco de la nata montada a las claras y mézclalas con movimientos suaves y envolventes. Vierte esta mezcla en el bol de la nata montada y mezcla los ingredientes con movimientos suaves y envolventes hasta que queden integrados. Introduce la mezcla en una manga pastelera y córtale la punta. Saca 4 láminas de chocolate del frigorífico (reserva las otras 2 para decorar).

Cubre la base del molde con una capa de la mezcla de nata y claras y coloca encima una lámina de chocolate (retirando el papel de horno). Repite el proceso alternando capas de la mezcla de nata y claras y láminas de chocolate (4 capas de nata y 4 láminas de chocolate). Reserva (en el frigorífico) el resto de la mezcla de nata y claras montadas para decorar.

Para que se asienten las capas de la tarta, golpea suavemente el molde contra la encimera. Tapa el molde con film transparente, introdúcelo en el congelador y deja que se congele (6 horas como mínimo).

Retira la tarta helada del congelador y desmóldala. Adórnala con el resto de la mezcla de nata y claras montadas, las fresas, unas hojas de menta y las 2 láminas de chocolate reservadas troceadas.

ÍNDICES

ÍNDICE DE RECETAS

ENTRANTES 10

BUÑUELOS DE BACALAO CON MAYONESA 12

APERITIVO DE POLENTA, JAMÓN Y QUESO 12

BATIDO DE MANGO Y PLÁTANO 13

CROQUETAS LÍQUIDAS DE QUESO 14

CROQUETAS DE PATATA Y GAMBA 14

SAMOSAS DE MORCILLA Y MANZANA 15

EMPANADILLAS ORIENTALES 16

ESPÁRRAGOS FRESCOS CON GUACAMOLE 16

BATIDO DE MANZANA, KIWI Y PLÁTANO 17

PASTEL DE SETAS 18

TERRINA DE QUESO CON ZANAHORIA Y CEBOLLINO 18

BATIDO DE REMOLACHA, GRANADA Y NARANJA 19

PINCHOS DE PIMIENTO, BEICON Y QUESO 20

PATÉ DE HIGADILLOS DE POLLO 20

CHAMPIÑONES A LA PLANCHA CON GAMBAS 21

PUDIN DE AJETES Y BEICON 22

MONTADITOS DE PATATA Y *FOIE* 22

CROQUETAS DE CHISTORRA 23

ENSALADILLA DE PRIMAVERA 24

DELICIAS DE SALMÓN AHUMADO, ARROZ Y WASABI 24

PALITOS DE TOFU CON SALSA AGRIDULCE 26

PATÉ DE CHAMPIÑONES Y VINO DULCE 27

PASTEL DE JUDÍAS VERDES CON CREMA DE CHAMPIÑONES 28

PATÉ DE SARDINAS 28

TRIÁNGULOS DE HORTALIZAS AL *CURRY* 30

PINCHO DE LANGOSTINO Y PIÑA 30

QUESO FETA AL HORNO CON SEMILLAS DE SÉSAMO 32

TORTA DE TOMATE Y SARDINILLAS 33

TORTITAS DE HORTALIZAS 34

BOQUERONES CON VINAGRETA 35

CROQUETAS DE QUESO DE CABRA CON MERMELADA DE HIGOS 36

BATIDO DE LECHUGA, MANZANA Y LIMA 37

EMPANADILLAS DE POLLO AL *CURRY* 38

ENSALADILLA DE COLIFLOR Y BONITO 39

LANGOSTINOS EN KATAIFI CON SALSA DE PIÑA 40

MIGAS DE PASTOR 41

PINCHO DE JAMÓN DE PATO Y RÚCULA 42

HUMMUS DE GUISANTES 43

EMPANADILLAS PICANTES DE POLLO 44

PUDIN DE CABRACHO CON SALSA ROSA 46

ENSALADAS 48

ENSALADA DE BERENJENA Y QUESO CON VINAGRETA DE MIEL 50

ENSALADA DE CHAMPIÑONES 50

ENSALADA *CAPRESE* 51

COGOLLOS DE LECHUGA CON SALSA TÁRTARA 52

ENSALADA DE CEBADA Y LANGOSTINOS 54

ENSALADA DE COGOLLOS Y ESPÁRRAGOS BLANCOS 54

ENSALADA DE ARROZ Y JUDÍAS VERDES 55

ENSALADA DE AGUACATE Y MELOCOTÓN 56

ENSALADA DE ARROZ Y AGUACATE 56

ENDIBIAS CON QUESO AZUL Y NUECES 56

ENSALADA DE ARROZ Y PAVO 58

ENSALADA DE ATÚN CON AGUACATE 58
ENSALADA DE BRÓCOLI CON RABANITOS Y ARÁNDANOS 59
ENSALADA DE CUSCÚS CON GRANADA 60
ENSALADA DE ARROZ INTEGRAL, AGUACATE Y NUECES 62
ENSALADA DE CALAMARES CON TOMATE 62
ENSALADA DE CÍTRICOS 62
ENSALADA DE ESCAROLA, PERA Y QUESO FRESCO 63
ENSALADA DE CUSCÚS Y TOMATE 64
ENSALADA DE JUDÍAS VERDES Y VENTRESCA 64
ENSALADA DE CUSCÚS Y REMOLACHA 66
ENSALADA DE ENDIBIAS 66
ENSALADA DE PICADILLO ANDALUZ 66
ENSALADA DE ESCAROLA, NARANJA Y AJO 69
ENSALADA DE ESCAROLA Y LOMBARDA 70
ENSALADA DE ESCAROLA Y AGUACATE 70
ENSALADA DE ESCAROLA, AGUACATE Y PIÑA 70
ENSALADA DE PATATA, BACALAO Y NARANJA (ENSALADA MALAGUEÑA) 71
ENSALADA DE ESCAROLA, PASTA Y *CURRY* 72
ENSALADA DE LENTEJA CAVIAR 74
ENSALADA DE HIGOS Y QUESO FETA 75
ENSALADA DE ESCAROLA, PASTA Y PIÑA 75
ENSALADA DE LECHUGA Y GARBANZOS 75
ENSALADA DE ESPINACAS Y DÁTILES 76
ENSALADA DE JUDÍAS VERDES Y MANZANA 78
ENSALADA DE LANGOSTINOS Y GERMINADOS 78
ENSALADA TEMPLADA DE GULAS, CHAMPIÑONES Y QUESO DE CABRA 79
ENSALADA DE ARROZ, SURIMI, AGUACATE Y MAÍZ 81
ENSALADA DE JUDÍAS VERDES Y MIJO 82
ENSALADA DE CUSCÚS Y GUISANTES 83
ENSALADA DE PASTA Y ALUBIAS BLANCAS 84

SOPAS Y CREMAS 86

CREMA DE ACELGAS Y CALABACÍN 88
CREMA DE ALUBIA BLANCA CON PALITOS DE SÉSAMO 88
CONSOMÉ AL CARAMELO 89
AJO BLANCO CON SARDINA AHUMADA 90
CREMA DE ACELGAS AL *CURRY* 91
CREMA DE CALABACÍN CON TEJAS DE QUESO Y PISTACHOS 92
CREMA DE CALABAZA CON BUÑUELOS DE MAÍZ 92
CREMA DE BRÓCOLI Y CALABACÍN 93
CREMA DE PUERRO Y BONIATO CON POLLO 94
SOPA DE CALABAZA, PICADILLO Y TAPIOCA 95
CREMA DE LENTEJAS Y BONIATO 96
CREMA DE MAÍZ CON PALOMITAS Y PUERRO CRUJIENTE 96
CREMA DE CALABACÍN CON ALBAHACA 97
SOPA DE PAN CON CHORIZO 98
SOPA DE ALUBIAS, MORCILLA Y REPOLLO 99
SOPA DE ARROZ Y POLLO 99
SOPA DE BACALAO Y ARROZ 100
SOPA DE ZANAHORIA, POLLO Y FIDEOS 100
SOPA FRÍA DE PEPINO Y AGUACATE 101
SOPA DE CHAMPIÑONES Y CALABAZA 102
AJO BLANCO CON UVAS Y JAMÓN 102
CREMA DE PERA, PUERRO Y MIJO 103
SOPA DE ALUBIAS SALBATORE 104
SOPA DE COL LOMBARDA 105
SOPA DE ESPÁRRAGOS TRIGUEROS 106
SOPA DE GALLINA CON CRUJIENTES 107
SOPA DE PESCADO CON GARBANZOS 108
SOPA HUERTANA 110
SOPA DE POLLO Y ALMENDRAS 111
CREMA DE CHAMPIÑONES CON VIRUTAS DE JAMÓN 113
CREMA DE ESPINACAS CON GARBANZOS Y BACALAO 114
SOPA DE AJO CON RAPE 115
CREMA DE ESPÁRRAGOS FRESCOS 116
SOPA RÁPIDA DE FIDEOS Y GAMBAS 117
SOPA FRÍA DE ESPINACAS 118

CREMA DE CALABACÍN, GUISANTES Y ALBAHACA 120

CREMA DE ZANAHORIAS ASADAS CON HABITAS 121

CREMA LIGERA DE TOMATE 122

GAZPACHO DE ALBARICOQUE 123

SOPA FRÍA DE PEPINO Y MANZANA 124

HORTALIZAS 126

BERENJENAS EN ESCABECHE CON RÚCULA Y PIÑONES 128

REPOLLO CON REFRITO DE PIMENTÓN 130

CALABACINES RELLENOS EN PAPILLOTE 131

ENDIBIAS ASADAS RELLENAS DE QUESO 131

ESPÁRRAGOS BLANCOS ESCABECHADOS 132

ESPÁRRAGOS FRESCOS CON GAZPACHO DE GUISANTES 132

BERENJENAS RELLENAS DE POLLO Y JAMÓN 133

CAZUELA DE CHAMPIÑONES EN SALSA CON HUEVOS 134

PASTELITOS DE ESPINACAS Y SETAS 136

PATATAS CON BORRAJA 137

TATIN DE PUERROS 138

ZANAHORIAS CON ESPINACAS A LA CREMA 138

PANACHÉ DE PRIMAVERA 139

PORRUSALDA CON PALITOS DE PAN 139

BORRAJA CON PURÉ DE CALABAZA 141

TOSTADAS DE ESPÁRRAGOS Y CEBOLLETAS CON BECHAMEL 142

PATATAS CON VINAGRETA PICANTE 142

COLES DE BRUSELAS CON BEICON Y MOSTAZA 143

COLIFLOR CON SABAYÓN 144

COLIFLOR ASADA CON CÚRCUMA 145

HAMBURGUESAS DE CALABAZA 146

JUDÍAS VERDES CON CHAMPIÑONES 148

PATATAS RELLENAS DE ATÚN 149

PENCAS RELLENAS DE CHAMPIÑONES 151

PICADILLO DE CALABAZA 152

TARTA *TATIN* DE BERENJENA Y PISTO 153

PUERROS COCIDOS CON DADITOS DE REMOLACHA 154

ACHICORIA CON REFRITO DE AJO Y LIMÓN 155

MORRETE DE SETAS Y PAPAS CON *MAJAÍLLO* 156

ALCACHOFAS CON VINAGRETA DE ANCHOAS 157

BORRAJA CON GARBANZOS 158

CARDO EN SALSA DE ALMENDRA CON GULAS 159

BRÓCOLI CON QUESO Y ARROZ 160

BORRAJAS Y ALCACHOFAS CON CREMA DE PATATA 163

COLIFLOR CON SALSA DE TOMATE Y QUESO 164

ESPINACAS SALTEADAS CON PURÉ DE PATATA 165

ENDIBIAS A LA PLANCHA CON SALSA DE YOGUR Y MOSTAZA 166

MENESTRA DE CARDO Y ALCACHOFAS 169

GRATINADO DE COLIFLOR CON HUEVO 170

ESPINACAS A LA CREMA CON PASAS Y PIÑONES 171

PATATAS RELLENAS DE CHAMPIÑONES AL AJILLO 172

MINESTRONE DE INVIERNO 174

ESPÁRRAGOS CON CECINA Y VINAGRETA 175

PIQUILLOS RELLENOS DE HORTALIZAS 176

PUERROS CON JAMÓN REBOZADOS 179

SETAS A LA PLANCHA CON CREMA DE ZANAHORIA 180

ACELGAS CON HUEVOS DE CODORNIZ 181

AGUACATES RELLENOS 182

BRICK DE ACELGAS 183

ESPÁRRAGOS VERDES EN TEMPURA CON SALSA BRAVA 184

ESPÁRRAGOS FRESCOS CON ENSALADILLA 186

CHAMPIÑONES A LA MOSTAZA 187

TRINXAT CON BEICON 188

ALBORONÍA CON GARBANZOS 190

COLIFLOR AL VAPOR CON VINAGRETA 191

MENESTRA DE LA ABUELA PAULA 193

PAPAS ALIÑÁS 194

PATATAS RELLENAS DE SURIMI 195

PIMIENTOS RELLENOS DE LANGOSTINOS 196

ROLLITOS DE CALABACÍN RELLENOS DE GAMBAS 198

PUERROS ASADOS CON PARMESANO 199

LEGUMBRES 200

ALUBIAS NEGRAS CON CODILLO Y COL 202

ALUBIAS PINTAS CON ESPINACAS Y CHISTORRA 202

ALUBIAS BLANCAS CON ESPINACAS Y LANGOSTINOS 203

ALUBIAS BLANCAS CON BERBERECHOS 204

ALUBIAS VERDINAS CON LANGOSTINOS 204

CREMA DE LENTEJAS CON FRITOS DE CEBOLLETA 205

ALUBIAS BLANCAS CON CONEJO 206

ALUBIAS NEGRAS CON OREJA 206

GARBANZOS CON ACELGAS Y CÚRCUMA 207

ALUBIAS PINTAS CON CARRILLERAS DE CERDO 208

ALUBIAS PINTAS CON BUÑUELOS DE CALABACÍN 208

HUMMUS DE PIQUILLOS 209

ALUBIAS ROJAS CON COSTILLA DE CERDO 210

FABES CON CHORIZO Y ACELGAS 210

LENTEJAS CON PANCETA Y BOLETOS 211

GARBANZOS CON AJOARRIERO 212

GARBANZOS CON BERENJENAS Y PIMIENTOS ASADOS 212

POCHAS A LA RIOJANA 213

GARBANZOS CON CALABAZA Y CHORIZO 214

GARBANZOS CON PIMIENTOS Y MORCILLA DE ARROZ 214

POTAJE DE ALUBIAS PINTAS CON ARROZ INTEGRAL 215

ALBÓNDIGAS DE LENTEJAS 216

LENTEJAS CON ARROZ Y CALABAZA 218

LENTEJAS LUISI 218

GARBANZOS GUISADOS CON PANCETA Y CHORIZO 219

GUISO DE ALUBIAS CON CALABAZA Y ARROZ 219

ALUBIAS BLANCAS CON SEPIA 220

LENTEJAS CON BONIATO, CALABACÍN Y ESPINACAS 222

LENTEJAS CON ESPINACAS Y ZANAHORIAS 222

VERDINAS CON PATO 223

LENTEJAS CON SETAS Y *FOIE* 224

LENTEJAS CON MUSLITOS DE CODORNIZ 224

CREMA DE LENTEJAS ROJAS 225

POCHAS CON CALABACÍN Y COSTILLA DE CERDO 226

POCHAS CON MORCILLA DE ARROZ 226

FABADA ASTURIANA 227

FALAFEL DE PISTACHOS CON SALSA DE YOGUR 228

ALUBIAS BLANCAS CON CHORIZO Y ESPINACAS 230

POCHAS CON SETAS Y PIMIENTOS 230

LENTEJAS CON AGUACATE Y ANACARDOS 231

ALUBIAS NEGRAS CON ROLLITOS DE REPOLLO 232

ALUBIAS ROJAS CON REPOLLO Y MORCILLA 232

LENTEJAS CON ALCACHOFAS 233

LENTEJAS CON REPOLLO 234

GARBANZOS CON TEMPURA DE HORTALIZAS 234

POTAJE DE HABAS SECAS CON HIERBABUENA 235

PATÉ DE GARBANZOS Y CHAMPIÑONES CON TOSTADAS DE PASAS 236

POTAJE DE GARBANZOS CON LANGOSTINOS 236

HUEVOS 238

HUEVO CON PATATAS PANADERA Y CHORIZO 240

HUEVO FLOR CON BOLETOS Y *FOIE* 240

HUEVOS A LA GALLEGA 241

HUEVOS FRITOS CON BOLITAS DE POLENTA, TOMATE Y SETAS 242

HUEVOS AL PLATO CON PATATAS Y ESPÁRRAGOS VERDES.... 242
HUEVOS CON PISTO Y CHORIZO.... 243
HUEVOS ESCALFADOS CON ALCACHOFAS, AJOS FRESCOS Y PATATA.... 243
REVUELTO DE BOQUERONES Y ESPÁRRAGOS VERDES.... 244
HUEVOS RELLENOS DE BONITO CON ACEITUNAS Y GAMBAS.... 246
TOSTA DE TORTILLA DE CHISTORRA GRATINADA CON QUESO.... 246
HUEVOS RELLENOS DE JAMÓN.... 247
TOSTAS CON HUEVO ESCALFADO Y SALMÓN.... 248
HUEVOS CON JAMÓN Y SALSA DE TOMATE.... 249
REVUELTO DE MORCILLA CON PIQUILLOS.... 249
TORTILLA *PIZZA*.... 250
RULOS DE TORTILLA, ESPÁRRAGO Y BEICON.... 251
TORTILLA DE HORTALIZAS.... 251
TORTILLA DE BERENJENA CON PALITOS DE HOJALDRE Y SÉSAMO.... 252
TORTILLA DE ESPINACAS Y GAMBAS CON QUESO.... 252
HUEVOS *MOLLET* CON PATATAS ESCABECHADAS.... 253
TORTILLA DE BERENJENA Y CHISTORRA CON PIMIENTOS.... 254
REVUELTO DE PATATAS Y ALGAS.... 256
TORTILLA DE GAMBAS, ALCACHOFAS Y AJOS FRESCOS.... 257
TORTILLA DE ZANCARRÓN.... 257
BOLLOS RELLENOS DE HUEVO, CHISTORRA Y PATATA.... 258
HUEVO FLOR CON PURÉ DE PATATA Y JAMÓN.... 258
TORTILLA DE CEBOLLA CON PIMIENTOS.... 259
TORTILLA DE GULAS CON TOMATITOS.... 260
TORTILLA DE PATATAS, SETAS Y BEICON.... 261
HUEVO CON PISTO MANCHEGO EN CAZUELA.... 261
HUEVOS ESCALFADOS CON POLENTA DE SETAS.... 262
HUEVO FLOR CON SOBRASADA Y CREMA DE SOPA DE AJO.... 262
TORTILLA DE ARROZ CON JAMÓN Y QUESO.... 263
HUEVOS ESCALFADOS CON ALCACHOFAS, ESPÁRRAGOS VERDES Y AJOS FRESCOS.... 264
HUEVOS FRITOS CON PATATAS Y BOLETOS.... 264
HOJALDRES DE HUEVO Y ESPÁRRAGOS.... 265
HUEVOS FRITOS CON HORTALIZAS SALTEADAS.... 266
TORTILLA DE BOQUERONES CON TOMATES ASADOS.... 266
TORTILLA DE CALABACÍN, JAMÓN Y QUESO.... 267
HUEVOS RELLENOS DE CARNE.... 268
HUEVO FLOR CON PURÉ DE PATATA Y *MOUSSE* DE PATO.... 269
HUEVOS FLOR CON CREMA DE GUISANTES Y JAMÓN CRUJIENTE.... 270
TORTILLA DE CARNE PICADA Y CALABACÍN.... 270
TORTILLA A CAPAS.... 271
TORTILLA DE PATATAS CON JAMÓN Y QUESO.... 271

ARROCES.... 272

ARROZ CON HIGADITOS DE POLLO.... 274
ARROZ CALDOSO CON CARDO Y POLVO DE JAMÓN.... 276
ARROZ NEGRO CALDOSO CON CALAMAR.... 276
ARROZ CALDOSO CON ALMEJAS Y ESPÁRRAGOS FRESCOS.... 277
ARROZ CON SEPIA Y GUISANTES.... 277
ARROZ CON LANGOSTINOS Y CHAMPIÑONES.... 278
ARROZ CON SETAS Y POLLO.... 278
ARROZ CON BRÓCOLI Y ALMEJAS.... 280
ARROZ CON CORDERO Y GUISANTES.... 280
RISOTTO VERDE CON PANCETA Y QUESO.... 281
ARROZ CON CHORIZO.... 282
ARROZ CON ALITAS DE POLLO, SETAS Y MAYONESA DE AJO.... 282
ARROZ CON COSTILLA DE CERDO Y COLIFLOR.... 283
ARROZ CON COSTILLA DE CERDO Y CHORIZO.... 284
ARROZ CON ESPINACAS, AJOS FRESCOS Y GAMBAS.... 284

ARROZ CON GUISANTES Y MAYONESA DE AJO ROJA 285
ARROZ CON COSTILLA DE CORDERO 285
CAZUELA DE ARROZ CON CODORNICES Y SETAS 286
ARROZ CON RABO Y BOLETOS 288
ARROZ CON PISTO MANCHEGO 288
ARROZ CON MEJILLONES Y JUDÍAS VERDES 289
ARROZ CON LANGOSTINOS Y MEJILLONES 289
ARROZ DE HORTALIZAS AL AZAFRÁN 290
ARROZ NEGRO MELOSO CON CALAMAR Y ALMEJAS 290
ARROZ CALDOSO CON ALMEJAS Y GUISANTES 291
ARROZ CON POLLO 292
ARROZ CON SETAS, AJOS FRESCOS Y GAMBAS 292
ARROZ CON RAPE Y ALCACHOFAS 293
ARROZ ORIENTAL CON LANGOSTINOS 293
ARROZ CON PICANTONES Y JUDÍAS VERDES 294
ARROZ CALDOSO CAMPERO 294
ARROZ CON MOLLEJAS DE CORDERO, CALABACÍN Y CHAMPIÑONES 296
CAZUELA DE ARROZ Y GARBANZOS 296
ARROZ BLANCO CON HUEVOS Y GUISANTES 297
RISOTTO DE PUERRO Y MEJILLONES 298
ARROZ CON PIMIENTOS GRATINADO 298
RISOTTO DE CODORNIZ 299
HAMBURGUESAS DE ARROZ, MAÍZ Y GARBANZOS 299
ARROZ MELOSO CON NÉCORAS 300
ARROZ CON HORTALIZAS Y BUTIFARRA 300
RISOTTO DE HORTALIZAS CON MOLLEJAS DE PATO 301
ARROZ CON SALCHICHAS Y CHORIZO 302
ARROZ DE BOLETOS, AJOS FRESCOS Y BEICON 302
ARROZ INTEGRAL CON HORTALIZAS ASADAS 303
ARROZ MELOSO CON MEJILLONES Y PANCETA 303
ARROZ IMPERIAL CON POLLO 304
ARROZ MIXTO DE POLLO, CERDO Y SEPIA 306

PASTAS Y MASAS 308

FIDEUÁ DE POLLO Y HORTALIZAS 310
CANELONES DE BACALAO 312
CANELONES DE CONFIT DE PATO 312
TARTA DE PUERROS Y CHAMPIÑONES 313
CODITOS CON GUISANTES Y BONITO 314
CANELONES DE POLLO CON TOMATE 314
GURULLOS CON CONEJO Y GARBANZOS 315
CODITOS CREMOSOS CON TOMATES DESHIDRATADOS 316
ESPAGUETIS CON CALABACÍN, AJOS FRESCOS Y GAMBAS 316
LASAÑA DE PERLÓN Y CHAMPIÑONES 317
FIDEOS YAKISOBA 318
ESPAGUETIS CON MORCILLA Y MANZANA 320
ESPAGUETIS CON CARNE PICADA, SETAS Y ALCAPARRAS 320
MACARRONES A LA NORMA 321
FIDEOS CON ALMEJAS 322
LASAÑA DE ESCALIVADA Y CARNE PICADA 322
PASTA E CECI (PASTA Y GARBANZOS) 323
FIDEOS CON GAMBAS, SETAS Y AJOS FRESCOS 324
PIZZA DE CALABACÍN Y POLLO 324
FALSO *RISOTTO* CON ALMEJAS 325
PIZZA CON JAMÓN, PATATAS Y HUEVO 326
FIDEOS CON CALABACÍN Y BACALAO 328
LASAÑA DE AJOARRIERO 328
TIBURONES CON GUISANTES GRATINADOS 329
LASAÑA DE MERLUZA, SETAS Y AJOS FRESCOS 330
LACITOS CON BACALAO 330
TALLARINES CON REPOLLO SALTEADO 331
PIZZAS DE ESPÁRRAGOS Y PANCETA 332
TALLARINES CON BRÓCOLI, TOMATES EN ACEITE Y ALMEJAS 332
FETTUCCINE ALLA PUTTANESCA 333
TALLARINES CON TOMATE PICANTE Y ACEITUNAS NEGRAS 334
ESPIRALES CON POLLO Y PESTO 334

FIDEOS UDÓN CON MEJILLONES AL *CURRY* 335

CANELONES DE CARNE, ESPÁRRAGOS VERDES Y TOMATES DESHIDRATADOS 336

CODITOS CON AGUACATE, JAMÓN COCIDO Y MAÍZ 336

BIMI CON *TAGLIATELLE* 337

ESPAGUETIS CREMOSOS CON SETAS Y CALABACÍN 338

QUICHE LORRAINE 338

LASAÑA DE POLLO, CHAMPIÑONES Y PASAS ... 340

FIDEOS CON BERENJENA Y TOCINO FRESCO 340

FARFALLE CON POLLO, ESPINACAS Y CHAMPIÑONES 341

FIDEOS CON PATA DE PULPO 342

FIDEUÁ DE CARNE 343

LASAÑA DE HORTALIZAS CON BECHAMEL DE AVENA 344

PIZZA DE BOQUERONES 346

SAMOSAS DE LA INDIA 348

TALLARINES VERDES 350

TARTA DE BRÓCOLI Y QUESO 351

CANELONES DE CORDERO 352

FUSILLI CON CREMA DE CALABACÍN Y QUESO FETA 354

MACARRONES CON ALBÓNDIGAS Y SALSA DE GUISANTES 355

FOCACCIA DE SARDINILLAS EN ACEITE 356

CARNES Y AVES 358

ALBÓNDIGAS CON CHAMPIÑONES 360

ALITAS FRITAS CON SALSA AGRIDULCE 362

CABEZADA DE CERDO ASADA CON PURÉ DE PATATA 365

CARNE GUISADA CON ARROZ 366

CARRILLERAS DE CERDO EN SALSA DE OPORTO 368

CODORNICES ESTOFADAS 369

COL RELLENA DE CARNE PICADA 370

CONEJO FRITO CON PATATAS AL ROMERO...... 372

MUSLOS DE PATO CONFITADOS CON PURÉ DE MANZANA 373

LIBRITOS DE LOMO, JAMÓN Y QUESO CON PATATAS 374

PALETILLAS DE CORDERO CON PERAS 376

PAVO A LA MOSTAZA CON UVAS Y BONIATO 377

PAVO RELLENO DE PIMIENTOS CON SALSA DE QUESO AZUL 378

RABO EN SALSA CON CASTAÑAS 380

REDONDO EMPANADO CON CALABACÍN Y CEBOLLETA 382

SOLOMILLO DE CERDO CON MERMELADA DE TOMATE 383

SOLOMILLO DE CERDO CON SALSA *GRAVY* 384

BROCHETAS DE PAVO Y PIÑA 385

CABEZADA DE CERDO CON MOSTAZA, ALCAPARRAS Y RÚCULA 387

CACHOPO DE TERNERA 388

COSTILLAR DE CERDO CON ALUBIAS BLANCAS 390

CHULETAS DE CERDO GLASEADAS CON ESPÁRRAGOS VERDES 391

CARBONADA DE TERNERA CON CALABAZA 392

CONEJO CON OREJONES Y CIRUELAS PASAS 394

COSTILLA ASADA CON PIÑA 395

CREPES DE CARNE GRATINADOS CON *MOZZARELLA* 397

ESPALDILLA CON SALTEADO DE HORTALIZAS 398

GUISO DE CONEJO Y TRIGO 399

FRICANDÓ DE TERNERA CON PATATAS ASADAS 400

GUISO DE CORDERO CON PATATAS Y CHAMPIÑONES 402

HAMBURGUESAS DE PAVO AL JEREZ 404

JAMONCITOS DE POLLO CON SALSA DE ALMENDRA 405

MORCILLA CON PURÉ DE PATATA Y PIMIENTOS 406

MUSLOS DE PAVO EN PEPITORIA 407

MUSLOS DE POLLO ASADOS SOBRE CAMA DE HORTALIZAS 408

SALTEADO DE CERDO Y ARROZ CON SÉSAMO 409

OSOBUCO CON POLENTA 411

PASTEL DE CARNE A LA BOLOÑESA.................... 412
RAMEN DE POLLO Y SETAS.................................. 414
SOLOMILLO DE CERDO WELLINGTON............... 417
TERNERA *BOURGUIGNON*.................................. 418
CARCAMUSAS TOLEDANAS CON PATATAS....... 420
CARRILLERAS DE TERNERA CON MENESTRA.... 422
CODORNICES GUISADAS CON ACEITUNAS...... 424
CONEJO AL ROMERO CON MANZANAS........... 425
CONEJO CRUJIENTE.. 426
COSTILLA DE CERDO A LA MIEL......................... 427
LOS CALLOS DE GUISANDO............................... 428
JAMÓN COCIDO CON PURÉ DE PERA............... 430
PECHUGA DE PAVO CON UVAS Y SALSA DE REGALIZ.. 431
MUSLOS DE POLLO A LA NARANJA CON ARROZ... 432
PICANTÓN ASADO CON PATATAS RÚSTICAS.... 434
POLLO GUISADO CON PATATAS Y ALCACHOFAS... 435
PINCHOS MORUNOS DE PAVO.......................... 436
REDONDO EN SALSA CON BONIATO................ 438
SALTEADO DE PAVO Y SETAS CON SALSA DE OSTRAS.. 439
BROCHETA DE POLLO CON SALSA DE CEREZA.. 440
CABRITO CON PATATAS Y GUISANTES.............. 441
CARNE DE CONEJO A LA ALBAHACA CON PATATAS.. 442
CARNE DE CONEJO AL CAVA............................. 443
CARPACCIO DE TERNERA CON PARMESANO... 444
COSTILLA FRITA CON PIMIENTOS VERDES........ 445
GUISO DE ZANCARRÓN CON HABITAS............. 446
HÍGADO ENCEBOLLADO.................................... 448
LAGARTO DE CERDO CON SALSA AGRIDULCE.. 449
PICADILLO CUBANO.. 450
POLLO GUISADO EN SALSA DE MANZANA....... 452
SOLOMILLO DE CERDO CON *CHUTNEY* DE FRESA... 453
TOSTA DE POLLO EN ESCABECHE..................... 454

PESCADOS Y MARISCOS............................. 456

BOQUERONES MARINADOS CON LIMA............ 458
CHIPIRONES CON FIDEO CHINO......................... 458
ATÚN ENCEBOLLADO CON PIMENTÓN Y ORÉGANO.. 459
FILETES DE SAN PEDRO AL CAVA....................... 460
CONGRIO CON PATATAS Y GUISANTES............. 460
BACALAO FRESCO CON SALSA DE PIMIENTOS.. 461
GUISO DE CALAMARES CON PATATAS.............. 462
LANGOSTINOS CON SALSA PICANTE................. 462
BLANQUILLO DE RAPE.. 463
LANGOSTINOS EN SALSA CON ARROZ BASMATI.. 464
LOMOS DE RAPE CON PANCETA Y CREMA LIGERA DE ALUBIAS.......................... 464
BONITO FRITO CON PATATAS AL PIMENTÓN.. 465
LUBINA CON CREMA DE ALMEJAS.................... 466
MERO CON BUÑUELOS DE CALABAZA Y PATATA.. 466
CHOCOS CON PAPAS.. 467
PASTEL DE BRÓTOLA CON MAYONESA DE TOMATE Y AJO... 468
RAPE EN SALSA DE NUECES.............................. 468
CALAMARES A LA ANDALUZA CON MAYONESA DE SOJA............................... 469
SABIRÓN EN TEMPURA CON PIMIENTOS MORRONES ASADOS... 470
SALMONETES ENCEBOLLADOS CON TORTAS DE PATATA................................ 470
MERLUZA CON PUERRO Y VINAGRETA DE TOMATE... 471
CREPES DE AJOARRIERO.................................... 472
TRUCHA ASADA CON PAPAS Y MOJO VERDE... 474
LUBINA CON BOLETOS....................................... 474
MERLUZA EN SALSA AMERICANA...................... 476
MERLUZA VILLEROY CON PIQUILLOS................ 478
PATATAS CON BACALAO AL PEREJIL................. 480
POPIETAS DE GALLO CON PURÉ DE ZANAHORIA... 481
PEZ ESPADA EN ADOBO CON TOMATES CHERRY.. 482

SALMÓN CON SALSA BEARNESA 485
ALBÓNDIGAS DE PESCADO EN SALSA DE PIMIENTOS 486
ALMEJAS EN SALSA ROJA CON ALCACHOFAS 488
COLA DE MERLUZA ASADA CON PATATAS 489
CHIPIRONES RELLENOS A LA AMERICANA 490
BROCHETAS DE LANGOSTINOS CON LACTONESA DE AJO 492
CONGRIO EN SALSA DE AZAFRÁN 495
DORADA CON MUSELINA DE PATATA 496
FLETÁN CON PATATAS AL HORNO 497
GALLO FRITO CON SALSA DE PIMIENTA ROSA 498
KOKOTXAS DE MERLUZA AL PILPIL CON FIDEOS 499
SALMONETES CON ESPÁRRAGOS FRESCOS 500
MEJILLONES CON PATATAS Y SALSA VERDE 502
MERLUZA AL PAPILLOTE CON CHALOTAS GLASEADAS 503
RAPE CON GULAS EN SALSA VERDE 504
RAPE EN SALSA MARINERA 505
SALMÓN CON SALSA DE CÍTRICOS, MOSTAZA Y MIEL 506
SALMONETES CON ARROZ Y ALCACHOFAS 508
SOLDADITOS CON SALSA DE GUISANTES Y ESPÁRRAGOS 510
TRUCHAS CON PANCETA 511
AJOARRIERO CON HUEVO ESCALFADO 512
CAZUELA *EMPANÁ* 513
BOQUERONES CON GABARDINA Y ENSALADA 514
DORADA ESPECIADA 516
HAMBURGUESAS DE CABALLA CON SALSA ESPECIADA 518
LUBINA CON SALSA DE LIMÓN 521
MERLUZA CON SALSA DE PUERRO Y SU CRUJIENTE 522
MERLUZA CON TOMATE Y HABITAS 523
CHIPIRONES RELLENOS DE ARROZ 524
SALMÓN AL VAPOR CON ESPÁRRAGOS VERDES Y TOMATITOS 526
TARTALETA DE BACALAO CON GULAS 527
BACALAO FRESCO CON SALSA HOLANDESA .. 528
CALDERETA DE RAPE AL HORNO 529
CAZUELA DE MERLUZA Y MARISCO 530
CREPES BRETONES DE SALMÓN, HUEVO Y AGUACATE 532
DORADA ASADA CON SALSA DE LIMÓN 534
GUISO DE CABALLA CON PATATAS 535
MARMITAKO DE BONITO CON GUINDILLAS 537
RAYA CON MANTEQUILLA Y ALCAPARRAS 538
VERDEL AL AJILLO CON PURÉ DE PATATA 539
VIEIRAS GRATINADAS 540

LAS RECETAS DE JOSEBA 542

BOLAS DE PATATA RELLENAS DE BOLOÑESA 544
CRISPIS DE SALMÓN CON SALSA DE YOGUR ANISADA 547
SALCHIPÁN 548
PASTA CARBONARA CON HUEVO POCHÉ 549
PAN CON ESPINACAS, JAMÓN Y QUESO 550
ENREDO DE LENTEJAS Y ARROZ FRITO CHINO 552
FINGERS DE POLLO Y PATATA CON SALSA DE AJO ASADO Y MOSTAZA 555
ROLLITOS DE CACHOPO DE POLLO CON SALSA DE QUESO *CHEDDAR* 556
SHAKSHUKA 557
TEQUEÑOS RELLENOS DE QUESO Y SALSA DE CHISTORRA 558
JUDÍAS VERDES CON PATATA ROTA, LÁMINAS DE *FOIE GRAS* Y MAÍZ TOSTADO 561
AREPAS DE QUESO Y CEBOLLA 562
FISH AND CHIPS DE VERDEL 564
PAN CON PATATA Y QUESO 566
PAN DE AJO Y QUESO 568
PICOS CAMPEROS 570
PAN DE ESPELTA 571
PAN ALCALINO 573
PAN DE ARROZ 574
BAGUETTE CASERA 575
BOLLOS DE PAN RÁPIDOS 576

PAN CHINO 577

PANECILLOS DE MANZANA 578

TORTILLA DULCE DE PAN 580

BOLLOS DE CALABAZA 582

NEW YORK ROLLS RELLENOS DE CREMA PASTELERA Y MERMELADA 584

MINIDÓNUTS DE CHOCOLATE 586

PAN TURCO RELLENO DE CHOCOLATE 589

PAN DE LECHE JAPONÉS 591

STOLLEN (PAN DE NAVIDAD) 593

BRIOCHE DE CHOCOLATE 594

POSTRES 596

BRAZO DE TIRAMISÚ 598

CHOCOLATINAS PARA EL CAFÉ 600

CREMA DE MANGO 601

CORONA DE PISTACHOS Y ALMENDRAS 602

FLAN PARISINO 604

CUAJADA CON GALLETAS DE SÉSAMO 606

MOUSSE DE MELÓN CON FRUTOS ROJOS 608

MOUSSE DE YOGUR CON KIWI 610

HOJALDRES DE PIÑONES 612

MELOCOTÓN MELBA 613

PASTELITOS DE MANZANA 614

PASTELITOS DE PASTA FILO Y PASAS 616

SAGARGALA 618

TARTA DE CUMPLEAÑOS 620

TARTA DE DULCE DE LECHE (SIN HORNO) 622

TARTA DE MORAS 624

TRUFAS DE PALOMITAS 626

ARROZ CON LECHE AL CHOCOLATE 627

BAKLAVA DE PISTACHOS Y CREMA DE QUESO 628

ESPIGA DE HOJALDRE Y CREMA DE CHOCOLATE 630

GACHAS DULCES 631

HOJALDRE DE MANZANA Y CREMA 632

GELATINA DE NARANJA 633

PASTEL DE GALLETAS Y CHOCOLATE 634

TORTA DE REYES (*GALETTE DES ROIS*) 637

BANANA SPLIT 638

PIÑA ESPECIADA 639

NATILLAS DE CHOCOLATE 640

TARTA CREMOSA DE COCO 641

TARTA DE CALABAZA 642

TARTA DE CHOCOLATE Y DULCE DE LECHE (CHOCOTARTA ARGENTINA) 645

TARTA DE NARANJA Y QUESO 646

FLAN DE MERENGUE 648

DULCE DE MANDARINA 649

PERAS ASADAS 650

CREMA CATALANA 651

ROLLO DE MERENGUE CON FRESAS 652

TARTA *BANOFFEE* 654

TARTA DE FRESAS Y CHOCOLATE 656

TARTA KARPATKA 658

SUFLÉ FAMILIAR 660

TORRIJAS DE PAN DE VIENA 661

PANACOTA DE FRESAS 662

CREMA DE CHOCOLATE 664

PROFITEROLES DE NATA 665

TIRAMISÚ FÁCIL 666

MACEDONIA TROPICAL 668

POSTRE DE NARANJA CON COCO 669

TARTA DE FRESAS 670

PUDIN DE PAN CON PASAS Y NUECES 672

SEMIFRÍO DE CEREZAS 673

TARTA FRÍA DE QUESO Y CARAMELO 674

TARTA HELADA DE NATA Y CHOCOLATE 676

ÍNDICE ALFABÉTICO DE RECETAS

ACELGAS CON HUEVOS DE CODORNIZ 181
ACHICORIA CON REFRITO DE AJO Y LIMÓN..... 155
AGUACATES RELLENOS 182
AJOARRIERO CON HUEVO ESCALFADO 512
AJO BLANCO CON SARDINA AHUMADA 90
AJO BLANCO CON UVAS Y JAMÓN 102
ALBÓNDIGAS CON CHAMPIÑONES 360
ALBÓNDIGAS DE LENTEJAS 216
ALBÓNDIGAS DE PESCADO EN SALSA DE PIMIENTOS 486
ALBORONÍA CON GARBANZOS 190
ALCACHOFAS CON VINAGRETA DE ANCHOAS 157
ALITAS FRITAS CON SALSA AGRIDULCE 362
ALMEJAS EN SALSA ROJA CON ALCACHOFAS 488
ALUBIAS BLANCAS CON BERBERECHOS 204
ALUBIAS BLANCAS CON CHORIZO Y ESPINACAS 230
ALUBIAS BLANCAS CON CONEJO 206
ALUBIAS BLANCAS CON ESPINACAS Y LANGOSTINOS 203
ALUBIAS BLANCAS CON SEPIA 220
ALUBIAS NEGRAS CON CODILLO Y COL 202
ALUBIAS NEGRAS CON OREJA 206
ALUBIAS NEGRAS CON ROLLITOS DE REPOLLO 232
ALUBIAS PINTAS CON BUÑUELOS DE CALABACÍN 208
ALUBIAS PINTAS CON CARRILLERAS DE CERDO 208
ALUBIAS PINTAS CON ESPINACAS Y CHISTORRA 202
ALUBIAS ROJAS CON COSTILLA DE CERDO...... 210
ALUBIAS ROJAS CON REPOLLO Y MORCILLA ... 232
ALUBIAS VERDINAS CON LANGOSTINOS 204
APERITIVO DE POLENTA, JAMÓN Y QUESO 12
AREPAS DE QUESO Y CEBOLLA 562
ARROZ BLANCO CON HUEVOS Y GUISANTES 297
ARROZ CALDOSO CAMPERO 294
ARROZ CALDOSO CON ALMEJAS Y ESPÁRRAGOS FRESCOS 277
ARROZ CALDOSO CON ALMEJAS Y GUISANTES 291
ARROZ CALDOSO CON CARDO Y POLVO DE JAMÓN 276
ARROZ CON ALITAS DE POLLO, SETAS Y MAYONESA DE AJO 282
ARROZ CON BRÓCOLI Y ALMEJAS 280
ARROZ CON CHORIZO 282
ARROZ CON CORDERO Y GUISANTES 280
ARROZ CON COSTILLA DE CERDO Y CHORIZO 284
ARROZ CON COSTILLA DE CERDO Y COLIFLOR 283
ARROZ CON COSTILLA DE CORDERO 285
ARROZ CON ESPINACAS, AJOS FRESCOS Y GAMBAS 284
ARROZ CON GUISANTES Y MAYONESA DE AJO ROJA 285
ARROZ CON HIGADITOS DE POLLO 274
ARROZ CON HORTALIZAS Y BUTIFARRA 300
ARROZ CON LANGOSTINOS Y CHAMPIÑONES 278
ARROZ CON LANGOSTINOS Y MEJILLONES 289

ARROZ CON LECHE AL CHOCOLATE 627
ARROZ CON MEJILLONES Y JUDÍAS VERDES 289
ARROZ CON MOLLEJAS DE CORDERO, CALABACÍN Y CHAMPIÑONES 296
ARROZ CON PICANTONES Y JUDÍAS VERDES 294
ARROZ CON PIMIENTOS GRATINADO 298
ARROZ CON PISTO MANCHEGO 288
ARROZ CON POLLO 292
ARROZ CON RABO Y BOLETOS 288
ARROZ CON RAPE Y ALCACHOFAS 293
ARROZ CON SALCHICHAS Y CHORIZO 302
ARROZ CON SEPIA Y GUISANTES 277
ARROZ CON SETAS, AJOS FRESCOS Y GAMBAS 292
ARROZ CON SETAS Y POLLO 278
ARROZ DE BOLETOS, AJOS FRESCOS Y BEICON 302
ARROZ DE HORTALIZAS AL AZAFRÁN 290
ARROZ IMPERIAL CON POLLO 304
ARROZ INTEGRAL CON HORTALIZAS ASADAS 303
ARROZ MELOSO CON MEJILLONES Y PANCETA 303
ARROZ MELOSO CON NÉCORAS 300
ARROZ MIXTO DE POLLO, CERDO Y SEPIA 306
ARROZ NEGRO CALDOSO CON CALAMAR 276
ARROZ NEGRO MELOSO CON CALAMAR Y ALMEJAS 290
ARROZ ORIENTAL CON LANGOSTINOS 293
ATÚN ENCEBOLLADO CON PIMENTÓN Y ORÉGANO 459
BACALAO FRESCO CON SALSA DE PIMIENTOS 461
BACALAO FRESCO CON SALSA HOLANDESA 528
BAGUETTE CASERA 575
BAKLAVA DE PISTACHOS Y CREMA DE QUESO 628
BANANA SPLIT 638
BATIDO DE LECHUGA, MANZANA Y LIMA 37
BATIDO DE MANGO Y PLÁTANO 13
BATIDO DE MANZANA, KIWI Y PLÁTANO 17
BATIDO DE REMOLACHA, GRANADA Y NARANJA 19
BERENJENAS EN ESCABECHE CON RÚCULA Y PIÑONES 128
BERENJENAS RELLENAS DE POLLO Y JAMÓN 133
BIMI CON *TAGLIATELLE* 337
BLANQUILLO DE RAPE 463
BOLAS DE PATATA RELLENAS DE BOLOÑESA 544
BOLLOS DE CALABAZA 582
BOLLOS DE PAN RÁPIDOS 576
BOLLOS RELLENOS DE HUEVO, CHISTORRA Y PATATA 258
BONITO FRITO CON PATATAS AL PIMENTÓN 465
BOQUERONES CON GABARDINA Y ENSALADA 514
BOQUERONES CON VINAGRETA 35
BOQUERONES MARINADOS CON LIMA 458
BORRAJA CON GARBANZOS 158
BORRAJA CON PURÉ DE CALABAZA 141
BORRAJAS Y ALCACHOFAS CON CREMA DE PATATA 163
BRAZO DE TIRAMISÚ 598
BRICK DE ACELGAS 183
BRIOCHE DE CHOCOLATE 594
BROCHETA DE POLLO CON SALSA DE CEREZA 440
BROCHETAS DE LANGOSTINOS CON LACTONESA DE AJO 492
BROCHETAS DE PAVO Y PIÑA 385
BRÓCOLI CON QUESO Y ARROZ 160
BUÑUELOS DE BACALAO CON MAYONESA 12
CABEZADA DE CERDO ASADA CON PURÉ DE PATATA 365
CABEZADA DE CERDO CON MOSTAZA, ALCAPARRAS Y RÚCULA 387
CABRITO CON PATATAS Y GUISANTES 441
CACHOPO DE TERNERA 388
CALABACINES RELLENOS EN PAPILLOTE 131
CALAMARES A LA ANDALUZA CON MAYONESA DE SOJA 469
CALDERETA DE RAPE AL HORNO 529

CANELONES DE BACALAO ... 312
CANELONES DE CARNE, ESPÁRRAGOS VERDES Y TOMATES DESHIDRATADOS ... 336
CANELONES DE CONFIT DE PATO ... 312
CANELONES DE CORDERO ... 352
CANELONES DE POLLO CON TOMATE ... 314
CARBONADA DE TERNERA CON CALABAZA ... 392
CARCAMUSAS TOLEDANAS CON PATATAS ... 420
CARDO EN SALSA DE ALMENDRA CON GULAS ... 159
CARNE DE CONEJO A LA ALBAHACA CON PATATAS ... 442
CARNE DE CONEJO AL CAVA ... 443
CARNE GUISADA CON ARROZ ... 366
CARPACCIO DE TERNERA CON PARMESANO ... 444
CARRILLERAS DE CERDO EN SALSA DE OPORTO ... 368
CARRILLERAS DE TERNERA CON MENESTRA ... 422
CAZUELA DE ARROZ CON CODORNICES Y SETAS ... 286
CAZUELA DE ARROZ Y GARBANZOS ... 296
CAZUELA DE CHAMPIÑONES EN SALSA CON HUEVOS ... 134
CAZUELA DE MERLUZA Y MARISCO ... 530
CAZUELA *EMPANÁ* ... 513
CHAMPIÑONES A LA MOSTAZA ... 187
CHAMPIÑONES A LA PLANCHA CON GAMBAS ... 21
CHIPIRONES CON FIDEO CHINO ... 458
CHIPIRONES RELLENOS A LA AMERICANA ... 490
CHIPIRONES RELLENOS DE ARROZ ... 524
CHOCOLATINAS PARA EL CAFÉ ... 600
CHOCOS CON PAPAS ... 467
CHULETAS DE CERDO GLASEADAS CON ESPÁRRAGOS VERDES ... 391
CODITOS CON AGUACATE, JAMÓN COCIDO Y MAÍZ ... 336
CODITOS CON GUISANTES Y BONITO ... 314
CODITOS CREMOSOS CON TOMATES DESHIDRATADOS ... 316
CODORNICES ESTOFADAS ... 369
CODORNICES GUISADAS CON ACEITUNAS ... 424
COGOLLOS DE LECHUGA CON SALSA TÁRTARA ... 52
COL RELLENA DE CARNE PICADA ... 370
COLA DE MERLUZA ASADA CON PATATAS ... 489
COLES DE BRUSELAS CON BEICON Y MOSTAZA ... 143
COLIFLOR AL VAPOR CON VINAGRETA ... 191
COLIFLOR ASADA CON CÚRCUMA ... 145
COLIFLOR CON SABAYÓN ... 144
COLIFLOR CON SALSA DE TOMATE Y QUESO ... 164
CONEJO AL ROMERO CON MANZANAS ... 425
CONEJO CON OREJONES Y CIRUELAS PASAS ... 394
CONEJO CRUJIENTE ... 426
CONEJO FRITO CON PATATAS AL ROMERO ... 372
CONGRIO CON PATATAS Y GUISANTES ... 460
CONGRIO EN SALSA DE AZAFRÁN ... 495
CONSOMÉ AL CARAMELO ... 89
CORONA DE PISTACHOS Y ALMENDRAS ... 602
COSTILLA ASADA CON PIÑA ... 395
COSTILLA DE CERDO A LA MIEL ... 427
COSTILLA FRITA CON PIMIENTOS VERDES ... 445
COSTILLAR DE CERDO CON ALUBIAS BLANCAS ... 390
CREMA CATALANA ... 651
CREMA DE ACELGAS AL *CURRY* ... 91
CREMA DE ACELGAS Y CALABACÍN ... 88
CREMA DE ALUBIA BLANCA CON PALITOS DE SÉSAMO ... 88
CREMA DE BRÓCOLI Y CALABACÍN ... 93
CREMA DE CALABACÍN CON ALBAHACA ... 97
CREMA DE CALABACÍN CON TEJAS DE QUESO Y PISTACHOS ... 92
CREMA DE CALABACÍN, GUISANTES Y ALBAHACA ... 120
CREMA DE CALABAZA CON BUÑUELOS DE MAÍZ ... 92
CREMA DE CHAMPIÑONES CON VIRUTAS DE JAMÓN ... 113
CREMA DE CHOCOLATE ... 664
CREMA DE ESPÁRRAGOS FRESCOS ... 116

CREMA DE ESPINACAS CON GARBANZOS Y BACALAO 114
CREMA DE LENTEJAS CON FRITOS DE CEBOLLETA 205
CREMA DE LENTEJAS ROJAS 225
CREMA DE LENTEJAS Y BONIATO 96
CREMA DE MAÍZ CON PALOMITAS Y PUERRO CRUJIENTE 96
CREMA DE MANGO 601
CREMA DE PERA, PUERRO Y MIJO 103
CREMA DE PUERRO Y BONIATO CON POLLO 94
CREMA DE ZANAHORIAS ASADAS CON HABITAS 121
CREMA LIGERA DE TOMATE 122
CREPES BRETONES DE SALMÓN, HUEVO Y AGUACATE 532
CREPES DE AJOARRIERO 472
CREPES DE CARNE GRATINADOS CON *MOZZARELLA* 397
CRISPIS DE SALMÓN CON SALSA DE YOGUR ANISADA 547
CROQUETAS DE CHISTORRA 23
CROQUETAS DE PATATA Y GAMBA 14
CROQUETAS DE QUESO DE CABRA CON MERMELADA DE HIGOS 36
CROQUETAS LÍQUIDAS DE QUESO 14
CUAJADA CON GALLETAS DE SÉSAMO 606
DELICIAS DE SALMÓN AHUMADO, ARROZ Y WASABI 24
DORADA ASADA CON SALSA DE LIMÓN 534
DORADA CON MUSELINA DE PATATA 496
DORADA ESPECIADA 516
DULCE DE MANDARINA 649
EMPANADILLAS DE POLLO AL *CURRY* 38
EMPANADILLAS ORIENTALES 16
EMPANADILLAS PICANTES DE POLLO 44
ENDIBIAS A LA PLANCHA CON SALSA DE YOGUR Y MOSTAZA 166
ENDIBIAS ASADAS RELLENAS DE QUESO 131
ENDIBIAS CON QUESO AZUL Y NUECES 56
ENREDO DE LENTEJAS Y ARROZ FRITO CHINO 552
ENSALADA *CAPRESE* 51
ENSALADA DE AGUACATE Y MELOCOTÓN 56
ENSALADA DE ARROZ INTEGRAL, AGUACATE Y NUECES 62
ENSALADA DE ARROZ, SURIMI, AGUACATE Y MAÍZ 81
ENSALADA DE ARROZ Y AGUACATE 56
ENSALADA DE ARROZ Y JUDÍAS VERDES 55
ENSALADA DE ARROZ Y PAVO 58
ENSALADA DE ATÚN CON AGUACATE 58
ENSALADA DE BERENJENA Y QUESO CON VINAGRETA DE MIEL 50
ENSALADA DE BRÓCOLI CON RABANITOS Y ARÁNDANOS 59
ENSALADA DE CALAMARES CON TOMATE 62
ENSALADA DE CEBADA Y LANGOSTINOS 54
ENSALADA DE CHAMPIÑONES 50
ENSALADA DE CÍTRICOS 62
ENSALADA DE COGOLLOS Y ESPÁRRAGOS BLANCOS 54
ENSALADA DE CUSCÚS CON GRANADA 60
ENSALADA DE CUSCÚS Y GUISANTES 83
ENSALADA DE CUSCÚS Y REMOLACHA 66
ENSALADA DE CUSCÚS Y TOMATE 64
ENSALADA DE ENDIBIAS 66
ENSALADA DE ESCAROLA, AGUACATE Y PIÑA 70
ENSALADA DE ESCAROLA, NARANJA Y AJO 69
ENSALADA DE ESCAROLA, PASTA Y *CURRY* 72
ENSALADA DE ESCAROLA, PASTA Y PIÑA 75
ENSALADA DE ESCAROLA, PERA Y QUESO FRESCO 63
ENSALADA DE ESCAROLA Y AGUACATE 70
ENSALADA DE ESCAROLA Y LOMBARDA 70
ENSALADA DE ESPINACAS Y DÁTILES 76
ENSALADA DE HIGOS Y QUESO FETA 75
ENSALADA DE JUDÍAS VERDES Y MANZANA 78
ENSALADA DE JUDÍAS VERDES Y MIJO 82
ENSALADA DE JUDÍAS VERDES Y VENTRESCA 64

ENSALADA DE LANGOSTINOS Y GERMINADOS 78
ENSALADA DE LECHUGA Y GARBANZOS 75
ENSALADA DE LENTEJA CAVIAR 74
ENSALADA DE PASTA Y ALUBIAS BLANCAS 84
ENSALADA DE PATATA, BACALAO Y NARANJA (ENSALADA MALAGUEÑA) 71
ENSALADA DE PICADILLO ANDALUZ 66
ENSALADA TEMPLADA DE GULAS, CHAMPIÑONES Y QUESO DE CABRA 79
ENSALADILLA DE COLIFLOR Y BONITO 39
ENSALADILLA DE PRIMAVERA 24
ESPAGUETIS CON CALABACÍN, AJOS FRESCOS Y GAMBAS 316
ESPAGUETIS CON CARNE PICADA, SETAS Y ALCAPARRAS 320
ESPAGUETIS CON MORCILLA Y MANZANA 320
ESPAGUETIS CREMOSOS CON SETAS Y CALABACÍN 338
ESPALDILLA CON SALTEADO DE HORTALIZAS 398
ESPÁRRAGOS BLANCOS ESCABECHADOS 132
ESPÁRRAGOS CON CECINA Y VINAGRETA 175
ESPÁRRAGOS FRESCOS CON ENSALADILLA 186
ESPÁRRAGOS FRESCOS CON GAZPACHO DE GUISANTES 132
ESPÁRRAGOS FRESCOS CON GUACAMOLE 16
ESPÁRRAGOS VERDES EN TEMPURA CON SALSA BRAVA 184
ESPIGA DE HOJALDRE Y CREMA DE CHOCOLATE 630
ESPINACAS A LA CREMA CON PASAS Y PIÑONES 171
ESPINACAS SALTEADAS CON PURÉ DE PATATA 165
ESPIRALES CON POLLO Y PESTO 334
FABADA ASTURIANA 227
FABES CON CHORIZO Y ACELGAS 210
FALAFEL DE PISTACHOS CON SALSA DE YOGUR 228
FALSO *RISOTTO* CON ALMEJAS 325
FARFALLE CON POLLO, ESPINACAS Y CHAMPIÑONES 341
FETTUCCINE ALLA PUTTANESCA 333
FIDEOS CON ALMEJAS 322
FIDEOS CON BERENJENA Y TOCINO FRESCO 340
FIDEOS CON CALABACÍN Y BACALAO 328
FIDEOS CON GAMBAS, SETAS Y AJOS FRESCOS 324
FIDEOS CON PATA DE PULPO 342
FIDEOS UDÓN CON MEJILLONES AL *CURRY* 335
FIDEOS YAKISOBA 318
FIDEUÁ DE CARNE 343
FIDEUÁ DE POLLO Y HORTALIZAS 310
FILETES DE SAN PEDRO AL CAVA 460
FINGERS DE POLLO Y PATATA CON SALSA DE AJO ASADO Y MOSTAZA 555
FISH AND CHIPS DE VERDEL 564
FLAN DE MERENGUE 648
FLAN PARISINO 604
FLETÁN CON PATATAS AL HORNO 497
FOCACCIA DE SARDINILLAS EN ACEITE 356
FRICANDÓ DE TERNERA CON PATATAS ASADAS 400
FUSILLI CON CREMA DE CALABACÍN Y QUESO FETA 354
GACHAS DULCES 631
GALLO FRITO CON SALSA DE PIMIENTA ROSA 498
GARBANZOS CON ACELGAS Y CÚRCUMA 207
GARBANZOS CON AJOARRIERO 212
GARBANZOS CON BERENJENAS Y PIMIENTOS ASADOS 212
GARBANZOS CON CALABAZA Y CHORIZO 214
GARBANZOS CON PIMIENTOS Y MORCILLA DE ARROZ 214
GARBANZOS CON TEMPURA DE HORTALIZAS 234
GARBANZOS GUISADOS CON PANCETA Y CHORIZO 219
GAZPACHO DE ALBARICOQUE 123
GELATINA DE NARANJA 633
GRATINADO DE COLIFLOR CON HUEVO 170
GUISO DE ALUBIAS CON CALABAZA Y ARROZ 219

GUISO DE CABALLA CON PATATAS.................... 535

GUISO DE CALAMARES CON PATATAS.............. 462

GUISO DE CONEJO Y TRIGO.............................. 399

GUISO DE CORDERO CON PATATAS Y CHAMPIÑONES.. 402

GUISO DE ZANCARRÓN CON HABITAS............. 446

GURULLOS CON CONEJO Y GARBANZOS......... 315

HAMBURGUESAS DE ARROZ, MAÍZ Y GARBANZOS.. 299

HAMBURGUESAS DE CABALLA CON SALSA ESPECIADA.. 518

HAMBURGUESAS DE CALABAZA........................ 146

HAMBURGUESAS DE PAVO AL JEREZ................. 404

HÍGADO ENCEBOLLADO.................................... 448

HOJALDRE DE MANZANA Y CREMA................... 632

HOJALDRES DE HUEVO Y ESPÁRRAGOS........... 265

HOJALDRES DE PIÑONES.................................... 612

HUEVO CON PATATAS PANADERA Y CHORIZO... 240

HUEVO CON PISTO MANCHEGO EN CAZUELA 261

HUEVO FLOR CON BOLETOS Y *FOIE*................. 240

HUEVO FLOR CON PURÉ DE PATATA Y JAMÓN.. 258

HUEVO FLOR CON PURÉ DE PATATA Y *MOUSSE* DE PATO.. 269

HUEVO FLOR CON SOBRASADA Y CREMA DE SOPA DE AJO.............................. 262

HUEVOS A LA GALLEGA....................................... 241

HUEVOS AL PLATO CON PATATAS Y ESPÁRRAGOS VERDES..................................... 242

HUEVOS CON JAMÓN Y SALSA DE TOMATE.. 249

HUEVOS CON PISTO Y CHORIZO........................ 243

HUEVOS ESCALFADOS CON ALCACHOFAS, AJOS FRESCOS Y PATATA................................. 243

HUEVOS ESCALFADOS CON ALCACHOFAS, ESPÁRRAGOS VERDES Y AJOS FRESCOS......... 264

HUEVOS ESCALFADOS CON POLENTA DE SETAS.. 262

HUEVOS FLOR CON CREMA DE GUISANTES Y JAMÓN CRUJIENTE... 270

HUEVOS FRITOS CON BOLITAS DE POLENTA, TOMATE Y SETAS.. 242

HUEVOS FRITOS CON HORTALIZAS SALTEADAS... 266

HUEVOS FRITOS CON PATATAS Y BOLETOS...... 264

HUEVOS *MOLLET* CON PATATAS ESCABECHADAS... 253

HUEVOS RELLENOS DE BONITO CON ACEITUNAS Y GAMBAS............................ 246

HUEVOS RELLENOS DE CARNE.......................... 268

HUEVOS RELLENOS DE JAMÓN.......................... 247

HUMMUS DE GUISANTES....................................... 43

HUMMUS DE PIQUILLOS.. 209

JAMÓN COCIDO CON PURÉ DE PERA............... 430

JAMONCITOS DE POLLO CON SALSA DE ALMENDRA... 405

JUDÍAS VERDES CON CHAMPIÑONES................ 148

JUDÍAS VERDES CON PATATA ROTA, LÁMINAS DE *FOIE GRAS* Y MAÍZ TOSTADO..... 561

KOKOTXAS DE MERLUZA AL PILPIL CON FIDEOS... 499

LACITOS CON BACALAO..................................... 330

LAGARTO DE CERDO CON SALSA AGRIDULCE... 449

LANGOSTINOS CON SALSA PICANTE................ 462

LANGOSTINOS EN KATAIFI CON SALSA DE PIÑA... 40

LANGOSTINOS EN SALSA CON ARROZ BASMATI....................................... 464

LASAÑA DE AJOARRIERO.................................. 328

LASAÑA DE ESCALIVADA Y CARNE PICADA...... 322

LASAÑA DE HORTALIZAS CON BECHAMEL DE AVENA.. 344

LASAÑA DE MERLUZA, SETAS Y AJOS FRESCOS.. 330

LASAÑA DE PERLÓN Y CHAMPIÑONES............. 317

LASAÑA DE POLLO, CHAMPIÑONES Y PASAS.. 340

LENTEJAS CON AGUACATE Y ANACARDOS...... 231

LENTEJAS CON ALCACHOFAS............................ 233

LENTEJAS CON ARROZ Y CALABAZA................. 218

LENTEJAS CON BONIATO, CALABACÍN Y ESPINACAS... 222

LENTEJAS CON ESPINACAS Y ZANAHORIAS..... 222

LENTEJAS CON MUSLITOS DE CODORNIZ........ 224

LENTEJAS CON PANCETA Y BOLETOS ... 211

LENTEJAS CON REPOLLO ... 234

LENTEJAS CON SETAS Y *FOIE* ... 224

LENTEJAS LUISI ... 218

LIBRITOS DE LOMO, JAMÓN Y QUESO CON PATATAS ... 374

LOMOS DE RAPE CON PANCETA Y CREMA LIGERA DE ALUBIAS ... 464

LOS CALLOS DE GUISANDO ... 428

LUBINA CON BOLETOS ... 474

LUBINA CON CREMA DE ALMEJAS ... 466

LUBINA CON SALSA DE LIMÓN ... 521

MACARRONES A LA NORMA ... 321

MACARRONES CON ALBÓNDIGAS Y SALSA DE GUISANTES ... 355

MACEDONIA TROPICAL ... 668

MARMITAKO DE BONITO CON GUINDILLAS ... 537

MEJILLONES CON PATATAS Y SALSA VERDE ... 502

MELOCOTÓN MELBA ... 613

MENESTRA DE CARDO Y ALCACHOFAS ... 169

MENESTRA DE LA ABUELA PAULA ... 193

MERLUZA AL PAPILLOTE CON CHALOTAS GLASEADAS ... 503

MERLUZA CON PUERRO Y VINAGRETA DE TOMATE ... 471

MERLUZA CON SALSA DE PUERRO Y SU CRUJIENTE ... 522

MERLUZA CON TOMATE Y HABITAS ... 523

MERLUZA EN SALSA AMERICANA ... 476

MERLUZA VILLEROY CON PIQUILLOS ... 478

MERO CON BUÑUELOS DE CALABAZA Y PATATA ... 466

MIGAS DE PASTOR ... 41

MINESTRONE DE INVIERNO ... 174

MINIDÓNUTS DE CHOCOLATE ... 586

MONTADITOS DE PATATA Y *FOIE* ... 22

MORCILLA CON PURÉ DE PATATA Y PIMIENTOS ... 406

MORRETE DE SETAS Y PAPAS CON *MAJAÍLLO* ... 156

MOUSSE DE MELÓN CON FRUTOS ROJOS ... 608

MOUSSE DE YOGUR CON KIWI ... 610

MUSLOS DE PATO CONFITADOS CON PURÉ DE MANZANA ... 373

MUSLOS DE PAVO EN PEPITORIA ... 407

MUSLOS DE POLLO A LA NARANJA CON ARROZ ... 432

MUSLOS DE POLLO ASADOS SOBRE CAMA DE HORTALIZAS ... 408

NATILLAS DE CHOCOLATE ... 640

NEW YORK ROLLS RELLENOS DE CREMA PASTELERA Y MERMELADA ... 584

OSOBUCO CON POLENTA ... 411

PALETILLAS DE CORDERO CON PERAS ... 376

PALITOS DE TOFU CON SALSA AGRIDULCE ... 26

PAN ALCALINO ... 573

PAN CHINO ... 577

PAN CON ESPINACAS, JAMÓN Y QUESO ... 550

PAN CON PATATA Y QUESO ... 566

PAN DE AJO Y QUESO ... 568

PAN DE ARROZ ... 574

PAN DE ESPELTA ... 571

PAN DE LECHE JAPONÉS ... 591

PAN TURCO RELLENO DE CHOCOLATE ... 589

PANACHÉ DE PRIMAVERA ... 139

PANACOTA DE FRESAS ... 662

PANECILLOS DE MANZANA ... 578

PAPAS ALIÑÁS ... 194

PASTA CARBONARA CON HUEVO POCHÉ ... 549

PASTA E CECI (PASTA Y GARBANZOS) ... 323

PASTEL DE BRÓTOLA CON MAYONESA DE TOMATE Y AJO ... 468

PASTEL DE CARNE A LA BOLOÑESA ... 412

PASTEL DE GALLETAS Y CHOCOLATE ... 634

PASTEL DE JUDÍAS VERDES CON CREMA DE CHAMPIÑONES ... 28

PASTEL DE SETAS ... 18

PASTELITOS DE ESPINACAS Y SETAS ... 136

PASTELITOS DE MANZANA ... 614

PASTELITOS DE PASTA FILO Y PASAS ... 616

PATATAS CON BACALAO AL PEREJIL ... 480

PATATAS CON BORRAJA ... 137
PATATAS CON VINAGRETA PICANTE ... 142
PATATAS RELLENAS DE ATÚN ... 149
PATATAS RELLENAS DE CHAMPIÑONES AL AJILLO ... 172
PATATAS RELLENAS DE SURIMI ... 195
PATÉ DE CHAMPIÑONES Y VINO DULCE ... 27
PATÉ DE GARBANZOS Y CHAMPIÑONES CON TOSTADAS DE PASAS ... 236
PATÉ DE HIGADILLOS DE POLLO ... 20
PATÉ DE SARDINAS ... 28
PAVO A LA MOSTAZA CON UVAS Y BONIATO ... 377
PAVO RELLENO DE PIMIENTOS CON SALSA DE QUESO AZUL ... 378
PECHUGA DE PAVO CON UVAS Y SALSA DE REGALIZ ... 431
PENCAS RELLENAS DE CHAMPIÑONES ... 151
PERAS ASADAS ... 650
PEZ ESPADA EN ADOBO CON TOMATES CHERRY ... 482
PICADILLO CUBANO ... 450
PICADILLO DE CALABAZA ... 152
PICANTÓN ASADO CON PATATAS RÚSTICAS ... 434
PICOS CAMPEROS ... 570
PIMIENTOS RELLENOS DE LANGOSTINOS ... 196
PINCHO DE JAMÓN DE PATO Y RÚCULA ... 42
PINCHO DE LANGOSTINO Y PIÑA ... 30
PINCHOS DE PIMIENTO, BEICON Y QUESO ... 20
PINCHOS MORUNOS DE PAVO ... 436
PIÑA ESPECIADA ... 639
PIQUILLOS RELLENOS DE HORTALIZAS ... 176
PIZZA CON JAMÓN, PATATAS Y HUEVO ... 326
PIZZA DE BOQUERONES ... 346
PIZZA DE CALABACÍN Y POLLO ... 324
PIZZAS DE ESPÁRRAGOS Y PANCETA ... 332
POCHAS A LA RIOJANA ... 213
POCHAS CON CALABACÍN Y COSTILLA DE CERDO ... 226
POCHAS CON MORCILLA DE ARROZ ... 226
POCHAS CON SETAS Y PIMIENTOS ... 230
POLLO GUISADO CON PATATAS Y ALCACHOFAS ... 435
POLLO GUISADO EN SALSA DE MANZANA ... 452
POPIETAS DE GALLO CON PURÉ DE ZANAHORIA ... 481
PORRUSALDA CON PALITOS DE PAN ... 139
POSTRE DE NARANJA CON COCO ... 669
POTAJE DE ALUBIAS PINTAS CON ARROZ INTEGRAL ... 215
POTAJE DE GARBANZOS CON LANGOSTINOS ... 236
POTAJE DE HABAS SECAS CON HIERBABUENA ... 235
PROFITEROLES DE NATA ... 665
PUDIN DE AJETES Y BEICON ... 22
PUDIN DE CABRACHO CON SALSA ROSA ... 46
PUDIN DE PAN CON PASAS Y NUECES ... 672
PUERROS ASADOS CON PARMESANO ... 199
PUERROS COCIDOS CON DADITOS DE REMOLACHA ... 154
PUERROS CON JAMÓN REBOZADOS ... 179
QUESO FETA AL HORNO CON SEMILLAS DE SÉSAMO ... 32
QUICHE LORRAINE ... 338
RABO EN SALSA CON CASTAÑAS ... 380
RAMEN DE POLLO Y SETAS ... 414
RAPE CON GULAS EN SALSA VERDE ... 504
RAPE EN SALSA DE NUECES ... 468
RAPE EN SALSA MARINERA ... 505
RAYA CON MANTEQUILLA Y ALCAPARRAS ... 538
REDONDO EMPANADO CON CALABACÍN Y CEBOLLETA ... 382
REDONDO EN SALSA CON BONIATO ... 438
REPOLLO CON REFRITO DE PIMENTÓN ... 130
REVUELTO DE BOQUERONES Y ESPÁRRAGOS VERDES ... 244
REVUELTO DE MORCILLA CON PIQUILLOS ... 249
REVUELTO DE PATATAS Y ALGAS ... 256
RISOTTO DE CODORNIZ ... 299
RISOTTO DE HORTALIZAS CON MOLLEJAS DE PATO ... 301
RISOTTO DE PUERRO Y MEJILLONES ... 298

RISOTTO VERDE CON PANCETA Y QUESO 281
ROLLITOS DE CACHOPO DE POLLO CON SALSA DE QUESO *CHEDDAR* 556
ROLLITOS DE CALABACÍN RELLENOS DE GAMBAS 198
ROLLO DE MERENGUE CON FRESAS 652
RULOS DE TORTILLA, ESPÁRRAGO Y BEICON.... 251
SABIRÓN EN TEMPURA CON PIMIENTOS MORRONES ASADOS 470
SAGARGALA 618
SALCHIPÁN.. 548
SALMÓN AL VAPOR CON ESPÁRRAGOS VERDES Y TOMATITOS.. 526
SALMÓN CON SALSA BEARNESA....................... 485
SALMÓN CON SALSA DE CÍTRICOS, MOSTAZA Y MIEL.. 506
SALMONETES CON ARROZ Y ALCACHOFAS 508
SALMONETES CON ESPÁRRAGOS FRESCOS..... 500
SALMONETES ENCEBOLLADOS CON TORTAS DE PATATA.................................. 470
SALTEADO DE CERDO Y ARROZ CON SÉSAMO 409
SALTEADO DE PAVO Y SETAS CON SALSA DE OSTRAS 439
SAMOSAS DE LA INDIA... 348
SAMOSAS DE MORCILLA Y MANZANA 15
SEMIFRÍO DE CEREZAS 673
SETAS A LA PLANCHA CON CREMA DE ZANAHORIA 180
SHAKSHUKA.. 557
SOLDADITOS CON SALSA DE GUISANTES Y ESPÁRRAGOS.. 510
SOLOMILLO DE CERDO CON *CHUTNEY* DE FRESA 453
SOLOMILLO DE CERDO CON MERMELADA DE TOMATE 383
SOLOMILLO DE CERDO CON SALSA *GRAVY*..... 384
SOLOMILLO DE CERDO WELLINGTON 417
SOPA DE AJO CON RAPE 115
SOPA DE ALUBIAS, MORCILLA Y REPOLLO 99
SOPA DE ALUBIAS SALBATORE 104
SOPA DE ARROZ Y POLLO 99
SOPA DE BACALAO Y ARROZ 100
SOPA DE CALABAZA, PICADILLO Y TAPIOCA 95
SOPA DE CHAMPIÑONES Y CALABAZA............. 102
SOPA DE COL LOMBARDA 105
SOPA DE ESPÁRRAGOS TRIGUEROS 106
SOPA DE GALLINA CON CRUJIENTES................ 107
SOPA DE PAN CON CHORIZO 98
SOPA DE PESCADO CON GARBANZOS............. 108
SOPA DE POLLO Y ALMENDRAS 111
SOPA DE ZANAHORIA, POLLO Y FIDEOS........... 100
SOPA FRÍA DE ESPINACAS................................... 118
SOPA FRÍA DE PEPINO Y AGUACATE.................. 101
SOPA FRÍA DE PEPINO Y MANZANA................... 124
SOPA HUERTANA 110
SOPA RÁPIDA DE FIDEOS Y GAMBAS 117
STOLLEN (PAN DE NAVIDAD)............................... 593
SUFLÉ FAMILIAR 660
TALLARINES CON BRÓCOLI, TOMATES EN ACEITE Y ALMEJAS.. 332
TALLARINES CON REPOLLO SALTEADO............ 331
TALLARINES CON TOMATE PICANTE Y ACEITUNAS NEGRAS 334
TALLARINES VERDES 350
TARTA *BANOFFEE*.. 654
TARTA CREMOSA DE COCO 641
TARTA DE BRÓCOLI Y QUESO 351
TARTA DE CALABAZA... 642
TARTA DE CHOCOLATE Y DULCE DE LECHE (CHOCOTARTA ARGENTINA) 645
TARTA DE CUMPLEAÑOS 620
TARTA DE DULCE DE LECHE (SIN HORNO) 622
TARTA DE FRESAS 670
TARTA DE FRESAS Y CHOCOLATE 656
TARTA DE MORAS 624
TARTA DE NARANJA Y QUESO 646
TARTA DE PUERROS Y CHAMPIÑONES.............. 313
TARTA FRÍA DE QUESO Y CARAMELO................ 674
TARTA HELADA DE NATA Y CHOCOLATE........... 676
TARTA KARPATKA.. 658
TARTALETA DE BACALAO CON GULAS 527

TARTA *TATIN* DE BERENJENA Y PISTO................ 153

TATIN DE PUERROS.. 138

TEQUEÑOS RELLENOS DE QUESO
Y SALSA DE CHISTORRA.................................... 558

TERNERA *BOURGUIGNON*.................................. 418

TERRINA DE QUESO CON ZANAHORIA
Y CEBOLLINO... 18

TIBURONES CON GUISANTES GRATINADOS 329

TIRAMISÚ FÁCIL.. 666

TORRIJAS DE PAN DE VIENA............................... 661

TORTA DE REYES (*GALETTE DES ROIS*).............. 637

TORTA DE TOMATE Y SARDINILLAS...................... 33

TORTILLA A CAPAS 271

TORTILLA DE ARROZ CON JAMÓN
Y QUESO.. 263

TORTILLA DE BERENJENA CON PALITOS
DE HOJALDRE Y SÉSAMO.................................. 252

TORTILLA DE BERENJENA Y CHISTORRA CON
PIMIENTOS 254

TORTILLA DE BOQUERONES CON TOMATES
ASADOS... 266

TORTILLA DE CALABACÍN, JAMÓN Y QUESO.... 267

TORTILLA DE CARNE PICADA Y CALABACÍN 270

TORTILLA DE CEBOLLA CON PIMIENTOS........... 259

TORTILLA DE ESPINACAS Y GAMBAS
CON QUESO 252

TORTILLA DE GAMBAS, ALCACHOFAS
Y AJOS FRESCOS... 257

TORTILLA DE GULAS CON TOMATITOS............. 260

TORTILLA DE HORTALIZAS.................................. 251

TORTILLA DE PATATAS CON JAMÓN
Y QUESO.. 271

TORTILLA DE PATATAS, SETAS Y BEICON............ 261

TORTILLA DE ZANCARRÓN................................. 257

TORTILLA DULCE DE PAN.................................... 580

TORTILLA *PIZZA*... 250

TORTITAS DE HORTALIZAS.................................... 34

TOSTA DE POLLO EN ESCABECHE 454

TOSTA DE TORTILLA DE CHISTORRA
GRATINADA CON QUESO 246

TOSTADAS DE ESPÁRRAGOS Y CEBOLLETAS
CON BECHAMEL 142

TOSTAS CON HUEVO ESCALFADO
Y SALMÓN 248

TRIÁNGULOS DE HORTALIZAS AL *CURRY*............ 30

TRINXAT CON BEICON 188

TRUCHA ASADA CON PAPAS
Y MOJO VERDE... 474

TRUCHAS CON PANCETA..................................... 511

TRUFAS DE PALOMITAS 626

VERDEL AL AJILLO CON PURÉ DE PATATA.......... 539

VERDINAS CON PATO 223

VIEIRAS GRATINADAS 540

ZANAHORIAS CON ESPINACAS A LA CREMA.... 138